名词和动词

沈家煊 著

图书在版编目(CIP)数据

名词和动词 / 沈家煊著. —北京：商务印书馆，2016
(2022.2 重印)
ISBN 978-7-100-11363-2

Ⅰ. ①名… Ⅱ. ①沈… Ⅲ. ①汉语—名词—研究 ②汉语—动词—研究 Ⅳ. ①H146.2

中国版本图书馆 CIP 数据核字(2015)第 129486 号

权利保留，侵权必究。

名词和动词

沈家煊 著

商 务 印 书 馆 出 版
(北京王府井大街 36 号 邮政编码 100710)
商 务 印 书 馆 发 行
北京艺辉伊航图文有限公司印刷
ISBN 978-7-100-11363-2

2016 年 6 月第 1 版　　开本 880×1230　1/32
2022 年 2 月北京第 3 次印刷　印张 15¾
定价：85.00 元

无名天地之始,有名万物之母。

——《道德经》第一章

前　言

从 2007 年开始,我陆续发表了一系列文章,对汉语里名词和动词的关系谈一种新的看法,由此又引申出一些其他看法,一共有十来篇。这些文章分散在不同的刊物上,因为查找不便,也不利全面的了解,许多读者建议写成一本书来论说。再说,自己对这个问题的认识也有一个不断加深的过程,前后论述的重点不一样,甚至后来的看法对先前的看法有局部的修正,因此也有必要把讨论的内容系统化。虽然商务印书馆早已约稿,经过两年有余的策划和写作,反复修改和调整,总觉得还有需要补正和改进的地方,所以一直拖延没有交稿。再一想,这样做下去是没有底的,早点出版跟读者见面也好,可以早点听取各方面的意见。

在以往七八年的时间里,收到许多对这种新看法的反馈信息,有赞同的也有反对的,有理解的也有不理解的,这些意见大都很有用,促使我作进一步的思考和反思,对论证的重点和表述的方式加以调整和改进,书中也尽量针对听到的批评意见作出应该有的回应。

关于书名,起初曾想用《汉语里的名词和动词》,后来决定就用《名词和动词》,因为全书关于汉语名动关系的论述不是只在讲汉语词类的特点,而是可以作为一个新的参考系来观察其他的语言。

过去发表过的相关文章在书末尾的参考文献中用*号标出，书中一般不再一一引用，个别内容与过去不一致的地方以此书稿为准。跟本书的观点一致，行文中虚字"de"（的/地）除例句和引文一律写作"的"，免去有时候难以选择的烦恼，而不致影响文意的理解。

作者

2014年10月21日写于北京寓所

目 录

绪论 一抛一捡之间 ·· 1
  第1节 "名动包含说"的要义 ····························· 1
  第2节 以"简洁"为准则 ································· 4
  第3节 继续摆脱印欧语观念的束缚 ······················· 8
  第4节 从语言世界看汉语 ······························ 11
  第5节 "名动包含说"的好处 ··························· 14

第一章 后退没有出路 ·· 16
  第1节 摆脱印欧语束缚的重要一步 ······················ 16
  第2节 必须澄清的几个问题 ···························· 22
    2.1 关于动词做主宾语 ······························· 22
    2.2 关于"以词组为本位" ··························· 29
    2.3 关于"名词-动词"连续统 ························ 32
  第3节 形式类的分与合 ································ 34
    3.1 "同形合并"原则 ································ 34
    3.2 英语"V-ing形式"的分合 ························ 38
    3.3 汉语"动名词"的分合 ··························· 42
  第4节 关于新的"三层制" ····························· 46
  第5节 覆盖而不是推翻 ································ 50

第二章　正视存在的问题 ································· 53
第 1 节　名词的界定问题 ································· 53
第 2 节　"名动词"问题 ································· 57
2.1　范围难以确定 ································· 57
2.2　体系不一致 ································· 61
第 3 节　"中心扩展规约"和"并列条件" ················· 63
3.1　违背"中心扩展规约" ························· 63
3.2　违背"并列条件" ····························· 69
第 4 节　"类无定职"的问题 ····························· 73
第 5 节　"兼类词"的问题 ······························· 77
第 6 节　还有一些问题 ································· 80

第三章　汉语是"名动包含"格局 ························· 83
第 1 节　汉语和印欧语差异的 ABC ······················· 83
第 2 节　名词和动词的"偏侧分布" ····················· 88
第 3 节　两种标记类型——"无标记"和"未标记" ········· 93
第 4 节　从"零句说"到"名动包含" ··················· 100
第 5 节　重叠和"大名词" ····························· 105
第 6 节　"的$_3$"和伊朗语言的 EZ ····················· 112
第 7 节　他加禄语的"动词" ··························· 116

第四章　"实现关系"和"构成关系" ····················· 124
第 1 节　"指称"和"述谓"作为初始概念 ··············· 124
第 2 节　"实现关系"和"构成关系" ··················· 127
2.1　"实现性隐喻"和"构成性隐喻" ··············· 127

2.2 "实现性/构成性"区别的普遍性 ……………………… 129
　　2.3 "有"和"是" ……………………………………………… 132
　第3节　汉语和印欧语的比较 ………………………………… 133
　　3.1 英语的 noun 和汉语的"名词" ……………………… 133
　　3.2 句子和话段 ……………………………………………… 137
　　3.3 主语和话题 ……………………………………………… 139
　　3.4 所谓的"句法话题" …………………………………… 144
　　3.5 再看"中心扩展规约" ………………………………… 149
　第4节　汉语的语法和语用法 ………………………………… 150
　　4.1 语法的类和语用的类 …………………………………… 150
　　4.2 答问的语法和语用法 …………………………………… 156
　　4.3 语用法包含语法 ………………………………………… 158

第五章　名词和动词的不对称 ……………………………… 161
　第1节　"名词动用"和"动词名用" ………………………… 161
　第2节　名动不对称的普遍性 ………………………………… 164
　　2.1 汉语和其他语言的共性 ………………………………… 164
　　2.2 从用法到语法 …………………………………………… 170
　　2.3 名词做谓语的特殊性 …………………………………… 173
　第3节　境迁语 ………………………………………………… 176
　第4节　"名动不对称"的认知原因 ………………………… 180
　第5节　要区分一般和特殊 …………………………………… 183
　　5.1 汉语不是"类前型"语言 ……………………………… 183
　　5.2 名词不是"分类性动词" ……………………………… 187
　第6节　名词的根本性 ………………………………………… 191

第六章　谓语的指称性 ·· 195
第1节　名词直接做谓语 ·· 195
第2节　"是"是判断动词 ·· 199
2.1　"结构的平行性"原则 ······································ 199
2.2　印欧语的眼光之一 ·· 202
2.3　印欧语的眼光之二 ·· 206
第3节　汉语谓语的指称性 ·· 209
3.1　"有"是存现动词 ·· 209
3.2　"说明"是下一个"话题" ··································· 217
3.3　"流水句"的并置性和指称性 ······························ 220
3.4　再看古汉语"名而动"结构 ································· 225
3.5　从唐诗的词性对偶来看 ···································· 228
第4节　从形式动词看谓语的指称性 ························· 234
第5节　反观英语的谓语 ·· 239
5.1　V-ing 形式是"准指称语" ·································· 239
5.2　V-ed 形式是"潜在指称语" ······························· 243
第6节　汉语是"名词型"语言 ····································· 246

第七章　"补语问题"和"状语问题" ···························· 252
第1节　补语问题 ··· 252
1.1　取消宾语还是取消补语 ···································· 252
1.2　补语问题的症结 ·· 255
1.3　关于"次级谓语"和"后置状语" ··························· 257
第2节　补语问题的解决方案 ···································· 262
第3节　状语问题 ··· 269

3.1　两种不可取的办法 ································ 269
　　3.2　关于"准谓词性结构" ··························· 272
第4节　状语问题的解决方案 ······························ 274
　　4.1　动态体词性结构 ································ 274
　　4.2　汉语的状语是"动态定语" ······················ 276
第5节　解释汉语词类的多功能 ···························· 278

第八章　"之"和"都"的个案 ······························ 284
第1节　"名之动"里的"之" ······························ 284
　　1.1　诸说检讨 ······································ 284
　　1.2　"之"提高指别度 ······························· 287
第2节　"之"和"的"的异同 ······························ 292
第3节　"都"的量化方向 ································ 297
　　3.1　量化方向的迷途 ································ 297
　　3.2　统一的"右向管辖规则" ························· 300
第4节　汉语的逻辑 ···································· 306

第九章　汉语、汤加语、拉丁语 ···························· 311
第1节　词类跨语言比较的共同基础 ························ 311
第2节　汤加语"名动不分"的情形 ·························· 314
第3节　"型-例"语言和"名-动"语言 ······················ 318
　　3.1　两种类型的词类系统 ···························· 318
　　3.2　汤加语是"指述包含" ··························· 320
第4节　汉语是"型例合一、名动包含"语言 ·················· 324
第5节　词类系统的"语法化"程度 ························· 327
第6节　假设一个循环模型 ······························· 330

第十章 "是""有"大分野 ··· 332
第1节 英汉否定词的分合 ··· 332
1.1 英语重视"否定名词"和"否定动词" ··· 332
1.2 汉语重视"直陈否定"和"非直陈否定" ··· 335
1.3 否定词缀 ··· 337
第2节 "有的否定"和"非有否定" ··· 338
第3节 三个概念的分合"地图" ··· 342
第4节 谓语的分类 ··· 347
第5节 "是""有"大分野 ··· 351
5.1 综合性的"是""有"分野 ··· 351
5.2 "也"和"矣"的分别 ··· 355
5.3 景颇语的"是""有"分野 ··· 357
第6节 哲学背景 ··· 359

第十一章 "单双区分"的地位和作用 ··· 365
第1节 "单双区分"比"名动区分"重要 ··· 365
第2节 名词"虚化"和双音化"充实" ··· 369
第3节 "单双组配"比"词-语区分"重要 ··· 374
第4节 语义上的"松紧差别"是根本 ··· 378
第5节 "虚实象似"原理 ··· 382
5.1 "虚实象似"的综合性 ··· 382
5.2 "虚实象似"的相对性 ··· 385
第6节 对主流语法理论的反思 ··· 387

第十二章 "标记颠倒"和包含格局 ··· 389
第1节 局部的"标记颠倒"现象 ··· 389
第2节 "名动包含"和"标记颠倒" ··· 393

第3节 定中结构的"标记颠倒" ························ 394
- 3.1 形容词的特殊性 ································ 394
- 3.2 形容词定语的"标记颠倒" ······················ 396

第4节 形容词内部的重新分类 ························ 400
- 4.1 双音化增强摹状性 ····························· 400
- 4.2 形容词内部重新分类 ··························· 404

第5节 表现语言的"主观性" ························· 407

结篇 语法研究的破和立 ································ 409
第1节 "一抛一捡"之后 ····························· 409
第2节 汉语大语法 ·································· 411
第3节 范畴的"对立"和"对待" ····················· 413
第4节 重视语言的多样性 ···························· 419

附录
- 附录1 英、日、汉儿童习得名词和动词 ················ 423
- 附录2 名词和动词脑成像的英汉比较 ·················· 427
- 附录3 科斯学说的"交易成本" ······················· 430
- 附录4 "天下理论"的"天下无外"原则 ··············· 434
- 附录5 量子物理的"不确定原理" ····················· 437

参考文献 ·· 441
主题词索引 ·· 470
语言(方言)索引 ······································ 485

Abstract(英文摘要) ·································· 487

绪论　一抛一捡之间

第1节　"名动包含说"的要义

　　这本书论证,汉语里名词和动词的性质和两者之间的关系不同于印欧语里的名词和动词。性质不同是指,印欧语的"名词"和"动词"是语法范畴,跟语用范畴"指称语"和"述谓语"不是一回事儿,而汉语的"名词"和"动词"是语法范畴也是语用范畴,名词就是"指称语",动词就是"述谓语"。汉语的语用范畴(指称语、述谓语)包含语法范畴(名词、动词)。图示如下:

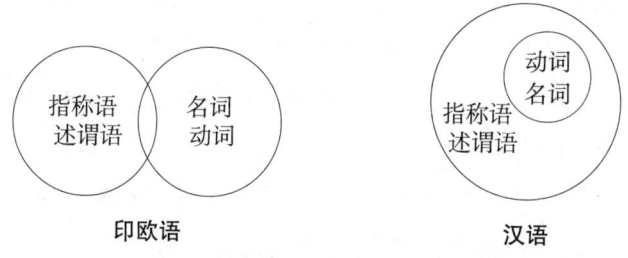

　　左边印欧语两种范畴的交叉部分是所谓语法和语用的"交界面"(interface),对汉语来说这样的交界面不存在。如果把语法看作语言的组织结构的"体",汉语的这种包含格局可以称为"用体包含","用"包含"体"。在这个包含格局里,名词就是指称语,

2 名词和动词

动词就是述谓语,但是指称语不都是名词,述谓语不都是动词。从名词动词到指称语述谓语,印欧语有一个"实现"的过程,汉语没有这个过程,名词动词本身就是由指称语述谓语"构成"的。

关系不同是指,印欧语的名词和动词是"分立关系",名词是名词,动词是动词,名动分立,而汉语里名词和动词是"包含关系",名词包含动词,动词属于名词,也是一种名词(动态名词),但是名词不都是动词。从逻辑上讲"包含关系"就是"属类关系","上下位关系"。图示如下:

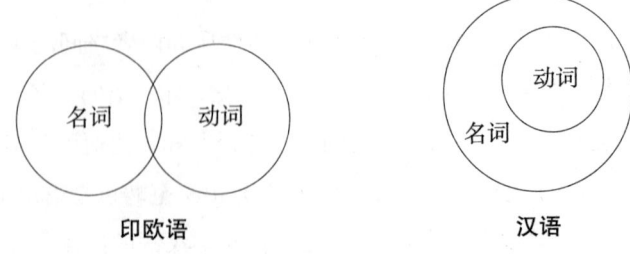

印欧语"名动分立",名词和动词的关系好比"男人"和"女人"的关系,是男人就不是女人,是女人就不是男人,只有小部分交叉,即名动兼类。汉语是"名动包含",名词和动词的关系好比英语 man(人/男人)和 woman(女人)二者的关系,woman 也是 man,man 不都是 woman;也好比汉语"护士"和"男护士"二者的关系,男的护士也是护士,护士一般是女的。汉语不存在"名动兼类",因为动词都属于名词。既然这个包含格局是"属类关系",名词和动词就是"异而同"的关系,"凡异而同者曰属"(段玉裁《说文解字注》),"既分又不分"的关系。不分,因为动词也是名词;分,因为名词不都是动词。要问汉语有没有"动词"这个类,回答是,有也没有。没有是指没有一个独立的动词类,动词包含在名词之中；有是指名词中有一类特别的动态名词，动态名词就是汉语的动词。因为汉语名词动词的性质就是指称语述谓语，所以"名动包含"其实是"指述包含"，指称语包含述谓语：述谓语也是指称语，指称语不都是述谓语。在"名动包含"格局里，名词和动词既有大类和小类的关系，又有整体和部分的关系。这就是"名动包含说"的要义，第三章和第四章将详细论证。

　　词类，特别是名词和动词的区分，是否具有普遍性，这是个有争议的问题。"生成语法"的回答是肯定的，名词具有 [+N] 特征，动词具有 [+V] 特征，并且假设这是人类天赋语言知识的一部分。语言类型学家的回答不一致，有的认为有普遍性，有的认为没有普遍性，参看 Vogel & Comrie（2000）。本书的观点是，要把"有没有区分"和"怎么样区分"分开来讲。名动"有区分"可以假设是人类语言的共性，这是基于人在认知上对"事物"和"动作"两种概念必有的区分。然而名动的"区分方式"是因语言而异的，至少可以分出印欧语的"分立格局"和汉语的"包含格局"两种类型，这也是基于人类在看待事物和动作的关系的时候有认识上的差异或不同的倾向性。有不同的区分方式不等于区分方式可以不受限制，本书假设名词和动词的"包含格局"只有名词包含动词的类型，没有动词包含名词的类型，这也是由认知上事物和动作不对称的偏侧方向所决定的，第五章将详细说明这一点。有一种误解，以为"名动包含"说主张"名动不分"，主张（传统所说的）名词也是动词，也有述谓性。恰恰相反，这正是"名动包含"说所反对的。这种误解产生的原因是以为名词和动词的关系要么分立要么合一。

　　语言事实方方面面的证据汇聚到一点，支持汉语"名动包含"

格局。"名动包含说"不是一个权宜的处理方式,而是关系到汉语的词类系统乃至整个语法体系的构建。不仅对汉语的研究有重要影响,对其他语言的研究和一般语言理论的建设也有它的意义。

有人会问,既然汉语的名词和动词跟印欧语的名词和动词有如此大的不同,为什么不给汉语的名词和动词另外起个名称呢?不另起名称不仅是为了照顾习惯,也为了方便跟其他语言进行比较,汉语的词类要放在世界语言的大背景下来考察。在容易引起混淆的地方,我们把包含动词(即动态名词)在内的名词称作"大名词",把动态名词以外的那部分名词称作"小名词"、"静态名词"或"一般名词"。在大多数情形里,根据上下文是不会引起误解的,这样还可以避免行文的累赘和啰唆。读者要记住的是,"静态名词"和"动态名词"的区分是基于"名动包含"格局,动态名词也是名词,"名动包含"的实质是"指述包含"。

第2节 以"简洁"为准则

划分词类的目的是为了方便讲语法,好把同类的词放在一起讲。确定一种语言的词类系统后,我们可以评价它的优劣,看它是否方便讲语法。评价的标准主要是两条:自洽和简洁。自洽是指不能自相矛盾,不能循环论证,简洁就是不要过分的复杂,能简就简。自洽作为评价标准,大家都接受,无须多说。简洁作为评价标准,似乎还缺乏一致的认识。有人对简洁标准不理解,他们说,语法作为一个整体,这个部分简单了,那个部分就复杂,这个部分复杂了,那个部分就简单。比如句法简单了,词汇部分就复杂。这是对简洁准则的误解和曲解,好比说话啰唆的人为自己辩解:我这儿说得复杂些,别的地方就会说得简单。简洁的反面是冗赘,是不必要的复杂。还有人问,怎么评判简洁还是不简洁?言外之意是简洁不好衡量。这就好比说话啰唆的人听到批评后反问,你凭什么说我啰唆?简洁很好衡量:覆盖同样多的语言事实,一个范畴够了就不需要两个,一条规则够了就不需要两条,一个假设够了就不需要两个,一个分析层次够了就不需要两层。有人说,除了自洽和简洁,还应该加一条"周到",他们把简洁跟周到对立起来,说做到周到就做不到简洁,做到简洁就做不到周到。这还是在为无端的复杂化作辩护。周到可以归入简洁:覆盖同样多的事实,相对简洁的体系好,因为它更周到。当然,为了简洁而有意回避一些语言事实,那不是遵守而是滥用简洁准则。不自洽和不简洁是一对孪生坏兄弟,不自洽必定带来不简洁,不简洁往往包含着不自洽。

许多天才的物理学家在构建理论的时候以"简雅"(elegance)[①]为最高准则,例如"反物质"的发现就是以简雅为最高准则的结果。这要从狄拉克和他的相对论量子力学说起。狄拉克(Paul Drac, 1902—1984)是20世纪最伟大的物理学家之一,对物理的洞察力让同时代的其他天才都自叹弗如。他创立的狄拉克方程不但在物理学里占有极重要的地位,对化学以及很多广泛应用的新技术都有不可估量的影响。杨振宁说,狄拉克方程"是惊天动地的成就,是划时代的里程碑"。当狄拉克将他的著名方程应用到电子上时,他发现一个令人惊讶的事实:在方程的解里面,不但有准确描述电子特性的解,同时还存在对应于负能量状态的解!我们都知道,在现

---

① 《牛津英语词典》对 elegance 一词的释义是 ingenious simplicity,宜译作"简雅"或"雅洁"。无独有偶,中国传统美学"简、雅混为一体"(伍蠡甫 1986:368)。

实世界里能量只可能是正的。面对类似情况，一般的物理学家会怀疑方程本身有误或认为这些负能量只是一种纯数学的非物理解而不去管它。但狄拉克不是一般的物理学家，在判断一个物理理论是否正确的标准上，他和爱因斯坦一样都以理论"简雅"与否为最高准则，按爱因斯坦的说法，理论应该"尽可能地简单，但却不能再行简化"。狄拉克方程是非常简雅的，因而狄拉克对它的正确性绝对有信心，同时他也相信负能量解一定有它的深刻含义。经过缜密的思考，他于1931年断言负能量解实际上对应的是与电子相反的另一种粒子，在现实世界里看起来就是具有正能量的反粒子，即带正电荷的反电子（后来更名为正电子）。这个大胆的预言立刻在物理学界掀起轩然大波，大多数人都抱持怀疑态度，甚至有人将反粒子理论作为开玩笑和嘲弄的对象。然而出乎所有人的预料，仅仅一年之后，就有人在研究宇宙线时发现了正电子！狄拉克进一步预言所有的基本粒子都有与它们对应的反粒子，比如有质子就应该存在反质子。反质子果然在1955年被发现和证实。认识到反物质的存在，使人们对物理世界的了解向前跨出了一大步。杨振宁曾把狄拉克这一大胆的、独创性的预言比之为负数的首次引入："负数的引入扩大并改善了我们对于整数的理解，它为整个数学奠定了基础；狄拉克的预言扩大了我们对于场论的理解，奠定了量子电动场论的基础。"简雅准则也就是"奥卡姆剃刀原理"（Ockham's razor），简单的说是八个字：如无必要，勿增实体。按照这一原理，当两种理论都能解释相同的事实时，应该相信假设少的那一个。举例说，"地球本来是方的"，但是"观察的时候显现出圆形"，这和"地球本来就是圆的"说明的是同一件事，但是前者引入一个莫名其妙的不必要的假设，所以前者不可信。（以上关于"反物质"的介绍均转

引自汤双 2011）

"少则得，多则惑。"对许多杰出的科学家来说，这不仅是科学信念，而且是他们认识物理世界的指导原则和从事研究的方法论准则。（张一鸣、张增一 2012）把语言学视为一门科学的人，即使不把简洁当作最高准则，也应该十分重视这条准则。朱德熙先生曾以"简明、简洁"为重要标准，建立起"以词组为本位"的汉语语法体系，他在《语法答问》（1985）里至少有三处谈到这一标准的重要性：

"总之，在句本位语法体系里，由于词组、句子成分、中心词等基本概念之间互不协调，产生了许多矛盾。为了解决这些矛盾，就想出了词组'熔解'以及词类转化之类的说法。等到这些说法也无能为力的时候，就只好承认一般规则之外，还有哪些例外。结果是体系越来越复杂。所以句本位语法体系不但由于内部有矛盾，缺乏严谨性，同时也缺乏简明性，实在不能说是一个好的语法体系。"（72—73 页）

"评价一种理论或系统的时候，简明性跟严谨性一样，都是很重要的标准。"（77 页）

"词组本位语法体系适应汉语实际，所以简洁而自然。句本位语法体系硬要用印欧语语法来范围汉语，圆凿方枘，扞格难通，所以显得既啰嗦，又勉强。"（78 页）

以上论述可以归纳为：一，简明性和严谨性同等重要，不要"啰唆"，体系不能"越来越复杂"。二，体系要"自然"，不要"勉强"，要"适应汉语实际"。三，简洁和自然联系在一起，适应语言实际的体系一定是既简洁又自然的体系。正是按照简洁准则，朱先生坚持认为，汉语的动词做主宾语的时候还是动词，没有"名词化"。汉语不同于英语等印欧语的事实是，"他开飞机"和"开飞机容易"两个句子,其中动词"开"做谓语的时候是"开",做主语的时候还是"开",形式完全一样,而英语动词 fly 做谓语是限定形式,做主语是分词形式或不定形式。无需改变形式而用作主宾语是汉语动词的普遍现象,古代汉语固然如此,现代汉语也是这样。要解释这个事实,有两种理论。一种是传统的理论,有两个假设:假设一,动词做谓语不做主宾语;假设二,动词做主宾语的时候变成了名词。还有一种就是朱先生的理论,只有一个假设:动词本来就能做谓语也能做主宾语。后一种理论比前一种理论少一个假设,当然是后一种理论简单,所以后者可信而前者不可信。朱先生操起奥卡姆剃刀把不必要的假设给剃掉了,他同样还剃掉了"词组入句后'熔解'为句子成分"的假设,从而建立起汉语"以词组为本位"的语法体系,这个体系跟传统的句本位语法体系相比是一个比较简雅的体系。详见第一章。

本书的立论基础是:语言学作为一门科学,简洁和自洽同等重要;以自洽和简洁为最高准则,而不是以某种先验的假设(比如"名动分立")为最高准则。简洁准则凌驾于不同的学派之上。[①]

第 3 节 继续摆脱印欧语观念的束缚

"名动包含说"不是凭空想象,不是无中生有,它是长期以来汉语语法研究"摆脱印欧语观念的束缚"这一努力的继续。朱德熙先生有下面两段话:

[①] 当今国外占主导地位的"生成语法"学派虽然以"名动分立"假设作为理论的前提,但是在简洁准则面前这个前提也可以修正。详见第三章第 6 节第 7 节。

"汉语语法研究从一开始就受到印欧语语法的深刻影响。早期的汉语语法著作大都是模仿印欧语语法的。一直到本世纪四十年代，才有一些语言学者企图摆脱印欧语的束缚，探索汉语自身的语法规律。尽管他们做了不少有价值的工作，仍然难以消除长期以来印欧语语法观念给汉语研究带来的消极影响。这种影响主要表现在用印欧语的眼光来看汉语，把印欧语所有而为汉语所无的东西强加给汉语。"

"中国有一句成语叫'先入为主'，意思是说旧有的观念的力量是很大的。我们现在在这里批评某些传统观念，很可能我们自己也正在不知不觉之中受这些传统观念的摆布。这当然只能等将来由别人来纠正了，正所谓后之视今，亦犹今之视昔。"

——《语法答问》（1985）日译本序

"汉语自身的语法规律"当中，重要的一条就是"动词做主宾语的时候没有发生'名词化'"，这种名词化为"印欧语所有而为汉语所无"。"名动包含说"在此基础上前进一步，对"名动分立"这一根深蒂固的传统观念提出质疑，论证它为"印欧语所有而为汉语所无"。其中的道理十分简单：汉语之所以没有印欧语那种"动词的名词化"，是因为汉语的动词本来就是名词。前人的一些观点是"名动包含说"的先声，主要有以下一些。

赵元任先生对汉语特点的论述：(1) 主谓不齐全的"零句"是根本，零句可以独立，整句由零句组成。(2) 句子的主语其实就是话题。(3) 主谓结构可以做句子的谓语。(4) 名词可以做谓语，谓语的类型不宜按名词、动词、形容词区分。(5) 没有相当于英语 no, all, some 的形容词。

吕叔湘先生的相关论述：(1) 就词类转变而言，同类词都能这么用的不算词类转变。(2)汉语的名词本身不受否定。(3)汉语重视"是"和"有"的区分,"是"关涉"是非问题","有"关涉"有无问题"。(4)叙述句的句型是"主语-动词-宾语",判断句的句型是"主语-谓语",谓语本身可为"主-谓"结构。(5)结构关系跟单音节和双音节的搭配有关,偏正关系[2+1]式居多,动宾关系[1+2]式居多。

朱德熙先生的相关论述:(1)动词做主宾语的时候还是动词,没有"名词化"。(2)主谓结构也是一种词组,跟其他类型的词组地位完全平等。(3)词组和句子之间不是"组成关系"而是"实现关系",即抽象和具体的关系。(4)名词是从反面定义的,即不能自由的做谓语。(5)名词修饰名词十分自由,"白的纸""懂的人""昨天的报"里做修饰语的"的"字结构都是名词性语法单位。

本书在论证"名动包含"格局的时候完全接受并一一引用上述观点。特别是朱先生提出"汉语的名词是从反面定义的"这一命题,可以说"名动包含说"已经呼之欲出。这样看来,"名动包含说"只是顺势而为,在前人摆脱印欧语束缚的道路上接着向前跨了一小步。第一章将首先对朱德熙先生的学术遗产加以盘点并澄清一些误解。

另一方面,由于"旧有的观念的力量是很大的",从"名动分立"到"名动包含",不少人会觉得这是一个急剧的转变,有人甚至觉得近乎"疯狂"。这使人想起杰出的量子物理学家尼尔斯·玻尔曾经说过的一句话:"我们都知道你的理论非常疯狂,但是我们观点的区别在于,你的理论是否足够疯狂,使它甚至可能是正确的。"(苗千2013)科学上的创新要挑战迷思,破除成见,有时需要有足够的"疯狂"。以为汉语跟印欧语一样是"名动分立",这就是本书要挑战的迷思和破除的成见。吕叔湘先生晚年有下面两段话:

"要大破特破。……要把'词'、'动词'、'形容词'、'主语'、'宾语'等等暂时抛弃。可能以后还要捡起来,但这一抛一捡之间就有了变化,赋与这些名词术语的意义和价值就有所不同,对于原来不敢触动的一些条条框框就敢于动它一动了。"

"在探索规律性的过程中,不得不使用术语,这些术语以及它们所构成的体系是为陈述规律性服务的。我们制造和使用这些术语,应该让它们听命于我们,不能让我们听命于它们。"

——吕叔湘(2002)《语法研究中的破与立》

本书对汉语"名动包含"格局的论证,做的就是这"一抛一捡之间"的工作。

第4节　从语言世界看汉语

只从汉语看汉语,看不清汉语的真实情形,所谓"不识庐山真面目,只缘身在此山中",当然更不知道外面的语言世界是什么样子。从汉语看语言世界,眼界开阔了,但是由于历史上的原因容易把眼光集中在印欧语上,"把印欧语所有而为汉语所无的东西强加给汉语",也容易过分看重"汉语的特点",忽略汉语和世界上其他语言的共同之处。从语言世界看汉语,也就是把汉语置于世界语言的大背景上来考察,眼界更开阔,可以更好的看清汉语的真面目及其在语言世界中的地位。反过来,看清汉语也有利于加深对其他语言的了解,加深对人类语言的本质的认识。

20世纪的语言类型学从研究"词法"的类型转移到研究"词序"的类型,近年来类型学的研究范围又从"词序"的类型扩展到"词类"的类型。这是因为随着词序类型研究的深入,人们发现SVO、SOV、AN、NA等词序中S(主语)、O(宾语)、V(动词)、N(名词)、A(形容词)这些个范畴在语言之间其实有很大的差异,不能一概而论,进而发现不同语言的词类系统有类型上的重要差别,忽视这方面的差别可以说是词序类型学的先天不足。因此有的语言类型学家(如 Hengeveld 1992,2013;Himmelmann 2007)开始建立从事跨语言词类比较的模型,并且指出英语那种"名词、动词、形容词、副词"四分的词类格局并不是人类语言普遍的词类格局,恰恰相反,这种格局是比较罕见的,各种语言的词类系统不仅不完全一致,而且有很大的差异。研究词类类型的学者在探讨这样一种可能性:造成语言之间差异的根源之一是词类分合的差异,确定语言类型变异的一个重要参项是词类分合的参项。(参看完权、沈家煊 2010)《语言类型学》杂志创刊号上 Broschart(1997)的论文,通过对汤加语(一种波利尼西亚语)的实地调查,论证汤加语属于"词型-词例"二分的语言类型,而不是像印欧语那样"名词-动词"二分。Larson(2009)在生成语法的框架内比较汉语和伊朗的一些语言,认为这两种语言的名词类是一个包含动词、形容词在内的"大名词"类,Kaufman(2009)也在生成语法的框架内论证,他加禄语的动词和动词根都应该分析为名词和名词根。(详见第三章第 6 节、第 7 节和第九章)历史语言学家 Heine & Kuteva(2002)根据大量语言特别是非洲语言的事实得出结论,从词类演化看,名词和动词并不处在同一个层次上,动词是从名词里分化出来的。本书所做的"一抛一捡之间"的工作,将参考和吸取词类类型学的最新成果,并在力所能及的范围内说明汉语"名动包含"格局对世界语言的词类类型学有什么启示,特别是对词类系统的类型演化提出一种见解。(第九章第6节)从汉语的词类特点出发来反观其他语言,使我们得以对其他语言的语法有一个更深刻的认识。(第六章第5节,第十章5.3节)

"名动包含说"受语言"标记理论"(markedness theory)的启发,也将深化和改进标记理论。过去的标记理论(包括笔者1999年出版的《不对称和标记论》)对"无标记"和"未标记"两种情形的区分缺乏足够的重视,"名动包含说"提醒我们重视这一区分。(第三章第3节)此外,标记理论的新进展——"标记颠倒"理论——与"名动包含说"互相印证。(第十二章)

"名动包含说"还将对主流语法理论"语法、语义、语用"三者分立的大格局加以反思,并且为"认知语言学"的理论建构添砖加瓦。(第四章第4节,第十一章第6节)对于心理语言学和神经语言学的实验研究,"名动包含说"可能为它们提供新的理论基础,具体说,为儿童的词类习得和词类的大脑表征的实验提供新的设计和分析的思路(附录1,2)。此外,我们还将"名动包含说"置于语言学之外的更广阔的背景下来讨论,第四章讲的"实现"和"构成"两种关系就具有跨学科的普遍性。没有哲学根基的语法理论缺乏深度,第十章第6节以及结篇第3节将论述"名动分立"和"名动包含"各自的哲学背景。附录3和4将举例说明,提出一对范畴呈包含关系而不是分立关系,这种情形也出现在其他学科(经济学、政治哲学)的理论建设里,附录5从量子物理学电子的"波-粒二象性"来观照汉语动词的"述谓-指称二象性"。"名动包含说"有利于语言学和其他学科在前沿的沟通。

第 5 节 "名动包含说"的好处

"一抛一捡"之后，我们对汉语名词和动词的认识有了重要的变化，从"名动分立"转变为"名动包含"，这一转变给汉语语法体系的构建带来很多好处。不理解"名动包含说"的人问，这一转变的好处在哪里？言下之意是看不出什么好处。分歧首先出在对什么是"好处"的认识。如上面第 2 节所述，能够消除不自洽、不简洁这两个毛病，就是最大的好处。一个不自洽、不简洁的体系，无需更多的语言事实，肯定是有问题的，一定不方便讲语法。第二章将分析目前的词类体系所存在的问题，主要包括：名词的界定问题，"名动词"的问题，违背"中心扩展规约"和"并列条件"的问题，"类无定职"和兼类词的问题。此外还有对名词做谓语如何加以解释的问题（第五、六章），补语和状语的界定问题（第七章），形式动词的功能问题（第六章第 4 节），这些问题都将随"名动包含"格局的确立而得以消解。还有一些长期争论不休的具体问题，例如古代汉语"鸟之将死"这种"N 之 V"结构里"之"字的语法功能问题，"人而无信"这种"N 而 V"结构的解析问题，现代汉语副词"都"的量化方向问题等，也将得到较为妥善合理的解决。（第八章，第六章 3.4 节）"名动包含说"还将解答一些重要问题：为什么汉语"特多流水句"？（第六章 3.3 节）为什么汉语表达基本的逻辑概念的方式有自身的特点？（第八章第 4 节）为什么汉语"是""不是"的答问方式不同于英语？（第四章 4.2 节）对这些问题的解答将加深我们对母语的认识，也将加深对其他语言的认识。上一节已经指出，确立汉语"名动包含"格局，有利于从这个格局出发来反观其他语言，推进语言类型学的发展。

破字当头,立在其中。"名动包含"格局表明,汉语里名词和动词虽然有区别,但是这种区别远不如在印欧语里那么重要,汉语语法应该有自身重视的区分。语言类型学不仅要研究每种语言的重要范畴是什么,更要研究每种语言重要的"范畴区分"是什么。第十章论证,以"是"和"有"为标志的"肯定"和"叙述"的句类区分、直陈和非直陈的语气区分是汉语的重要范畴区分。"摹状"和"非摹状"的区分是汉语语词的首要区分,"重叠"是汉语的一种重要词法形态。(第三章第5节)第十一章论证,"单双区分"(单音字和双音字的对立)以及单双音节的组配方式是一种综合性的形态手段,同时在韵律、语法、语义、语用上区分"虚"和"实",在汉语中有十分重要的地位和作用。第十二章进而论证,形容词和名词动词的区别要大于名词和动词的区别。最后的"结篇"把这些新的认识结合起来,对整个汉语语法体系的革新作出一个初步的构想,并指出语言研究必须重视语言的多样性。立足语言事实而非既定理论的"名动包含说"也为探究中西方两种范畴观("对待"和"对立")的差别提供一个实在的参照系。

第一章　后退没有出路

第1节　摆脱印欧语束缚的重要一步

在汉语语法研究史上,《马氏文通》的最大意义是从西方引进了对语法的精细分析,从而改变了整个汉语语法研究的格局。马建忠有感于中国传统的语法研究缺乏"部分类别",只满足于对句子整体意义的意合神会,批评这是"不求其所以然之蔽":

"至于逐字之部分类别,与夫字与字相配成句之义……罔不曰,此在神而明之耳,未可以言传也。噫嘻!此岂非循其当然而不求其所以然之蔽也哉!"(《文通》序)

凡是语言"字别种而句司字"是一定不易之理,马氏因此采用西方语法的分析法在汉语中划分单位,区分词类,区别句法成分,并且作层次分析。这种"逐段逐句逐词分析"所体现的正是"西方文法教育的千年传统"。(许国璋 1991:92)一个多世纪以来,中国的语法学基本上是沿着《马氏文通》的路子,不断借鉴西方的分析法,"语法分析"几乎成了"语法研究"的同义词。回想一些大的语法争论都是围绕着能不能分和如何分的问题:先是单位的划分,词和语素、词和短语如何划分?单句和复句如何划分?其次是给划分出来的单位分类,汉语的实词能不能分类?如何分法?句子成分分几类合适？主语和宾语如何划分？还有层次分析法，"同形异构"分析法，转换分析法，语义成分分析法，三个平面分析法，等等。大类下面分小类，一个"的"字可以分出三个。一言以蔽之，一百年来我们的研究是"分析，分析，再分析"，研究的进步基本上就是分析的广度和深度的拓展和分析方法的改进。分析法的引入大大加深了我们对汉语语法结构的认识，通过分析找出整体的各组成部分的差异，这确实有助于把握整体的性质。

《马氏文通》虽然有功绩，但是带来的消极影响也不可小视。它虽然注意到汉语语法自身的一些特点，但是"部分类别"的整个体系是模仿印欧语语法而建立的。不可否认的是，西方那种主要针对印欧语的分析框架运用于汉语遇到不少困难，面临不少问题。首先有大量"分不清、分不尽"的情形，由于汉语缺少发达的形态，许多语法现象就是渐变而不是顿变，容易遇到各种"中间状态"。词和非词的界限，词类的界限，各种句子成分的界限，划分起来都难以"一刀切"。① 更加棘手的问题是，西方赖以讲语法的工具，他们所界定的那些基本的语法范畴，所阐述的基本的语法定律，用来讲汉语语法总是显得"圆凿方枘，扞格难通"。20世纪50年代中国语言学界对于词类问题、主宾语问题、单句复句问题进行过三次大讨论，此后争论一直延续不断，反映出问题的严重性，因为"这些争论里有很大一部分是由于受了印欧语传统语法观念的影响以致看不清汉语语法的本来面目引起的"（朱德熙1985a：iii）。西方"转换生成语法"兴起之后，朱德熙先生马上敏锐的指出，这种语法提出的两条最基本的句子转写规则（rewrite rule），

---

① 这不等于说汉语的一切都是浑然一体，前后左右全然分不清，见吕叔湘（1979：11–12）。

S→NP+VP 和 VP→V+NP,"在汉语里是行不通的"。(朱德熙 1985a:64)以至于吕叔湘先生晚年说,汉语语法研究要"大破特破",敢于触动一些条条框框,甚至要把西方语法的基本术语"暂时抛弃"。(吕叔湘 2002)

　　回顾一百多年来所走过的道路,中国的语法学界"摆脱印欧语传统观念的束缚"的努力从来没有停息过,而其中最重要的一步是由朱德熙先生跨出的,虽然朱先生自称这只是"很小很小的一步"。朱先生的新观念在 1982 年的《语法讲义》里已经得到较为全面的贯彻,而出版于 1985 年的《语法答问》,"目的是针对一些常常引起争论的基本概念和观点进行分析和评论",虽然只是薄薄的一本,却是对汉语语法的特点和对合理的汉语语法体系的集中、明确、系统的阐述,这在以前的语法著作中还没有过。今天我们要在前人的基础上继续前进,应该首先盘点和继承朱先生这份重要的学术遗产。

　　朱先生向前跨出的重要一步是什么内容呢?那就是他明确无误的提出了汉语语法"关系全局的"两个特点。《语法答问》里是这么说的:

　　"……汉语语法真正的特点在哪里呢?要是细大不捐的话,可以举出很多条来。要是拣关系全局的重要方面来说,主要只有两条。一是汉语词类跟句法成分(就是通常说的句子成分)之间不存在简单的一一对应关系;二是汉语句子的构造原则跟词组的构造原则基本上是一致的。"(4 页)

　　关于第一条,朱先生归纳为:动词除了做谓语还可以做主宾语,名词除了做主宾语可以做定语,一定条件下也可以做谓语,形容词除了做定语还可以做谓语和状语。特别是关于动词可以做主宾语，朱先生是这么阐述的：

> "汉语的动词和形容词无论是做谓语还是做主宾语，都是一个样子。传统汉语语法著作认为主宾语位置上的动词、形容词已经名词化了。这是拿印欧语的眼光来看待汉语。就汉语本身的实际情况来看，动词和形容词既能做谓语，又能做主宾语。做主宾语的时候，还是动词、形容词，并没有改变性质。这是汉语区别于印欧语的一个非常重要的特点。说它重要，因为这件事不但影响我们对整个词类问题的看法，而且还关系到对句法结构的看法。"（5页）

朱先生的这个观点是贯穿始终的，虽然他建立了名词和动词的兼类"名动词"，但是并没有拿"名动词"来否定或修正这个重要观点。汉语的动词和形容词既能做谓语又能做主宾语，当然是就大多数动词和形容词而言，《语法讲义》里说"事实上绝大部分的动词和形容词都能做主宾语"（101页），《语法答问》里说"百分之八九十的动词和形容词可以做主宾语"（7页）。要是"实际情况"和"事实上"可以做主宾语的动词和形容词不是"绝大部分"，不是"百分之八九十"，那么汉语的动词和形容词"做主宾语的时候还是动词、形容词，并没有改变性质"的观点就根本站不住。

为什么说这一特点"非常重要"？因为它"不但影响我们对整个词类问题的看法，而且还关系到对句法结构的看法"，跟特点的第二条有内在的联系。关于第二条朱先生解释如下（例句编号照原文）：

> "（英语里）句子和子句是一套构造原则，词组是另一套构造原则。举例来说：
>
> （11）He flies a plane.（他开飞机。）
>
> （12）To fly a plane is easy.（开飞机容易。）

(13) Flying a plane is easy.（同上）

在（11）里，flies 在谓语位置上，用的是限定形式。在（12）和（13）里，to fly a plane 和 flying a plane 在主语位置上，分别用不定形式和分词形式。汉语的情形不同，动词和动词结构不管在哪里出现，形式完全一样。(11)—(13)里的 flies a plane, to fly a plane, flying a plane 用汉语说出来都是'开飞机'。"（7页）

注意，朱先生不仅说汉语里"动词"做主宾语和做谓语的形式完全一样，而且说"动词结构"做主宾语和做谓语的形式完全一样，这一点经常被有些人忽视。朱先生接着说：

"汉语句子的构造原则跟词组的构造原则的一致性还特别表现在主谓结构上。汉语的主谓结构独立的时候相当于英语的句子，不独立的时候相当于英语的子句。按英语语法的观点来看，它是和词组相对立的东西。汉语的主谓结构实际上也是一种词组，跟其它类型的词组地位完全平等。它可以独立成句，也可以做句子成分。……跟印欧语比较的时候，主谓结构可以做谓语是汉语语法的一个明显的特点。"（8页）

朱先生的这个看法跟早先赵元任（1968：57）[①]"整句（S-P）作谓语"的观点是一致的，都是基于对汉语实际的敏锐观察。一方面汉语的主谓结构可以跟述宾结构、状中结构、连谓结构等其他结构一样做句子的谓语，另一方面"没有主语的句子跟有主语的句子同样是独立而且完备的"（朱德熙1987），所以汉语的主谓结构跟其他类型的结构"地位完全平等"。这个看法也跟吕叔湘（1979：

[①] 本书引用赵元任（1968），如无特别注明，文字和页码均根据吕叔湘1979年的译本。

31）的看法一致，吕先生也说："不用主谓关系的有无来区别句子和短语。句子可以在形式上不具备主语和谓语两部分；短语可以包括主谓短语。"朱先生的贡献在于，他明确指出，"主谓结构可以做谓语"是"汉语句子的构造原则跟词组的构造原则的一致性"的一种"特别表现"。因此，如果你接受"主谓结构可以做谓语"（这一点已经被大多数汉语语法学家所接受并写进他们的著作里），那也就接受了"汉语句子的构造原则跟词组的构造原则的一致性"。正是根据这个特点，朱先生提出建立"以词组为本位"的汉语语法体系，他说：

> "由于汉语的句子的构造原则跟词组的构造原则基本一致，我们就有可能在词组的基础上来描写句法，建立一种以词组为基点的语法体系。……如果我们把各类词组的结构和功能都足够详细地描写清楚了，那末句子的结构实际上也就描写清楚了，因为句子不过是独立的词组而已。"（74 页）

朱先生的这个"词组本位"的思想具体贯彻在他的《语法讲义》中，改变了传统以句子为本位的汉语语法体系，其影响是深远的。现在有人只说"词组本位"和"句子本位"各有优劣，不相上下，或者各打五十板，却忽略朱先生提出"词组本位"是我们摆脱印欧语观念的持续努力中向前跨出的重要一步，不管对不对，不能就这么轻描淡写的带过。

关于汉语上述两条特点的内在联系，朱先生说：

> "造成这两个特点的根源都在于汉语词类没有形式标记。英语的动词和形容词放到主宾语位置上去的时候要么在后头加上名词后缀 -ness, -ation, -ment, -ity 之类使它转化为名词，要么把动词变成不定形式或者分词形式。汉语词类没有这种形式标

记，不管放在什么语法位置上，形式都一样，这就造成了词类多功能的现象。另外一方面，由于汉语动词没有限定形式与非限定形式（不定形式和分词形式）的对立，这就造成了词组和句子构造上的一致性。"（9页）

可见，朱先生关于汉语特点的论述是成系统的，两个特点的根源都是老生常谈的"汉语缺乏形态变化"，但是朱先生揭示了"汉语缺乏形态变化"背后的深刻含义。这两个特点联系在一起不可分离，如果你承认第一个特点，那就也得承认第二个特点；如果你承认第二个特点，那就也得承认第一个特点。反过来，你推翻了其中的一个，也就推翻了另一个。这样我们就理解为什么朱先生在谈到动词和形容词可以做主宾语的时候，说这"不但影响我们对整个词类问题的看法，而且还关系到对句法结构的看法"。现在有的汉语语法书一方面说汉语的主谓结构可以做谓语，一方面又以句子为本位，或者，一方面同意句子的构造原则跟词组的构造原则基本一致，一方面又说汉语的动词做主宾语极其受限制，须知这样的说法都是不协调不一致的。

第2节 必须澄清的几个问题

2.1 关于动词做主宾语

朱先生坚持汉语的动词做主宾语的时候还是动词，没有"名词化"，这显然是从"简洁准则"出发的（见绪论2节）。既然绝大部分的动词都可以做主宾语，说动词做主宾语的时候转变成名词完全是多此一举。现在有不少人试图修正朱先生的这一立场，从事"生成语法"研究的人不假思索认定动词做主宾语的时候必定已经名词化,连一些一心想继承朱先生学说的人也往后退却,说还是要在一定程度上承认有名词化,这就非同小可。不是说前人的学说后人不能修正,但是修正的前提是先要正确理解朱先生的立场和本意。

有人用一些统计数字来说事,说汉语的动词不是绝大部分都能做主宾语。有的说单个动词(不带修饰语或宾语)做主宾语很受限制,只是少数现象,如郭锐(2002:185、189)统计能单独做主宾语的只占动词的46%。有的说单音动词进入"N 的 V"这个结构极其受限制,如詹卫东(1998)统计《汉语动词用法词典》中单音词1316个,能进入这一结构的只有"爱、苦、死、笑"四个,仅占单音动词总数的0.3%,吴长安(2012)也说单音动词适应这个结构的能力相当弱。袁毓林(2010a、b)认为形式为"N 的 VP"(如"图书的出版")的说法是"硬译"英语,有严格的限制,不可类推,仅限于书面语,在口语中尚无地位。还有的说单音动词做主宾语的时候句子的谓语动词极其受限制,如朴重奎(2003)在考察了所有单音动词后说,单音节自主动词充当主语的时候只限于能愿动词"可以"做谓语的句子,如"去可以""看可以"等。范晓(1992)也说 VP 做主语的句子在谓语的种类上受限制,就连笔者自己(沈家煊1999a:274-282)也曾经列举动词做主宾语的种种限制。史有为(2014)也强调动词并非全部可以做主宾语。

在花费很多的时间和精力做这些统计之前,应该先看一看朱先生是怎么论证他的观点的。请看《语法答问》在论证汉语动词做主宾语没有"名词化"的时候所举的7个例子(23页):

(1)去是有道理的。

(2)不去是有道理的。

(3)暂时不去是有道理的。

（4）他暂时不去是有道理的。

（5）他的去是有道理的。

（6）他的不去是有道理的。

（7）他的暂时不去是有道理的。

第一，朱先生恰恰是拿单音动词而不是双音动词做例证，"去"已经超出"爱、苦、死、笑"四个的范围；第二，例证既有单个 V 也有"N 的 V"，说这两个 V 都没有名词化；第三，例证既有动词 V 也有动词结构 VP，说"动词和动词结构不管在哪里出现，形式完全一样"，没有必要说"去"一词的性质转来转去，也没有必要说词组"不去""暂时不去"的性质转来转去。

要是到语料库里去找的话很可能根本找不到这些句子或者找到的极少，一般的动词用法词典更不会收录这样的用例。但是语料库或词典里找不到或很少找到并不足以否定朱先生的例证，因为朱先生的想法是，凭中国人的语感，这些句子自然是符合汉语语法的。"去"可以用其他单音动词来替换，事实上单音动词做主宾语（不管是单独还是做词组的中心）在汉语里是正常现象。古代汉语固然如此，成语是最好的例子，"绝处逢生，见异思迁，长歌当哭，生不如死，披坚执锐，驾轻就熟"等，举不胜举，现代汉语又何尝不是这样：

打是疼，骂是爱。

吃有吃相，站有站相。

看似一幅画，听似一首歌。

桥的本性是通，是渡，不是阻。

不要理睬她的大哭大闹。

爱有爱的道理，不爱有不爱的理由。

广州的吃全国第一,但是他在吃上不讲究。

他的快吃和长睡都是班里第一。

你怎么解释乌龟的快和兔子的慢?

在口语里动词做主宾语甚至更倾向用单音而不是双音:

你快决定吃(进)还是抛(出)。

(出)卖还是(出)租你要先想好。

我不怕比,比就比。("比试就比试"不上口)

太湖美,美就美在太湖水。(不说"美丽就美丽在……")

"小是小",味道好。(一家小饭店的店名,"小巧是小巧"不上口)

这笔款子,筹还是不筹要快做决定。——我决定筹。

你找老婆是找妈还是找抽?抽你没商量。

这种型号的客机过去从来没有失过联。

这样的例子可以无穷的列举下去,真正不能做主宾语的动词为数极少,即使是"是、有、值、姓、现(原形)、认为"这样的抽象动词也不例外:

我想是,他一定离婚了。是也好。

有总比没有好,大家还是想有。

值就买,不值就不买。

你想不想姓你母亲的姓?我想姓,姓也没关系。

现了原形没有?——现怎么样,不现又怎么样?

你怎么会坚持这么认为?

谓语部分可以替换词语,绝不是只限于"可以",就以"去"为例:

去有难处,不去也有难处。|去怎么样,不去又怎么样? |去有好

处,不去也不要紧。|去不对,不去也不对。|去挨骂,不去也挨骂。|去就去,不去就不去。|去在五天前,回在两天后。|去拖拖拉拉,不去又犹豫不定。

有人说单音动词做主语是前一话段的引述语,或者只出现在应答语中,具有特殊的指称性质,不具有代表性(吴长安2012)。在"去怎么样,不去又怎么样"里"去"像是引述语,但是在"去拖拖拉拉,不去又犹豫不定"里就不是引述语。而且引发应答语的提问语就经常用单音动词做主语,例如"去怎么样?","看一下可以吗?"。作为话题的主语经常是前一话段的引述语,这跟它是不是动词关系不大。

有人认为动词或动词结构做主语主要限于论断句,这不是理由,因为抽象名词做主语也以论断句为主。何况叙事句并不在排斥之列,古汉语里动词或动词结构做主语的句子就有叙事句,[①]例如:

行之十年,秦民大悦。(《史记·商君列传》)("行之"是"十年"的主语,"行之十年"又是"秦民大悦"的主语)

子路闻之喜。(《论语·公冶长》)(可以分析为"闻之"是"喜"的主语)

鲁人从君战,三战三北。(《韩非子·五蠹》)

叙事句里动词做宾语更不受限制。要说谓语的语义种类受一定的限制,这也不是理由,因为抽象名词如"信心、悲情、内容、空间、命题"等做主宾语的时候,谓语的语义种类也受限制。

为了证明VP受"的"字结构修饰有严格的限制,袁毓林(2010a、b)举下面的例子:

[①] 例子转引自李佐丰(2004),虽然李文说动词做主语主要限于论断句。

*不容易的教高中毕业班|*看的下象棋|*对身体很有好处的游泳|*喜欢的骑马|*看着舒服的干净一点儿|*希望的暂缓|*比较好的睡觉前喝牛奶|*开始的写诗

且不说"对身体很有好处的游泳"和"希望的暂缓"不用打*号，有的例子只要把词语稍微变化一下（基本结构不变）就变得自然，如"十分喜欢的骑马"，"开始不久的写诗"，"连着看的下象棋"，这只是表明修饰语的语义内容不能太少。有的例子加上一定的上下文就能说，如"对付失眠有多种治疗法，相对而言，比较好的睡觉前喝牛奶没有任何副作用"。"不容易的教高中毕业班"不太好，但"不容易的带班"就很好，这只是表明被修饰的中心语不能过长。总之这种限制也可以研究，但是并不能用来否定朱先生"V 和 VP 都可以做主宾语"的论断。袁文还花了很长的篇幅来说明汉语里"图书的出版"和"傲慢与偏见"这样的说法是"硬译"英语的产物，这个话实在让人费解。英语 publish→publication 和 proud→pride 都是名词化，分别有 -tion 标记和"异干交替"（[au]/[ai]）形式，要是我们在翻译英语的时候也加上个类似名词化标记的成分，比如说译成"图书的出版程"和"傲慢性与偏见"，那才是在"硬译"英语，"图书的出版"和"傲慢与偏见"正是汉语最自然的表达法。

要说语料库，下面倒是从儿童语料库中找到的 2—4 岁儿童说出的动词和动词结构做谓词"怕"的宾语的例子[①]：

怕丢了。|我怕倒。|怕打屁股。|我怕说我。|我怕掉下去。|我怕不出来接我。|我怕过来偷我的。

[①] 例子是张云秋提供的，出自她收集的儿童语料。

不过我们仍然认为,语料库虽然很重要,应该参考和依靠,但是不可以依赖,更不可迷信语料库。① 乔姆斯基用自己编造的英语句子 Colorless green ideas sleep furiously 和人们的语感来证明句法结构的客观存在,其结论并不因为语料库里根本找不到这样的实例而被推翻。语料库里一时找不到的句子不等于永远找不到,语法规则不仅要能生成已有的合乎语法的句子,还要能生成可能的合乎语法的句子,这是生成语法的立论之本。

总之朱先生的本意是,汉语"事实上绝大部分的动词和形容词都能作主宾语","百分之八九十的动词和形容词可以作主宾语"(着重号为笔者所加),他不是在讲语料中有多少动词、形容词实际做了主宾语。这个话不仅针对双音动词也针对单音动词,不仅针对单个 V 也针对"N 的 V"里的 V;不仅针对动词 V 也针对动词结构 VP。朱先生自己也是用汉语说话的正常的中国人之一,凭中国人的语感就可以判定他所列举的那些例子是符合汉语语法的。那些想方设法要证明动词不是绝大多数可以做主宾语的人倒是应该反思,是不是受先入为主的传统观念的支配,失去了对汉语特点的总体把握。

还有人说动词能做主宾语并不是汉语的特点,英语的动词也能做主宾语,只不过要加形态标记而已,汉语动词做主宾语的时候是一种"零派生",有如英语的 work 和 play。(陆俭明 2013)零派生只能对少量动词而言,如果说绝大部分的动词都要零派生,那就跟说

---

① 电影《猎杀本·拉登》很有看头,因为没有着重描述击杀行动,而是详细叙述主角(一位女特工)锁定拉登身处的曲折过程。曲折在于女特工的顶头上司不相信她的直觉判断,只相信搜集到的数据,而凭数据拉登藏在那所房子的可能性不超过 60%。

绝大部分动词都要名词化一样,是多此一举。① 朱德熙(1983)明确说,"所谓'零形式名词化',对于汉语来说,只是人为的虚构"。

2.2 关于"以词组为本位"

第二个要澄清的问题是词组到底能不能独立成句。对于朱先生提出的第二个特点以及"以词组为本位"思想,现在有人批评说,词组和句子毕竟不一样,有的词组不能独立成句,像"他开飞机"这样的主谓结构一般只有在应答的时候独立使用(如回答"他是干什么的"),不然就得对举着说(如"我开火车,他开飞机")。这种批评也没有正确理解朱先生的本意,《语法答问》早就回应了这个质疑。在提出建立一种以词组为基点的语法体系后,朱先生有如下一段话:

"这就是说,我们可以把各类词组(主谓结构、述宾结构、述补结构、偏正结构、联合结构、连动结构以及介词结构、"的"字结构等虚词结构)作为抽象的句法格式来描写它们的内部结构以及每一类词组作为一个整体在更大的词组里的分布状况,而不急于把它们跟具体的句子联系起来,特别是不把它们钉死在句子的某个成分上。"(74页)

有人提出"在词组本位的语法体系里句子是不是就没有什么地位,讲了词组是不是就不必讲句子了"的问题,朱先生解释说:

"我只是**强调**汉语的句子构造原则跟词组的构造原则是一致的。句子的结构实际上就是词组的结构。"(78页,两处着重号均为笔者所加)

一个"不急于",一个"强调",都能说明朱先生对这个问题

---

① 英语的形态正在衰退,像 work 和 play 这样的名动同形词确实很多,但是毕竟还是少数情形,不能以偏概全。

是怎么想的。因为从语法体系这个大局着眼的话，我们总要分清主次和轻重缓急，这样才能提纲挈领，不致本末倒置。区分主次就要在淡化一部分事实的同时"强调"一部分事实，区分轻重缓急就要决定哪些问题要先行解决哪些问题"不急于"解决。在确立"讲语法的间架"的时候朱先生淡化有的词组不能独立成句的事实，因为词组能不能独立成句的问题主要跟表述有关。从朱先生的回答里可以看出，不能因为"有的词组不能独立成句"就否定"汉语的句子和词组是一套构造原则"，道理很简单，因为"句子和词组是一套构造原则"从语法体系上讲是根本，是大局，是"关系全局的重要方面"，因此是需要"强调"的，是需要首先（不是"不急于"）认真对待的。批评朱先生的人倒是应该反思是不是"眉毛胡子一把抓"或者"捡了芝麻丢了西瓜"。

　　朱先生确实说过"句子跟词组终究是两回事，不能混为一谈"，有人据此就认为朱先生的本意是，词组和句子的一致性只是"结构"上的一致性，跟"具体的'话'"无关。这是只知其一不知其二：有的词组不能独立成句，这是其一；绝大多数的词组只要有一定的语境就能成句，这是其二。在朱先生看来，这"其一"是应该承认和需要说明的事实，而"其二"是默认的、无需说明的事实。在讲到有的词组不能独立成句的时候，朱先生举了经常提到的例子：V+了+O（吃了饭｜打了电话），V+C+O（吃完饭｜拿出一本书）。之所以说这样的词组不能独立成句，只是因为它们通常在应答或对举的时候说，例如：

　　走，散步去！——吃了饭／吃完饭。着什么急呀！
　　他拿出了什么？——拿出一本书。
　　打了电话，来了警察。

拿出一本书，放进一件衣服。

"他开飞机"跟"他开过飞机"不一样的地方也是对举或应答的时候说：

他干什么的？——他开飞机。

我开火车，他开飞机。

然而，朱先生说汉语里词组和句子是一套结构原则，其全部的论证恰恰就是从"他开飞机"和英语 He flies a plane 的比较上开始的。朱先生并没有用"他开过飞机"来论证，这是因为汉语里"他开飞机"和"他开过飞机"的差别不像英语 He fly a plane 和 He flied a plane 的差别那么重要，差别的性质"大不相同"：英语 He fly a plane 不合语法，汉语"他开飞机"合乎语法。可见朱先生的本意是：汉语只要有一定的上下文绝大多数的词组都能成为句子，然而又有哪一个句子（包括"他开过飞机"）不是在一定的上下文里说出来的"话"呢？当然，"吃完饭"和"吃完饭了"，"拿出一本书"和"拿出了一本书"，"他开飞机"和"他开过飞机"等毕竟有区别，可以独立的程度不一样，朱先生也承认这一点，但是从《语法答问》通篇的论证来看承认这个"其一"绝对不是要否定那个默认的"其二"。①

朱先生不仅坚持句子和词组是一套构造原则，而且进一步提出，在词组和句子之间的关系上，印欧语是"组成关系"而汉语是"实现关系"，并且对这两种关系作了详细的说明：

"这种语法体系把词组看成是抽象的、一般的东西，把句子（包括句子的整体和它的部分）看成是具体的、特殊的东西。在描写词组的内部结构和语法功能的时候，不考虑它是不

---

① "默认的"（default）也译作"底伏的"，更能表达默认规则的基础性。

是句子或句子的组成部分,只把它当作抽象的句法结构看待。可是词组随时都可以独立成句或者成为句子的一个组成部分。这个过程就是从抽象的词组'实现'为具体的句子或句子的组成部分的过程。按照这种看法,词组和句子的关系就不是部分和整体的关系,而是抽象的语法结构和具体的'话'之间的关系。"(75页)

"组成关系"是"部分和整体的关系","实现关系"是"抽象和具体的关系",这一对概念的提出标志着朱先生对汉语语法体系的特点的概括已经上升到理论的高度,后来国外的语言类型学家在比较不同语言的词类系统的时候才开始意识到这一点。[①] 十分遗憾的是,我们自己却"只见树木不见森林",纠缠于有的词组不能独立成句这个局部和次要现象而忽视了朱先生在这方面的重要贡献。有人说朱先生的这个论断只是一种"抄近路"的说法,是"用牺牲严密性来换取可读性,因为,词组和句子都有不同的抽象层次"(袁毓林2010b)。"词组和句子都有不同的抽象层次",为什么词组和句子的关系就不能是抽象的语法结构和具体的"话"之间的关系?我们看不出这种说法的逻辑性,倒是觉得这是小看了朱先生对严密性的重视,忽视了朱先生对语言事实"仔细的分析和比较"。

2.3 关于"名词-动词"连续统

第三个要澄清的问题是,怎么看待"名词-动词"连续统。按照功能学派的观点,名词和动词之间是一个连续体,动性或名性有

---

① 例如 Broschart(1997)意识到,汤加语(Tongan)的词类系统跟印欧语相比大不相同,它首先不是区分名词和动词,而是区分词型(type)和词例(token),看重的是抽象单位和具体单位之间的区别。(详见第九章)

强弱的区别,也只有强弱的区别。但是要知道,词类除了有连续性的一面,还有离散性的一面。同一样事物从不同的角度观察或采用不同的观察方式会得到不同的观察结果。量子物理学里有玻尔提出的"互补原理":"光"的本性具有波粒二象性,一种观察方式下光是离散的粒子,另一种观察方式下光是连续的波,但是我们不可能同时看到光既是粒子又是波,两种观察结果只能"互补"而构成一个整体。(曹天元 2006:168)因此不能用离散性来否定连续性,也不能用连续性来否定离散性。① 一个动词做了主宾语,你还是得确定它的属性到底是变成了名词还是仍然是动词,总不能说它 60% 变成了名词,还保留 40% 的动词性,或者反过来说 40% 变成了名词,还保留 60% 的动词性。好比你带一条狗上火车,要么带上去了,要么没能带上去,不能说 60% 带上去了。

有人说,"图书出版"这个名词短语里的"出版"直接受名词修饰,不能再受副词修饰和带宾语,丧失了动词的主要功能,因此至少应该把这个位置上的"出版"跟其他的"出版"区分开来,承认它已经变成正式的名词②,也就是已经"名词化"了。按照这个逻辑,"图书仓库"里的"仓库"不能再受数量词修饰,不能说"图书一座仓库","木头房子"里的"木头"也不能再受数量词修饰,不能说"一根木头房子",那是不是要说"仓库"和"木头"已经"去名词化"了呢?陆俭明(2003)指出,一个词的词类特性是一回事,这些词类特性在具体语句中的实现是另一回事,没有理由要

---

① 袁毓林(1995)和沈家煊(1999a)都曾经用连续观来对待汉语词类,这种做法自有它的价值,但是不可能完全取代离散观。

② 这是沿袭吕叔湘(1979:47)的说法,"文艺批评"里的"批评"必须承认它已经转变成正式的名词。

求一个词的词类特性在具体的句法位置上全部实现。他举例说,及物动词"吃"进入动补结构(吃快了,吃得很饱,吃不完)后不能再带宾语,不能带体貌成分,不能受"不"修饰,可是没有人会认为其中的"吃"动词性减弱了,更没有人认为它已经名词化了。陆先生的观点其实就是朱先生的观点,"一个概括词的语法性质不可能在一个位置上全实现"。

有人说,要真正了解一个对象就必须观察得尽量细致,区分主宾语位置上动词的名性强弱是必要的。甚至有人说,评价一个理论的好坏是看能否精细的反映语言事实中存在的区别(詹卫东 2012)。但是情况恰恰相反,讲语法不是分得越细越好。这个道理十分简单,比如,我发给你两张特写的电子照片,要你分辨哪一张是郭德纲哪一张是周立波,如果你把照片放大到最大,分辨率最高,你看到的只是一些颜色各异的色块,两张照片似乎没有什么大的分别。只有把分辨率调得足够"粗略"或者退到足够远的距离,这些色块都模糊化,你才能看见整个构图,从而有效的区分两张照片。道理虽然简单,但是还是有很多人在这个问题上想不通,下一节将从"形式类分合"的理论角度进一步加以说明。

第3节 形式类的分与合

3.1 "同形合并"原则

对"名词化"恋恋不舍的人想方设法要在汉语里找出一些形式标准来,证明有些位置上出现的动词已经变为正式的名词。这个问题跟"形式类"的分合原则有关,过去在理论上缺乏足够的重视。按照 Crystal(1997)的定义,一组形式如果表现出相似的或相同的语法特征就构成一个形式类（form class）。这个定义中的"语法特征"是指形态特点和句法分布。因为形态特点不同的一组形式其句法分布肯定也不一样，所以赵元任（1968：7-8）就只从句法分布来定义形式类："语法是研究一类一类的形式出现或不出现在由别的类构成的框架或槽之中的。所有在这一点上行动一致的形式是同一个形式类的成员。"举的例子是：

吃了饭

打过球

骑着马

三个形式都属于"动词语"这个类，其中的"吃、打、骑"都属于"动词"这个类，"了、过、着"都属于"动词后缀"这个类，"饭、球、马"都属于"名词"这个类，"名词的功能之一就是可以填进动词之后的宾语这个框架或槽之中"。

"形式类"区分要讲究分的度，要依据一定的原则，不能一味的分，该合的要合，这方面英语语法学家的做法给了我们有益的启示。下面对英语的动词形式和 V-ing 形式的分合情况作一介绍，先说动词的形式类。传统英语语法体系给动词分出的形式类不下 30 个（两个词的组合不算，如 will take，has taken 等）。

限定形式	直陈式		虚拟式		命令式	非限定形式	
	过去时	现在时	过去时	现在时	现在时		
1st 单数	took	take	took	take		不定式	take
2nd 单数	took	take	took	take	take	动名词	taking
3rd 单数	took	takes	took	take		现在分词	taking
1st 复数	took	take	took	take		过去分词	taken
2nd 复数	took	take	took	take	take		
3rd 复数	took	take	took	take			

对于动词形态变化十分丰富的语言,如拉丁语,分这么多类是必要的,但是对当代英语而言是累赘和干扰,引起对英语现状的严重曲解,因为动词的屈折格局(paradigm)经过长期的历史演变,当今已经变得相当简单。2002年出版的《剑桥英语语法》[①]进行"同形合并"(syncretism),只给动词分出6个形式类(Huddleston & Pullum. 2002:74-77):

			take	want	hit
主类	过去时		took	wanted	hit
	现在时	3rd 单数	takes	wants	hits
		原形	take	want	hit
次类	原形		take	want	hit
	动名-现在分词		taking	wanting	hitting
	过去分词		taken	wanted	hit

助动词和 be 的形式类跟这张表有点差别,形式变化多一点,但是6个形式类保持不变。"同形合并"的原则有两条:

i. 必须至少有一个词(lexeme)在两个词例之间有实现的(realized)、直观的(overt)、稳定的(stable)形式对比,才将这两个词例划归两个不同的形式类。

ii. 根据一致关系(agreement properties)作出的形式类区分不能从一个词推广到其他词。

举例来说,至少有 took 和 taken 这一对词例,两个形式之间的区别反映过去时和过去分词这个句法区别,例如:

---

① 这部英语语法反映了许多杰出的语言学家对英语语法的新认识新见解,起到沟通传统语法和现代语言学的作用。(见该书的"序言")

She wanted the car.　　　She took/*taken the car.

She had wanted the car.　　She had taken/*took the car.

而且这个形式区别是实现的、直观的、稳定的，属于形态-句法性质的（morphosyntactic）区别，所以这两个词例划归不同的形式类。相反，如果一种句法上的区别从来不用实现的、直观的、稳定的形态-句法手段加以区别，那就没有理由将两个词例划归不同的形式类，例如：

I'm warning you, [take careful note of what they say].　　命令式

It is essential [that he take careful note of what they say].　　虚拟式

两句的加括部分在句法上有区别，一个命令式，一个虚拟式，但是不管用哪一个词来替换 take，词例的形式总是一样的，即便是 be（有较多形式区别）也是如此，比较 Be patient 和 It is essential [that he be patient]。因此不能说这两个不同句式中 take 的两个词例分属两个不同的形式类。这是第一条同形合并原则。第二条原则只针对一致关系。句子为过去时，动词和主语的一致只表现在动词 be 上，而其他动词（例如 look）没有这个表现：

She was ill.　　They were ill.　　［有一致关系］

She looked ill.　　They looked ill.　　［无一致关系］

不能因为 be 在表现一致关系的时候有两个形式类 was 和 were（区分单数和复数），就把它推广到其他动词，说 looked 也有区分单数和复数的两个形式类。

第一条原则是，没有任何形态区别就不要区分不同的形式类，第二条原则是，个别的形态区别不要推广到全体。形式类的分合坚持这两条原则是为了方便讲语法，词例在句法上的种种区别，如果没有实现的、直观的、稳定的形态区别，就不应该区分不同的形式

类。不该分的分，该合的不合，语法丧失概括性，与"分"的初衷"以简驭繁"背道而驰，带来累赘和干扰。

3.2 英语"V-ing 形式"的分合

英语"V-ing 形式"在夸克的《当代英语详解语法》里放在名词短语部分叙述（Quirk, et al. 1985：1290-1292），在《剑桥英语语法》里放在动词短语部分叙述（Huddleston & Pullum 2002：74-83, 1220-1222），可见它的两重性，兼有名性和动性。V-ing 形式的名性和动性的强弱构成一个连续统，夸克依次列出 painting 一词从名性最强到最弱的 14 个用例：

（1）Some paintings of Brown's

（2）Brown's paintings of his daughter

（3）The painting of Brown is as skilful as that of Gainsborough.

（4）Brown's deft painting of his daughter is a delight to watch.

（5）Brown's deftly painting his daughter is a delight to watch.

（6）I dislike Brown's painting his daughter.

（7）I dislike Brown painting his daughter.

（8）I watched Brown painting his daughter.

（9）Brown deftly painting his daughter is a delight to watch.

（10）Painting his daughter, Brown noticed that his hand was shaking.

（11）Brown painting his daughter that day, I decided to go for a walk.

（12）The man painting the girl is Brown.

（13）The silently painting man is Brown.

（14）Brown is painting his daughter.

（1）（2）二例有复数形式 -s，叫"动源名词"（deverbal noun），（3）（4）二例叫动偏名词（verbal noun），（5）-（14）十例统称"分

词"（participle）。

传统英语语法不是这么三分，而是四分，把（5）（6）二例另行划归"动名词"（gerund），依据是这二例还受领格定语的修饰。但是夸克等人认为，区分动名词和分词"没有用"（not useful），不分反而能"更好的"（more satisfactorily）表示不同分词用例的复杂性，因为（5）-（14）各用例之间的差异是如此之复杂，绝不是分为两类三类就能解决问题的。例如传统语法说 painting 做主语的时候是动名词，做状语的时候是分词：

Painting a child is difficult.（动名词）

Painting a child that morning, I quite forgot the time.（分词）

但是两个 painting 用例在直观形式上没有区分，如果改用不定式就不分两类，例如：

To paint a child is difficult.

To paint a child, I bought a new canvas.

不定式不分而 V-ing 形式分，唯一的理由是历史原因，历史上动名词和分词有不用的来源，但是作为当代英语语法应该尊重英语的实际现状，实际现状是作为动名词和分词的 V-ing 没有直观的形式区别。

《剑桥英语语法》同样认为，动名词和分词的区分不能维持，在别的语言里能维持，但是英语中只能归为一类，名称不叫分词而叫"动名-分词"（gerund-participle），因为分不出主次来。合而不分是因为，按照"同形合并"第一条原则，现代英语里找不出一个动名-分词有实现的、直观的、稳定的形态区别，连 being 也不是。《剑桥英语语法》不仅认为从形态上区分动名词和分词不可行，而且认为，形态上如果没有区别，从句法分布上加以区分也难以行得

通,因为句法分布的区别集中体现在形态区别上。最后,从语义上区分动名词和分词同样行不通。(详见沈家煊 2015a)

注意,上面列出的 14 个用例并不能完全反映 painting 一词名性或动性强弱的区别,夸克指出,(5)句有两个意思,一个意思是 Brown 画女儿的灵巧动作看着舒服,另一个意思是 Brown 灵巧的画女儿的时候看着舒服,表达后一个意思的时候 painting 动性较强,接近分词。(6)句 painting 也有两个所指,一个指 Brown 画女儿这个事实,一个指他画女儿的方式,后者的动性较强,接近分词。动名词还有是否带情态意义的区别,例如:

There was no shouting, no merry-making, no waving of flags.(没有呼喊,没有嘲笑,没有挥舞旗帜。)

There was no mistaking that scream.(不可错解那声尖叫。)

第二句带有第一句没有的情态意义(不可),V-ing 的动性较强,接近分词。动名词和动源名词的界限也难以分清,例如:

There's no writing on the blackboard today.

如果表示今天不在黑板上写字,writing 是一般动名词,如表示今天不能在黑板上写字,是带情态义的动名词,接近分词,如果表示黑板上没有写字,是动源名词。动偏名词内部也有动性强弱的区别,第(3)例 painting 带后置的 of-定语,倾向指一个有名画家的绘画方式,如果改为前置的领格定语,如 Brown's painting is nearly as good as his wife,那么 painting 的动性就增加,倾向于指画画这个具体动作,近似第(4)例。动偏名词可以指正在进行的活动,也可以指已完成的整个活动,例如 His exploring of the mountain is taking a long time/ took three weeks,指后者(历时三周)的时候名性较强,宜改用名词 exploration。动偏名词和动源名词的区分也不是很重要，因为凡是动源名词（有复数形式）几乎都可以前加冠词，因此也都是动偏名词，另外有些形式能不能加复数后缀是模棱两可的。第（2）例的 painting（动源名词）夸克指出有两个意思，一个指 Brown 拥有的画，一个指 Brown 自己画的画，表达后一种意思的时候就跟动偏名词交接了。《剑桥英语语法》就不作动偏名词和动源名词的区分，将两类归为一类，统称"动性名词"（gerundial noun）。① 正因为所有这些差异是连续性的，又十分复杂，所以现在不少英语语法书干脆统称"V-ing 形式"，花精力在其内部的区分上不是没有意义但是意义不大，反而给英语语法带来不必要的复杂化。语言学家当然对动词的名性强弱差别敏感，尽量说明这些差别也有意义，因为可以用来作为支持某些倾向性规律的佐证，我们也一直在试着这么做，② 但是描述这些细微差异不等于要分出不同的形式类来。

总之，从传统语法到《当代英语详解语法》和《剑桥英语语法》，对于"V-ing 形式"的分合，跟动词形式的分合一样，趋势也是由重"分"到重"合"。这背后的道理就是"简洁准则"，能不分就不分，而不是尽量分，不分倒反而能"更好的"体现不同用例的复杂性。传统语法的细分导致英语语法"不必要的复杂和纠纷"

---

① 《剑桥英语语法》倒是分出一类"分词性形容词"（participial adjective），指做形容词性谓语的 V-ing 形式，例如 The show was *entertaining*。这类用例不在 Quirk 的 14 个例子内，因为不属于名词短语。把这一类分出来有道理，因为英语的形容词跟动词有重要区别，不能像动词那样直接做谓语。

② 例如沈家煊（1999a 第十章）以此来证明词类和句法成分之间存在普遍的"相对关联标记模式"，王冬梅（2001 第五章）以此来证明动词和宾语之间存在述谓和指称的程度共变规律（也叫"名动共变"）。另有陆丙甫（2005）以此来证明"指别度"对语序的普遍影响。

(unmotivated complication),是应该扬弃的。

3.3 汉语"动名词"的分合

汉语的动词其实都是"动名词"(或叫"动态名词"),见绪论第 1 节和第三章,兼具动性和名性,前面引赵元任的话"名词的功能之一就是可以填进动词之后的宾语这个框架或槽之中",汉语的事实是,能够填进这个框架和槽之中的也包括动词:

我想<u>家</u>,还想<u>吃</u>。

我怕<u>爸</u>,是怕<u>打</u>。

他爱<u>马</u>,也爱<u>骑</u>。

汉语"动名词"内部当然也有名性和动性强弱的差别,但是这种强弱差别也属于"分不清、分不尽"的情形。以"去"一词为例,很容易也像英语 painting 一样列出 14 个用例来,从上到下大致也按名性逐渐减弱的次序[①]:

(1)他一心想着个去。

(2)三去三回是有道理的。

(3)他的去是有道理的。

(4)去是有道理的。

(5)去和不去都有道理。

(6)给他来个拖延式不去。

(7)他的拖延式不去是有道理的。

(8)他的不去是有道理的。

(9)他的暂时不去是有道理的。

(10)暂时不去是有道理的。

---

① 只是一个大致的次序,实际上很难排出准确的次序来,因为强弱的程度差别很难分清。

（11）不去茅庐是有道理的。

（12）去过茅庐三次是有道理的。

（13）他暂时不去茅庐是有道理的。

（14）他如果去茅庐，是有道理的。

这 14 个用例中有 7 个是朱先生已经列出的（见上 2.1 节），朱先生从"简洁原则"出发坚持同一个动词"去"，竭力反对说其中有的"去"形式发生了名词化。现在汉语语法学界有不少人想给"去"的这些用例分出不同的形式类来，他们没有理解 Quirk 列出 14 个 painting 用例，其用意是要强调 V-ing 形式分不清、分不尽，应该尽量"合"而不是"分"。有人说（1）（2）二例（受数量词修饰），也许还有（3）（前有领属语），"去"已经由动词变为道地的名词，类似于英语 V-ing 形式的动源名词或动偏名词。要知道，英语里分出个动源名词或动偏名词来是有比较可靠的形式标准的，即复数标记和冠词，这两个形式从正面给名词这个范畴下了定义。要是没有这个原因，肯定也像分词和动名词不分一样不分。然而汉语没有复数后缀和冠词，而受数量词修饰和受带"的"领属定语修饰都不是名词专有的语法特性，动词也具有这样的语法特性。按照朱德熙（1985a：16），传统所说的汉语名词，其实是从反面定义的，即它一般不能做谓语。有直观形式标志的英语，Quirk 等人尚且认为分出个动源名词或动偏名词来并不重要，可以不分，汉语没有这种形式标志，还一心想分，这应该引起我们的反思。英语传统语法区分动名词和分词也还有点道理，因为主语和状语有比较明显的区分，动名词倾向做主语，分词倾向做状语。汉语里主语和状语很难作出明确的区分，绝大多数状语都可以分析为主语（话题）。例如赵元任（1968：52）就把上面（14）中的条件小句分析为主语，"今天不休息"的"今天"几乎都承认是主语。主语和状语区分比较明显的英语,英语语法学家尚且认为不应该区分动名词和分词,汉语主语和状语没有明显的区别,还一心想分,这也应该引起我们的反思。①

这样分下去只能使汉语语法不必要的复杂化,甚至带来累赘和干扰。如果说只要受了数量词修饰就判定为名词,例如"分很重要"的"分"是动词,"三分很重要"的"分"就是名词,那么"三打祝家庄"的"打"带宾语,"对方提出三不谈"的"谈"受"不"修饰,又作何解释?如果说受名词或区别词直接修饰的一定是名词,如"政体改革"的"改革",事实是这样的定名组合仍然具有一些动词性,例如:

我们不政体改革的话……。(受副词"不"修饰)
他打算在现场血型鉴定。(做动宾动词"打算"的宾语)
地方政府可以街道改造。(前带助动词"可以")
他已经药物检验过了。(受副词修饰,后带"过、了")
进行污水及时处理。(做形式动词的宾语,中间插入副词)②

有人说受带"的"定语修饰的一定是名词,例如"他的去"里的"去",因为不能说"他的去了"。按照这个逻辑,"木头房子"在"木头"前不能再加数量词,不能说"一根木头房子",那是不是要说"木头"已经变为形容词?"房子"前也不能再加数量词,不能说"木头一幢房子",是不是也要说"房子"已经失去了名词

---

① 英语区分 exploring(V-ing 形式)和 to explore(不定式),名性或动性有强弱的差别,从形式上这么分理所当然。

② 这些用例由曾骞提供。如果我是一个瞧不起人的文艺理论家,我会说:"你也文艺批评,他也文艺批评,好像阿狗阿猫都能文艺批评似的。"

性?"他的去了又去"又如何解释?同样难处理的还有"他的去过三次"、"他的去和不去"、"他的拖延式不去"等。

有人把下面两个句子中的"谦虚"划归不同的类别(陆俭明2014,李葆嘉2014):

谦虚是一种美德。

谦虚才能赢得人们的尊重。

他们说头一句的"谦虚"泛指一种品德,已经"名词化",后一句的"谦虚"是省略主语的小句,可以说成"态度谦虚才能赢得人们的尊重"。前一个"谦虚"的名性偏强,后一个"谦虚"的动性偏强,当然有这个细微的差别,但是分不清分不尽,因为头一句也可以说成"态度谦虚是一种美德",后一句的"谦虚"指一种品德也未尝不可。按照这种分法,"不谦虚是一种毛病",是不是要说"不谦虚"也已经"名词化"了呢?"谦虚很重要"里的"谦虚"到底是"名词化"了还是省略的小句呢?见仁见智,可以无休止的争论下去。"谦虚是一种美德,能赢得人们的尊重"这一句又该怎么办?按照这个逻辑,"这是幢木头房子"里的"木头"表示材料的性质,"盖房子要用很多木头"里的"木头"表示具体的材料,那是不是要把"木头"也分为两个形式类呢?这不是什么新发明,朱德熙(1985a:19)早就批评说,早期汉语语法著作把做定语的名词看成形容词,无非是说做定语的名词在意义上是表示性质。造成这些纠纷都是不该分而分的必然结果,"这样绕来绕去,不但理论上缺乏依据,对于学习的人来说,也是不好理解,难于掌握的"。(同上:23)

借鉴国外的理论和方法十分重要,但是一定要抓住本质,吸取精华。英语语法学家在动词形式和 V-ing 形式的分合上,从避免不必要的复杂和纠纷出发，总的趋势是从"能分就分"变为"能不分就不分"，这是本质、是精华。相反，仿照人家并不怎么重视的 V-ing 形式的内部区别，想以此来解决汉语语法中长期悬而未决的"名词化"问题，这不是借鉴，而是流于表面的依样画葫芦。有人也许会说：汉语缺乏印欧语那种实现的、直观的、稳定的形态标记，这样做是没有办法的事情啊！总不能不作区分。对这种说法我们同情但是不赞同。不能只说汉语没有什么，应该问一问汉语有什么？每种语言应该都有自身重视的区分和区分的手段，调查一种语言的语法，重要的是找出这种语言所重视的区分，而不是去寻找我们碰巧熟悉的语言所有的区分。这就要求我们继续摆脱"传统观念的摆布"，甚至"要大破大立"。第十一和十二章将论证单音字和双音字的区分（及其组配方式）是汉语自身的一种有别于印欧语的形态手段，它的地位和重要性相当甚至超过英语 V 和 V-ing 的形态区分。

第 4 节　关于新的"三层制"

不该分而分，带来干扰和累赘，这还表现在有人分不同的层面来讲词性，区分词汇层面的词性和句法层面的词性，想以此来弥缝汉语里词类和句子成分之间的缝隙。

石定栩（2011：4-10）重新提出"划分词类的标准应该是语义"，而句子又赋予实词以一种"外在性质"即"句法功能"，这实际上是将词性分为"词汇层面"和"句法功能层面"，建立"词汇层面的词性-句法功能层面的词性-句法成分"这样的三层制。所谓词汇层面的词性是以语义为根据来确定的，词义是词本身的特点，这实际是认为词本身的特点值得分类，需要分类。然而吕叔湘（1979:32）早就指出，这个话对于有发达的形态的语言也许适用，但对于汉语不适用，因为"词本身的特点"实际上就指的是形态变化。即便拿形态发达的语言来说，归根结底词性还是要由词的句法功能来定，因为词只有在语句里边才有各种变化形式，孤立的词，词典里的词，是从这个词的众多形式中抽象出来的基本形式，不把它用到语句里去是不需要知道它的形态变化的。《现代汉语词典》（第5版）给词标注词性的原则是"词类是词在语法上的分类，能够概括地说明词的功能与用法"（徐枢、谭景春2006），这部词典过去不标词性，词性是通过词所在的例句体现出来的。石著（6页）说到"战争"和"战斗"的区别，说"战争"从语义上讲只能是名词，因为"放入具体的句子"就会发现它总是用来描述事件而不会用来描述动作，可见他从语义定词性的时候还是要依靠词出现的具体句子。

以语义为根据来确定词性，朱德熙（1985a:10）早就指出这是行不通的，不仅会见仁见智争论不休，而且是循环论证。例如在确定"真理""电""良心"等词是名词时，说它们是表示事物的名称，而这样说的唯一理由就是事先已经确定它们是名词。Lyons（1968:147）批判传统的词类理论，指出它混淆了两个不同性质的问题，一个是划分词类的依据问题，一个是给划分出来的词类取名的问题。划分词类的依据应该是词的语法功能，给划分出来的词类取个恰当的名称是凭意义。例如按词的语法功能划出一类词X，其成员包括"男孩、女人、草、原子、树、牛、真理、电、良心"等，虽然不能说所有成员都表示事物，但是可以反过来说凡是表示事物的都属于X类，因此可以把X类叫作"名词"类。从《马氏文通》到《语法答问》,经过近一个世纪的探索,我们好不容易摆脱了以语义为根据的词类观,现在却又要走回头路,吃回头草。[①]石著在区分两个层面的词性后,对做主宾语的动词分出三个形式类(45页),例如"泅渡"一词在"我们不打算泅渡"里还是动词,在"我们不熟悉泅渡"里已经变为名词,在"我们不赞成泅渡"里只是语义上发生"名物化",还没有在句法上名词化。这样三分的依据是"打算""熟悉""赞成"对宾语的支配程度不等。但是上一节已经说明,动词的名性强弱是分不清分不尽的,这样分下去会分出无穷多的类别来。

郭锐(2002:89-90)也认为词有"固有的词性",指"词在词汇层面的词性,需要在词典中标明",再设一个"句法层面的词性",也建立起一个三层制。跟石著不同的只是,词性不是根据语义而是根据词的表述功能(指称、陈述等),[②]分"内在表述功能"和"外在表述功能",前者就是"词汇层面的词性",后者就是"句法层面的词性",表述功能的转化就是词性的转化。例如"这本书的出版","出版"在词汇层面上是动词性的,内在表述功能是陈述性的,在句法层面上转化为名词性的,也就是由陈述性转化为外在的指称性功能。"小王黄头发"里的"黄头发"是"指称的陈述化",也就是由名词性的转化为动词性的。

新的"三层制"和老的三层制(也就是叶斯柏森提出的"词品说")没有什么本质的差别,所谓"句法层面的词性"相当于"词

[①] 新兴的"认知语法"从认知语义出发界定所有的语法范畴,如Langacker(1987),这至少保持理论的一致性,而且是有形式依据的,但是主张走回头路的人缺乏这种理论一致性。

[②] 这一点倒是比"以语义为根据"高明,见第四章第1节。

品说"的词品,也介于词类和句法成分之间。词品分首品、次品、三品,动词做了主宾语就由次品转为首品,名词做了定语就由首品转为次品,形容词做了状语就由次品转为三品。吕叔湘先生在《中国文法要略》修订本序(1956)里说,汉语里词类和句子成分的关系错综复杂,断断不是增加一个词品层级所能概括,仍然是几乎什么词都可以有甲乙丙三品,词性还是要转来转去,不解决问题,在1982年的重印题记里又重申"不解决问题"。不解决问题却徒增一个分析层面,违背简洁准则,所以吕先生后来把这个层级断然删除了,王力先生在《中国语法理论》(1954)的"新版自序"中也声明要取消词品说。

新的"三层制"比"词品说"还更加复杂,例如,郭著说"内在表述功能"就是"词汇层面的词性","外在表述功能"就是"句法层面的词性","表述功能的转化"就是"词性的转化"。既然是指同一个东西,为什么还要用两套名目呢?复杂化还表现在,说"出版"这类名动兼类词在词汇层面就有两个词性,一个是动词性的(这本书的出版),一个是名词性的(图书出版),前者从词汇层面进入句法层面时要从动词性转化为名词性,而后者在词汇层面就发生了动词性到名词性的转化。前一种词性转化是"语法化转化",后一种词性转化是"词汇化转化"(101页),这就在词性转化上又多了一层区分。这样做的结果就是带来干扰和累赘,例如对于"版权保护和特别保护"这样的并列结构,就要说前一个"保护"是名词,后一个"保护"是动词,分别经历词汇层面和句法层面的名词化。对于"图书的出版与不出版",如果说前一个"出版"在句法层面名词化,那么并列的后一个"出版"(受副词修饰)就无法在句法层面名词化。"拖延式不出版"和"给他来一个不出版"

又如何让"不出版"在词汇层面名词化?

新的"三层制"不仅比"词品说"更加复杂,而在应该作出区分的地方又没有像"词品说"那样作出区分。"词品说"(Jespersen 1924∶62)在讲英语转品的时候说,动词用作主宾语是转品,次品转为首品,而名词用作谓语不是转品,不是首品转为次品,而是变成道地的动词。这是一个重要的区分,朱德熙先生重视这个区分,说动词能做主宾语,名词一般不能做谓语。名词和动词的这种不对称在英语和汉语里都存在(见第五章),然而新的"三层制"对此却没有作出区分。

第5节　覆盖而不是推翻

在词类和句法成分之间增加分析层面的做法,不解决问题而又违背简洁准则,吕叔湘和王力两位前辈都已经放弃,有人要退回去重新来过,那是不了解两位前辈放弃的原因,置简洁准则于不顾,对形式类的分合原则不甚了了。在建立汉语语法体系的时候,朱先生明确提出简洁和严谨同等重要,使汉语语法研究更加科学化。在贯彻这一原则的时候,他首先提出动词做主宾语的时候没有发生"名词化",认为它是汉语区别于印欧语的一个"非常重要"的特点,关系到对整个词类问题和句法结构的看法。汉语词类在句法上的多功能,词组结构和句法结构的一致性,这两条都离不开这个特点。现在不少人喜欢在枝节上大做文章,把次要现象当作主要现象,把特殊现象当作一般现象,想以此来修正朱先生的观点,退回去重提以语义为根据划分词类,重提"名词化"或"名物化",说"如果不假设一定的'名词化'手续,是解不开这个死结的","英语裹挟着汉语进行动词的名词化"(袁毓林 2010b)①,词汇层面没有名词化的话句法层面也要假设有名词化,或者重提什么"零形式名词化"。这样做的后果是严重的,如果推翻了这一条,那就等于是釜底抽薪,朱先生建立的"以词组为本位"的整个体系就基本上垮掉了,那还有什么朱先生的学术思想可言?说是只对朱先生的体系作"部分的修正",结果是推翻朱先生的整个理论体系。大道理要管小道理,枝节现象不是不需要研究,语料统计也不是不重要,但是更重要的是对汉语语法体系的大格局有一个准确的把握,不分主次、舍本逐末只能带来不好的后果,也曲解了朱先生的本意,对朱先生是不公平的。

认识到汉语的动词做主宾语的时候没有"名词化",这是一百年来我们在不断摆脱印欧语的研究框架、寻找汉语自身特点的路程上达到的新境界。当然,现在的汉语语法体系仍然存在不少问题(见下一章),但是要解决这些问题,应该按照朱先生所预期的那样,继续摆脱传统观念的束缚,而不是从已经达到的前沿阵地上退却,后退没有出路。我们赞赏这样的科学发展进程,新的理论是覆盖而不是推翻旧的理论,就像爱因斯坦的相对论覆盖而不是推翻牛顿的经典物理学理论一样。今天我们盘点和整理朱先生留下的学术遗产,不要把其中最有价值的东西廉价处理掉了,好比给小孩洗澡,千万不要把小孩连同脏水一起泼掉。

好在朱先生已经为继续前进隐隐指明了方向,他在论证汉语动词没有"名词化"的时候还提出,跟印欧语的名词不一样,汉语的

---

① 其实不是"英语裹挟着汉语进行动词的名词化",而是基于英语的传统观念的束缚裹挟人们一心在汉语里寻找动词的名词化。

名词是从反面定义的。本书将进一步论证,只有在"名动包含"的格局里,传统意义上的名词才可能从反面定义,汉语的动词之所以没有名词化,这是因为汉语的动词本来也是名词。[①]"名动包含说"覆盖而不是推翻朱先生的理论。

[①] 郭锐(2011)说"名动包含说"是更彻底的"名物化论",我声明,恰恰相反,"名动包含说"是更彻底的"反名物化论"。怎么可以混淆"本属名词"和"名物化"呢?

第二章 正视存在的问题

第 1 节 名词的界定问题

语法体系以自洽和简洁为最高准则（见绪论第 2 节），一个不自洽、不简洁的体系，无需摆出更多的语言事实，肯定是有问题的。这一章陈述现在的汉语词类体系——建立在"名动分立"的传统观念之上——存在的问题，关系到语法体系的大问题。上一章批评纠缠于枝节现象和次要现象，这跟忽视和回避全局性的重要问题，是同一毛病的两种症状。

第一个问题是在"名动分立"格局里汉语名词的界定问题。这在印欧语里不成为一个问题，因为有性、数、格这样的形态作为正面界定名词的标志。英语的形态已经衰退，但是仍然存在，名词有名词专用的后缀 -ness，-ation，-ment，-ity，大部分名词有单数复数的区别，名词前可以加冠词 a 或 the。即便是兼有名动二性的词或形式，只要加上了复数标志 -s 或冠词，就可以判定它是名词，跟动词区分开来。但是汉语的名词却无法从正面界定，关于这一点，朱德熙先生在《语法答问》（1985）里说：

"有的语法书上在说到名词的'语法特点'的时候，举的是（1）能够做主语、宾语，（2）能够受定语修饰，（3）

能够受数量词修饰之类。无论是(1)(2)还是(3),确实都是名词的语法功能,就是说都是名词的共性(所有的名词都有这些功能)。可是这三条里没有一条称得上是名词的语法特点(个性),因为这些语法功能,动词和形容词也有……要是用这三条作为划分名词的标准,那末通常认为是动词和形容词的那些词几乎全都得归到名词一类里去。"(16页)

朱先生强调"语法特点"和"语法性质"的区别,他对"语法特点"下了个明确的定义:"词类的语法特点指的是仅为此类词所有而为它类词所无的语法性质,即指这个词类所以区别于别的词类的个性。"上面三点,包括受数量词修饰,并不是名词的专利,因此汉语的名词是从反面定义的,即它一般不能做谓语。

许多人忽视朱先生的这段话,或者有怀疑,然而汉语的事实就是如此。动词和形容词也能够受数量词修饰,不管单音双音,带了数量词还能带宾语,例子无数,如:

有一点慢　有些儿快　三分赞成　七分反对　一分同情　九分担心　三打祝家庄　九评苏联修正主义　这一次去西藏多亏了你　这种开玩笑可要不得　导演冯小刚这三个转身都很华丽　两对情人的这两个告别都成了诀别[①]

吕叔湘(1944/1984)一文举出近代汉语中动词受"(一)个"修饰的大量例子:

做个准备　有个下落　讨个分晓　做个记认　装个老实　没个成功　觅个自刎　得个依靠　有个翻身　仗个干脆　买一个不言语

---

① 最后二例是根据张伯江提供的例子改写的。

吃亏在一个聪明好胜　算得个特等马糊　赢个他家偏有　落个人财两空　打个胸厮撞

还有受"一件、一段、一番"等修饰的例子：

一件虚惊　一件挂碍　一件奇异　一件机巧　一件极通情　一件不守女儿规矩　一段相思　一段娇羞　一番教育　一番漆黑　一重怒　一套假殷情（崔山佳2013：225-229）

动词形容词还经常出现在下面的句式中：

问个明白　吃个没够

来一个不吭声　好一个教书育人

这叫一个爽　那叫一个棒

搞它个水落石出　打得个落花流水

北风那个吹　瞅他那个胖

往床上一躺　吃完了一散

动他个一动　试上他一试

动词的量词虽然主要是"种""次""个"几个，但是抽象名词如"事物、过程、良心、战争、手术"等也只能用这么几个。正如名词有临时名量词，动词也有临时动量词（李湘2011），例如：

抽一鞭子　敲一棍子　扎一针　砍三刀　放两枪　射一箭

顶一脑袋　抽一巴掌　戳一指头　哼一鼻子　踢一脚　打一拳　看两眼

叫一声　迈一步　跑两圈　送一程

临时动量词也可以出现在动词前边，如"一针扎下去，一巴掌抽过去，两圈跑下来"。

然而矛盾的地方是，朱先生在《语法讲义》里又把"可以受数量词修饰"列为名词的语法特点，拿它跟"不受副词修饰"一起作为判别名词的标准。《语法答问》虽然声明受数量词修饰并不是名词的语法特点，但是在作具体语法分析的时候还是经常运用这条标准，例如在区分定语和状语的时候，确定"这个人黄头发"里的"黄"是定语，"他弟弟也黄头发"里的"也"是状语，根据就是"黄头发"能受数量词修饰因而是体词性的，而"也黄头发"不能受数量词修饰因而是谓词性的（46-47页）。朱先生的矛盾心理倒也不难理解：从汉语的实际出发，名词无法从正面加以界定，受数量词修饰并不是名词的专利；从"名动分立"的传统观念出发，名词又不能没有一个正面的定义，受数量词修饰最像是一个界定标准。

有人认为，可以拿"重叠后表示周遍意义"作为名词的语法特点，但是事实是这种重叠是重叠的量词（包括动量词"次次，遍遍"）而不是名词：

他买了几瓶酸奶，瓶瓶都有怪味。

他买了几次酸奶，次次都有怪味。

*他买了几瓶/几次酸奶，奶奶都有怪味。

*树树—棵棵　*云云—朵朵　*水水—滴滴　*马马—匹匹

名词和动词两个范畴，如果是分立关系，由上位的实词统辖，都应该各自从正面加以定义。有人以为，只要给动词一个正面定义，确定它的语法特点，也就把名词的范围给界定了。这样说的前提是实词要有一个正面的定义，"名词和动词统称实词"，这不是实词的定义。《语法讲义》这样说明"实词"："从功能上看，实词能够充当主语、宾语或谓语。"（39页）这个说明里的"或"字，如果理解为"合取"，那么只有动词符合这个说明,名词不符合,因为名词一般不能做谓语。"或"字如果理解为"析取",那就等于是说"名词和动词统称实词","实词"的内涵是空洞的。所以吕叔湘(1979:35)说,"看来光在'虚、实'二字上琢磨,不会有明确的结论;虚、实二类的分别,实用意义也不很大。"只有在"名动包含"的格局里,传统所说的名词才可以从反面定义。① "受数量词修饰"和"做主宾语"是"大名词"(包含动词)的语法特点,大名词和动词都有了明确的定义后,大名词去除动词后的那部分词(传统所说的名词,即小名词)是无需从正面定义的,而且只能从反面定义,即它一般不能做谓语。(详见第三章第3节)

当朱先生说汉语的名词是从反面定义的时候,他其实已经把一只脚跨进了"名动包含"格局,在当时的情况下已经十分的了不起,他在《语法讲义》里给名词下的定义——可以受数量词修饰,不受副词修饰——本质上是个反面定义,正好适用于"名动包含"格局里的小名词。只要突破名动关系只能是分立关系这种传统观念,另一只脚也就马上跨了进来。现在还坚持"名动分立"说的人倒是有义务从正面说清,这个格局里的名词究竟有什么"仅为名词所有而为动词所不具有的语法特点"。

第2节 "名动词"问题

2.1 范围难以确定

按照朱德熙(1982,1985a,1985c)的论述,"名动词"是

---

① 周韧(2014)论述汉语的词类应该注重于从反面来定义,也可参看。

兼有名词性质的动词,也可以看作名动兼类词,如"研究、调查、准备"等,它们只出现在汉语的书面语里,而且都是双音动词。 名动词的语法特点或判别标准,朱先生前后的论述不太一致,归纳起来有这么一些:(1)能做动词"有"的宾语。(2)能做形式动词"进行、加以、给予、予以、作"等的宾语,做了形式动词的宾语就不再受副词修饰,不能带宾语,有的还可以受数量词语修饰。(3)可以不加"的"直接修饰名词。(4)可以受名词直接修饰。(5)并列只能用"和"不能用"并"连接。

名动词是建立在"名动分立,小有交叉"的基础上,交叉的部分也就是属于名动词的部分只能是少数,不然就不应该算作兼类。

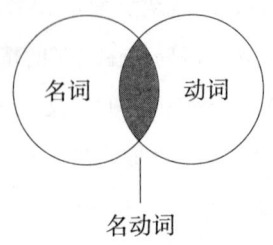

名动词的上述定位存在两个问题,一是标准不好把握、范围难以确定,二是导致理论矛盾、体系不一致。关于第一个问题,裘荣棠(1994)一文详细说明,上面五条标准衡量的结果很难互相一致。比如,不能做形式动词宾语的双音动词,有的能做"有"的宾语,有的可以直接受名词修饰,例如"迷信、发现、顾虑、失误、种田、流行、讲究、指望"等。能做形式动词宾语的双音动词也不是都能直接受名词修饰,特别是动补式,如"提高、澄清、查明、批准、肃清、纠正、摧毁、改正"等,还有表示心理状态的双音动词,如"尊重、重视、注意、肯定、信任、赞赏"等。可以受名词直接修饰的不限于名动词，甚至不限于双音动词，还可以是单音动词，例如"窝里反、姐弟恋、姑嫂争、胡马会、欧洲游、十日谈、百日咳、本字考、双日休"等。拿可以受名词直接修饰作为标准，那是以为名词能做定语不能做状语，但是名词做状语的情形并不少，最近出版的《现代汉语描写语法》(张斌2010：4)甚至认为"名词直接修饰动词"是汉语语法不同于英语的一个特点。下面对举的例子表明，做状语的时候双音名词和双音动词经常可以交替：

笑脸相迎　微笑相迎　　现场采访　在场采访
公费读博　付费读博　　低价出售　减价出售
掌声欢迎　鼓掌欢迎　　高薪延聘　提薪延聘
网络联系　上网联系　　点球获胜　罚球获胜
团体采购　组团采购　　食物中毒　过食中毒

直接修饰名词的双音动词大多不是名动词，如"出发地点、打架原因、跳舞姿势、结婚费用、逃跑路线、出席代表、讨厌程度、放假日期、下台干部、说话口气、经过地点、喜欢对象、睡眠方式、上岗条例、跳动范围"等。受一般动词直接修饰的名词多数是抽象名词，而朱先生列举的受名动词直接修饰的名词也多数是抽象名词，可比较下面左右二列：

教育方针（进行教育）　　育人方针（*进行育人）
斗争哲学（进行斗争）　　逃跑哲学（*进行逃跑）
招聘条例（进行招聘）　　招人条例（*进行招人）
表述口气（进行表述）　　说话口气（*进行说话）
写生工具（进行写生）　　画画工具（*进行画画）
冲洗方式（加以冲洗）　　洗澡方式（*加以洗澡）
休息时间（予以休息）　　睡眠时间（*予以睡眠）

旁听名单（给予旁听）　　出席名单（*给予出席）

包括名动词在内的双音动词修饰名词的时候还可以带宾语，例如：

到达时间　到达北京时间　　强奸罪　强奸男人罪
适应能力　适应环境能力　　自制机　自制酸奶机
解决办法　解决问题办法　　侵犯案　侵犯隐私案
复习情况　复习功课情况　　拐卖罪　拐卖儿童罪

单音动词一般要带上宾语才能直接修饰名词，例如"跨世纪人才""印假钞机器""留美博士""打拐民警"等，然而"能带宾语"却是朱先生将动词区别于名词的一条重要标准。名动词做形式动词的宾语的时候有的能带数量修饰语，这也难以说明它们具有名词的性质，因为动词也可以受数量词修饰（见上一节）。名动词做形式动词的宾语的时候不受副词修饰，这一条也不是绝对的，例如"进行互相评价，进行大肆出货，进行肆意搜捕，予以即时报道，加以稍许改变"等。①

总之，要是全部满足各条标准，名动词的范围会很小，要是只需满足一条标准就算数，名动词的范围会很大。这还没有涉及各个形式动词之间的差异（例如"*进行放行/给予放行"，"加以支持/*作支持"），"作"和"做"又难以分清，名动词的判别标准就更不好把握，范围更难以确定。②标准多一条少一条、宽一点严一点、哪条为主哪条为副，划出来的范围都不一样，难怪形式动词的范围有人要扩大有人要缩小。现在有人批评语言工程给语篇标注词性的时候，同一个名动词的标注经常前后不一致，这是因为名动词的范围

---

①　事实和例子是由曾骞指出和提供的。

②　关于形式动词的语法功能问题，参看第六章第4节。

本来就难以确定，背后的原因就是上一章第 3 节所说明的，兼有名性的动词其名性强弱是分不清分不尽的。

2.2 体系不一致

"名动词"的主要的问题还不是范围难以确定，而是造成理论的自相矛盾和体系的前后不一致。叶斯帕森把英语动词的"V-ing 形式"比喻为动词和名词的混血儿，兼有动词和名词双重性质，例如：

Brown deftly painting his daughter is a delight to watch.

Brown's deft painting of his daughter is a delight to watch.

形式 painting 在前一句里受副词 deftly 修饰，带宾语 his daughter，表现出动词的性质，在后一句里受三个定语 Brown's、deft 和 of his daughter 的限定，表现出名词的性质。朱先生认为汉语的名动词"是类似的现象"，并且认为"没有研究"和"调查很重要"这样的结构都是歧义结构：

没有研究$_N$　　（没有历史研究，没有一些研究）

没有研究$_V$　　（没有马上研究，没有研究文学）

调查$_N$很重要　（彻底的方言调查很重要）

调查$_V$很重要　（彻底地调查方言很重要）

严重的问题是，按照这个分析，"去很重要""没发现跳"等也是歧义结构：

去$_N$很重要　　（刘玄德的第三次去很重要）

去$_V$很重要　　（接二连三地去茅庐很重要）

没发现去$_N$　　（没发现刘玄德的第三次去）

没发现去$_V$　　（没发现接二连三地去茅庐）

跳$_N$很严重　　（富士康的第十一跳很严重）

跳$_V$很严重　　（连续不断地跳高楼很严重）

没发现跳$_N$　　（没发现富士康的第十一跳）

没发现跳$_V$　　（没发现连续不断地跳高楼）

然而在"名动分立"格局里"去""跳"这样的单音动词却只是动词不是名词，不属于"名动词"，而说"去""跳"已经名词化又是朱先生极力反对的，因为违背简洁准则。

这个问题归纳如下：在朱先生的语法体系里有两个论断，A和B，论断A是"动词做主宾语的时候还是动词，没有名词化"，论断B是"名动词是兼具名动两种性质的词，类似于英语动词的V-ing形式"。问题是，如果认定B就不能认定A，如果认定A就不能认定B，A和B都认定就自相矛盾。这种内在的矛盾不少人或多或少都意识到了，为了解决这个矛盾，现在有两种对策，一种是坚持B而修正A，一种是坚持A而修正B。许多人采取前一种对策，他们从A的立场退却，转而认为动词做主宾语的时候有一定程度或一定方式的名词化。第一章已经说明这种对策是倒退，主次不分，专注于局部和枝节，结果是费力不讨好，得不偿失，要付出的代价是巨大的，不仅要放弃构建语法体系的"简洁准则"，还要修正语法结构的"中心扩展规约"（见下一节）。"这本书的出版"这个老问题迟迟得不到解决，不是"奥卡姆剃刀"无关痛痒，也不是"中心扩展规约"在作祟，是定位有误的"名动词"在作祟，是误以为汉语只有部分动词具有名词性，在还没有正确把握汉语名动关系的大格局的时候去解决动词内部名性强弱这个次要问题。打个比方，还没有弄清楚台湾和中国的关系就去讨论金门或澎湖列岛的归属，这是主次不分、本末颠倒的做法。

我们采取的是后一种对策，在A的立场上前进一步，认为汉语里兼具名动两种性质并类似于英语"V-ing形式"的词不是"名动词"而是整个动词类,因为汉语的事实如此,这就是"名动包含"格局。建立"名动词"这个范畴无非是要在动词内部分出动性偏弱名性较强的一部分词来,确立"名动包含"格局不等于否认动词内部有名性强弱的区分,反而能引导我们从形式着眼改进这种区分,详见第十一章。

第 3 节 "中心扩展规约"和"并列条件"

3.1 违背"中心扩展规约"

遵照"简洁准则",不能说"这本书的出版"中的"出版"已经由动词变为名词。但是,如果说它仍然是动词,那就违背了语法结构的"中心扩展规约"(Head Feature Extension),简称"扩展规约":以一个成分为中心加以扩展,扩展后的结构的语法性质跟中心成分的语法性质一致。"出版"是动词,以它为中心扩展而成的"这本书的出版"却是个名词性结构。这个问题也就是"这本书的出版"违背"向心结构"理论(施关淦 1981)的难题。

说"出版"是"名动词"不解决问题,因为还有"这本书的不出版"和"他的去",在"名动分立"格局里"不出版"的"出版"和"去"一定是动词性成分。于是就有人说这是"扩展规约"在"作祟",布龙菲尔德的"向心结构观"本身就有问题(司富珍 2006,陈国华 2009)。但是黄和斌(2014)分析指出,他们的那些质疑其实都是对布氏"向心结构观"的误读。也有人说"向心结构"的理论对汉语不完全适用,"不能盲目照搬"(方光焘 1997:261)。朱德熙(1985b)还有其他人(陆丙甫 1985,金立鑫 1987,项梦冰 1991 等)曾试图对"向心结构"的定义加以修正,想使修正后的定义适用于汉语，但是这些修正还都不能令人满意（见施关淦1988，吴长安2006）。而试图修正的努力本身就表明，违背"扩展规约"非同小可，而不是一件无所谓的事情，因为"扩展规约"和层次分析法以及生成语法的"X-语杠"理论是互为前提和基础的。现在有人发问：遵守扩展规约怎么样？违反扩展规约又怎么样？言下之意是违不违反是一件无足轻重的事情。我们要说，违反的后果很严重，会破坏语言的"递归性"。"递归性"是人类语言区别于动物讯递系统的特性之一，是人类语言创造性能力的体现。生成语法理论最重要的洞见就是，人类语言是"有限手段的无限使用"（Chomsky 1965：8，引 von Humboldt 1836：91）。《语言与语言学百科全书》（Brown 2006）这样解释"递归性规则"，一个最简单的递归性规则的集合如下（→表示"可由____构成"）：

    a. X → Y

    b. X → X Z

X 可由 Y 构成，也可由 X Z 构成，这个规则集是递归性的，因为 X 既是 b 的输出又是 a 和 b 的输入。这两条规则能生成下面的序列：

    i. Y

    ii. Y Z

    iii. Y Z Z

    iv. Y Z Z Z

理论上可以生成 Y 带无穷多个 Z 的序列，即生成一个无限的序列集合。规则 b 就是"扩展规约"，一个事物用自身来定义，确切的说，用作为一个构成成分的自身来定义，这就是"扩展规约"的本质。"爸爸的书"这一组合是用"书"自身作为一个构成成分来定义的，"书"是名词性质的，所以"爸爸的书"也是名词性质的，进一步扩展后的"爸爸的爸爸的书"(理论上可以不断扩展下去)也是名词性质的。放弃"扩展规约"破坏了语言的"递归性",也就谈不上人类语言的创造性。Lyons(1968:331)也指出:"N 和 NP 之间,V 和 VP 之间都存在一种必不可少的(essential)联系,对哪种语言都一样。……NP 和 VP 不仅仅是帮助记忆的符号,而是分别表示句法成分 NP 必定是名词性的,VP 必定是动词性的,因为两者分别以 N 和 V 作为其必需的主要成分。"他接着说,如果有哪位语言学家提出诸如"NP → V+VP,NP → V,VP → T(冠词)+ N"的规则,"那不仅是有悖常情的,在理论上也是站不住的。"世界上的语言可以采用递归手段以外的其他手段来表达复杂的意思(见 Evans & Levinson 2009)①,但是不能违背"扩展规约"和破坏"递归性"。白硕(2014)从计算语言学的角度说,汉语也要跟生成语法的"X-语杠"理论兼容,这倒不是对乔姆斯基的个人崇拜,而是因为一个 CFG(上下文自由语法)分析器如果与 X-语杠兼容,其性能就可以有一个非常好的保证,兼容对计算语言学来说当然是个重大的好消息。

上面的讨论都是基于"出版"是"这本书的出版"的中心,那么是不是在中心的确认上出了问题?有人提出一个生成语法的解决办法(程工 1999,司富珍 2002、2004,熊仲儒 2005),将"这本书的出版"分析为"限定名词短语"(DP),将其中的"的"分析为这个短语的中心成分 D(限定词),D 具有 [+N] 特征,由此决定整个 DP 短语的名词性。这种"DP 分析法"跟传统分析法很

---

① 其他手段指"并置",例如用"图书和出版"来表达"图书的出版"的意思,用"你去,我不去"来表达"如果你去,我不去"的意思。并置手段并不违背"扩展规约",只是没有利用这一规约。

不一样，它的起因主要是出于概括的考虑，要对（a）限定名词短语（DP）和（b）时态动词短语（IP）之间的结构平行性加以概括。（Abney 1987）就汉语而言，平行的例子如下：

（a）商务这本书的出版　商务的出版（这本书）　这本书（由商务）的出版

（b）商务出版了这本书　商务出版了（这本书）　这本书（由商务）出版了

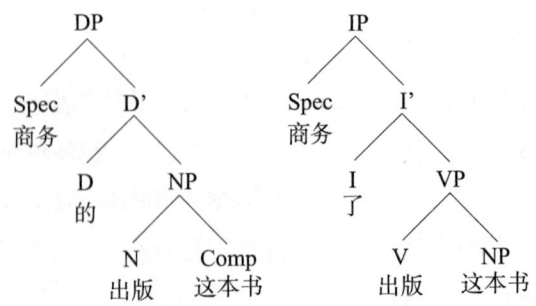

时态动词短语或小句 IP 是功能范畴 I（时态）对动词短语 VP 的扩展，限定名词短语 DP 是功能范畴 D（限定）对名词短语 NP 的扩展。如果指定语 Spec 位置空缺，"这本书"就可以通过移位出现在这个位置上，得到"这本书的出版"和"这本书出版了"。

对两种结构加以概括的用意倒是不错，但是从上面的树形图可以看出，这种分析法的问题是，对汉语而言，把"的出版"跟"出版了"一样看作一个直接成分，这严重违背人们的语感，从韵律、语义、结构上看"的"都应该跟前边的成分结合构成一个直接成分。支持"的出版"分析的例子极为个别和特殊，结构的平行不能建立在个别特殊的例子上（第六章 2.1 节），就连其他从事生成语法研究的人（李艳惠 2008，石定栩 2008，邓思颖 2006 等）也在语感上不予认同,周国光(2005,2006)、吴长安(2006)、潘海华、陆烁(2013)对这种分析法的种种问题作了全面检讨。周韧(2012)则指出,以"的"为中心的主要问题是,删去中心后,剩下的部分应该和原来整个结构的句法和语义功能相异,然而"木头的房子"和"红的花"这两种最常见的名词短语却不是如此。

在我们看来,这种分析法还置"简洁准则"于不顾。上述平行分析的前提是承认 DP 中"出版"的节点是名词 N,不然就不存在 DP 和 IP 之间的平行性。如果不存在这种平行性,那也就失去了对"这本书的出版"作 DP 分析的依据。熊仲儒(2005)意识到这个问题的重要性,为了使"出版"具有 [+N] 这一范畴特征,他另外设置一个功能范畴 n,n 具有 [+N] 特征。先由 n 对动词短语"出版这本书"进行扩展生成名词短语 nP,然后再由 D 对 nP 进行扩展生成 DP。设置功能范畴 n 是为了说明"出版"是如何名词化的,[①]且不说它是为上述 DP 分析而特设的,严重的问题是,在汉语里说"出版"名词化是多此一举,不符合"简洁准则"。

还有一种稍许不同的分析,认为"的"是直接插在主谓结构"这本书出版"中间形成"这本书的出版"。取这一分析的人当中,有人肯定"的"是具有 [+N] 特征的中心(陆俭明 2003),有人说"的"是一个"自指的名词化标记"(袁毓林 2010b)。这样的分析倒是不存在"出版"的名词化问题,但是要把一个统一的"的"分裂为两个,"这本书的封面"的"的"是一个"的"(朱德熙界定的"的₃"),"这本书的出版"的"的"是另一个"的"。有"奥卡姆剃刀"在,能不能在不增加新实体的情形下把理论难题解决呢?这

[①] 黄正德(2010)则是设置功能范畴 G,即先将"出版"变为"动名词"(Gerund),生成动名词短语,再生成 DP。

样处理还带来更多新的难以解决的问题。首先，不加"的"的"这本书出版"也可以做主宾语，经常在一段话里有的加"的"有的不加"的"，例如：

<u>美国的介入</u>是肯定的。无非是硬介入还是软介入，以及介入力度大小的问题。……所以<u>美国介入</u>是有条件的，这些条件也是我们可以利用的，要让美国感觉到<u>它的介入</u>将付出它所不能承受的代价，这样它就会选择不介入或少介入。（转引自完权2010b）

如果说"美国的介入"的中心是"的"，那么如何确定"美国介入"的中心呢？如果说这两个短语有不同的中心，这究竟是有助于还是妨碍我们对语句的理解？如果说"美国介入"隐含一个没有现形的中心"的"，那么"图书出版、问题研究、哲学思考"等等都可以说是隐含一个"的"，这跟说动词做主宾语的时候隐含一个"名词化"标记又有什么不同？其次，石定栩（2008）指出，中间加"的"后头是动词的结构不限于原先的主谓结构，还有大量其他的结构，例如：

<u>面向基层的扶贫帮困</u>应该持续下去。

<u>大家对于名物化理论的批评</u>都很中肯。

<u>报纸上说的坐航天飞机旅行</u>目前还无法实现。

这些画线的结构去掉"的"后都难以或无法还原成主谓结构，因此用主谓结构插入"的"来解释只适用于一部分情形。[①] 还有"这本书出版了"这样的主谓结构则不能插入中心"的"变为"这本书的出版了"。如果解释说"这本书出版"是词组而"这本书出版了"是句子，这就又忽视了汉语句子和词组的构造原则基本一致这个重

---

① 袁毓林（2010b）用添补"潜主语"和"潜宾语"的办法来解释，带有任意性，而且很复杂。

要事实。再次,插入"的"和不插入"的"意思会有差别,例如:
    a. 你没有他的勤奋。
    b. 你没有他勤奋。
a 句可以有"你不勤奋"的意思,而 b 句只有"你不如他勤奋"的意思。这表明"他的勤奋"不是简单的在主谓结构"他勤奋"之间插入"的"。总之"摁下葫芦浮起瓢",这一头问题好像解决了,那一头的问题又冒出来。

    当人们对以"的"为中心的分析法提出众多质疑的时候,坚持这么分析的人回应说,生成语法理论的"中心"是深层结构的中心,而结构主义语法理论的"中心"是表层结构的中心,因此质疑无效。(司富珍 2006)但是"此中心非彼中心"这个话同样适用于他们自己,按照辩论的逻辑,我们承认"的"不是一定不可以分析为中心,只是指出这种分析带来的问题比解决的还多,但是你要证明不存在违背"扩展规约"的问题,就得证明"出版"不是结构主义分析法的中心。李亚非(2015)在生成语法的框架内说,虽然表层语序未必证明深层的结构安排,但是也没有任何理由认为表层语序就必定没有反映其本质。最终评判两种分析法的优劣,还是要从汉语的事实出发,以超越学派的自洽和简洁为标准,而不是以当前哪个学派占主导地位为标准。

3.2 违背"并列条件"

    语法结构的"并列条件"是说:在非临时活用的场合,并列的两个成分应该属于同一词类或同一语类。(Radford 1988:76)例如英语:
    John wrote [to Mary] and [to Fred]. (介词短语与介词短语并列)
    John wrote [a letter] and [a postcard].(名词短语与名词短语并列)
    *John wrote [a letter] and [to Fred]. (名词短语与介词短语并列)

*John wrote [to Fred] and [a letter]. （介词短语与名词短语并列）

生成语法学家利用"并列条件"来检验两个成分是否属于同一个句法范畴，这一检验就叫"并列检验法"（coordination test）。例如，这一检验法证明限定词（Determiners）和形容词（Adjective）不属于同一范畴，因为二者不能并列：

*[_Dmy] and [_Alazy] son

*[_Asilly] and [_Dthese] ideas

还能证明名词的补足语（complement）和附接语（adjunct）是两个不同的范畴，前者是 N 的姐妹节点，后者是 N-语杠的姐妹节点：

a student [of Physics] and [of Chemistry]　　（补足语与补足语并列）

a student [with long hair] and [with short arms]（附接语与附接语并列）

*a student [of Physics] and [with long hair]　（补足语与附接语并列）

*a student [with long hair] and [of Physics]　（附接语与补足语并列）

在汉语里说做主宾语的"出版"仍然是动词，显然违背语法结构的"并列条件"，因为"图书和出版"或"这本书和它的出版"这样的并列结构做主宾语十分常见，名词和动词的语法性质不相同，怎么能构成一个并列结构呢？提出存在"NP 和 VP"这样的并列结构也是有悖常情，理论上站不住的。究竟是"并列条件"有问题还是汉语里"名词"和"动词"这两个语类的界定有问题？

有人说"图书和出版"并没有违背"并列条件"，因为"出版"属于朱先生定义的"名动词"，在"出版这些图书"中表现出动词性的一面，在"图书和出版"中表现出名词性的一面。为了证明这一点，举出的例证有（袁毓林 2010a）：

图书和出版　　　　　*书和出

自考书籍和电子出版　　＊自考书籍和马上出版

疾病和治疗　　　　　　＊病和治

肠胃疾病和食物治疗　　＊肠胃疾病和及时治疗

商品和销售　　　　　　＊货和卖

保健商品和季节销售　　＊保健商品和即将销售

右列不成立，因为单音的"出、治、卖"不是名动词，"出版、治疗、销售"受副词修饰只表现为动词。然而我们随便找些词在百度网上一查就发现大量的并列结构，与名词并列的绝不限于名动词，即便是名动词也不是不能受副词修饰（特别是能受"不"修饰）：

罪与罚，泪与笑，性与死，性与睡，梦与想，人与斗，情与变，时间与忙，艺术与捧，吃与营养，上海人与吃，长寿与吃盐，裸体与出书，肾病与出疹子，杂文与骂人，女人与花钱，买房与风水，盲文与育人，穷人和买房，睡眠与做梦，年与熬年，佛教与教佛，爱情与熬粥，读书人和读书，比价和贬值，车祸和堵路，挂号公司与看病，春天和防病，股与做人，垃圾广告与挨骂，眼前得失与受穷，一夜情与做工程，早期教育与看电视，孙子兵法与抢反弹，取财之道与抢银行，梦境和心跳，梦与哭泣，罪与惧怕，收购及其他，股价与跌涨，退出和退出状态，瑜伽和慢跑，烟斗与倒走，日记与偷窥，记忆法和快读，精神的底色与渐变，生死与捧杀，知情权与不知情，责任与不作为，穷人的尊严与不羞辱，房产商和死扛价，诚信和不折腾，铜兽首与瞎折腾，速食文化和细嚼慢咽，五七干校和上山下乡，利润和持续发展，早期诊断与及时治疗，操作策略与及时解盘，爱国之心和努力工作，社区卫生服务与看病贵，女人挨骂与"浪"女人

同样，形容词和名词并列不限于用"有"鉴别的"名形词"，

而且也能受副词"不"修饰：

才与狂，人与贪，力与美，我与帅，裤与酷，核与和，内环境和稳，婚姻与孤独，傲慢与偏见，雨季和懒散，小物和聪明，光感与飘逸，天才与勤奋，流氓和不仗义，草民和不识相，女人的大度和不安全感

这些并列结构要做句子的主宾语并不难，例如：

集力与美于一身，时间和忙不是推辞的理由，描写底层百姓的泪与笑，我讨厌他的傲慢与偏见，并非为了利益和出名，车祸和堵路互为因果，梦见蛇和被抓，我爱你的条件与不争

有的书面色彩浓，有的口语色彩重，双音节居多，也不排斥单音节和多音节。中国人并不觉得有什么特别之处，但要是翻译成英文，里面的动词就都得转化成名词不可。上一小节指出的分析问题在并列结构里同样存在，例如有人把"这本书和它的出版"里的"出版"定为动词（"的"插在主谓之间），把"图书和出版"里的"出版"定为"名动词"，把"版权保护与特别保护"里的前一个"保护"定为名词，后一个"保护"定为动词。这显然是夸大了两者的差异，把简单的问题搞复杂了。违背"并列条件"跟违背"扩展规约"是一个病根两个症状，头痛医头，脚痛医脚，效果不理想也就很自然。上面列举的"N 和 V"结构的例子许多能转换成"N 的 V"结构，如：

人的贪，力的美，人的斗（比狗的斗厉害），我的孤独，上海人的吃，情的变与不变，女人的花钱，穷人的买房，股价的跌涨，小物的聪明，房产商的死扛价，铜兽首的瞎折腾，雨季的懒散，草民的不识相

其实最简单的解决办法就是承认汉语里的动词既是动词又是名

词,采纳"名动包含说",这样违背"扩展规约"和"并列条件"的问题不复存在,用陆丙甫(2014)的话说,违背中心扩展规约的问题成为一个"假问题"。打个比方,新设立的上海自贸区是从反面定义的,只要不列入赌博、性交易等"负面名单"的行业就都可以进入。"去"和"出版"都没有列入进入那个位置的"负面名单",当然可以进入这个位置。

第4节 "类无定职"的问题

较早的汉语语法著作曾经持"词无定类,依句辨品"的观点(黎锦熙 1924:6),后来这个观点基本被放弃,转而采纳的是"词有定类,类无定职","职"指充当的句法成分。朱德熙(1985:4-5)认为,"类无定职"或者"词类的多功能"是汉语有别于印欧语的一个重要特点,动词除了做谓语还可以做主宾语,形容词除了做定语还可以做主宾语、谓语和状语,名词除了做主宾语还可以做定语,一定条件下还可以做谓语,只有副词是专做状语。其实在一定条件下动词也可以做定语(如"调查工作""合作项目")和状语(如"拼命跑""区别对待"),名词也可以做状语(如"集体参加""重点掌握"),这些用法不见得比名词做谓语少见,这样一来,名、动、形三大词类和句法成分完全割裂。然而,正如胡明扬(1995)指出的,划分词类的目的是要作句法分析,词类总要能跟句法成分挂上钩才是。有人说,词类信息并不能完全反映词的分布状况,要是让词类信息完全反映词的分布状况的话,那就得一个词一个类(詹卫东 2013)。我们当然赞同这个说法,而且反对不断的往下细分小类。但是这个话只说对了一半,还有一半要说的话是:词类信息应该反映词的主要分布状况。那么什么是讲语法的时候要反映的"词的主要分布状况"呢？最主要的就是词充当主宾语、谓语、定语、状语这些句法成分的状况，就名词和动词而言是充当主宾语和谓语的情况。如果划分出来的词类无助于我们判别词与词之间是主谓关系、述宾关系、还是定中关系，那就失去了划分词类的主要意义。语言类型学进行词类系统的跨语言比较，也是首先比较词的这些主要分布状况（见 Croft 1991, Hengeveld 1992）。坚持"词无定类"固然不需要给词分类，坚持"类无定职"也失去给词分类的意义。

按照"类无定职"，动词本来可以做主宾语，做主宾语的时候还是动词，没有转变为名词。这个论断的意思是汉语的动词可以"不加形态标志"直接做主宾语。英语的动词也可以做主宾语，只不过要加形态标志而已。在汉语词类的划分和转类这两件事情上我们分别采用了两种不同的方法和标准：在划分词类时，考虑到汉语是一种缺乏形态标记的语言，因此得依靠所谓"广义的形态"，也就是词跟其他词和成分的组合能力和组合状态；在词是否已经转类的问题上却仍然坚持狭义的形态标准，只要动词没有加上"名词化"的形态标志，做主宾语就还是动词，不再考虑动词在主宾语位置上"广义的形态"有没有发生变化。这样处理至少给坚持"词无定类"的人提供了辩驳的论据：既然转类可以只拿狭义的形态做标准，分类为什么不能也只拿狭义的形态做标准？要按狭义的形态标准，汉语的实词就不能分类。（高名凯 1953）这就形成一个悖论：为反对"词无定类"而提出"类无定职"，提出"类无定职"又最后导致"词无定类"。

为了消解这个悖论，沈家煊（1999a，第 10 章）在 Croft（1991）的启发下提出词类和句法成分的"关联标记模式"。在这个模式中，{名词，主宾语}，{形容词，定语}，{动词，谓语}分别构成三个"无标记"组配，而其他组配方式，如{名词，谓语}，{动词，主宾语}，{形容词，谓语}等，都是不同程度的"有标记"组配。"有标记"和"无标记"的判定，除了依靠狭义的形态标志，也依靠广义的形态，包括词的分布状态和使用频率。这个模式表明，词类和句法成分之间是"既对应又不对应"的关系。对应表现在，做主宾语是名词的典型功能，做谓语是动词的典型功能，做定语是形容词的典型功能。不对应表现在，名词有做谓语和定语的非典型功能，动词有做主宾语和定语的非典型功能，形容词有做谓语和主宾语的非典型功能。因此这个模式既不是词类和句法成分一一对应的模式，也不是词类和句法成分完全割裂的模式，而是那两种模式的结合。印欧语不完全是对应的模式，汉语也不完全是割裂的模式，印欧语和汉语都是关联标记模式。

然而汉语的词类问题并没有因此而得到彻底的解决，"关联标记模式"好像说出了一个语言共性，即所有语言的词类和句法成分之间都是既对应又不对应的关系，但是它没有说明汉语的词类系统跟印欧语相比有什么特点，没有回答为什么汉语的不对应程度大大高于印欧语。更重要的是，上一章 2.3 节说明，词类具有连续性和离散性两种性质，不能用连续性来否定离散性，关联标记模式并没有确定的回答"这本书的出版"里的"出版"究竟是动词还是名词。从离散性的角度，词类和句法成分如何挂钩的问题仍然存在。造句规则是离散性词类的组合，就名词和动词而言，汉语可以有：

S → NP+VP　我不去。| 卖菜的来了。| 塑料的不结实。

S → NP+NP　小王上海人。| 今天中秋节。| 这本书他的。

S → VP+VP　光哭没用。|不撞墙不罢休。|坦白才有出路。

S → VP+NP　逃，俺头。|不死（今年）整一百岁。|看上去一个样。

这就穷尽了 NP 和 VP 加合成句的所有可能。名、动、形三类词两两组合成定中结构，一共有九种可能，在汉语里也全都成立：

A+N	伟大国家	鲜红玫瑰	高雅艺术	美丽姑娘
N+N	石油国家	血汗工厂	短语结构	人物形象
V+N	出租汽车	养殖对虾	抗日青年	表现方式
N+A	视觉疲劳	海派机敏	生活便利	政治敏感
N+V	汽车出租	房屋补贴	经济支援	细节描述
A+V	严厉批评	野蛮搬家	平等交涉	夸张描写①
V+A	审视疲劳	相亲恐惧	赶稿焦虑	面试紧张
A+A	虚假健康	平均富裕	普通肥大	难得糊涂
V+V	搬家补助	租售管理	坠机调查	代理记账

朱德熙（1985a : 64）说 S → NP+VP 这条规则"在汉语里是行不通的"，而现在占主导地位的生成语法却离不开这条基本规则，那么这条规则到底是否具有普适性？Sapir（1921 : 121）说，区分名词和动词是"维持语言的生命所必需的"，在汉语里区分名词和动词的意义究竟何在？有的计算语言学家想把定中结构 A+V 里的 V 标写为 N（黄昌宁等 2009），想这样解决一些问题的用意很容易理解，相反对存在的问题不在乎是不正常的。我们不仅不反对用生成语法的框架来研究汉语，而且认为这种研究有其自身的重要价值。然而在这样做之前有必要先把朱先生所指出的"行不通"问题解决好，至少要有个合理的交代，不能置若罔闻。下一章将详细论证，汉语的名

---

① 状中结构在汉语里实际是一种"动态定中结构"，见第七章第 4 节。

词和动词的关系是"既分又不分的"的包含格局，名词、动词和主宾语、谓语的关系是"既对应又不对应"的"偏侧关系"。只有接受"名动包含"格局，上面那条造句规则才能在汉语里得到有限度的（只是有限度而已）维护，名词和动词的区分才不是毫无意义。

第 5 节 "兼类词"的问题

"名动词"被界定为名词和动词的兼类词，它建立在"名动分立"的格局上。上面第 2 节已经说明汉语不存在这种名动兼类词，因为所谓的动词其实都属于名词，都是动态名词。用"甲乙分立，小有交叉"的词类观来描写汉语，遇到的问题不止"名动词"，把一些词界定为动词和形容词的兼类词也有问题。朱德熙（1982：55-56）对动词和形容词的定义分别是：

  动 词：凡不受"很"修饰或能带宾语的谓词是动词。

  形容词：凡受"很"修饰而不能带宾语的谓词是形容词。

"委屈、端正、宽大"这样的词属于动词和形容词的兼类词："此类动词带宾语的时候是动词，不带宾语的时候是形容词。"（着重点为笔者所加）这个兼类词的确定实际是"依句辨品"，而不是根据定义。根据定义的话，"委屈"等如果是动词兼形容词，应该符合形容词的定义，但是不符合，因为它们能带宾语，虽然在句子中实际不一定带宾语；它们也不符合动词的定义，因为能受"很"修饰，虽然在句子中实际不一定受"很"修饰。所以周韧（2014，2015）说"这种形容词和动词兼类的设置也就破坏了定义动词和形容词的正面标准"。实际操作起来也很困难，《现代汉语词典》标注词性，最难缠的就是这类词的分合。

问题还出现在区别词(也叫非谓形容词)和副词的兼类上。经常讨论的"必然"一词,朱德熙(1985a:21)说,"必然"只在状语(必然失败)、定语(必然趋势)、"的"字前头(必然的趋势)三种位置出现,这个分布正好是区别词和副词的总和,所以"必然"是区别词兼副词。但是陈小荷(1999)和宋柔(2009)都指出,区别词的定义是"只能在名词或助词'的'前边出现的黏着词",而副词的定义是"只能充任状语的虚词",两个定义都有一个"只"字,区别词和副词的内涵是完全排斥的,外延不可能有交集,因此发生了逻辑上的谬误。出现这个逻辑谬误,跟定语和状语的界定不当有直接的关系,归根结底跟"名动分立"的传统观念有直接的关系。(第七章第3和第4节)

区别词不仅不可能跟副词兼类,也不可能跟其他多功能的词类兼类。有的语法书描写区别词跟名词、动词、形容词兼类,[①] 例如"意外、专业、高度"等与名词兼类,"国营、祖传、军用"等与动词兼类,但是仔细一想也有逻辑谬误。说一个词是区别词和名词的兼类,意思是这个词既是区别词又是名词,然而按区别词的定义,一个词是区别词就不可能又是名词。同样的道理,也不可能有其他多功能的词类跟副词兼类。周韧(2014,2015)指出,"既然坚持词类和句子成分之间没有一一对应的关系,那么在汉语词类划分中,实际上是不可能出现兼类词的。""兼类本质上还是根据个体词分类的一种处理,人为地割裂了某一概括词的整体性质。"这个话很有道理。事实上,就区别词而言,正如李宇明(1996)指出的,"意外、专业、高度"这些词跟"酸性、传统"这样的名词没有多

[①] 如张斌主编(2010)《现代汉语描写语法》有区别词和名、动、形兼类的章节,虽然书中尽量限制兼类的范围。

少差别，它们在下面左右两栏中表现出来的差异是一致的：

a. 意外（的）收获　　发生意外
　　专业剧团　　　　语言学专业
　　高度的责任感　　飞行（的）高度
b. 酸性土壤　　　　土壤呈酸性
　　传统思想　　　　我们的传统

区别词做主宾语的例子十分常见和自然，[①] 例如：

跑长途（长途挣钱）　存活期（活期利率低）　创出更多的名牌（名牌不好创）　表现出微弱的阳性（阳性不可怕）　夺高产　做空头　呈中性　富于创造性　露出一束彩色

这些区别词"只是名词属性意义的显化和固化，是名词表属性作定语这种语法功能的特化"。"新式、重型、高级、优等、大号"这些区别词在做定语的时候只是比相应的形容词"新、重、高、优、大"减少一点抽象性带上一些具体性而已，是"名词语法功能的一种不完全表现"，例如：

学院风格——学院式风格
椭圆结构——椭圆式结构
经典著作——经典性著作

"社办、国营、祖传、军用"这类区别词是动词短语的紧缩形式，做主宾语也很常见和自然：

公社开办——社办　　　国家经营——国营
祖宗传留下来——祖传　军事上使用——军用

李文的结论是，按照体词和谓词的划分，区别词属于体词

[①] 朱德熙（1985a：20）认为只有对举才有这种用法，例如"急性好治，慢性难治"，事实并非如此，如"我得的是急性"。

范畴;区别词的功能游移性是"汉语体词向谓词方向发展的一种趋势"。按照周韧的观点,名词和区别词兼类不可能出现,既然名词是多功能的,本来就能做定语。按照"名动包含说",区别词是还没有向谓词深度发展(虚化)的一类名词。(第十一章第2节)

总之,"甲乙兼类"的前提是"甲乙分立,小有交叉",如果是"甲乙包含"格局,那就谈不上什么兼类,能谈论的是甲类词中有哪些词在向乙类词发展,发展的程度如何。本书结篇第3节将说明汉语里一对语法范畴的关系大多属于"甲乙包含"格局。从这个角度看问题,就容易理解为什么汉语比较适宜采用连续性的词类观(袁毓林1995、2005,沈家煊1999a)。甚至可以这样说,"甲乙包含"格局在汉语里的广泛性,这为汉语适宜采用连续性词类观提供基础的理论支撑。

兼类词成为问题是因为我们对汉语词类的多功能现象缺乏理论解释。过去只是对形容词可以做谓语这一现象作出过一个解释,那就是动词包括形容词,形容词可以视为一种不及物动词(赵元任1968:292)。至于其他的多功能现象,则只是就事论事,没有任何解释。研究要深入,就不仅要问怎么样,还要追问为什么,要知其然还要知其所以然。为什么在汉语里动词可以做主宾语,形容词可以做状语,名词经常做定语还可以有条件的做谓语和状语?"名动包含"格局将对这些问题作出统一的解释。(第七章第5节)

第6节 还有一些问题

汉语词类的多功能问题牵涉到句法成分的类型和界定,这方面也存在不小的问题。首先是谓语的类型问题。在汉语里名词和名词短语直接做谓语这一现象，例如"小王黄头发""老王上海人"等，相对动词和动词短语直接做主宾语而言，诚然是比较特殊的（所以说名词一般不能做谓语），然而相对印欧语名词不能直接做谓语而言更是显得特殊。如果承认汉语的谓语类型不受限制，除了动词还可以是名词，又解释说名词有述谓性，那就可能直接导致"名动不分""词无定类"的后果。这就不难理解为什么现在的汉语语法论著讲论词类体系的时候，虽然摆出了名词直接做谓语的事实，却对如何加以解释的问题讳莫若深或轻描淡写，事实也摆得并不充分（见陈满华 2008）。

定语和状语的界定，这在汉语语法里也是一个问题，而且跟谓语的类型问题有关系。现在对状语的定义（谓词性偏正结构里头的修饰语）遇到"今天刚星期二"和"小王也黄头发"这样的名词谓语句就无法自圆其说，而且在现行的词类框架里不管对状语的定义作何种调整都无济于事。此外，补语和宾语的划分同样存在理论上的不自洽，一方面说宾语可以是动词性成分，宾语除了表示受事还可以表示结果，一方面又把动词后续的表示结果的动词性成分叫做补语，宾语和补语被看作两个平等的句法成分，这在逻辑上是混乱的。这些问题的产生都是源于传统的"名动分立"的词类观，采纳"名动包含"说后问题都能得到妥善的解决。为避免重复，这里不细说，详见第五、第六章（谓语问题）和第七章（补语和状语问题）。

由单音词变为双音词的"双音化"，这是汉语史的大事件，它的语法作用究竟是什么？这也是一个问题。为什么单双音节的不同组配方式（"单+双"和"双+单"）具有区分语法结构类型（定中结构和述宾结构）的作用？例如，"出租车"通常理解为名词性的定中结构，而"租汽车"一定是述宾结构。现在有两个通行的认识和说法是矛盾的，一个说法是"双音化使单音动词由单纯动词变为名动兼类词"，如"攻→攻击"，"筹→筹备"，这个说法是从"名动词"的定义（第2节）推导出来的。另一个说法是"现代汉语的双音动词正在向名词漂移"（陈宁萍1987）。矛盾的地方是，既然"攻击"和"筹备"等经过双音化后已经具有名词性，又谈何"正在向名词漂移"？不仅理论不自洽，还无法解释一个重要事实，双音化之后不少原来有动词用法的单音名词不再具有动词用法，例如"车→车辆"，"窖→地窖"。问题的根源仍然是"名动分立"的词类观，详见第十一和十二章的剖析和提出的解决办法。

科学研究的过程中，提出问题往往比解决问题还重要，只有正视而不是回避存在的问题，研究才会有进步。对存在的问题不能头痛医头、脚痛医脚，因为问题是勾连在一起的，必须从根子上着手。这个根子，不是别的，就是最基本的一对范畴——名词和动词——之间的关系没有厘清。找到病源后还要综合治理，词类问题要跟"主语"问题，"句子"问题，"双音化"的作用问题，在词类类型学中的地位问题，甚至"范畴观"的问题，等等，一起加以考虑。

第三章 汉语是"名动包含"格局

第1节 汉语和印欧语差异的 ABC

第一章说明,在摆脱印欧语传统观念的束缚的道路上,朱德熙先生已经跨出了重要的一步,认定汉语的动词既能做谓语又能做主宾语,做主宾语的时候还是动词,并没有改变性质,没有"名词化"。本章要说明,要解决第二章摆出的那些问题,只需要在朱先生已经跨出的那一步的基础上接着向前跨一步,即认定:动词之所以没有"名词化",是因为动词本来也是一种名词,即动态名词,汉语的名词和动词呈"名动包含"格局。这可以从多个角度来论证,首先从汉语和印欧语语法差异的 ABC 说起,ABC 也是"常识"的意思,但是受先入为主的传统观念的摆布,我们达到这个认识却走过了漫长的道路。

A. 他开飞机。　　*He fly a plane.　　He flies a plane.
B. 他开飞机。　　*He flies plane.　　He flies a plane.
C. 开飞机容易。　*Fly a plane is easy.　Flying a plane is easy.

A 表明,汉语的动词"开"入句充当述谓语的时候不像印欧语那样有一个"述谓化"的过程,英语有这么个过程,动词 fly 入句要变为 flies。从这个意义上讲,汉语的动词本来就是述谓语。B 表明，汉语的名词"飞机"入句充当指称语的时候不像印欧语那样有一个"指称化"的过程，英语有这么个过程，plane 要变为 a plane, the plane(s)，或者 planes。从这个意义上讲，汉语的名词本来就是指称语。C 表明，汉语的动词用作名词——也就是充当指称语（主宾语）——的时候不像印欧语那样有一个"名词化""名物化""指称化"的过程，英语有这么个过程，fly 要变为 flying 或者 to fly。把 ABC 三点综合起来就得出结论：汉语的动词（述谓语）也是名词（指称语），动词是名词的一个次类，动态名词，或者干脆叫"动名词"。ABC 三点，其中两点 A 和 C 是朱德熙先生坚持和强调过的，现在只是再加上 B 一点而已。①

有人对 A 和 C 两点就有怀疑，但是第一章已经对那些疑点加以澄清，这里对 A 点再做一点补充。有人说，"他开飞机"里的动词"开"固然没有形式变化，但是"他开了飞机了，他开着飞机呢，他开过飞机"里的"开"不是都加上"了、着、过"等体貌标记了么？回答是：第一，比较应该在同一个层次上进行，加"了、着、过"不是动词"开"本身的词形变化，跟英语 fly 的词形变化（flies, flew, flying, flown）发生的层次不一样。英语动词的过去时和过去分词两种形式如果是不规则的就必须在词典里标明，如"fly, flew, flown"。第二，形式标记要区分强制性和非强制性的，加"了、着、过"在汉语里不是强制性的（吕叔湘 1979：92），例如：

他开回来（了）一架飞机。②

---

① 司富珍（2014）从名动分立的信条出发，轻视形态事实，对这段表述作离奇的曲解，如将"名词就是指称语"曲解为"指称语等于名词"。

② 张中行先生竭力反对可加可不加的时候加"了"，认为"累赘拖沓""无用"，吴长安（2013：463）则认为要特别强调的时候还是可以加。

他一边开（着）飞机一边拍照。

他曾经开（过）飞机出海。

而在英语里"He fly a plane"是绝对不合语法不能成句的，比较应该首先比较是否合乎语法。

现在着重要讲的是 ABC 中的 B 点。看下面的例子：

老虎是危险动物。

Tigers are dangerous animals. / The tiger is a dangerous animal.

老虎笼子里睡觉呢。

The tiger is sleeping in the cage. / The tigers are sleeping in the cage.

他昨天终于看见老虎了。

He saw the tiger(s)/a tiger/ tigers at last yesterday.

第一句里的"老虎"是类指，指一类动物，汉语光用"老虎"，英语不能光用 tiger。第二句里的"老虎"是定指，指某一只或某一些老虎，汉语还是"老虎"，英语也不能光用 tiger 或 tigers。第三句里的"老虎"根据不同的上下文可以是定指、不定指、专指（specific）、类指，汉语还是"老虎"，英语就要用 the tiger(s)、a tiger、tigers 等不同的形式。汉语区分定指和不定指可以光靠词序，词形没有变化，常举的例子就是"客人来了"（定指）和"来客人了"（不定指）。上面三个"老虎"的例句还表明，汉语不仅是光杆名词"老虎"可以充当各类指称语，光杆动词"是""睡觉""看见"等也可以直接充当述谓语，不像英语动词那样要有转化的形式，如 be 转化为 is 和 are，see 转化为 saw，sleep 转化为 are sleeping 等等。总之，汉语从词库里取出来的词，标为"名词"的可以直接实现为"指称语"，标为"动词"的可以直接实现为"述谓语"。

在有的汉语方言里，主要在主语位置上，量词似有类似于定冠词的用法，如烟台话"间屋儿真大吭！"（这间屋子真大啊！）。然而刘探宙、石定栩（2012）指出，量词除了表示定指外，还可以表示专指、类指、不定指，如"你随便帮我找个小孩吧，个四五岁的就行"，甚至还表示无指，如"句话都说不清"（连句话都说不清）。既然同一形式可以用作各种指称，说它是冠词就成问题了，说一种语言有冠词类，至少要像英语那样有 the 和 a 的对立。刘、石一文对量词的这种用法的定性是表示"主观评述"，它表达说话人的各种感情和态度，在下面这样的"量动结构"里主观评述的作用更加明显：

个挑柿儿吭，千万不能挑带尖儿的。
小张可能睡了，他个睡一般人儿比不了。
他个做饭乜叫做饭？
哎呀，棵树个高啊！
个孩子个烦气人呐！

因此与其说这个量词"个"有类似冠词的用法，不如说它是一种主观性标记。[①]

B 这一点我们过去不是不知道，只是没有加以重视。学英语的中国学生大多容易说出 A 和 C 两点差异，要说出 B 的差异就比较难，但是要知道，英语 He flies plane 跟 He fly a plane 同样都是不合语法的句子。这是因为我们习惯于从汉语看汉语，没有意识到汉语的光杆名词可以直接做指称语或主宾语，这原来是有别于印欧语的一个重要特点，这种习惯正是我们要破除的。中国人学

[①] 个别汉语方言里可能有表示定指的时候必须加量词的情形，即使得到证实，这种现象也可以视为汉语区分定指不定指的语法形式正在形成之中，但是还没有像印欧语那样完全形成（参看第九章第5节），从大局看，这不影响B的成立。

英语,哪怕是学得水平很高的人还是经常犯一个错误,名词前该加冠词而不加。① 我们根本想不到在法语里表达"遇到危险速拨打3777",连电话号码3777前头也一定要加个冠词 le 才合乎法语的语法。反过来,西方人学汉语,不敢直说"我背起书包回家",而说成"我背起我的书包回我的家",他们不习惯汉语用光杆名词做指称语。

B 这一点长期以来我们熟视无睹,而西方一些形式语义学家倒是十分重视,如 Chierchia(1985,1998)提出:不同语言里从词库取出来的光杆名词的语义类型分为三类,以法语、英语和汉语为代表:

法语:[–arg] [+pred]

英语:[+arg] [+pred]

汉语:[+arg] [–pred]

[±arg] 表示能否做句子的论元(argument),主要指能否做主宾语,[±pred] 表示是否是性质函项(predicate function)。能直接做论元的语词在语义类型上属于实体 e(entity),不然就只是性质函项。汉语的光杆名词可以直接做主宾语,语义类型是实体 e;法语光杆名词不能直接做主宾语,语义类型是性质函项⟨e, t⟩;英语光杆名词的语义类型是汉语型和法语型的混合,光杆名词一般是性质函项⟨e, t⟩,但是它的复数形式可以直接做主宾语,是实体 e。法语其次

---

① 例如,陈新仁(2010)提供的材料:
I imput the data into □ computer and ran the SPSS to analyze it.
Chapter 4 will answer □ research questions raised in □ methodology chapter.
陆丙甫认为(私下交谈),教中国人写英文,如果先在名词前通通加上冠词,然后去掉一些确实不用加的,那么写出来至少 70% 合格,如果反过来先通通不加,然后再视情况加一些,那么大概只有 30% 合格。这确是经验之谈。

英语,光杆名词要进入主宾语的位置要经过语义类型的转化(type shift),即从性质函项转化为实体,汉语的光杆名词进入主宾语的位置不需要这样的转化,因为它本来就是实体。形式语义学家是从"语义类型"的角度来讲汉语和法语英语的差别,但是他们针对的语言现象跟我们针对的语言现象是相同的,他们讲出来的差异跟我们强调的差异是一致的。[①]黄师哲(2008)重视汉语的这个特点,并以此来解释汉语里形容词和名词的组配特点。

有人对 B 点表示怀疑,如袁毓林(2010b)说,汉语真实文本语料显示,在许多情况下,汉语会广泛利用数量词、指示代词或限定性词组来表示名词所指概念的指称情况和数量情况,另外英语中也有用光杆名词做主宾语的情况。这就抹杀了汉语和印欧语的差别,混淆了一般和特殊。英语中也有光杆名词做主宾语的情况,这是事实,但是这是特殊情形,在汉语里光杆名词做主宾语是一般情形。也可以这样说明两种语言的差异:英语的光杆名词是无指的(non-referential),即不指个体,而汉语的光杆名词是指称不确定的(referentially unspecified),见第四章第 1 节。

第 2 节 名词和动词的"偏侧分布"

在汉语里按照"名动分立"而确定的名词和动词,它们的实

[①] Cheng & Sybesma(1999)认为,汉语的光杆名词并不光杆,也是性质函项不是实体,这就抹杀了汉语和印欧语的差别。他们的理由是句法上"只有 DP(限定名词短语)才能充当论元",汉语的光杆名词充当论元的时候隐含一个类似 D(限定词)的成分。但是从简洁准则看,假设一个隐含的 D 对汉语来说是多此一举。按这种"隐含"逻辑,英语 a book 也应隐含一个量词。

际分布状况却不支持"名动分立"而支持"名动包含"格局。"偏侧关系"(skewed relation)① 这个名称和语言现象是赵元任(1968：11)和Chao(1959a)多次提出来的,它是指一种既对应又不对应的关系。甲对应A,乙对应B,这是一一对应关系,偏侧关系是甲对应A而乙既对应B又对应A的关系。汉语名词和动词的分布呈偏侧分布,主要有以下五种情形。

第一种,名词做主宾语一般不做谓语,动词既做谓语也做主宾语,这种偏侧分布是朱德熙先生十分重视的,前面已经详细说明。补充一点新的事实,动词做主宾语的时候跟名词一样可以加"这"来加强指称(方梅2011):

我这头痛也有好多年了。── 我这头痛病也有好多年了。

我就佩服他这吃,他可是太能吃了。── 我就是佩服他这饭量,他可是太能吃了。

第二种,修饰名词用形容词一般不用副词,修饰动词既用副词也用形容词。这种偏侧分布朱先生也十分重视,它决定了汉语的形容词既能做定语又能做状语,例如"快车"和"快走"的"快",这跟印欧语的形容词一般只能做定语不同。书写的时候"的""地"二字的分布也是偏侧分布:"地"只是状语标记,只能写"漂亮的衣服",不能写"漂亮地衣服",但是"的"既是定语的标记也是状语的标记,例如"我真的很爱你","这件事十分的容易",还有吕叔湘、朱德熙(1979)的例子:

中国人民解放军的迅速(的、地)转入反攻,使反动派惊惶失措。

---

① 笔者曾采用吕叔湘译本(1979)的译名"扭曲关系",但是赵元任(1970)自己译作"偏侧关系"。赵元任(1980：52–53)又称这种关系为"参差关系"。

个别系统和单位只注意孤立（的、地）抓生产而忽视了职工生活。

他们说"有人只用'的'一个字"。朱德熙（1985a：45-46）的例子：

周密的想法（定语）　周密的调查一下／周密的调查这里的情况／已经周密的调查过了（状语）　进行周密的调查（定语）　周密的调查很重要（定语／状语）

他说没有受到现行语法教材影响的本地人，都是这么来用"的"的。吕叔湘（1981）说，书写时刻意把"的"和"地"分开来，本来是"五四"以后"主要由于翻译上的需要"，是受西语的影响。看早期白话文，《水浒传》里基本上只用"的"，个别地方用"地"，《红楼梦》和《儒林外史》全部用"的"。至今书面语中各人的写法很不一致，特别是名量形式的重叠，更不作严格的区分，如"马队一个圈一个圈的跑"，"一列车一列车的被送到各地方去"，还有"进行了逐条逐项的学习，一件事一个问题的讨论"等，"的"和"地"都可以替换着用，因此吕叔湘（1984a）说，如果一概写"的"，遇到难于区分定语或状语的时候，尽可让语法学者们争论下去，不至于给一般写文章的人造成困难。[①]第七章第3和第4节还将从这种偏侧分布出发讨论定语和状语的关系。

第三种，否定名词用"没"一般不用"不"，否定动词既用"不"也用"没"。文言里否定名词用"无"一般不用"未"，否定

[①] 1956年制定的《暂拟汉语教学语法系统》主张"的""地"分用，其后渐渐推广开来。但是1984年替代"暂拟系统"的《中学教学语法系统提要》又主张"的""地"合用。

动词既用"未"也用"无"。

*不车　没车　*未车　无车

不去　没去　　未回　(有去)无回

换言之,"没"和"无"既能否定动词也能否定名词,跟英语 not 否定动词、no 否定名词的一一对应不同。石毓智(1992:36)用"不""没"来鉴别"量"的离散性和连续性,名词只有离散性,而动词兼有连续性和离散性。第十章将对这种偏侧分布及其跟"名动包含"格局的联系作进一步的说明。

第四种,连接名词用"和"一般不用"并",连接动词既用"并"也用"和"。事实上"和"不仅用来连接两个名词性成分,也用来连接两个动词性成分,不管是双音还是单音,例如:

我们要继承和发扬革命的优良传统。

中央的有关文件,我们正在认真的学习和讨论。

多余的房子只能卖和出租。

老师讲的你要认真的听和记。

有人说,文言里"与"连接名词性成分,"而"连接动词性成分,这是名词和动词对立的证据。不对,事实是"而"一般连接动词性成分①,"与"既连接名词性成分也连接动词性成分。"与"连接动词性成分是一般用法,如:

知可以战与不可以战者,胜。(《孙子兵法·谋攻》)

三十年春,晋人侵郑,以观其可攻与否。(《左传·僖公三十年》)

夏帝卜杀之与去之与止之,莫吉。(《史记·周本纪》)

---

① "而"有时候也连接名词性成分,如"是黑牛也而白蹄","此燕之长利而君之大名也",见第六章 3.4 节。

近代汉语的"和"也一样:(崔山佳 2013:346-364)

野草凡不凡,亦应生<u>和</u>出。(唐·苏拯《凡草戒》)

娇声重问,我儿别后存<u>和</u>亡。(《刘知远诸宫调》11)

一只手揪住这厮泼毛衣,使拳揋<u>和</u>脚踢。(元·无名氏《盆儿鬼》)

容颜醉,厮<u>和</u>哄,一齐拼却醉颜红。(明·范受益《寻亲记》)

家里庄田虽不多,俭省着吃<u>合</u>穿,可到也够俺过。(《富贵神仙》第9回)

魂<u>和</u>梦,思<u>和</u>想,都做了泣凤哀猿。(明·高濂《玉簪记》)(此例连接名词和连接动词并列,更说明问题)

有人问,英语名词并列用 and,动词并列也用 and,那不是表明英语对名动之分不敏感而汉语反而敏感吗?不对。英汉的首要差别是:英语名词和动词不能并列,汉语可以,例如"罪与罚"(一名一动),英语不能说 sins and punish,要说 sins and punishment,"傲慢与偏见"(一形一名),英语不能说 proud and prejudice,要说 pride and prejudice(见第二章3.2节)。

第五种,指代名词性成分用"什么"一般不用"怎么样",指代谓词性成分既用"怎么样"也用"什么"。"怎么样"只能替代谓词性成分,"什么"既可以替代名词性成分,又可以替代谓词性成分,下面是朱德熙(1961,2010:97)提供的例子:

替代名词性成分	替代谓词性成分
看什么?看电影。	看什么?看下棋。
怕什么?怕鲨鱼。	怕什么?怕冷。
考虑什么?考虑问题。	考虑什么?考虑怎样把工作做好。
葡萄、苹果、梨,什么都有。	唱歌、跳舞、演戏,什么都会。

上面五种偏侧分布可以概括为：

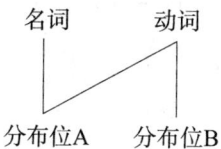

名词对应于分布位 A，动词既对应于分布位 B 也对应于分布位 A。动词出现在分布位 A 的时候跟它出现在分布位 B 时的形式一样，不需要动词的"名词化"，因为名词所具有的那些语法性质动词都具有，反之则不然，这正是"名动包含"格局的特点。这一系列偏侧分布告诉我们，在汉语里当我们用"能/不能做主宾语""做定语/做状语""不/没""和/并""什么/怎么样"这些手段来测试一个语词是名词性还是动词性的时候，我们只能肯定它不具有动词性，但是不能肯定它不具有名词性。汉语的实词天然具有名词性，这就不难理解为什么吕叔湘（1942/1982：234）说，汉语的名词本身不受否定，即没有专门否定名词的否定词①，也不难理解朱德熙、卢甲文、马真（1961）和朱德熙（1985a：16）说，我们无法从正面给汉语的名词定一个仅为名词所有的语法特点，因为所谓的名词的语法特点动词也都有，名词的语法特点其实是从反面讲的，就是名词一般不像动词那样做谓语。（见第二章第 1 节）

第 3 节　两种标记类型
——"无标记"和"未标记"

范畴甲和范畴乙如果不是等同关系就有两种"之间"关系，一

---

① "没车"其实是"没有车"，"没"否定的是动词"有"。

种是非此即彼的排斥关系，叫"甲乙对立"或"甲乙分立"，一种是非排斥的包容关系，叫"甲乙对待"或"甲乙包含"。前者像"男人"和"女人"两个范畴的关系，是男人就不是女人，是女人就不是男人，后者像 man"人/男人"和 woman"女人"两个范畴的关系，man 不都是 woman，但是 woman 都是 man，man 包含 woman。要破除一种成见，不要以为只有"甲乙分立"一种情形。注意"甲乙对待"和"甲乙包含"只是同一关系的两种叫法而已，"对待"强调甲不都是乙，"包含"强调乙都是甲。因为想强调后者，所以本书一般以"甲乙包含"称之。

由于"名动分立"的观念根深蒂固，很多人想把"名动包含"还原或回归到"名动分立"。他们提出，在"名动包含"格局里，"名词"可以分为两个，一个是"名词$_1$"，它对立于"动词"，一个是"名词$_2$"，它等于"实词"。因此"名词$_1$"和"动词"的关系还是分立关系。言下之意是："名动包含"还不是要还原到"名动分立"？提出"名动包含"因此是不必要的。

从标记理论（markedness theory）来看，上面所说的"回归"是不合理、行不通的。Jakobson（1932，1939）将发源于音位学的标记理论（Trubetzkoy 1939）扩展到形态学。在音位学中，有标记项和无标记项是对立关系，即有标记项是对特征 F 的肯定，无标记项是对特征 F 的否定，如 /b/ 是对特征[带声]的肯定，/p/ 是对这一特征的否定，二者互相排斥。然而在形态学中，Jakobson 发现，有标记项和无标记项的关系有两种情形，一种是 male 和 female 的对立，跟音位 /b/ 和 /p/ 的对立相同，male 是对特征 F[阴性]的否定，female 是对特征 F[阴性]的肯定。还有一种就是 man 和 woman 的对待，有标记项 woman 肯定了特征 F[阴性]，无标记项对特征

F[阴性]不作规定,不肯定也不否定。①

"甲乙分立"和"甲乙包含"是两种不同的标记类型,应该加以区分。很多人混淆这两种类型,例如,对 male-female 这对范畴说 male 是无标记项,female 是有标记项,对 man-woman 这对范畴也说 man 是无标记项,woman 是有标记项。还采用相同的特征标记法,无标记项标为[-F],有标记项标为[+F],即 male 和 man 都标为[-阴性],结果加剧了两种标记类型的混淆。其实分立格局里无标记项 male 的[-阴性]是表示"确定没有[阴性]特征",而包含格局里的无标记项 man 的[-阴性]是表示"未确定有无[阴性]特征"。英语"unmarked"一词无法显示这种区别,在陈述语言事实的时候常常感到很无奈,因为语言事实上有这种区别。汉语有否定词"未"和"无"的区分,理应把包含格局里的"无标记"改称为"未标记",特征标为[~F],区别于[-F],即 man[~阴性]。相应的,有标记项也要区分两种情形,尽管都用"有标记"这个名称,分立格局的"有标记","有"是"存在的有"或"既有的有",包含格局的"有标记","有"是"从无到有"或"无中生有"。当然,区分了"无标记"和"未标记","有标记"的两种情形也就有了区分,不必再在名称上加以区分。

如果用范畴-特征之间的对应关系来表示"分立格局"和"包含格局"的差别,分立格局是"一一对应",包含格局是"偏侧对应":

---

① 原文是:The plus value of a feature is always marked (thus *woman* in English are 'marked for' +female) and its opposite is either a minus value (thus *male* is –female) or a zero value (thus *man* is). A difference should be made between unmarkedness and nonparticipation in an opposition.

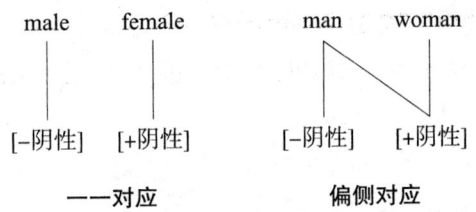

"甲乙分立"是"一一对应"的标记类型，male 对应特征 [- 阴性]，female 对应特征 [+ 阴性]，如左图；"甲乙包含"是"偏侧对应"的标记类型，woman 对应特征 [+ 阴性]，man 既对应特征 [- 阴性] 又对应特征 [+ 阴性]，如右图。

属于"包含格局"的甲乙关系如果用"分立格局"来说明，那就会费去很多口舌而又说不清楚。拿 man 和 woman 的关系来说，如果采用分立格局就要说 man 代表两个范畴，可以分化为 man_1 和 man_2 两个同音词，man_1 代表"男人"，man_2 代表"人"，跟 woman 形成对立关系的是 man_1 而不是 man_2。然而，Kempson（1980）早就论证，将 man 分化为两个同音词的做法是行不通的。她以 dog-bitch 这对词为例，说如将 dog（跟 man 一样）分化为 dog_1 和 dog_2，dog_1 代表"公狗"与 bitch"母狗"对立，dog_2 代表"狗"，那么包含同音词 dog 的句子只应有两个意思，例如"He saw a dog"一句的解读要么是"他看见一条狗"要么是"他看见一条公狗"，但是事实上这个句子还可以有第三种解读，就是"他看见一条狗而且是条公狗"。这第三种解读和第二种解读的区别可以从下面两句看出：

He saw a dog, not a bitch.（他看见一条公狗，不是母狗。）

He saw a dog, not a cat and not a bitch.（他看见一条狗而且是条公狗，不是猫也不是母狗。）

而且不管采取什么样的句式分化手段都无法排除这第三种解读,所以 Kempson 说,只能把 dog 视为一个词(多义词),不能把它分化为两个词(同音词)。与 dog 的第三种解读相对应,说"he saw a bitch"就可以回答"did he see a dog or a cat?",因为 bitch 必定是 dog。她把 dog 这种多义现象叫语义的"不确定"(indeterminacy),跟歧义(ambiguity)不是一回事,也不同于语义笼统(generality)或模糊(vagueness)。朱德熙(1980)也早已发现,这种语义"不确定"无法用句式分化的手段来分化,沈家煊(1991)深入阐发这一点,并说明了"不确定"这种语义现象在语言中的普遍性。

总之,用"包含格局"已经能很好的说明 man-woman 或 dog-bitch 这对范畴的关系,而力图把"包含格局"还原为"分立格局"的做法事倍而功半,多分化出一个范畴而仍然说不清楚。这个道理十分重要,推广到名词和动词的关系,如果把"名动包含"格局里的"名词"分化为"名词$_1$"和"名词$_2$"两个范畴,说动词只跟"名词$_1$"对立,那就难以解释"今天已经星期五""这个人简直骗子嘛"这种句子,因为其中的"星期五"和"骗子"既是"名词$_2$"又是"名词$_1$":因为是"名词$_2$"所以不排除做谓语并且受副词修饰的可能,因为是"名词$_1$"所以不是通常做谓语的动词。这种分化也难以解释动词既受副词修饰又做名词短语的中心这个事实,如"他的不去"和"这本书的已经出版",想修改"中心扩展规约"或者另设一个"的"的做法都有难以解决的问题,见上一章第 3 节。用"名动包含"格局已经能很好的说明汉语里名词-动词之间的关系,而把这种关系还原成"名动分立"格局倒是多此一举而且得不偿失。①

从"动词是从名词中裂变出来的"这个词类演化的角度看,要说"还原"或"回归"的话,应该是"分立格局"还原或回归"包含格局",而不是相反。详见第九章第 5 节。

现在我们把"名动包含"格局中"名词"和"动词"的特征界定如下:

名词:[+ 指称],[~ 述谓]

动词:[+ 指称],[+ 述谓]

名词中动词以外的那部分词:[+ 指称],[− 述谓]

"名词",也就是"大名词",它的特征就是具有指称性[+ 指称]。它"没有确定是否具有述谓性"[~ 述谓]。它的分布特点是:能充当主宾语,至少能受"一个"或"一种"修饰,②能用"没(有)"否定,能用"什么"替代,能受形容词和名词修饰,能用"和"并连,这些就是"名词"的正面定义。

"动词",也就是"动态名词",其特征不仅有指称性[+ 指称],还有述谓性[+ 述谓]。它除了名词所具有的分布特点,还具有:能自由的充当谓语,能用"不"否定,能用"怎么样"替代,能受副

---

① 有人从数理逻辑出发说"名动包含"说没有把名词和动词完全分开所以"不清晰不准确"(司富珍 2013),这是十分奇怪的论断,不管是什么逻辑,总得承认 A 和 B 两个范畴(集合)之间的关系除了分立还有包含,AB 分立可以形成 AB 的"交集",A 包含 B 则 B 是 A 的"子集",不区分这两种关系才是"不清晰不准确"。司文还以英语 to 分属介词(后接名词)和不定式标记(后接动词)两个类别为理由否定汉语"名动包含",但是 to 分属两类正是因为英语"名动分立",这种论辩逻辑等于是说,因为英语是"名动分立",所以汉语也只能是"名动分立"。

② 这样就没有必要把处所词(新建一个北京)、时间词(又是一个中秋)、方位词(争就争一个前头)从名词里分出来单独列类。

词修饰，能用"并"并连。①

名词中动词以外的那部分词，也就是"静态名词"，传统所说的"名词"，不能从正面来界定，只能靠"大名词"和"动词"从反面界定，就是它不具有述谓性[−述谓]，不能自由的充当谓语。

请特别注意，包含格局中"动态名词"和"静态名词"的定义和二者的关系不同于分立格局中"动词"和"名词"的定义和二者的关系。包含格局中，"动态名词"的定义是[+指称][+述谓]，"静态名词"的定义是[+指称][−述谓]，二者虽然在[述谓]上对立，但是在[指称]上是统一的。分立格局中，"动词"的定义是[−指称][+述谓]，"名词"的定义是[+指称][−述谓]，在[述谓]和[指称]上都是对立的。有人以为，只要把包含格局中"动词（动态名词）"以外的那部分词叫"小名词"，"小名词"和"动词"的关系还是传统分立格局中"名词"和"动词"的关系，这是理解偏了，两种格局的区别不是名称或术语问题，而是实质问题。

关于"指称"和"述谓"的定义将在第四章第1节说明。在"名动分立"格局里，涵盖名词和动词的"实词"是个空洞的实词类，而在"名动包含"格局里，实词就是名词，即指称事物、动作、属性的词，这个"实词"才是有实在内涵的，即具有特征[+指称]。"实词"如果是空洞的，虚、实二类词的区分就缺乏实用意义（吕叔湘1979:35），然而中国语文的传统却是十分重视虚、实区分（尽管有不同的区分方式），这表明"实词"不会是空洞的，

---

① 郭锐（2011）批评"名动包含说"，说不应该否认做主宾语的动词仍有谓词性，但是"名动包含说"从来没有否认动词有[述谓]性。

必定是"实"的,实就实在它的指称性。

在确立"名动包含"格局后,我们在行文中为避免啰嗦,也尽量不用新名称增加读者的负担(吕叔湘 1979:10),还是经常"名词"和"动词"对着说,比如说"动词'炸'和'死'有名词所没有的述谓性",这样对说并不意味着"炸"和"死"只是动词(explode, die)不是名词(explosion, death),有上下文在,一般不会引起误解。①

"标记理论"还有一个新的进展是"标记颠倒说",也与"名动包含说"互相印证,这将放在第十二章说明。

第 4 节 从"零句说"到"名动包含"

"名动包含"格局还可以从赵元任先生的"零句说"推导得出。零句说(赵元任 1968:41-51)包含三句话:(一)整句由零句组成,(二)零句是根本,(三)零句可以独立。先介绍如下。

汉语"句子"的定义是"两头被停顿限定的一截话语",这样定义的句子可以从结构上分为整句和零句(minor sentence)。整句有主语、谓语两部分,零句没有主语-谓语形式。整句的主语和谓语之间可以"用停顿、可能的停顿或四个停顿助词之一(啊、呐、嚜、吧)隔开",这是整句的"形式特征"。根据整句的形式特征,可以"得出一个令人惊异然而明明白白的结论,一个整句是一个

---

① 李叔同当年要去出家的时候,一位友人写信责备他,说"听说你要不做人,要做僧去"。李叔同开玩笑说,这简直是不把僧当作人了。事实上,僧也是人,那位友人只是说说而已,不会真的认为僧不是人,这只是一种方便的说法。要是真有人以为那位友人认为僧不是人,那才是十分可笑的。

由两个零句组成的复杂句",因为"啊、呐、嚜、吧"都有表疑问和表停顿两种作用,既可以加在主语后边也可以加在疑问句后边,例如:

  这个人啊,一定是个好人。 他是哪儿的人啊?
  他自己的小孩呐,也不大听他的话。 小孩儿都上哪儿去了呐?
  他辞职的意思嚜[mə],已经打消了。 你知道他要辞职了吗[ma]?
  丈夫吧,找不着事儿;孩子们吧,我们问问她的丈夫吧?
  又不肯念书。

"上面的现象不是偶然的,是来源于主语作为问话、谓语作为答话的性质。"问和答熔合为整句的三阶段是:(1)两人对话。(2)自问自答。(3)把问和答合成一个整句,中间没有停顿。例如:

  (1)饭啊? 还没得呐。 饭呐? 都吃完了。
  (2)饭啊,还没得呐。 饭呐,都吃完了。
  (3)饭 还没得呐。 饭 都吃完了。

  一个整句,不仅谓语去掉主语可以独立成句,主语去掉谓语也可以独立成句,这在以动词为句子中心的印欧语眼光下不好接受,但是汉语的事实就是这样,有这么明显、整齐、确凿的形式特征,其重要性不言而喻。①

  对话不限于"问和答",可以是各种"引发和应答",比如你说"我不来"引发我回应"我不去",所以"你不来,我不去"这种条件主从句也是由两个零句组合而成的整句。条件小句的后边也可以有相同的停顿或停顿助词,还总是可以加上"的话",如"要

---

  ① 有人放着这么重要的形式特征不顾,反而想方设法去找一些隐蔽、零碎、牵强的证据,意在证明汉语的谓语也跟印欧语一样有定式和不定式的区分,这种"丢了西瓜捡芝麻"的做法不可取。

是不肯的话,那就算了"①。不仅是条件小句,表示让步、原因、时间、处所的小句也都可以当成主语,例如:

虽然我想发财……　　我虽然想发财……

因为他太太病了……　　他因为太太病了……

这种让步、原因小句的"所谓从属连词总是能够搁在主语之后,修饰动词"。②

我昨儿晚上上床(的时候),客人还没全走。

大家用功(的地方),你不能大声儿说话。

我吃完了(以后)你吃。

票还没买(以前)你不能上船。

读轻声的"的时候""的地方"作用跟一个连词相当,加这些词的句子虽然可以翻译成外语的副词小句,但是最好分析为"普通的体词性主语"。从属小句虽然用了表示时间的语尾"了"以及与此相当的否定词"没(有)",可是仍然和条件小句相似(德语都用连词 wenn),"了"也可以用于条件小句:

我死了丧事从简。(时间)

我死了你顶好再嫁。(条件)

总之,问话是主语,"所有表示让步、原因、条件、时间、处所的小句,说来说去不外乎是主语"。

---

① 英语里老式的条件句用倒装词序,这是条件小句和问话接近的一个旁证:
Should it rain tomorrow (/↙/~/?/) that would be too bad.
赵先生说,"这里的语调究竟是 /↙/ 还是 /?/,实际语音上分辨不出。"十年之后 Haiman(1978)发表在美国《语言》杂志上的那篇引用率很高的文章《条件小句就是话题》,其实只是重提赵先生的观点而已。

② 因此汉语里的"虽然、因为"等与其说是从属连词(conjunction)不如说是具连接作用的副词(conjunct)。

整句是"有意经营的"，在日常会话中，零句"占优势"。虽然其他语言的对话里零句也用得多，但是在汉语里零句"更是根本，甚至更加常用"（Chao 1959b）。这就造成汉语整句中主语和谓语的结构形式"多种多样"和"没有限制"：主语除了是名词性词语，也可以是表时间、处所、条件的词语，也可以是动词性词语、介词短语和主谓短语，谓语除了是动词性词语（包括形容词），也可以是名词性词语和主谓短语。汉语里甚至有动词性主语加名词性谓语的句子，例如：

逃，孬头。　（他）不死一百岁了。　不下雨已经三个月了。①

朱德熙（1985a：64）说生成语法的句子转写规则 S→NP+VP "在汉语里是行不通的"，赵先生已经说出了"行不通"的原因——零句是根本，可能的形式没有限制。

主谓结构可以做谓语，赵先生（Chao 1955）称之为"中国话之谜"（Chinese puzzle），谜之解就在零句是根本，于是也就有了"大句主语（大主语）"和"小句主语（小主语）"的名称。赵先生说，"大句主语和小句主语的关系可紧可松"，关系松弛的实际例子有：

电影儿我看报了，没什么好的。
我结婚的总送这个。（对于结婚的人，我总送这个。）
留学的事情政府早规定了办法了。
中国话"cigarette"怎么说？／"cigarette"中国话怎么说？
你浮水学会了没有？

现在很多人承认汉语的主谓结构可以做谓语这一点，但是却不承认"零句是根本"，这在理论上不自洽，因为前者是从后者推导

---

① 古汉语的例子更多，如"襄仲如齐纳币，礼也"（《左传·文公二年》），"伐鲁，齐之大过也"（《墨子·鲁问》）。

出来的。

零句可以独立,"两个零句相连,不一定构成一个整句。如果每句都有整句语调,那就是两个句子。"例如:

这个人!也不跟朋友打招呼!

天气很好。但是我不能出去。

下一句"好"字全上声,后边有全停顿,就是两个句子;"好"字全上或半上带拖腔,那就只是一个并列复合句。正因为主要靠语调和停顿界定句子,所以汉语一段话往往是一逗到底,或者用相当于逗号的其他符号,而英语就要用许多句号。总之,汉语句子的判定,是不是主谓齐全不重要,"停顿和语调这个因素最重要",另可参看王洪君(2011)的论述。

"零句是根本"这一命题直接导致命题"汉语的主语就是话题"。因为零句是根本,所以主谓结构和其他结构"地位完全平等",一样可以做谓语(如"他耳朵软"),那么这种谓语前头的主语自然还是主语,没有必要说它是跟主语性质不同的话题。

根据以上阐述,我们可以从"零句说"推导出"名动包含"格局:

∵ 零句都是整句的主语/话题。

∵ 主语/话题是指称性的。

∴ 零句(包括述谓性零句)都有指称性。

举个例子来说明这一点:

治得好嘛。还活着呢。今年一百岁了。

这是三个并置的句子,都有终结语调,两头有停顿。前两个是无主零句,后一个是主谓句。如果取消"治得好嘛"的终结语调和停顿,"治得好嘛"和"还活着呢"可以合成一个整句"治得好嘛还活着呢","治得好"是话题,"嘛"是话题标记,"还活着"是述谓语,"呢"提请听者注意"还活着"这个事实;如果取消"还活着呢"的终结语调和停顿,"还活着呢"和"今年一百岁了"合成一个整句"还活着呢今年一百岁了","还活着"是指称性的话题,"呢"是话题标记,所以述谓语"还活着"也有指称性。① 前一整句的述谓语就是后一整句的主语,形式上没有区别。在传统的"名动分立"格局里,整句为主,主谓分明;在"名动包含"的格局里,零句为主,主谓不分明。

注意,说"述谓语有指称性",这不是说只有部分述谓语有指称性,而是肯定所有述谓语都有指称性,这是"名动包含说"的本义。占据谓语位置的通常是兼有述谓性的指称语,但是并不排除不具述谓性的指称语,因此名词性成分也能做谓语(见第六章第1节)。② "名动包含说"还有助于解释为什么汉语特多"流水句",即一系列指称性质的零句似断还连的前后并置,详见第六章3.3节。

第5节 重叠和"大名词"

现行的词类体系先区分名词、动词、形容词,然后在形容词内部分出两个小类,性质形容词和状态形容词,后者大多是前者的

---

① 有人说,"还活着"必须加"的"才能做定语,如"还活着*(的)人",表明"还活着"是述谓性的,后面加上"的"才变为指称性的定语。不对,"的"的作用并不是使述谓语"指称化"或"名词化",它跟"爸爸*(的)书"里的"的"一样都是起"提高指称语的指别度"的作用(下第6节,第八章1.2节)。

② 好比一家酒吧通常是同性恋者聚会的场所,一般人光顾有点特殊,但是并不被排除在外。

重叠形式（朱德熙 1956）。然而汉语的一个重要事实是，名词、动词、形容词不管是单音还是双音，各自重叠后都能变为摹状性词语。这一重叠规律还打破词和词组的界限，表明汉语词和词组、词法和句法的分界也不那么重要（施其生 2011）。以下普通话的例子主要转引自华玉明（2008）：

名词和名词组重叠

层	层层的叶子中间点缀着些白花。
丝	河面上漂浮着丝丝霞光。
虎	眼睛瞪得虎虎的。
年	年年讲，月月讲，日日讲。
山水	山山水水地画个不停。
兴头	兴兴头头赶回家来。
妖精	打扮得妖妖精精的。
五秒	秒针跳着五秒五秒地走。
大把	钞票大把大把地往袋里扔。
一本书	一本书一本书地读下去。

动词和动词组重叠

飘	飘飘白雪飞扬在空中。
飞	他在会场中进进出出，忙得飞飞。
跳	电话铃声尖锐地叫了起来，头又开始跳跳地痛。
抖	母亲吃力地抬起手臂抖抖地指着墙上挂的干粮筐。
摇摆	花儿在风中笑得摇摇摆摆。
指点	她们指指点点地议论起来。
哭着	哭着哭着就瞌睡了。
一颠	车身颠得一颠一颠的。

形容词和形容词组重叠

白　　　把脸抹得白白的。

慢　　　慢慢地走。

随便　　随随便便说了几句。

大方　　衣服要穿得大大方方的。

很烫　　很烫很烫地做了碗姜汤。

很小心　很小心很小心地挤出一点胶水。

单音的名、动、形加 XX 也都变成状态形容词：

单音名词 XX　夜沉沉　眼忪忪　情切切　月蒙蒙　血斑斑　心荡荡　路迢迢

单音动词 XX　叹连连　啾声声　滴溜溜　呼啸啸　死虎虎　笑眯眯　骂不咧咧

单音形容词 XX　薄绡绡　冷冰冰　轻悠悠　静悄悄　软绵绵　红通通　臭烘烘

就连重叠的 X 本身也可以是名、动、形三类：

X 为名　冷冰冰　甜蜜蜜　黑漆漆　白雪雪

X 为动　圆滚滚　香喷喷　动飘飘　直挺挺

X 为形　红彤彤　白茫茫　笑盈盈　病恹恹

这些重叠中后置的 XX 也可以前置，前置在方言里很常见，如上海话就说成：

漆漆黑　雪雪白　冰冰冷　笔笔直　喷喷香　滚滚圆　彤彤红

蔡淑美、施春宏（2007）考察阎连科作品中的重叠形式，同样发现名动形三类词都有起摹状作用的重叠形式 AABB 和 AXX：

名词的重叠形式

浪浪涛涛　波波浪浪　山山海海　山山岭岭　涕涕泪泪　枪枪炮炮　仇仇恨恨　物物什什　物物件件　缘缘由由　江江湖湖　谷谷糠糠　钉钉绳绳　汪汪洋洋　血淋淋　水渣渣　烟团团　雾浓浓　汗渍渍

动词的重叠形式

巴巴望望　哭哭唤唤　洗洗整整　腾腾雾雾　剪剪裁裁　闪闪灭灭　颤巍巍　笑吟吟　荡激激　气愤愤　潺哗哗

形容词的重叠形式

烈烈炎炎　红红胖胖　木木然然　白白亮亮　柔柔和和　白白茫茫　美美丽丽　鲜明明　青痴痴　紧飘飘　白茫茫　红艳艳

参与重叠的 AB 有的是词，有的像临时组合，如"山海、洗整、烈炎"，名词性 AB 的重叠特别多。

还有一种近似重叠的"一X一Y""半X半Y"格式，也是不分名、动、形，都有摹状性：（邵敬敏 2013：130-152）

一前一后　一冷一热　一蹦一跳
一早一晚　一长一短　一拉一打
一分一秒　一快一慢　一抛一捡
半人半鬼　半对半错　半信半疑
半子半婿　半新半旧　半推半就

名、动、形重叠都描摹状态的情形在方言里十分普遍。施其生（1997，2011）和林华勇（2011）提供大量闽、粤方言中名词（组）和动词（组）重叠的例子，并且认为重叠是汉语的一种"形态"，例如：

泉州

迄个小仔（生遘）猴猴，目珠鼠鼠，蜀淡仔款也无。（那小子猴模猴样，鼠眉鼠眼的，一点样子也没有。）

迲个畅仙畅仙个，蜀下看就无顺眼。（那做派公子哥儿似的，一瞧就不顺眼。）

发了几日烧，行路骹浮浮。（发了几天烧，走路脚下轻飘飘的。）

厦门

即股侬竹篙竹篙。（她长得像竹竿一样瘦高瘦高的。）

我心里煞后悔后悔。（我心里有点后悔。）

汕头

个物睇着头家奶头家奶呤，畏得就是伊啊？（那个人看起来一副老板娘的派头，恐怕就是她吧？）

两人行遘磨磨呤。（两人紧挨着走。）

敢敢行！（放胆地走吧！）

漳州

天卜落雨卜落雨。（天要下雨的样子。）

廉江

冇使狂！一只一只来。（别急，一个个来。）

苹果放在箱底箱底呢。（苹果放在靠近箱底那儿。）

我如今想呕想呕噉做倒。（我现在有点儿想吐。）

鸡也母爱死爱死噉倒□[tɛ²¹]哇。（母鸡快要死了啊。）

顶上顶上几日空气差到死。（最近前的几天空气非常差。）

天好似想出热头想出热头噉做倒。（天好像要出太阳似的。）

我大伯在呢[nei⁵⁵]使牛使牛在。（我大伯在那儿犁田呢。）

施文特别提供了汕头话名词（组）重叠的大量例子：

布布（事物等韧而嚼而无味） 汁汁（湿漉漉的） 油油（油乎乎的） 纱纱（织物破烂成乱纱状且不结实） 水水（成水状

的） 鼻鼻（鼻涕状的） 卵卵（圆而光秃秃的） 云云（眼睛如在雾中看不清） 柴柴（事物像木头一样纤维很粗而无味） 铁铁（像铁一样坚硬） 仙仙（懒散而满不在乎的样子） 书书（言谈举止带书卷气）

湖北大冶话（赣语）有一类带单音后缀的状态形容词，词根也是名、动、形三类（汪国胜 1991）：

名+X 风溜（形容微风吹拂的样子） 人流（形容神气十足的样子） 褥里（软和、富有弹性）

动+X 喜眯 哭扁 吵吼

形+X 甜抿 香喷 黑黢

晋北方言甚至有领属代词的重叠（范晓林 2012）：

我我爷爷可看好我哩！

她她爸爸可有本事哩！

你你大爷人家还识俩个字哩！

这种重叠式具有明显的感情色彩，"我我爷爷"相当于"我那（可爱的）爷爷"，"我我"具有描摹作用。

涪陵话单音动词重叠变为状态形容词也很普遍，有 a 和 b 两种形式（李文莉 2011），例如：

a. 歇歇地走 抿抿地吃 耍耍地做 想想地哭 挨挨地敬（酒） 算算地打（牌）

b. 灯一直闪了闪的 火要熄不熄的 那几块砖要落不落的

普通话里虽然不说"吃饭别抢抢的""他天天在我面前晃晃的"，但是说"抢来抢去""晃来晃去"，可见方言的差异只是重叠方式的差异而已。叶祖贵（2014）也提供多种方言（不分南北）动词重叠以及贾平凹小说中名动形重叠都表状态的例证。

根据以上事实可以得出结论：从语法体系来讲，如果把"丝、山水""抖、摇摆""白、大方"分立为名词、动词、形容词三类，那么把一律通过重叠而形成的状态形容词单单跟"白、大方"这类词定为一个类的两个小类就不合理。反过来，如果单单把"白、大方"这类词跟所有那些重叠而成的状态形容词定为同一个类的两个小类，那么把重叠之前的"丝、山水""抖、摇摆""白、大方"分立为三类就不合理。合理的做法是，把状态形容词改称"摹状词"，可简称"状词"①，名、动、形都归属"大名词"，汉语首先在第一个层次区分大名词和摹状词，第二个层次再在大名词内区分名、动、形（性质形容词）。区分名、动、形的时候，从摹状上看首先把形容词跟名词动词区分开来（第十一章第5节），最后才有限的区分名词和动词（名动包含）。相对于大名词和摹状词的区分，名动形的区分不那么重要，词和词组的区分也不那么重要。这就是为什么中国传统的文章学有"名"和"重言"的概念，但没有跟"名"相对的"动"的概念。②（另见第四章3.1节）通常说汉语缺乏形态，其实重叠是汉语最重要的形态，是跟印欧语的形态不一样的一种形态。③

摹状词（状词）带有主观色彩，汉语注重区分"名词"和"状

---

① "状词"这个名称在丁声树（1940）里是形容词和副词的统名，说诗经中"叠字成文不可枚数，以状词为最多"，动词和名词也都可以重叠成文，如"采采芣苢"和"燕燕于飞"。

② 在《马氏文通》里，名字、动字、静字（指形容词）虽然并列，但是从取名看，动字是跟静字对待。

③ 十大最佳"洋泾浜英语"评选的结果，荣登榜首的是，"Good good study, day day up"（好好学习，天天向上）。荣登榜首是因为它突出反映了汉语和英语的一个十分重要的差异，形容词"好"和名词"天"重叠都表示摹状。

词",这跟汉语注重"直陈"和"非直陈"的区分(见第十章1.2节)是相通的。

第6节 "的₃"和伊朗语言的 EZ

并不是所有从事"生成语法"研究的人都把"这本书的出版"里的"的"分析为限定名词短语的中心,或者分析为插在主谓结构当中的成分,这样的分析要在朱德熙(1961)界定的"的₃"之外再另设一个性质不同的"的"。按照简洁准则,能不增加实体就不要增加,简洁准则超越学派之争。生成语法学派虽然大多持名词、动词、形容词三者分立的假设,但是 R. Larson,就是提出以他的名字命名的"拉森壳假说"(Larson's Shell Hypothesis)的那一位,提出汉语很可能跟一些伊朗语言一样,名词是一个包含动词和形容词在内的"大名词类"(super-noun category)。这个推测是根据生成语法的"格"(Case)理论,拿汉语的"的"跟那些伊朗语言的对等助词进行比照得出的。

Larson(2009)一文题为《汉语是一种反向 ezafe 语言》,何为 ezafe?在一些伊朗语言里,跟汉语"的"相当的助词叫 ezafe(EZ),有正向和反向两种,Farsi 语是正向 EZ,例如:

del-é　　　sang
heart-EZ　stone '铁石的心肠'
otâq-é　　besyar kucik
room-EZ　very small　'很小的房间'

这种语言的语序是定语在中心语之后,相当于"的"的 EZ 在定中结构里附着在中心语之后。这二例的中心语是名词,定语分别是名词和形容词。

  hordan-é âb
  drinking-EZ water '水的饮用'

这一例的中心语 hordan 标释 drinking，似无法判断它是动词根还是名词根（但见下）。中心语还可以是形容词和介词：

  negæran-é bæche
  worried-EZ child-PL '［对］孩子的担忧'（PL 是复数标记）
  beyn-é mæn-o to
  between-EZ you and me '你我的中间'

反向的 EZ（标为 REZ）也有，那就跟汉语的语序一样，定语位于中心语之前，EZ 附着在定语之后，例如 Gilaki 语：

  John-é xowne
  John-REZ house '约翰的房子'
  zak-ə negarown
  child-REZ worried '［对］孩子的担忧'
  istaxr-e otaq
  pool-REZ around '水池的周围'

这三例的中心语分别是名词、形容词和介词。

  âb-e xurdan
  water-REZ eat '水的饮用'

这一例的中心语 xurdan 标释 eat，很可能就是动词根（下面再谈）。

  surx-ə gul
  red-REZ flower '红的花'
  daryaa(-e) kinaar-e **xowne**
  sea(-REZ) next-REZ house '靠海的房子'

这二例的定语分别为形容词和介词短语。

拉森采纳的还是传统的定中结构分析，把 EZ 或 REZ 分析为定语和中心语之间的助词。由于中心语和定语都不限于传统意义上的名词，而是包括形容词和介词，甚或动词，所以拉森将充当中心语和定语的词定性为"大名词"，将 EZ 定性为"大的"（super-'s 或 super-of）。"大的"的语法作用，他跟 Li（1985）的观点一样，是起"格协调"（Case concord）的作用，使前后成分的"格"互相协调，"格"是名词性成分才具有的特性。拉森指出，已有的研究表明，对伊朗语言的 EZ 作这样的分析和定性在生成语法的理论框架里是合理的、简洁的。

伊朗语言"大的"的统一性跟汉语"的$_3$"的统一性是一致的。举例来说：

爸爸的书　沉重的书　掉页的书　在馆的书
书的封面　书的沉重　书的掉页　书的在馆

按照朱德熙（1961），不管"的"前头的定语成分是名词、形容词还是动词，"的"都是"名词性语法单位的后附成分"。① 拉森进一步说，不管"的"前头的定语成分还是后头的中心语，也不管它们是名词、形容词还是动词，"的"都是使前后的名词性语法成分"格协调"的助词。拉森认为，这是通过跟伊朗语言的比照后才可以看清的汉语"的"字的真面目。

在正统的生成语法的理论框架里，要把定语成分都分析为名词性成分，就必须假设"沉重、掉页、在馆"这些谓词性成分经历了"关系小句化"，或者假设它们由限定形式转化为非限定形式；要

---

① 有人误以为"的"是"名词化的标记"，其实不是，因为"木头的房子"谈不上"的"起"名词化"的作用。

把中心语都分析为名词性成分，就必须假设"沉重、掉页、在馆"这些谓词性成分都经历了"名词化"，因为名词性短语的中心理应是名词性成分，无需论证，不然就违背"X-语杠"理论（也就是"中心扩展规约"）。这种"化"那种"化"，在汉语里都违背简洁准则，没有必要。现在有了拉森假设的"大名词"，这些"化"都可以取消。

拉森认为"的"的作用是核查或协调名词性成分的"格"，在功能语言学看来，"的"的作用是借助参照体（定语）提高名词短语指示目标的"指别度"（见第八章第2节）。两种说法只是观察的角度和理论的出发点不同，一个着眼于"的"的抽象作用，一个着眼于"的"的具体功能，殊途而同归。另可参看完权（2015）。

拉森强调说，"只从汉语看汉语是看不清的"①，这个话说得好，确定汉语的"大名词"正是拿"的"跟伊朗语言的 EZ 比照的结果。我们想说，这个话反过来也适用于伊朗语或其他语言，只从伊朗语看伊朗语也是看不清的，只从英语看英语也是看不清的。生成语法所确定的伊朗语里的"大名词"明确包括形容词和介词短语，好像未明确是否包括动词，因为一般认为动词不具有 [+N] 特征，但是上面 Farsi 语和 Gilaki 语的例子中却包含动词根 xurdan 'eat' 和 hordan 'drinking'。如果从汉语来反观这两种语言，就可以明确那儿的动词或动词根也属于大名词，所谓介词 beyn（中间）、otag（周围）本来就是方位名词，这个问题可供伊朗语言的专家深入研究。第六章第4节将说明，从汉语的谓语来反观英语的谓语，可以对英语谓语的指称性有更深刻的认识。下一节将说明他加禄语所谓的动

---

① 原文是：We cannot figure out Chinese using only Chinese.

词和动词根其实都可以分析为名词和名词根。

第7节 他加禄语的"动词"

菲律宾的他加禄语（属南岛语）也可以旁证汉语的"名词"是"大名词"，包含动词和形容词。卡夫曼（Kaufman 2009）从历史语言学、语言类型学、生成语言学三个方面论证，他加禄语里所谓的动词性谓语其实都是名词性成分，"主语＋谓语"结构都是由一个隐形的系词联系起来的两个名词短语的组合。

受印欧语"动词中心论"的影响，他加禄语语法学家曾经认为，动词有四种语态词缀（施事语态 AV，受事语态 PV，处所语态 LV，替事语态 CV），分别选择施事、受事、处所、替事四种不同的论元充当小句的主语（格标记是 ang）。例如，下面四个句子都表达"猫（施事）在盘子上（处所）替狗（替事）吃耗子（受事）"的意思，但是动词 k-áin（吃）所带的语态词缀不同，选择的主语也不同：

(1) a. k‹um›áin   nang=dagà sa=pinggan pára sa=áso **ang=púsa**
  ‹AV:BEG›吃 GEN= 耗子 OBL= 盘子 for-OBL 狗 NOM= 猫①
  动词 k-áin 带 AV 缀 um（兼表起始体 BEG），púsa（猫）带主格标记做主语。

  b. k‹in›áin-ø   nang=púsa **ang=dagà**   sa=pinggan pára sa=áso
  ‹BEG›吃 -PV GEN= 猫 NOM= 耗子 OBL= 盘子 for-OBL= 狗
  动词 k-áin 带 PV 缀 ø，dagà（耗子）带主格标记做主语。

---

① 缩写符号：BEG= 起始体，EMPH= 强调标记，GEN= 属格，LIM= 限量标记，LNK= 联系词，NOM= 主格，OBL= 旁格，for-OBL= 替格，s= 单数。

c. k‹in›áin-an   nang=púsa nang=dagà ang=pinggan pára sa=áso
   ‹BEG›吃-LV GEN= 猫 GEN= 耗子 NOM= 盘子 for-OBL= 狗
   动词 k-áin 带 LV 缀 an, pinggan（盘子）带主格标记做主语。

d. i-k‹in›áin   nang=púsa   nang=dagà   sa=pinggan   ang=áso
   CV-‹BEG›吃 GEN= 猫   GEN= 耗子   OBL= 盘子   NOM= 狗
   动词 k-áin 带 CV 缀 i, áso（狗）带主格标记做主语。

跟这个语态系统有关的句法现象是，在构成疑问句、话题化、关系小句化的时候，名词性成分的"提取"（extraction）受一定的限制，只有充当主语的名词短语可以提取。这条限制在保留这个语态系统的南岛语里普遍存在，引起广泛的关注。看下面的例子：

(2) a. Sino   ang=b‹um›ili   nang=téla?
       who   NOM=‹AV:BEG›buy   GEN=cloth
       Who bought the cloth?／谁买了那块布？

   b. * Sino ang=b‹in›ili-ø   ang=téla?
        who NOM=‹BEG›buy-PV   GEN=cloth

(3) a. Ano   ang=b‹in›ili-ø   nang=babái?
       what NOM=‹BEG›buy-PV   GEN=woman
       What did the woman buy?／那女人买了什么？

   b. *Ano   ang=b‹um›ili   ang= babái?
        what NOM=‹AV:BEG›buy NOM=woman

在（2）里 a 句施事语态选择施事做主语，它可以提取出来做句首的疑问词，而像 b 句那样的受事语态要提取施事就不合语法。同样，在（3）里 a 句受事语态选择受事做主语，它可以提取出来做句首的疑问词，而像 b 句那样的施事语态要提取受事就不合语法。话题化和关系小句化的提取也受同一限制，不再举例。这种限制也适用于较复杂的（1）各句。

卡夫曼指出，要解释这一现象，只需要采纳生成语法早先提出的一个普遍适用的限制条件，即禁止从名词短语（或限定词短语）内提取名词性成分，而无需采用其他更加复杂的解释。这一简单解释的前提就是回到他加禄语的传统分析法：所谓的主谓结构都是系词（隐形）结构，所谓的动词性谓语其实都是名词性的，所谓的动词语态词缀其实应该分析为名词的词缀。这样的分析不仅简洁，而且能对共时和历时的语言事实都作出合理的解释。例如，下面四句的英语翻译（都是系词句，系词连接两个 NP）更接近于他加禄语本来表达的意思（ang 是主格标记，nang 是属格标记）：

(4) a. k‹um›áin　　　nang=dagà　　ang=púsa
　　　‹AV:BEG›吃　　GEN=耗子　　NOM=猫
　　　The cat was the eater of a rat.

　　b. k‹in›áin-ø　　　nang=púsa　　ang=dagà
　　　‹BEG›吃-PV　　GEN=猫　　　NOM=耗子
　　　The rat was the eaten one of the cat.

　　c. k‹in›áin-an　　nang=púsa　　nang=dagà　　ang=pinggan
　　　‹BEG›吃-LV　GEN=猫　　　GEN=耗子　　NOM=盘子
　　　The plate was the cat's eating place of the rat.

　　d. i-k‹in›áin　　　nang=púsa　　nang=dagà　　ang=áso
　　　CV-‹BEG›吃　GEN=猫　　　GEN=耗子　　NOM=狗
　　　The dog was the cat's 'eating benefactor' of the rat.

卡夫曼强调，这样的句子在他加禄语里是基础句式，不是派生而成的。跟英语比照，AV 缀相当于英语名词的施事缀 -er，PV 缀相当于英语名词的受事缀 -ee，只是英语名词没有相当于 LV 的处所缀和相当于 CV 的替事缀。① 这正是他加禄语等南岛语里所谓的语态词缀的实质。

不难发现这四个英语译句一句比一句不自然，不如翻译成自然的汉语"话题-说明"句：

（5）a. 猫，吃耗子的$_{AV}$。

　　b. 耗子，猫吃的$_{PV}$。

　　c. 盘子，猫在那儿吃耗子的$_{LV}$。

　　d. 狗，猫替它吃耗子的$_{CV}$。

这四个汉语句也都是以"的"煞尾的名词性短语充当谓语的句子，系词隐而不显，因此都是用一个指称性谓语对话题加以说明。有意思的是，汉语一个统一的"的"相当于他加禄语的属格标记 nang，而作为名词性短语的标记"的"涵盖了他加禄语 AV、PV、LV、CV 四种词缀。这是汉语的简洁之处。

以上翻译，实际上是把 ang 引出的成分处理为话题，这样的话，他加禄语这些句子的语序就违背"话题在前、说明在后"这一普遍的信息结构顺序。陆丙甫（2014）建议，若要体现他加禄语句首的动词其实是名词，并保持"话题-说明"结构，可以把这四句分别诠释为（括号里是我仿文言的翻译）：

（6）a. 那件吃耗子的事件，施事是猫。（吃耗子者，猫也。）

　　b. 那件被猫吃的事件，受事是耗子。（猫所吃者，耗子也。）

---

① 英语动词 amputate（截肢）带有两个论元，一个是施事主语，一个是直接宾语（指截下的肢体），但没有一个论元指被截肢的人，因此没有 The doctor amputated John 的说法，然而，这并不妨碍英语构成 amputee（被截肢者）一词。只要在概念上"截肢"这个动作涉及一个被截肢的人，就可以这么构词，尽管"被截肢者"不是 amputate 的句法论元。这就是他加禄语的造句原理。

c. 那件猫吃耗子的事件，处所是在盘子中。（猫所在吃耗子者，盘子也。）

d. 那件猫吃耗子的事件，替事是狗。（猫替之吃耗子者，狗也。）

"猫、耗子、盘子、狗"分别是凸显的信息成分，前面的事件名词都包含了一个提示凸显成分的形态标志，这个凸显成分在后面用 ang 引出。

回到前面（2）（3）两个疑问句，英语和汉语的翻译并不完全符合他加禄语的本义，较为准确的汉语对译不是"谁买了那块布"而是"谁买的那块布"，不是"那女人买了什么"而是"那女人买的什么"或"什么是那个女人买的"。主语和谓语都是名词性的，这并不是奇特的现象，这样的语言至少还有汤加语（详见第九章）。第六章将详细说明汉语谓语的指称性和英语谓语的潜在指称性。

卡夫曼指出，他加禄语中做谓语的动词短语其实都是名词短语，根本的原因是，这种语言的词根都是名词性的，包括那些表示典型动作的词根。例如：

（7）dalawa=ng **kuha**=ngà=lang　　nang=i~isang　　ibon
　　 two=LNK　take=EMPH=only　GEN=LIM~one　bird
　　 two takes（photos）of only one bird

（8）saan　　ang=**lákad**=mo　　　ngayong　gabi
　　 where　NOM=walk=2S.GEN　now:LNK　night
　　 Where is your walk tonight?

（7）表动作的词根 kuha "照（相）"受数量词的修饰，nang 是属格标记，好比汉语说"一鸭的两吃"，他加禄语是用"一鸟的两照"来表达"一只鸟照了两次"的意思。（8）表动作的词根 lákad "走"

带有通常名词带的数-格标记,句子好比汉语说"你今晚哪儿的一走?"。这种表动作的词根如果不加语态标记就不能做谓语,这表明这种词根的名词性不是由其所在的句法位置带来的,而是内在的。这一点还可以从掺杂外语借词的语句和掺杂他加禄语词的洋泾浜英语看出来:

(9) a. mag-*ice-cream*　　b. mag-*basketbol*
　　　 AV-ice-cream　　　　AV-basketball
　　　 eat ice cream　　　　play basketball
(10) a. mag-*trabaho*　　b. p‹ um ›*arada*
　　　 AV-work　　　　　 ‹ AV ›stop
　　　 to work　　　　　　to park

(9)是他加禄语借用英语和西班牙语的名词 ice-cream "冰激凌"和 basketbol "篮球"(没有对应的动词)加上语态标记做谓语,(10)是借用西班牙语的名词 trabaho "工作"和 parada "停靠"(有对应的动词)加语态标记做谓语。汉语也有类似的情形,例如:

(11) 你 iphone 了吗?
　　 你 3G 了吗?
　　 我也 blog 了。
(12) 你 parking 好了吗?
　　 你今天 swimming 了吗?

借用英语的名词 iphone、3G、blog 加"了"做谓语,这与其说是名词临时用作动词的修辞用法,不如说是汉语里由动词充任的谓语本来就具有名词性(第六章),因为这样说的人多半不知道这些英语借词是名词还是动词。(12)两句在明知英语有动词 park 和 swim 的情形下却还用它们的名词形式,这就更说明问题。

(13) Let's make *pasok*('enter')*na* to our class!（我们进教室吧！）

Wait *lang*! I'm making *kain*('eat')*pa*!（等一等，我正在吃呢！）

Come on *na*, we can't make *hintay*('wait') anymore!（快点，我们不能再等！）

这是掺杂他加禄语借词的洋泾浜英语，情形正好跟上面相反，因为表示"进""吃""等"等动作的词根 pasok，kain，hintay 有名词性，所以插入英语句子的时候要前加一个动词"make"。掺杂汉语借词的洋泾浜英语也有类似的情况，特别是遇到一些不好翻译的汉语动词（其实是动名词）的时候：

(14) We can't make *zheteng*（折腾）anymore！（我们不能再折腾了！）

Let's do some *zouxue*（走穴），too!（我们也去走走穴吧！）

He is doing *huyou*（忽悠）again!（他又在忽悠了！）

经常是先这么权宜的一说，接着尽量对"折腾""走穴""忽悠"这些词作些解释。如果不假设这些词有名词性，就很难说明为什么还要前加"make"或"do"。

类似的情形见于进入日语的汉语词，表动作的汉语词不用说双音词，即便是单音词（动词性强），也是加する（ずる，じる）才变成"用言"，不加的时候是"体言"，如"検閲する"，"解放する"，"愛する"，"念ずる"，"任じる"。[①] 韩语里的汉语词也

[①] 日语学界有人说，日语中很多表示动作行为的词本身就是名词，它们加了"轻动词"する（借用生成语法的术语）就变成了动词，甚至一些派生性名词如"食べ、飲み"也有人认为未必是动词派生的，很可能动词根本身是名词性的。这个问题值得深入研究。

是这样，如：

(15) Jeongbu-ga　dari-reul　geonseol-ha-oet-da.
　　　政府-主格　桥-宾格　建设-做-过去时-陈述
　　　"政府架设了桥梁。"

geonseol（建设）后加-hada（=英语do）做谓语。"建设"这样的汉语词还能加主、宾格标记（崔健，私下通信）。

总之，原来以为是动词性的词根其实是名词性的，这个见解的重要性不言而喻。Theoretical Linguistics 杂志出了一个专辑（35卷第1期），专门讨论卡夫曼的论文。[①] Baker（2009）认为卡夫曼的主张虽然显得有点激进，但是具有潜在的简雅性（potentially elegant），而且表明，词类差异作为一个"参项"（parameter）是造成语言之间差异的原因之一。Baker 还指出，从语言类型学上讲，名词和动词发生"中和"的话，结果一定是以名词而不是动词为"中和项"，他认为卡夫曼的分析是对的，但是应该用他加禄语内部的证据（不管是直接还是间接的）证明必定是名词成为中和项。本书第五章将主要从英语和汉语的事实出发从认知上论证这一点。

拉森和卡夫曼虽然都是在生成语法的框架内讨论问题，但是并不拘泥于"名动分立"的成说，在他们的心目中，"简洁准则"凌驾于学派学说之上。这应该引起我们的重视。

[①] 关于他加禄语的词类特点，还可参看 Himmelmann（2007）和罗仁地（2010）。

第四章 "实现关系"和"构成关系"

第1节 "指称"和"述谓"作为初始概念

确定汉语是"名动包含"格局,首先是确定汉语的名词就是指称语,动词就是述谓语。(上一章第1节)有人以为"名词"和"动词"是具有普遍性的初始概念,名词定义为有 [+N] 特征,动词定义为有 [+V] 特征,但是这等于没有定义。实际上每种语言都是按各自的分布状况来区分名词和动词的,问题是,我们怎么知道语言甲按分布分出来的一类词跟语言乙按分布分出来的一类词是同一类词,都属于名词或者都属于动词呢?除了参考意义,那就是"指称"和"述谓"这对初始概念了。因为都用来指称,所以都属于名词,因为都用来述谓,所以都属于动词。张斌(2014)一文开宗明义:"语言是表意的工具,他的原始功能是指称和陈述。"以名词动词为初始概念作语法分析的人,也离不开使用"类指、定指、不定指"这样一些指称概念。语言类型学家在比较不同语言的词类时,大多是把"指称"和"述谓"作为比较的共同基础。指称和述谓,指称又比述谓更加基本,因为我们不仅陈述一个活动或一件事情,也指称一个活动或一件事情。

"指称"(reference)不同于"指谓"(denotation)。词语可以

命名世界上的事物，词语与外物之间的关系是"指谓"。在语言的使用中，一个词语可以指向不同的对象，因时间地点而异，具体使用中的实际指向叫"指称"。（蒋严 2013）皮尔斯把符号分为三类，第一类是"象似符"（icon），第二类是"象征符"（symbol），第三类是"指示符"（index）。语言学里的"指称语"不仅是象似符和象征符，还是指示符。所谓 index 就是"用食指指"，近来有一些研究语言起源和演化的学者认为，"指示"是人类语言发生的初始阶段或准备阶段（Kita 2003，Bejarano 2011，Arbib 2012，Disell 2013）。我们不仅用手指当前见到的事和物，也指见不到的事和物，指过去或将来，指想象中的事和物，而动物不具备这种能力。一位女士一边举起右手指向头顶朝后的右上方向，一边说，"我老公在实验室做实验呢"，她是在指老公（人），指实验室（物），也在指做实验（事），动作、活动、事件也是可指对象。一个穿着时髦的年轻女子正在抽烟，我用手一指，目的是要引起你的注意，并且赋予所指现象以意义，让你领会我这个"手指语"的意图。因此语言学的"指称"跟语言的运用、跟说话人的意图密切相关，它本质上是个"语用"概念。按照 Hopper & Thompson（1984），语言中的指称语指向"话语可操控的参与者"，它或者是一个有待加以说明的话题，或者是某个动作控制或施加影响的一个对象。

"指称"有"有指"（referential）和"无指"（nonreferential）的区别，"有指"又有"定指"、"不定指"、"类指"（generic）、"专指"（specific）等区分，都有各自的定义，是根据话语参与者的认知状态来界定的（参看陈平 1987）。在"谓词逻辑"中有"指称饱和"（referentially saturated）和"非指称饱和"的区别。Chierchia（1985）认为，只有能直接充当句子论元（argument）的词语才代表"实体"（entity），并且据此指出法语英语和汉语的名词有重要区别。法语英语的名词不能直接充当句子论元，不代表实体，而是代表"性质"（property），而汉语的名词可以直接充当论元，代表实体。论元主要就是指主宾语，在指称上属于类指、专指、定指、不定指当中的一种。从这个意义上讲，汉语的名词是"指称饱和"的，英语的名词是"非指称饱和"的，上一章第1节已经用汉语光杆名词"老虎"和英语光杆名词tiger的区别加以说明。

句子的主宾语是指称语，有人对这句话有疑问，说，朱德熙先生提出主宾语可以分为指称性和陈述性两类，可以分别用替代词"什么"和"怎么样"来鉴别。这样质疑的人并没有了解朱先生的本意。朱先生始终反对从意义出发说做主宾语的动词已经"名词化"或"名物化"，当年有人用"指称化"来为"名词化"或"名物化"辩解，朱先生是为了批判"指称化"的观点才说主宾语也有指称和陈述之别的：主宾语本来也可以是陈述性的，谈何指称化呢？（朱德熙、卢甲文、马真1961）"名动包含说"恰恰是坚持朱先生的观点并且作出解释：既然述谓语也是指称语，就谈不上什么"指称化"。而现在坚持"名动分立"的人却认为至少要在一定程度上承认"名词化"，甚至提出有不同层面的"名词化"，这完全违背朱先生的本意。

其次，朱先生虽然提出用"什么"和"怎么样"来鉴别主宾语的指称性和陈述性，但是还指出，"怎么样"只能替代谓词性成分，"什么"既可以替代名词性成分又可以替代谓词性成分，这种偏侧替代恰恰是支持"名动包含"（指称语包含述谓语）的证据，这在上一章第2节已经说明。

第2节 "实现关系"和"构成关系"

2.1 "实现性隐喻"和"构成性隐喻"

语法范畴抽象，语用范畴具体。按照"认知语言学"的隐喻（metaphor）理论，用一个具体概念来表达一个相似的抽象概念就是隐喻。隐喻分为"实现性隐喻"和"构成性隐喻"两种（Ungerer & Schmid 1996：147-149），例如，"你的电脑有病毒了，赶快杀一下毒！"其中的"病毒"就是一个隐喻，是用大家熟悉的、具体的身体病毒来指隐藏在电脑中的一个相似的抽象东西。随着电脑的普及，"病毒""防火墙""桌面""菜单"这些名称对一般人来说已经耳熟能详，成了常用语。但是，很多电脑专家对采用这些名称却很不以为然。他们认为这些隐喻性质的词儿不像科学术语，掩盖了事实或真相，应该避免使用。尽管有许多科学概念，如天文学的"宇宙大爆炸"说，本身就是隐喻，不少科学家也认为"不能拒绝使用隐喻"（Boyd 1993，Kuhn 1993，冯志伟 2006），但是科学家对隐喻的质疑和想净化科学语言的努力始终没有间断（Radman 1997：44）。这表明，同样是"病毒""防火墙"等隐喻，至少对一部分专家而言，这些隐喻只是"解释性的"（explanatory），是用具体的、为一般人所熟悉的概念来解释抽象的、不熟悉的概念，但是，对一般人特别是对使用电脑的新手来说，这些隐喻不仅是"解释性的"而且是"构成性的"（constitutive），因为离开这些隐喻他们根本没有办法来理解那些抽象概念，隐喻本身就"构成"了那些抽象概念。一个新手通过学习变成了电脑专家，"病毒"等概念也就由"构成性隐喻"变成了单纯的"解释性隐喻"。学习的过程可能很漫长，中间的阶段"构成性"和"解释性"的区分可能比较模糊,但是两头是清楚的。

比较一下两部词典的"病毒"条释义(释义①都是对"身体病毒"的释义,从略):

《现代汉语规范词典》:病毒② 以破坏其他软件为目的并能自身复制传播的电子计算机软件。能破坏储存的文件,甚至破坏硬件,使电子计算机及其网络无法正常运行。

《现代汉语词典》:病毒② 指计算机病毒。

《现代汉语词典》虽然也另列"计算机病毒"条,其释义大致也是《现代汉语规范词典》采纳的释义,但是这是两种很不一样的编写体例。《现代汉语词典》的编写理念是,作为一部中型语文词典,对一般读者来说用"指计算机病毒"来解释"病毒②"已经足够,不必再去查看"计算机病毒"条。如果是一本小型的语文词典,"计算机病毒"不另列条也无妨。其实不管释义如何详尽,到底说全说准确了没有也很难说。有一种新出现的病毒叫"木马",也是个隐喻,是为了突出它的隐蔽性特点,有人已经把"木马"和"病毒"(突出的是传播性特点)区分开来。词典未立"木马"条,上面那个"病毒"的详细释义就有欠缺(未提及隐蔽性)。而且不是专家的老百姓看了这样的释义仍然不知道电脑病毒到底是什么,因为释义中"软件""硬件""储存""网络"这些词儿本身也是隐喻。总之,两部词典不同的编写体例不仅体现不同的编写理念,也表明像"病毒"这样的隐喻确实有"解释性"和"构成性"的区别。

言者用一个具体概念来解释一个抽象概念,是为了便于听者借助具体概念来"体认"(realize)抽象概念,实现理解,因此两个概念之间的"解释关系"也可以叫"实现关系"(realization)①,

---

① 英语 realization 一词既有"体认、理解"的意思又有"实现"的意思,这不是偶然的巧合。

即具体概念是抽象概念的实现。隐喻"解释性"和"构成性"的区别也就是"实现性"和"构成性"的区别。"实现性隐喻"和"构成性隐喻"的区别可以图示如下：

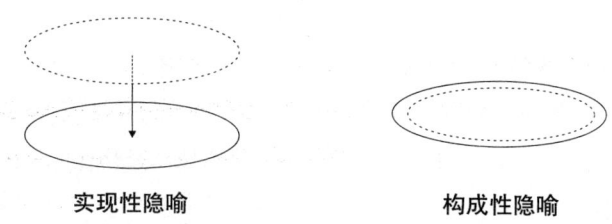

实现性隐喻　　　　　　构成性隐喻

虚圈代表一个抽象概念，实圈代表一个具体概念。"实现性隐喻"从抽象到具体有一个实现的过程和方式，"构成性隐喻"从抽象到具体没有一个实现的过程和方式，抽象概念本身就是由具体概念"构成"的。有人质疑说，"实现关系"和"构成关系"的界限是模糊不清的，但是事实是这两种关系的区分恰恰在印欧语和汉语中是十分清晰的，一个加形式标记，一个不加形式标记。"实现关系"和"构成关系"的区分不仅适用于隐喻，还适用于语言的其他方面，不仅适用于语言，还适用于人类活动的其他方面。

2.2 "实现性/构成性"区别的普遍性

隐喻不仅仅是一种修辞手段，也不仅仅是一种语言现象，而是人类的一种认知方式。我们的概念和概念系统在很大程度上具有隐喻的性质，受隐喻的支配（Lakoff & Johnson 1980：7）。政治家经常提出一些"实现性隐喻"，有意无意的使其在大众心目中成为"构成性隐喻"，以此来推行自己的政治主张。Lakoff（1992）举例说，美国在发动海湾战争之前，当局先用"战争是政治的继续"的说法加上"政治是交易"的隐喻造舆论，使得将要发生的战争在大众的心目中就跟做买卖讨价还价一样，战争的残酷性、死亡和血淋淋的事实被掩盖起来了。Lakoff 这么说，表明至少有一部分美国知识分子反对使用这样的政治隐喻，对他们来说这样的隐喻只是实现性的而不是构成性的。

Rawls（1955）最先提出，人类的社会活动规则分为"调控性规则"和"构成性规则"两类：[①]

调控性规则（regulative rules，RR）：调控已经存在的活动，如交通规则。

构成性规则（constitutive rules，CR）：创造或构成活动本身，如球赛规则。

RR 可以概括为：如果是 Y，实行 X。例如，如果开车，实行红灯停绿灯走的规则；如果是军官，实行就餐时系领带的规定。开车和吃饭这些活动的存在与 RR 的存在与否无关。RR 以命令的形式呈现，如交通规则"遇红灯不得穿越！"是一个命令，涉及的是与规则本身无关的利害关系或社会关系的调节，体现了人对社会行为的期望。不实行或不遵守 RR 同样可以开车可以吃饭，只是要受到处罚或制裁。

CR 可以概括为：在环境 E 里实行 X 算作 Y。例如足球比赛用脚踢进或用头顶进球门算进球，结婚仪式上某人按某种程序行事就算作主婚人。构成性规则构成人的活动，这种活动的存在就依赖于这种规则的存在。CR 并不命令人做或不做什么，它本身创造或定义新的行为方式，体现了人对社会行为的信念。不遵守 CR 不会受到处罚，只是不能获得预期的结果，如足球赛手碰球进门就不算进

[①] 这是现在通行的名称，Rawls 原文的名称分别是 summary rules "总结性规则" 和 practice rules "实践性规则"。

球,下象棋马不走斜线将军就不算将。

"调控性规则"也就是"实现性规则",通过调控,人们期望的社会行为方式得以实现,如通过交通规则的调控,正常的交通得以实现。因此"调控性规则"和"构成性规则"的区别就是"实现性规则"和"构成性规则"的区别。

"实现性规则"和"构成性规则"也是可以互相转化的。前面讲过,一个普通人变成了电脑专家,"病毒"等隐喻就由"构成性"变成了"实现性"。而人类的社会活动经常是从"实现性规则"转化为"构成性规则"。例如,家庭的产生是为了适应子女抚养的需要,因为父母一起生活子女的存活率高。于是就有组织家庭的规则来调节生活,禁止乱伦,实现和谐。这套"实现性规则"调节家庭成员之间的关系,规定每个成员应尽的义务和行为规范。然而随着时间的推移,这套规则逐渐构成我们的家庭观念,即使在调节已经不起作用的家庭里,例如在过继、领养儿女的家庭里,它仍然规定和支配家庭的内部关系。这时候这套规则就变成了"构成性规则",成了文化系统的一部分。再例如,伦敦白金汉宫皇家卫队的换岗仪式有一套程序,起初是为了调节警卫工作,实现安全保卫这一外部目标,是"实现性规则"。这套程序变成仪式后,就成为对仪式的内部定义,不再有一个外部目标,也就变成了"构成性规则"。(Kasher & Sadka 2001)

政治学也用到"实现关系"和"构成关系"这对概念。童燕齐(2008)举例说,警察在西方是执法者,家里夫妻打架,警察来了二话不说,铐起丈夫就走,谁对谁错法庭上再说。在中国,警察来了先得劝架,闹不好身上还可能挨几下。中国警察的责任不仅仅是维护法律的秩序,还同时维护社会道德的秩序。在西方,政治秩序只是借助道德秩序"实现"的；在中国，政治秩序本身是由道德秩序"构成"的。① 2008 年奥运会前，北京市采取一些限制措施，比如汽车单双号行驶、打扫收拾门面等等，给市民带来诸多不便。公安局长解释说，家里有人结婚，不是都要大扫除、换上新衣服来迎接客人吗？中国办奥运会就像国家要举行婚礼。可是西方的调子就不同，中国政府的这些做法被看成是自我宣传和强迫民意。但是要知道，不仅中国政府希望给客人留下好印象，老百姓也这么想。这表明，就"国"和"家"的关系而言，在西方国只是由家来"实现"的，国是国，家是家，国事是国事，家事是家事；在中国，国不仅是由家来实现的，而且本身是由家"构成"的，国就是个大家，国家的事就是老百姓的事。这样的观念在汉语言里的反映就是，"国家"这个词儿跟"事物"一词一样：事物事物，事就是物，抽象的物；国家国家，国就是家，一个引申的家。

2.3 "有"和"是"

从一个角度看，"实现性"和"构成性"的区别也可以看成"有"和"是"的区别。遵守交通规则（实现性规则）才"有"交通，遵守象棋规则（构成性规则）就"是"下象棋。就"病毒"来说，靠"实现性隐喻"我们才"有"电脑病毒的概念，靠"构成性隐喻"那个抽象的概念就"是"电脑病毒。我们的认识和思维处处体现出"有"和"是"的区别，例如在谈及中国画和诗的关系时，苏东坡有句名言"诗中有画，画中有诗"。红学家周汝昌在《"诗化"的要义》一文里针对《红楼梦》里的一段描述评论说，那句名言不妨改说成"诗即是画，画即是诗"。可见对于

---

① 我们有"道德法庭"这个复合词，还是一档收视率挺高的电视节目的名称。

"诗"和"画"的关系，苏东坡和周汝昌的认识有差异，苏认为是实现关系，"有"的关系，周认为是构成关系，"是"的关系。佛经中有四句话，"色不异空，空不异色，色即是空，空即是色"（《般若波罗蜜多心经》），前两句说"色"和"空"是实现关系，"有"的关系，色离不开空，空也离不开色，有空才有色，有色才有空，后两句说"色"和"空"是构成关系，"是"的关系，色就是空，空就是色。

关于"有"和"是"两个概念的区分，有许多哲理上的讨论，赵元任（1976）从语言出发曾经指出，英语里 being（是）这个概念不能不跟"there is"（有）的概念挂钩，汉语里"是"的概念可以不跟"有"的概念挂钩，"是"的概念是独立的。古代汉语没有系词"是"，但是没有"是"这个词不等于没有"是"的概念。"是"的概念对中国人来说是一个毋庸置疑和不言自明的"底伏"（default）概念，在西方哲学里成为重要问题的"是不是"在中国哲学里不成为一个问题，所以不需要用一个词表达出来，现代汉语也只是在强调肯定的时候才用"是"字。据此可以说，英语里的"构成关系"总是和"实现关系"挂钩，缺乏独立性，汉语里"构成关系"可以不和"实现关系"挂钩，具有独立性。这个问题将在第十章论述"是""有"大分野及其哲学背景的时候作深入探讨。

第 3 节　汉语和印欧语的比较

3.1　英语的 noun 和汉语的"名词"

语法概念或语法范畴在很大程度上也具有隐喻的性质（沈家煊 2006a），因此也有"实现性"和"构成性"的区别。下面就用这对概念来说明汉语和印欧语的重要差别：抽象的语法范畴和具体的语用范畴之间，印欧语是"实现关系"，汉语是"构成关系"。

首先，英语里抽象的 nouns/verbs 在话语中"实现"为具体的指称语/述谓语，有实现的过程和方式，而汉语里名词/动词的"构成"就是指称语/述谓语，没有实现的过程和方式。见上面"实现性隐喻"和"构成性隐喻"的图示。

在全国科技名词审定委员会（2006）公布的《中医药学名词》里，"滋阴""补血""明目""通鼻"这些双音词，"切""炒""烫""蒸"这些单音词，都是语法上的"动词"，怎么都叫中医药"名词"呢？显然这个"名词"是指"名称"（专门名称叫"术语"），不是语法专家讲的跟"动词"对举的"名词"。说"切""炒""滋阴""补血"这些词儿都是"名称"，一些动作的名称，这当然没有什么不对的地方。

东汉刘熙的《释名》，所释的"名"既有"天地山水、父母兄弟、日月星宿、眉眼舌齿、笔墨纸砚、鼓瑟笙箫"这些指物的名，也有"趋行奔走、视听观望、坐卧跪拜、咀嚼吐喘、啜嗟噫呜、好恶顺逆"这些指事的名。《现代汉语词典》"名词"条的释义是：

> [名词]①表示人或事物名称的词，如"人、牛、水、友谊、团体、今天、中间、北京、孔子"。②（~儿）术语或近似术语的字眼（不限于语法上的名词）：化学~｜新~儿。

释义①的"名词"是指"语法上的名词"，所举的词例不包括表动作的。释义②有点问题，标为可以儿化说成"名词儿"，但是"化学名词"和"中医药学名词"都不能儿化。释义②最好改为：名称（~儿）或术语。这两个释义的顺序也最好倒过来，释义②应该放在头里，因为在一般人而不是语法专家的心目中"名词"就是

"名称"。①

中国人不觉得有什么问题，西方人会有疑惑，怎么动词跑到名词里去了？所以公布的《中医药学名词》将这些名称译成英文名都不用动词原形，而是加上 -ness, -ation, -ment, -ity 这些词缀或者 -ing 使其变为名词。该委员会公布的其他学科的名词也是同样的情形。这是因为，在一般英国人（不限于语法专家）的心目中，noun 是 noun，verb 是 verb，noun 用来指称人或事物，verb 用来陈述动作或活动。如果要用 verb 来指称动作或活动，那就需要一个 nominalization（名词化）的过程。而在一般中国人的心目中，"切""炒""滋阴""补血"这些动词直接就可以用来指称动作或活动，不需要一个名词化的过程。

用动词来"指称"动作或活动，这是所谓的"本体隐喻"（ontological metaphor），就是将一个抽象的事件或活动当作一个具象的实体看待。本体隐喻同样有"实现性"和"构成性"的区别。汉语和英语的差别同样在于，英语里本体隐喻是"实现性的"，在汉语里本体隐喻是"构成性的"。对英国人来说，改变词形就是将抽象的事件或活动概念"实现"为一个具象的实体概念的过程和方式：

explode ⟶ explosion

excite ⟶ excitement

propose ⟶ proposal

sell ⟶ selling

---

① 这部词典最初的试印本，释义②括号里只说"不限于名词"，"语法上的"几个字是后来加上去的。这表明，试印本的编者认为"不限于名词"里的"名词"当然是指"语法上的名词"。后来意识到有问题，因为一般人认为的"名词"是指"名词儿"（名称），所以特意加上"语法上的"。这一修改体现编写者在释义时从专家立场转变到普通读者的立场，改得好。

而对中国人来说，事件或活动就是一个实体，就是由实体"构成"的，没有什么"实现"过程，所以不需要改变词形。按照 Lakoff & Johnson（1980：30），英语里本体隐喻的表述形式如下：

  EXPLOSION IS AN ENTITY　　（爆炸是一个实体）
  THINKING IS AN ENTITY　　（思想是一个实体）
  HOSTILITY IS AN ENTITY　　（敌对是一个实体）
  HAPPINESS IS AN ENTITY　　（幸福是一个实体）

中国人会对这种表述形式（不是对隐喻本身）提出如下的疑问：EXPLOSION 和 THINKING 等在词形上已经表明它是一个实体，那就等于说"一个实体是一个实体"，这还是隐喻吗？ It does not make any sense! 应该像下面这样表述才是隐喻，才有意义：

  EXPLODE IS AN ENTITY
  THINK IS AN ENTITY
  HOSTILE IS AN ENTITY
  HAPPY IS AN ENTITY

对操汉语的中国人来说，西方谈论"本体隐喻"似乎不重要，甚至有点多余，动作或活动本来就是实体。

  总之，汉语里"名词"一词是一个双重隐喻：一方面是用具体的语用概念"名词儿"（指称语）来表达或理解抽象的语法概念"名词"，另一方面是用具体的指称人或事物的"名词"来指称抽象的事件或活动，也就是本体隐喻。汉语和英语的差别在于，英语里这两个隐喻都是"实现性"的，在汉语里都是"构成性"的。"名词"隐喻和"病毒"隐喻存在如下的对应关系：

  "电脑病毒"（抽象）和"身体病毒"（具体）之间的关系，对电脑新手来说是"构成性的"，对电脑专家来说是"实现性的"。

语法"名词"(抽象)和语用"名词儿"(具体)之间的关系,对英国人来说是"实现性的",对中国人来说是"构成性的";动词代表的活动(抽象)和名词代表的实体(具体)之间的关系,对英国人来说是"实现性的",对中国人来说是"构成性的"。

当我们模仿西方语法来构建汉语语法的时候,用"名词"(或"名""名字")来翻译 noun 未尝不可,但是名称不等于实质,一定要知道汉语"名词"和英语 noun 的重要区别。我们常说"找个词儿",也说"找个名词儿",意思完全一样,可见汉语的"实词"天然是"名词",是指称语,指称事物也指称动作。对中国人来说,取了名就是"用来"指称实体的(不然就不是"名"),并且在语言使用中直接充当各类指称语,是"指称饱和"的(见上第 1 节)。

3.2 句子和话段

一般认为,"句子"(sentence)是语法单位,"话段"(utterance)是语用单位。用"型"(type)和"例"(token)的区别来说,前者是抽象的"型"而后者是具体的"例"。许多人将汉语的"句子"对应于英语的 sentence,但是正如姜望琪(2006)所阐述的,汉语的"句子"跟英语的 sentence 是不对等的,实际相当于英语的 utterance。第三章第 4 节介绍赵元任的"零句说",汉语句子的定义是"两头被停顿限定的一截话语",主谓不齐全的"零句"只要有终结语调就是独立的句子。朱德熙(1987)继承这个观点,说,英语的 sentence 包含主语和谓语两部分,而汉语"从先秦古汉语一直到现代口语,句子没有主语是正常现象","没有主语的句子跟有主语的句子同样是独立而且完备的",因此采取传统的省略主语说来解释无主句就"不是一种很好的解释"。朱先生将汉语里的无主

句归纳为五类:

(1) 根本安不上主语:打闪了。| 轮到你请客了。

(2) 陈述对象不在主语位置上:热得我满头大汗。| 有个国王有三个儿子。

(3) 陈述对象泛指:学而时习之,不亦说乎?

(4) 陈述对象是说话的人自己或听话的人:打算写本书。| 哪天回来的?

(5) 陈述对象可以从语境推知:舞阳侯樊哙者,沛人也。[ ]以屠狗为事,与高祖俱隐。|[两人看完电影出来对话]怎么样? 还不错。

这些句子要是翻译成英语就都要安上个主语,所以朱先生最后说,"确定汉语句子的最终根据只能是停顿和句调"。这样的"句子"定义恰恰等于 utterance 的定义(Lyons 1968:172, Crystal 1997)。

在分析方法上赵元任先生始终贯彻"尽量少说省了字的原则"(赵元任 1968:42-56)。对于单个的动词性词语作为陈述句,如"对!""行。""有。""摔!(小心摔着!)""烫!"等,应该认为它们是"自足"的,因为可以补出不止一种形式的主语,有时候又补不出主语。比如"对",有时候可以说是"你说的对"的简略形式,但是也可能是"你说的话对","你说的那个对",还可能是老师教学生做个什么,学生依着做,老师说"对"。对于"吃饭得使筷子""买票请排队"这种主谓联系松弛的句子,也许可以在主语后边补上"……的时候""……的地方""……的人"等等,但是既然说不好该补充的是哪几个字,那么"吃饭"等就应该分析为动词性主语。对于"是"字做谓语的系词句,如"人家是丰年","说不出省略了的是哪几个确定的字",不管怎么填补,"人家的年是丰年"和

"人家是个丰年的人家"都听上去别扭。对于"今儿下午体操"这样的句子，因为说不清是省了"有"啊，"上"啊，"教"啊，所以应该承认它是名词性词语做谓语的句子。吕叔湘（1979：67-68）也坚持这条分析原则，说"关于省略，从前有些语法学家喜欢从逻辑命题出发讲句子结构，不免滥用'省略'说"，而"省略是有条件的"，有一个条件是"填补的词语只有一种可能"。①

姜望琪进一步说，在以英语研究为代表的西方语言研究中，sentence 已逐渐与 utterance 分离，演变成一个抽象单位，而汉语的"句子"至今仍是一个具体单位、使用单位。这个演变，也就是"语法化"过程（沈家煊1994，1998），即"语用法固化为语法"或"章法固化为句法"的过程。英语语用单位 utterance 经过语法化已经变为句法单位 sentence，而汉语的"句子"还没有完全语法化为句法单位。用"实现关系"和"构成关系"来说，英语里抽象的 sentence 在话语中实现为具体的 utterance，而汉语里"句子"的构成就是"话段"：

英语　sentence 和 utterance　　实现关系
汉语　"句子"和"话段"　　构成关系

3.3　主语和话题

一般认为，"主语"和"谓语"是语法范畴，"话题"和"说明"是语用范畴，前者抽象，后者具体。在印欧语里，主语是主语（subject），话题是话题（topic），主语和话题是性质不同的两个东西。汉语的情形不同，赵元任说，汉语句子的主语"其实就是话题"（literally the subject matter），谓语是对这个话题所作的说明。

---

① 启功（1997：2）说"省略太多，便微有遁辞的嫌疑"。他打了个生动的比方：猿有尾巴，人没尾巴，是进化原因呢，还是人类"省略"了尾巴呢？

在说明汉语里主语、谓语的语法意义时他又说,"在汉语里,把主语、谓语当作话题和说明来看待,比较合适。"(Chao 1948：35；赵元任 1968：45)西方语言里主语和谓语的关系主要是动作者和动作的关系,但是在汉语里这种句子的"比例是不大的,也许比 50% 大不了多少"。即便在"是"字句里,主语也不一定等于"是"字后边的东西,形容词谓语前头的主语也不一定具有那个形容词所表示的性质。举的例子有：

这件事早发表了。

这瓜吃着很甜。

他是个日本女人。(意思是：他的用人是个日本女人。)

"他的用人是个日本女人"和"他是个日本女人",两句的主语在语法形式上没有分别。当主语是表时间、处所、条件的词语的时候,例如：

今儿冷。　　　　　　　　今儿不去了。

这儿是哪儿？　　　　　　这儿不能说话。

他死了的话简直不堪设想了。　他死了的话,就不容易解决了。

翻译成英语都得补充主语,"今儿"等都成了副词或副词小句,但是汉语主语的作用"只是引进话题",就"语法形式"而论,左右两组句子是没有分别的。(赵元任 1968：52)

赵先生还说,"有时候主语和谓语关系松散到了如果放在别的语言里将成为不合语法的程度。……讲究语言规则的人,尤其是懂些西方语言的,要是听到自己的小孩或学生说这种话的时候,很可能会改正他们,但他自己不留神时也会照样说——事实上,谁会留神听自己的话？"(Chao 1968：丁译本 81 页)赵先生还用诗词和对联里"经常遇到"的情形来证明汉语主语的语法意义是话题,如"云想衣裳花想容"(李白)和"琴临秋水弹明月,酒近东山酌白

云"。(原书 71 页)

在一篇论述汉语的逻辑的文章(Chao 1955)里,赵先生还指出汉语和英语的一个差别。关心形式逻辑的人都注意到所谓的"实质蕴含怪论":任何命题都蕴含真命题,而假命题则蕴含任何命题。赵先生说,貌似怪论的实质蕴含在汉语里有家喻户晓的表达形式,这个怪论在汉语的逻辑里显得并不怎么"怪"。例如汉语常说"假如 p 是真的,我就不姓王。"一个对言者来说为假的命题蕴含了随便什么事情,甚至包括他"不姓王"这样的事情。又如"除非太阳从西边出来,这种事情才会发生。"不可能的事情要是发生了,什么事情都可能发生,包括"太阳从西边出来"这样的事情。我们说,之所以在汉语里"怪"论不怪,还是因为汉语的主语就是话题,跟谓语的联系松散,条件小句"假如 p 是真的"和"除非太阳从西边出来"都是主语即话题。(第三章第 4 节)

主语就是话题的例证不胜枚举,据刘丹青(2012a),吴方言中有一些看似特殊的比较句,主语必须理解为话题,例如绍兴话(柯桥),说"小王是小李长",意思是"小李比小王高",主语"小王"是比较基准,"小李"才是比较主体。由比较基准而不是比较主体做话题,其实普通话也能这么说,例如"小王嘛,还是小李高",加个"还是"的说法在其他吴方言中也很常见(林素娥、郑幸 2014),所以绍兴话的这种比较句并不怎么特殊。张伯江(2013)一文还举了俗语中许多很有意思的例子。

既然汉语的主语就是话题,那么汉语的话题和英语的话题也就不一样。这一点 Chafe(1976)也看出来了,他说,不同的语言有不同性质的话题,英语的话题是句首具有对比性的成分,而汉语的话题是"为后面的断言确立一个空间、时间或人称的框架或范围"。

例如：

The pláy, John saw yésterday.（话题是对比焦点）

那些树木<u>树身大</u>。

那个人洋名<u>乔治张</u>。

星期天<u>大家不上班</u>。（英语要在"星期天"前加介词）

天空<u>乌云遮日</u>。（英语要在"天空"前加介词）

汉语的主谓结构可以自由的做谓语，说明前面的话题，如上面的"树身大"等。既然汉语的话题跟英语的话题性质不一样，汉语主语和话题的关系也就不同于英语主语和话题的关系。用"实现关系"和"构成关系"来讲，汉语和英语的差别如下：

英语 subject 和 topic　　　实现关系

汉语"主语"和"话题"　　　构成关系

上面那个英语例句就是英语主语（John）没有实现为话题的情形。从"语法化"的角度看，英语里由语用范畴 topic 虚化而成的语法范畴 subject 已经与 topic 分离，成为一个独立的抽象范畴；而汉语里的"话题"还没有虚化为句法范畴，"主语"至今仍是一个具体范畴、使用范畴。主语是由话题演变而来的，这已经在很多语言中得到证实。例如，Givón（1979：301）调查未受过教育的美国人的英语使用状况，发现下面的句式（1）正逐渐向句式（2）靠拢，诞生一个新的动词 he-rides，还可能进一步变化。

(1) My ol'man, he rides with the Angels.

(2) My ol'man he-rides with the Angels.

My ol'man 在（1）里只是话题，he 才是复指这个话题的主语，到（2）里它就变成了主语。在有的语言中，相当于 he 的代词在变为黏附于谓语动词的词缀后最后缩略成与主语一致的形态标记，主语这个语法范畴也就宣告诞生,总之主语就是已经"语法化"的话题。① 在讲汉语语法的时候我们还是可以采用"主语"这个惯用的名称,但是得时刻记住,它的语法化程度是不高的,它的语法意义还是话题。LaPolla & Poa(2006)持同样的观点,并且有较充分的论证。

需要澄清两个问题。有人忽视"尽量少说省了字的原则",想方设法补出一个"空主语"来,把它跟前面的话题分析为性质不同的东西。所以要澄清的第一个问题是,到底能不能把所谓的"空主语"补出来。张和友、邓思颖(2010,2011)这样来补"不合逻辑的系词句"的主语:

那场大火,(原因)是电线跑了电。

我(点的餐)是炸酱面。

其实只要有一定的语境,"空主语"完全可以是其他种种:

那场大火,(结果)是电线跑了电。

我(用的材料)是炸酱面。

后一句可设想"我"是一个前卫艺术家,在跟别人谈论用什么特别的材料做装置。理论上讲,语境无穷多,空主语的解读也无穷的多。主张空主语的人认为话题和主语的关系是"广义的领属关系",可以插进去一个表领属的"的"字,如"他(的用人)是个日本女人"。然而赵元任(1968:57-58)指出,插进"的"后不仅结构发

---

① 英语口语里也偶尔会出现主谓关系松弛的句子,例如:
(Who's responsible for delivering which sandwiches?) I'm the sandwiches on the table. And you're those sandwiches that John put in the refrigerator, remember? (Ward 2004, ex.18)
但是仍然要保持谓语动词和主语之间的形态一致。可见英语的主语是已经"语法化"的话题。

生变化，意思也会不一样，例如：

　　她肚子大了。　　他耳朵软。

　　她的肚子大了。　　他的耳朵软。

"她肚子大了"主要表示"她怀孕了"，"她的肚子大了"主要表示"她肚子变大了（各种原因）"。"他耳朵软"可以是他轻信，"他的耳朵软"只是说他的耳朵（物质的）软。有"的"的句子多半会照字面讲，而不加"的"则多半有专门意义或比喻意义。不仅如此，不加"的"的句子还不是都能变换成加"的"的句子，例如：

　　今儿天好。→今儿的天好。

　　今儿王先生来。→*今儿的王先生来。

所以，补出"空主语"的做法在汉语里是不合理也是行不通的。

3.4 所谓的"句法话题"

第二个要澄清的问题是有没有所谓的"句法话题"？对于"这本书我不打算写了"这样的汉语句子，赵元任和朱德熙两位的分析是，"这本书"是主语（大主语），"我不打算写了"是谓语，它本身是个主谓结构，"我"是主语（小主语）。后来一些功能语法学家在分析这个句子的时候说，"这本书"是话题，"我"是主语，把语法范畴和语用范畴放在同一个平面上讲，遭到朱先生和很多人的批评。于是有人（如 Chen 1996，徐烈炯、刘丹青 1998：57）提出"句法话题"的概念，说"这本书"是句法话题，跟主语一样都由结构位置决定，它出现在句子 S 前面的位置上。按照这一说法，主语"我"就不是语用性质的话题，因此汉语主语和话题就不是"构成关系"。然而设立"句法话题"的做法是不合理的，反而生出麻烦来。先看英语里如何区分主语和话题：

(1) *The play* lasts two hours.
(2) *The pláy*, John saw yésterday.
(3) As for *the play*, the actress is beautiful.

(1)句首的 the play 是主语，它不仅是谓语动词的一个论元，而且跟谓语动词有一致关系。(3)句首的 the play 是话题，既不是谓语动词的论元又跟谓语动词没有一致关系，而且有个话题标记 as for。至于(2)句首的 the play，是谓语动词的一个论元但是跟谓语动词没有一致关系，可以说是介于主语和话题之间。"一致关系"和"论元"这两个标准，最终还是一致关系说了算，因为论元的确定有时候会有争议。正因为一致关系是判定主语的主要标准，所以西方的语法学家把(2)的那个 the play 叫话题。他们同时认为论元结构是句法结构的根本，所以在这个"话题"前加个限定语，叫"句法话题"(syntactic topic)，即"是论元的话题"。"句法话题"在结构树形图上的定位如下，它出现在句子 S' 前面的 NP 位置上：

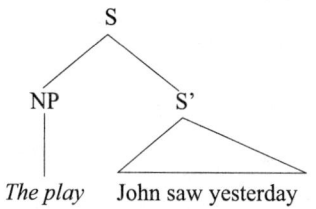

英语这样的句子是比较特殊的句子，是从正常的句子 John saw the play yesterday 变来的。为了突出 the play 的对比性（看的是戏不是电影），把它从宾语的位置移到句首，而且重读，这个过程叫"话题化"(topicalization)。总之，英语里主语和话题是两个分立的、性质不同的范畴，主语是句法范畴，话题是语用范畴。"句法话题"属于句法和语用的"交界面"(interface)，可以作为句法成

分来处理,图示如下:

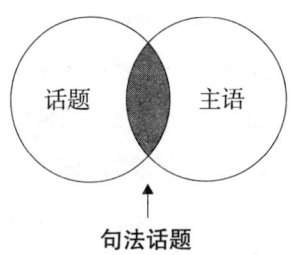

句法话题

然而,这种话题-主语"二分对立、小有交叉"的模式在汉语里行不通,不能照搬。首先,汉语的主语和谓语动词之间没有什么一致关系,因此失去了印欧语用来区分主语和话题的重要形式标准,于是不得不拿"是否是论元"来作判别。然而失去了形式标准,仅从意义上来判定论元往往说不清楚。比如,"象鼻子长"一句,可以判别"鼻子"是谓语"长"的论元,"象"不是,由此判定"鼻子"是主语,"象"是话题,但是对下面的句子就很难办:

象性格温顺。

这把刀切肉快。

这顶帽子你合适。

"性格"是"温顺"的论元,"象"又何尝不是;"切肉"是"快"的论元,"这把刀"又何尝不是;"你"是"合适"的论元,"这顶帽子"又何尝不是。更麻烦的是,我们不仅说"象鼻子长",还说:

鼻子象最长,脖子长颈鹿最长。

论元"鼻子"出现在结构树形图 S' 前面的位置上,非论元"象"倒是成了 S' 的主语。汉语的实际情形是,句子的主语不必是谓语动词的论元。更重要的是,汉语的句子可以没有主语,没有主语的句子在汉语里是正常的句子。拿"这本书我不打算写了"来讲,"不打算写了"也是一个正常的句子 S"，这样就没有理由说"我"（位于 S"前）不是话题。

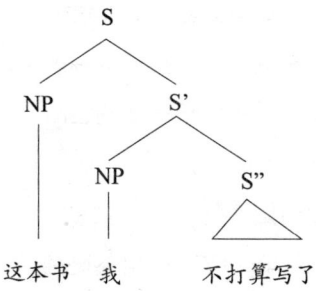

所以沈家煊（1999a：235）早就指出，那种处理只不过是将"大主语"和"小主语"这两个名称分别换成了"句法话题"和"主语"。难怪袁毓林（1996）又把"这本书"定性为"话题主语"，"话题主语"就是"大主语"。其实"大主语"和"小主语"之间有共同点也有不同点，要强调共同点，就都叫"主语"，用"大、小"分别，要突出不同点，就分别叫"（句法）话题"和"主语"。总之，汉语里的"话题"还没有完全虚化为句法范畴，如果主语被限定为论元的话，那么这种"主语"只不过是一种特殊的话题，即"论元话题"，它仍然包含在话题这个语用范畴内，因此"其实就是话题"的"主语"其性质还是属于语用范畴。汉语"话题包含主语"的格局图示如下：

正如汉语没有动词的"名词化",汉语也没有主语的"话题化",说"名词化"和"话题化"都违背简洁准则。有人担心这个包含格局会不会把主体成分是论元和非论元的区别抹杀了,这种担心是不必要的,包含格局并没有抹杀这种区别,只是淡化了这种区别,而这种淡化恰恰是贴近汉语事实的,因此能消除理论上的不自洽。坚持汉语"话题-主语"分立的人倒是有义务给"话题"一个正面的定义,然而他们做不到。

自从 Li & Thompson(1976)提出英语是"主语凸显"语言,汉语是"话题凸显"语言,许多人接受了这一观点,但是这种观点的前提还是"主语是主语、话题是话题"的二分观,还是印欧语的眼光,不符合汉语实际。跟赵元任"主语其实就是话题"的观点相比,这种观点在揭示汉语特点的道路上与其说是前进不如说是倒退了一步。

现在可以用"实现性"和"构成性"这对概念对英语和汉语在"句子""主语/谓语""名词/动词"这三种范畴上的区别作出统一的说明:

	句子/话段	主语/谓语-话题/说明	名词/动词-指称/述谓
英语	实现关系	实现关系	实现关系
汉语	构成关系	构成关系	构成关系

"句子""主语/谓语""名词/动词",这些都是讲论语法时最基本最重要的"道具"或"理论构件",汉语和英语在这三个方面表现出平行的差异,这就不好说是偶然现象了,而是反映了两种语言的语法系统存在根本性的差异。上面说过,我们在讲汉语语法时为了照顾习惯和便于跟其他语言比较,仍然可以采用"句子""主语/谓语""名词/动词"这些范畴名称,但是得时刻记住它们跟英语的对应范畴在内涵和外延上存在系统的差异。

有人对我的"实现关系/构成关系"跟朱先生的"组成关系/实现关系"（第二章 2.2 节）的联系和区别不甚明了，这里作一点解释。我们继承朱先生的思想，只是提出也可以用"抽象和具体"来看印欧语词组和句子的关系，也就是从汉语来反观印欧语。为什么长期以来我们一直从印欧语出发来观察汉语，偶尔换一个方向来观察就大惊小怪呢？从汉语出发来观察印欧语，那么它的"组成关系"是一种"间接的实现关系"，而汉语是"直接的实现关系"。为了突出直接实现和间接实现的区别，我们把"直接的实现关系"改叫"构成关系"，"间接的实现关系"仍叫"实现关系"。另一个考虑是语言学和其他学科的沟通，因为"实现/构成"这对术语在其他学科已经叫开。（见王菊泉 2014 的建议）

3.5 再看"中心扩展规约"

"实现关系"和"构成关系"为"这本书的出版"违反"中心扩展规约"的问题（第二章第 3 节）提供另一个观察的角度。这要从认知语言学的"概念整合"理论（参看 Fauconnier & Turner 2003）说起，从构词到组语和造句，汉语比印欧语更多的采用概念整合的手段而不是语法派生的手段，可参看沈家煊（2006b、c，2007b，2008）等文。

"这本书的出版"是"这本书的 N"（N 指称一"物"，如"封面""内容"）和"出版了这本书"（"出版"陈述一"事"）这两个概念整合的产物，它"指称一'事'"。整合总是从两个概念各截取一部分进行搭接，要压缩掉一部分东西。整合体"这本书的出版"压缩掉的是"出版了这本书"的时态特征（不能说"这本书的出版了"）和"这本书的 N"的部分名性特征（能说"这本书的迟迟不出版"）。"中心扩展规约"的前提是"成分能决定整体的性质"，因此整体的性质和中心成分的性质必定一致；而整合理论的前提是"整体的性质不完全决定于成分"，因此整合体不一定都能分析、还原为中心成分的扩展。例如："大树"可以说是"树"的扩展，"大车"（牲口拉的载重车）就不好说是"车"的扩展；我们能说"一辆小大车"，但是不能说"一棵小大树"，因为作为一个整合体"大车"在结构和意义上都不等于"大+车"。汉语和印欧语的差别在于：印欧语如英语 the publication of this book 的整合程度比较低，因此还能分析、还原为中心成分的扩展；而汉语里"这本书的出版"的整合程度比较高，因此不能分析、还原为中心成分的扩展。

那么为什么汉语和印欧语有这种整合程度的差异呢？原因在于整合方式有"直接"和"间接"的区别，直接整合的整合程度高，间接整合的整合程度低。汉语"这本书的出版"是直接整合的产物，因为述谓语"出版"和指称语"出版"是"构成关系"，而英语 the publication of this book 是间接整合的产物，因为述谓语 publish 和指称语 publication 是"实现关系"，有一个实现的过程。从这个角度讲，所谓"这本书的出版"违背"扩展规约"的问题也得以化解，这跟第二章第 3 节的化解方式是相通的。

第 4 节　汉语的语法和语用法

4.1　语法的类和语用的类

有一个质疑是，大家都说应该明确区分语法平面和语用平面，而"名动包含说"说汉语的名词就是指称语、动词就是述谓语，这不是把两个不同平面的单位混为一谈了吗？其实语法范畴和语用范畴在汉语里分不大开（语用包含语法）这正是汉语的特点，所以谈不上混为一谈。这还可以从许多不同的角度来论证。

朱德熙先生虽然说要区分语法平面和表达（即语用）平面，但是他也已经看出，在语用和语法的关系上，汉语和印欧语有区别。他说汉语词组和句子的关系是"抽象的语法结构"和"具体的'话'"之间的关系，这已经隐含汉语的句子就是"话段"（utterance）的意思。在比较汉语和拉丁语的词序的时候，他举例说，"保罗看见了玛丽"在拉丁语里可以有六种说法（朱德熙1985a:3）：

Paulus vidit Mariam.　　Mariam vidit Paulus.
Paulus Mariam vidit.　　Mariam Paulus vidit.
Vidit Paulus Mariam.　　Vidit Mariam Paulus.

汉语的词序没有这么自由，除了这一差别，朱先生还特别指出："不过在拉丁语里，这六种说法只是词序不同，结构并没有变。在汉语里，不同的词序往往代表不同的结构。从这个角度看，倒是可以说汉语的词序比印欧语重要。"根据上下文应该这样来理解这段话：拉丁语里词序的变化所引起的不是语法结构的变化，"主-动-宾"这个结构保持不变，变化只是语用上的，如话题、焦点、视角的变化，而汉语的词序变化不仅引起这些语用上的变化，还引起语法结构的变化。例如，

我不吃羊肉。

羊肉我（可）不吃。

"我不吃羊肉"是"主-动-宾"结构，"羊肉我不吃"跟"象鼻子长"一样就是"主-主谓"结构，也就是主谓结构做谓语的结构了。再例如，按分布可以把及物动词分为"打类"和"挨

类",把不及物动词分为"掉类"和"玩类",不同的词类序列代表不同的结构式(朱德熙 1980),所以词序变化同样引起语法结构的变化:

你淋着雨没有?(跟"布什挨着拳头没有?"是同一结构)
雨淋着你没有?(跟"拳头打着布什没有?"是同一结构)
他住在城里。(跟"孩子掉在井里"是同一结构)
他在城里住。(跟"孩子在屋里玩"是同一结构)

还可以从另外一个角度来论证。看下面的例子:

a. 这本书出版了。
b. ? 这本书出版。

　这本书出版,那本书不出版。

　这本书出版不出版?这本书出版。

b 前头打?号表示一般不能单说,要对举着说或者回答问题的时候说。那么 a 和 b 的对立到底是语法上的对立还是语用上的对立呢?语法规则具有强制性,例如英语说"this book publish"违反语法规则,在任何情形下都不成立。既然上面的 b 在一定的上下文里可以说,那就说明 a 和 b 的对立是语用上的对立,b 是语用上不合适,不是语法上不合格。但是这样的回答会陷入一种自相矛盾的境地,因为我们会遇到许多类似的情形,例如:

a. 今儿怪冷的。
b. ? 今儿冷。

　今儿冷,昨儿暖和。

　今儿冷不冷?今儿冷。

"今儿冷"也要对举着说、回答问题的时候说,这里的 b 应该也是语用上不合适,不是语法上不合格,a 和 b 的对立应该也是语用上的对立。如果有人根据这种对立把"冷"和"怪冷的"分别划归不同的类,比如像朱德熙先生那样把"冷"划归性质形容词,"怪冷的"划归状态形容词,这两个类也只能是语用的类而不是语法的类。然而,大家(包括朱先生在内)却都把 a 和 b 的对立作为语法问题来讲,都认为性质形容词和状态形容词是两个语法范畴。对汉语而言,上面这种句子能不能单说的区别是大量的,极其常见的,要是你说这些区别都是语用问题,我只讲语法不讲用法,那么你究竟还有多少语法问题可讲呢?那些声称只讲语法不管用法的人在作语法论证的时候还经常使用这样的例证。所以汉语的实际情形是,离开了讲用法就没有办法讲语法,或者没有多少语法可讲,因为所谓的语法范畴、语法单位都是由语用范畴、语用单位构成的。[1]

还有一个论证的方面。"生成语法"从句法上将不及物动词分为两类,一类是"非作格动词",以"病"和"笑"为代表,一类是"非宾格动词",以"死"和"来"为代表。在汉语里区分这两类不及物动词也有事实依据:

王冕的父亲病了。　*王冕病了父亲。

王冕的客人笑了。　*王冕笑了客人。

王冕的父亲死了。　王冕死了父亲。

王冕的客人来了。　王冕来了客人。

沈家煊(2006b,2009d)指出汉语里这两个类的对立不是语法对立而是语用对立,"王冕病了父亲"不成立,但是"王冕家病了一个人"成立,"王冕病了一个工人"也成立("王冕"理解为工头)。

---

[1] 张伯江(2009)论证生成语法里的 D 范畴(限定成分)在汉语里的属性是语用属性,可参看。

刘探宙（2009）一文更是发现了大量"病笑类"动词带宾语的例子，例如：

（非典的时候）小李也病了一个妹妹。
郭德纲一开口，我们仨就笑了俩。
在场的人哭了一大片。
不到七点，我们宿舍就睡了两个人。
不到六点，那群孩子就起了天天和闹闹两个。
立定跳远（全班）已经跳了三十个同学了。
我大学同学已经离婚了好几个了。
他们办公室接连感冒了三四个人。
今天上午这台跑步机一连跑过三个大胖子。

汉语不仅不及物动词有一定的语境就可以带上宾语，及物动词有一定的语境也可以宾语悬空，陆丙甫（私人通信）指出，英语中 The window broke 是 I broke the window 的变式，二者的论元结构不同，只有某些及物动词才有这个变式，称为"两栖及物动词"（ambitransitive alternation），但是汉语"我打破了窗子"和"窗子打破了"就说不上论元结构的变化，有的只是语用的变化，因为几乎所有的及物动词都可以这么变，如"我吃了羊肉"和"羊肉吃了"。

还可以从"并列条件"这方面来论证。第二章3.2节讲汉语名词和动词并列违背了并列条件，仔细想一想，从常情上讲"并列条件"只是要求并列的成分"同类"，并不限定哪一种同类。有多种同类，语法上同类，语义上同类，还有语用上同类。英语要求语法上同类，并列的两个成分属于同一语法范畴，但是英语也不绝对排除语义上同类和语用上同类，例如：

Any change is bound to have numerous *academic* and *cost* implications.
John is *a banker* and *extremely rich.*

两句都是名词性成分和形容词性成分并列，前一句 academic 和 cost 都是后面名词的修饰语（定语），后一句 a banker 和 extremely rich 都是系动词 be 后面的表述语（表语）。Halliday（1994：274）也以选择问句"plain or with cream？"的并列为例说两个成分"功能"相同（都做修饰语）就能并列在一起。① 下面这句话不成立纯粹是因为并列的两个成分不属于同一语义范畴（Fillmore 1968：22）：

??*John* and *a hammer* broke the window.

John 的语义角色是施事，a hammer 的语义角色是工具，尽管二者都是名词性成分。下面的例子中两个并列成分不是语法上同类，也不是语义上同类，而是语用上同类，并列项都是对同一话题的说明（Matthews 1981：214）：

The other notes [you do need] and [would be better in the text].

The cakes [you'll need on Wédnesday] and [are better made frésh].

这样看来，"并列条件"对英语和汉语的要求不一样，在英语里要求并列成分在语法上同类（语义或语用上同类是例外），而在汉语里只要求并列成分在语义或语用上同类。"图书和出版"或"这本书和它的出版"中的两个并列项都属于语用上的"指称语"范畴，只是一个指称事物一个指称动作而已。

既然汉语的语法范畴、语法单位都是由语用范畴、语用单位构成的，讲汉语语法就应该把重点从讲语法转移到讲用法上来，从区

---

① 感谢罗仁地提供 Halliday 的这一观点和例子。

分是否合乎语法转移到区分是否合乎用法上来。①

4.2 答问的语法和语用法

赵元任有两篇论述汉语的逻辑的文章（Chao 1955，1959b），其中谈到汉语和印欧语在答问方式上的差异。印欧语的逻辑靠"肯定和否定"来运作，而汉语的逻辑是靠"真（True）和假（False）"来运作，用"同意不同意"的方式来表述。汉语里如果同意"咱们没有香蕉"，就说"是的，咱们没有香蕉"，如果不同意"你一点没教养"，就说"不是，我有教养"，"是的"表示"你说的是真的，我同意"，"不是"表示"你说的是假的，我不同意"。而英语表示同意说"No, we have no bananas"，表示不同意说"Yes, I am a gentleman"，yes 和 no 分别表示肯定和否定。

类型学家调查语言，首先调查句类，陈述句、疑问句、祈使句等，疑问句首先调查是非问，对于是非问的应答有两种类型（刘丹青编著 2008：26-27）："答句定位型"和"问答关系型"，两者的差别表现在是非问否定式的应答上。英语是答句定位型，针对否定式问句"Didn't John go there?"，如果实际他去了，用 yes 应答，因为答句是肯定句"he did"，如果实际他没有去，用 no 应答，因为答句是否定句"he didn't"。汉语是问答关系型，针对否定式问句"老张没有去吗？"，如果实际他去了，用"不（不是，不对）"应答，因为答句"他去了"跟问句命题不一致，如

---

① 举例来说，"他俩开房是我召开的研讨会"这句话到底合不合语法？这样提问题就有问题，因为在特定的上下文里这么说才是最为合适的，例如在下面的语境里不这样说就失去了表达的生动和诙谐：

大奸商给我分配的工作就是给他和他的情人打掩护。他俩出去玩是跟我出国考察；他俩吃饭是跟我谈业务，他俩开房是我召开的研讨会。（洪晃《无目的美好生活》）

果实际他没有去,用"是(是的,对,对的)"应答,因为答句"他没去"跟问句命题一致。这方面日语的逻辑跟汉语的类型一样,俄语两种类型都用,但是答句定位型是基本的、无标记的型式。"答句定位型"和"问答关系型"的说法跟赵元任的说法是一致的。

大家都有经验,中国人学英语和外国人学汉语在这上面都常常搞错,交流的时候引起误解,造成汉语和英语这一重要差异的深层原因是什么呢?答案是,英语是一种"语法型"语言,而汉语是一种"语用型"语言。语法型语言区分语法范畴,句子、主谓谓语、名词动词,等等;语用型语言区分语用范畴,话段、话题说明、指称语述谓语,等等。同样,肯定否定是语法范畴和语法手段,同意不同意是语用范畴和语用手段。汉语的应答词"是的"和"不是"既是对命题的真假判断,又是对言语行为"你说"所作的是非判断,实际上应答语"是的"经常说成"(你)说的是","不是"经常说成"(你)说的不是":

(你)说的是,咱们没有香蕉。

(你)说的不是,我有教养。

所以说"答句定位型"是语法型,只跟答句的肯定否定有关,"问答关系型"是语用型,不仅跟答句的肯定否定有关,还跟是否同意问句的命题有关。用"语法化"的理论来讲,表示同意不同意的手段在英语里已经语法化,成为谓语的肯定否定形式,而在汉语里这种语法化还没有实现,还仍然采用语用的手段。

汉语的逻辑靠真和假来运作,这个特点还跟汉语谓语的指称性(详见第六章)有关系。判断真假既对陈述的"事"(这件事情是真是假?)也对指称的"物"(这样东西是真是假?),归根结底是对指称的"物",因为"事"也可视为抽象的"物"。[①] 我们判断"这样东西是真还是假",但是一般不会判断"这样东西是肯定还是否定",肯定否定一般只是对"事"不对"物"。英语和汉语的差别在于,英语表示肯定否定的 yes 和 no 是针对句子的陈述性谓语的应答,汉语表示真和假的"是的"和"不是"是针对指称性话段(包括指称动作的话段)的应答。

4.3 语用法包含语法

总之,语法和语用法(简称"用法")的关系,汉语和印欧语是不同的,区别可以图示如下:

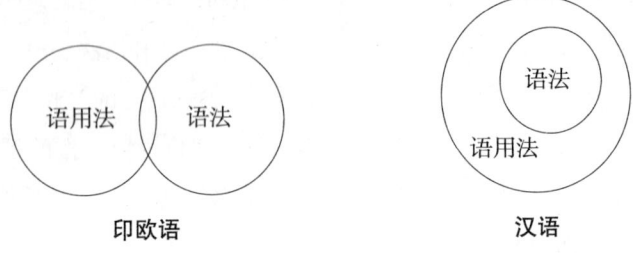

印欧语　　　　　　　　汉语

印欧语(特别是拉丁语)里语用变化是语用变化,语法变化是语法变化,两者基本上是分开的,有一个语用法和语法的交界面;汉语里语用变化往往同时也是语法变化,语法变化就包含在语用变化之中,不存在一个语用法和语法的交界面。印欧语的语法已经从语用法里独立出来,汉语的语法还没有从语用法里独立出来,语用法和语法也是一个包含格局,称作"用体包含",作为语言结构之"体"

[①] 哲学家胡塞尔认为,不仅是命题可以谈论真假,名称也可以谈论真假,而且名称的真假比命题的真假更为基本。这是胡塞尔与弗雷格对"真"的看法的分歧。参看高松(2013)。名称有真假的看法跟中国传统哲学"名实相副"的观点一致(王文斌 2014)。

的语法包含在"用"法之内。① 这个包含格局,一方面看语法和语用法是不分的,因为语法问题也是语用问题,另一方面看语法和语用法又是分的,因为语用法问题不都是语法问题。②

汉语的语序规则比较简单,可以归纳为,主语一律位于谓语之前,宾语一律位于动词之后,修饰语一律位于中心语之前。这是不是只属于语法不属于语用法呢?回答是也属于语用法。汉语的主语和谓语其实就是话题和说明,话题在前、说明居后是一般的信息结构原理。从聋人的自然手语看,口语中宾语位于动词后的语序体现自然手势的空间序列(游顺钊 2014:78)。古汉语一般宾语位于动词后,只有代词宾语位于动词前,这也符合信息结构原理,信息量大、可别度低的成分靠后。宾语一般位于动词前的语言,宾语如果后移也排除代词宾语。陆丙甫(2005)从语序类型学的角度论证,修饰语位于中心语之前的语序,既遵守"可别度高的成分领前"这一原理又遵守"语义联系紧密的成分靠近"这一原理,因而是一种稳定的优选语序。张伯江(2011a)也论证汉语句法结构的语序实质上反映的是语用结构的语序。总之,汉语的语序规则并不违背语用原则,是一种"自然语序"。

将汉语的语法和语用法的关系确定为语用法包含语法,这并不是否认二者有分别,而是强调二者在汉语里"合而不分"的一面。近年来汉语语法学界有很多人提倡开展语法、语义、语用"三个平面"的研究,而区分这三个平面是 20 世纪 30 年代 Morris(1938)在符号学里早就提出来的,他把符号和符合之间的关系划归"语形学"

---

① 中国哲学的主流主张"体用不二",抽象的"道"在具体的"器"之中。见结篇第 3 节。

② 正因为语法和语用法还有"分"的一面,所以还是需要两套名目,如"名词/动词"和"指称语/述谓语"。

（相当现在的语法学），把符号和指称对象之间的关系划归"语义学"，把符号和符号使用者之间的关系划归"语用学"，所以三个平面并不是什么新的发明。生成语法更是把区分三个平面作为立论的基础（只是不叫"平面"叫"模块"而已），坚持三个模块的离散性和独立性，竭力反对混为一谈。汉语语法学界提倡三个平面的研究，其实是针对汉语的实际，提倡把语法、语义、语用"结合"起来而不是"分离"开来。这个问题将在十一章第 6 节作进一步的说明。

从"语用法的语法化"这个动态演化的角度看问题，我们把前面那个图示改造为：

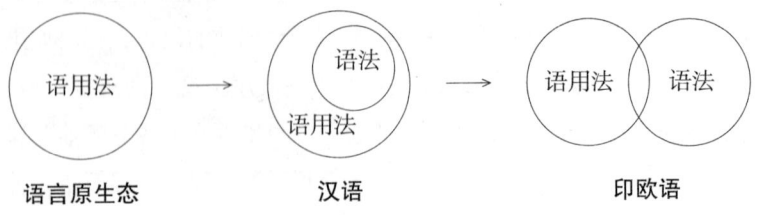

箭头表示动态演化的过程，从语言的原生态"语用法"出发，印欧语已经从中分裂出一个"语法"来，与"语用法"形成分立格局，而汉语"语用法"中虽然有了一个"语法"，但是还没有从中分裂出来，还处于包含格局，因此说印欧语的语法化程度高，汉语的语法化程度低。汉语的这个包含格局是在逻辑上对"语法基于语用法"的阐释。印欧语虽然呈分立格局，但是从演化的角度说英语也是"语法基于语用法"，这个说法仍然正确，因为这个演化顺序是人类语言的共性。在解释事实的时候，逻辑和历史虽然不必一致，但是能一致当然还是一致的好，我们的解释实现逻辑和历史的一致：逻辑上有语用法包含语法的格局，历史上也有语用法包含语法的阶段。我们是从逻辑和历史两个意义上说，"汉语是语用型语言"。

第五章 名词和动词的不对称

第1节 "名词动用"和"动词名用"

"名动包含"格局意味着名词和动词的关系不是对立或对等关系,动词只是名词的一个次类。本章要论证,如果名词和动词是一个包含一个的关系,一定是名词包含动词,不可能是动词包含名词。用 Baker(2009)的话讲,名词和动词如果发生"中和"的话,结果一定是以名词而不是动词为"中和项"(第三章第7节)。然而不少人受"动词中心论"的影响而犯错,想当然的把动词视为中和项。第三章第2节讲汉语名词和动词的"偏侧分布",支持 Baker 的观点,例如在主宾语位置上,在修饰语后头的中心位置上,名词和动词中和,中和项都是名词不是动词(见第七章第4节)。归根结底,这是认知上事物概念和动作概念之间"不对称"的偏侧方向所决定的,不仅汉语这样,其他语言也是这样。

电影《集结号》的主角张涵予成为百花奖影帝,有记者问他以后有什么打算,他回答说:"演员是个动词,甭管什么,总之你要拍(戏),不能闲着。"(《北京晚报》2008.9.13)"演员是个动词"这句话简洁、生动、诙谐,是一种特殊的修辞说法,因为"演员

明摆着是个名词。这样的说法最近还很流行,例如①:

　　命运不是名词而是动词,命运不是放弃而是掌握。

　　说科学是动词,是因为"方法"赖以存在的实验或观测永远是现在进行时。

　　"干部"应该是个动词。让我们在干事中落实科学发展观……

　　完美是个动词,但是一个没有完成时的动词。

　　雪,不单单是名词。

但是一般不会有人说"拍戏是个名词",除非他是个研究词类的语法专家。一般人倒是说:

　　走穴是个新名词儿。

　　拍拖是个港台名词。

　　切脉是个中医药名词。

谁也不会觉得这样的说法有什么特别之处,尽管在一些语法专家的眼里,"走穴、拍拖、切脉"都是动词。灯谜"打个新名词",谜底是"走穴",这很正常。有人说这几句话里的"名词"是"名称"的意思,不是语法书里跟"动词"对说的"名词"。这个话有道理,上一章3.1节已经说明,汉语的"名词"跟英语的 noun 不同,主要是"名称"的意思,也叫"名词儿",其次才是语法书里跟动词对说的"名词"。不过,还是要强调这样一个语法上的事实,即便在"名动分立"的格局里,相对而言,名词用作动词(名词动用,即用来陈述)是特殊情形,而动词用作名词(动词名用,即用来指称)是一般情形。先看现代汉语里一些名词动用的例子②:

---

　　① 这些例子大多是刘大为先生提供的。

　　② 描写现代汉语名词动用最详细的是王冬梅(2001)一文,这些例子大都摘自王文。

临走还袋了一匣火柴。

电梯已坏,待修理了。天啊!要腿着了。

我也来淑女一下。

我也官僚官僚。

他可真能阿Q自己。

让他自个嘴上快感去。

我也大款过一回。

她就那么和母亲距离着。

他当过班主任,但只主任了一个班。

他是一个非常家庭的男人。

丈夫耐不住寂寞,与别人花前月下去了。

一腹泻,就必奇。(腹泻药"必奇"的电视广告用语)

在电脑上打出上面这些句子时,页面上出现不少红绿浪线,如"还袋了","腿着""官僚官僚","距离着","只主任"等,电脑在提醒我们是不是用词造句出了差错,可见是很特殊的修辞说法。有些用作动词的名词已经变成真正的动词,和原来的名词已经是两个词,比如"钉钉子""袖着手""絮棉袄""堆成堆""让虫蛀了"等,那就不再是特殊说法,这种情形不再算"名词动用"。再来看动词名用的例子:

笑比哭好。|我怕抓。(怕猫抓)|打是疼,骂是爱。|聪明反被聪明误。|我想是,他一定说了谎。|他主管图书出版。|老师的称赞反而让他不自在。|我们要为普通话的推广尽力。|有记者问他今后有什么打算。

这些句子都是动词做主宾语,在电脑上打出没有一例出现红绿浪线,谁也不会觉得它们有什么特殊。有些用作名词的动词不是指动作自身,而是转指跟动作相关的施事、结果、工具等,比如"他是编辑""蒸汽机这一发明""别把包装撕坏"等,动词已经转变成真正的名词,这里所说的"动词名用"不包括这种情形。

尽管在汉语里"动词名用"和"名词动用"都没有词形变化,但是我们凭语感断定,两者之间是不对称关系:动词名用是一般现象,常规现象,而名词动用是特殊现象,修辞现象。这种语感的来源下面第 4 节再说。据王冬梅(2001:104)的统计,现代汉语里动词名用的实例是名词动用实例的 57 倍。古代汉语里名词动用比现代汉语多,但是相对动词名用仍然是少数,是特殊现象。王克仲(1989)一书专讲古汉语里的词类"活用",讲的大多是名词动用,"动词活用为名词"讲得很少,而且都是讲动词转指相关事物(如"死"转指"死者","居"转指"居所")。陈承泽在《国文法草创》(1982:66-69)里说,动词名用如"白马之白"的"白"、"惠公之卒"的"卒"是"本用的活用",词性没有发生变化,而名词动用如"晚来天欲雪"的"雪"、"火烟入目目疾"的"疾"是"非本用的活用",词性已经发生变化。这是很精辟的见解。[①]

第 2 节 名动不对称的普遍性

2.1 汉语和其他语言的共性

名词和动词的这种不对称现象在其他语言里同样存在,具有普

[①] 有人问,用"本用"和"非本用"来判别词性有没有发生变化,这是不是在拿意义做判别标准呢?朱德熙(1985:13-14)指出,如果说划分词类对意义有所依靠的话,这种依靠只限于判断词义是否相同,具体的词义是什么不管。这里也只是有限度的依靠意义,只限于判断词义是"本用"还是"非本用",具体的词义变化不管。

遍性。先说英语的动词名用，动词都要临时改变词形，例如：

Seeing is believing.（百闻不如一见。）

To see is to believe.（同上）

或者加词尾 -ing，或者前加不定式标记 to，加了之后还是动词，是动词的非限定形式。至于 propose 变为 proposal，create 变为 creation，excite 变为 excitement，动词已经变成真正的名词，不算动词名用。

英语里有没有类似汉语的那种名词动用呢？有。过去我们认为这是古汉语的特点，不仅用例多，种类也多，例如[①]：

丝蚕于燕，牧马于鲁，共贡入朝。（《晏子春秋·内篇杂上》）

尔欲吴王我乎？（《左传·定公十年》）

光喜，乃客伍子胥。（《史记·吴太伯世家》）

于是舍之上舍，令长子御，旦暮进食。（《战国策·齐策一》）

群邪项领，膏唇拭舌，竞欲咀嚼，造作飞条。（《后汉书·吕强传》）

衣人以其寒也，食人以其饥也。（《吕氏春秋·爱士》）

乃以其女妻陵而贵之。（《史记·李将军列传》）

荆、魏不能独立，则是一举而坏韩蠹魏。（《战国策·秦策一》）

皇后之尊，与朕同体，承宗庙，母天下，岂易哉！（《后汉书·邓皇后传》）

后妃率九嫔蚕于郊。（《吕氏春秋·上农》）

鸿鹄巢于高林之上，暮而得所栖。（《后汉书·庞公传》）

秦恐王之变也，故以垣雍饵王也。（《战国策·魏策四》）

从左右，皆肘之，使立于后。（《左传·成公二年》）

---

① 描写古汉语名词动用最详细的是王克仲（1989），这些例子摘自王著。

晋人不得志于郑，以诸侯复伐之。十二月癸亥，<u>门</u>其三门。（《左传·襄公九年》）

其实英语里的名词动用无论数量还是种类一点不比古代汉语少，似乎比现代汉语还多。Clark & Clark（1979）一文收集现代英语的大量例子共1300余例，分9个大类近50个小类，摘录一些如下：

Mummy *trousers* me.（儿童语言：妈咪给我穿裤子。）

I *am crackering* my soup.（儿童语言：我把饼干泡在汤里。）

The boy *porched* the newspaper.（报童把报纸扔在门廊前。）

I *guitared* my way across the US.（我弹着吉他走遍美国。）

She certainly had me *fooled*.（她确实把我给骗了。）

She *mothered* all her young lodgers.（她慈母般照顾所有年轻的房客。）

They *Christmas-gifted* each other.（他们俩互赠圣诞礼物。）

The farmer *barned* the cows.（农夫把奶牛圈放在谷仓里。）

The story has been *scripted* for movie.（故事已经改编成电影剧本。）

Don't *saint* the reformer!（不要把这个改革者尊为圣人！）

The car *rear-ended* the van.（小卧车撞上大货车的尾部。）

The guard quickly *armed* him out of the way.（警卫员急忙用胳臂把他挡了出去。）

We were *stoned and bottled* as we marched down the street.（我们沿大街前进时遭到石头和瓶子的袭击。）

My sister *Houdini'd* her way out of the locked closet.（我妹妹像魔术师胡迪尼似的从上了锁的壁橱里脱身。）

The mayor tried *to Richard Nixon* the tapes of the meeting.（市长试图像尼克松那样抹掉会议的磁带录音。）

在电脑上打出这些英语句子的时候也纷纷出现红绿浪线，可见在英语里它们同样是很特殊的修辞说法。值得注意的是，Clark & Clark 不是把那些斜体的词称为"用作动词的名词"，而是称它们为"新创名源动词"（innovative denominal verbs），虽然来源于名词，但是已经变成动词。这也是很早以前叶斯柏森的观点，当有的英语语法学家说 We tead at the vicarage（我们在牧师家里吃茶点）中的 tead 是"名词用作动词"时，叶氏却说（Jespersen 1924：62）："事实上 tead 虽然是由名词 tea 派生而来——派生形式的不定式并不具有区别性的词尾——但它却像 dine（吃饭）或 eat（吃）一样是一个道道地地的动词。由另外一个词构成动词和把一个名词用作动词完全是两码事，后者是不可能的。"叶氏甚至认为，"名词用作动词"其实是"不可能的"，只是一种方便的说法而已。

英语里动词名用要加词尾 -ing 或前加 to 变形，语法学家并不说是动词变成了名词，而名词用作动词时，不定式没有"区别性的词尾"，却反而说是名词变成了道地的动词，这是什么缘故？这是因为做动词用的 tea 虽然不定式没有词尾，但是和一般的动词 dine 或 eat 一样有"时"和"数/人称"的变化，过去时态加 -ed，第三人称单数加 -s。正是这种"结构的平行性"（第六章 2.1 节）起决定性作用。

"名词动用"和"动词名用"其实都是比较含糊的说法，至少应该分出程度不同的三个等级：通常用法，临时用法，词类转变。这样就可以看清楚英语和汉语的异和同：

	通常用法	临时用法	词类转变
英语		Seeing is believing	We tead at the vicarage.
汉语	笑比哭好。	我也来淑女一下。	

英语里动词名用如 seeing 和 believing 是临时用法，原型动词

临时变为非限定形式,而名词动用如 tead 是词类转变,名词已经变成动词。汉语里动词名用如"笑"和"哭"是通常用法,无需任何词形变化,名词动用如"淑女"是临时用法,可以临时像动词一样加动量补语"一下",但是不像英语那样有"tea ⟶ tead"的词形变化,因此不算转变成动词。注意不要忽略英语和汉语的共同点,动词名用是较一般的现象,而名词动用是较特殊的现象,不对称的偏侧方向在两种语言里是一致的。

这种不对称有认知上的原因(下第 4 节),而且在其他语言中普遍存在。例如北美的易洛魁语(Iroquoian)名词用作主宾语但是一般不能做谓语(Mithun 2000),Manipuri 语(一种藏缅语)动词根可以带名词后缀发生"名词化",而名词根不能带动词词缀发生"动词化",毛利语(Maori,新西兰的一种南岛语)粗看好像名词和动词都能做主宾语和谓语,细看名词做谓语还是受限制,不能做陈述事件的谓语(Anwood 2000)。非洲 Khoisan 语系的 !Xun 语也是如此,如动词"喝"可以做主语,名词"水"不能做谓语①:

mí má cŋ$ g‖ú.
我 TOP 喝 水
我喝水。

cŋ$ má kàhin.
喝 TOP 是-好
喝(水)好。

*mí má g‖ú dèbe.
我 TOP 水 小孩

---

① 例子是 B. Heine 教授提供的。TOP= 话题。

*我水小孩。(给小孩喂水)

Baker(2009)在"生成语法"的框架内说明名词和动词的不对称:"动词在其最大投射(动词短语)内允准指定语(specifiers),而名词不是如此。换言之,做谓语是动词的本性,而名词必须与一个功能中心 Pred(谓词)结合才能做谓语。"论据之一,有的不及物动词可以充当非宾格(unaccusative)谓语,其唯一的论元表现得像及物动词的宾语而不像主语,而名词从来不充当非宾格谓语,因为名词谓语的主语从来不是从名词短语内部生成的,而是只能在谓词短语(PredP)内部生成。论据之二,在许多语言里,如意大利语、俄语、希伯来语、日语,有些动词的主语论元能并入谓语动词,而名词谓语的主语不能这么并入。以 Mohawk 语(北美的一种易洛魁语)为例:

(a) Wa'-ka-wír-ʌ'-ne'.

　　FACT-NsS-baby-fall-PUNC [①]

　　The baby fell.

(b) *Wa'-t-ka-wir-ahsʌ'tho-'.

　　FACT-DUP-NsS-baby-cry-PUNC

　　The baby cried.

(c) *Ka-nerohkw-a-nuhs-a'.

　　Ns-box-Ø-house-NSF

　　That box is a house.

(a) 做谓语的是非宾格动词 ʌ' fall',主语论元 ka-wír 'the baby' 可以并入,(b) 做谓语的是非作格(unergative)动词 ahsʌ'tho 'cry',

---

① 缩写:DUP= 过去持续,FACT= 叙实,NsS= 主格单数专指,NSF= 非专指,PUNC= 瞬时。

主语论元不能并入。这种语言的名词是可以做谓语的,但是名词做谓语的时候主语论元也不能并入,如(c)ka-nerohkw 'that box' 不能并入名词谓语 a-nuhs 'house'。这个事实反映了这样一个规律:动词做谓语可以带宾语,及物动词固然可以,不及物动词至少有一部分(非宾格动词)在底层带宾语(表层做主语),并入非宾格动词的主语实为底层的宾语,而名词做谓语的时候不可能在底层带宾语。①

朱德熙(1985a:5)虽然认为汉语里词类和句法成分的关系错综复杂,但是有一个局部的观察十分正确,那就是名词要"在一定条件下"才能充当谓语,在他的图式里,名词和谓语之间是一条虚线,不像动词和主宾语之间是一条实线:

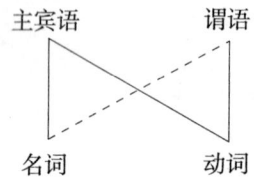

其实这种不对称关系不是汉语特有的,而是语言的普遍现象。

2.2 从用法到语法

为什么要创造"名源动词"? Clark & Clark(1979)说,主要是出于说话图省力和经济。按照 Grice(1975)提出的"会话合作原则",特别是这条原则中的"适量准则",说话人总是尽量避免冗余的说法。说 I *guitared* my way across the US 的时候,原来

---

① 非宾格和非作格动词的区别上一章 4.1 节有论述。Baker 据此推测,他加禄语连(a)这样的情形也不会有,因为这种语言的动词其实都是名词(第三章第 7 节)。

要用许多词语表达的意思压缩到 guitar 一个词内。在一些技术领域，有些动作经常发生但是缺乏现成的动词来表达，创造名源动词就特别管用。例如计算机界发明的 *key* in the data（键入数据），*flowchart* the program（将程序制成流程图），*program* the system（给系统编程），*output* the results（将结果输出），*CRT* the trace（用CRT视频显示器呈现跟踪记录）等名源动词，外行们意识不到是源自名词。一些已经定型的名源动词，如 Xerox（复印），telephone（打电话），wire（发电报），paperclip（用回形针别上）等也都是新技术诞生后的产物。用语经济带来三个好处：一是精确，对医院的消毒工说 *autoclave* the scalpels（用高压消毒锅给手术刀消毒）比说 sterilize the scalpels（给手术刀消毒）来得精确。二是生动，写政治家传记，说 The mayor tried to *Richard Nixon* the tapes of the meeting，名源动词 Richard Nixon 比 erase（抹掉）来得生动。三是诙谐，一位报纸的专栏作家调侃说 The SF Progress is not a biweekly, as *erratum'd* here yesterday, but a semi-weekly（《旧金山进步刊》不是双周刊，昨天登载的勘误表说它是半周刊），显得很风趣。当然过分追求经济会造成理解费力，Karen *weekended* in the country（凯伦在乡间度周末）很好，Karen *Saturdayed* in the country（凯伦在乡间度星期六）因为费解而不好，除非是要取得滑稽好笑的效果。

上面说汉语"钉钉子""堆成一堆""让虫蛀了"等说法，用作动词的名词已经变成真正的动词，失去了原来有的修辞效果。这种情形英语也有，按 Clark & Clark 的说法就是，有的"新创名源动词"已经变成"定型名源动词"（well established denominal verbs），如 *smoke* a pipe（抽烟斗），*park* the car（停放汽车），*land* the plane

（使飞机着陆），一般人已经意识不到它们的来源是名词。从纯粹的新创动词到完全定型的动词是一个连续统，难以一刀切，Clark & Clark 大致分出六个阶段：

1）全创新，首次这么用。

Let us cease to sugar-coat, let us cease to white-wash, let us cease to *bargin-counter* the Bible!（让我们别再美化，别再粉饰，别再把圣经放在廉价货品柜出售！）

When you're starting to *Sunday School* MPs, then I think you're going too far.（如果你开始向议员说教道德规范，我就觉得你实在做过头了。）

2）准创新，已用过不止一次。

Let's *chopstick* for dinner again.（我们晚上再去吃中餐吧。）

Ruth Buzzi *houseguested* with Bill Dodge.（露丝·芭泽在比尔·道奇家做客并过夜。）

3）初定型，专业人士已意识不到源自名词。

I'll *key in* the data at once.（我将马上键入这些数据。）

This time CBS *satellited* the broadcast.（这次哥伦比亚广播公司用卫星来广播。）

4）半定型，首次听到也很好理解并知道源自名词。

We *bicycled* to his house.（我们骑自行车去他的住宅。）

The documents were *paperclipped* together.（文件用回形针别在一起。）

5）近定型，一般人已意识不到源自名词。

He used to *smoke* a pipe.（他过去经常抽烟斗。）

The plane finally *landed* on a lake.（飞机最终在湖面上降落。）

6）全定型，根本意识不到源自名词。

They decided to *boycott* the conference.

（他们决定联合抵制那个大会。）①

He is *slated* for ambassador to Australia.

（他被内定为驻澳大利亚大使。）②

类似的阶段在汉语里同样存在，同样可依次分出六个阶段，例如：

1）她就这么跟她的母亲距离着。

2）别阿Q了！

3）键回车键，进入对话框。

4）电梯坏了，要腿着了。

5）刚窖了一批白菜。

6）农夫在烈日下车水。

从创新到定型，从用法到语法，这是语言演变的一般规律。从名词到新创名源动词最后到定型名源动词，这个过程是名词向动词的"虚化"过程（第十一章第2节）。

2.3 名词做谓语的特殊性

"名词动用"作为特殊的修辞用法，不同于"动词名用"是一般用法，在这一点上汉语和英语是一样的。汉语和英语不一样的地方是，汉语的名词做谓语还有大量的非修辞用法，如"老王上海人""树上三只喜鹊"等。尽管如此，这样的"名词谓语句"相对"动词谓语句"而言仍然是比较特殊的。

---

① 动词 boycott 源自专名 C.C.Boycott（1832—1897），英国在爱尔兰的土地承租管理人，在艰难时期因拒减佃农地租而遭抵制。

② 动词 slate 源自名词 slate"（记事）石板"。

前人已经指出,这种名词谓语句主要是判断句和存在句,而且限于肯定式,否定式就要加谓词"是",例如"*今天不星期三/今天不是星期三","*我爸不工程师/我爸不是工程师""*树上不三只鸟/树上不是(没有)三只鸟"。也有"不"直接修饰名词的情况,如"人不人,鬼不鬼""不三不四",但是修辞色彩很浓,正常的表达是"他不是人,也不是鬼""这个数字不是三也不是四"。

汉语的动词做谓语几乎都能带宾语,及物动词和不及物动词的界限不清,一般说"杀"是及物动词,"死"是不及物动词,但是"死了这条心""死了许多人","死"带施事宾语。看"死""飞"带工具宾语和原因宾语:

国足踢成那样还过得挺好的,你死啥?(劝阻想不开要自杀的人)

淘汰苏联飞机后,俄罗斯飞啥?(报纸文章标题)

"仇人已杀""妇孺不杀","杀"不带宾语,受事做主语。"这是我的报,你看吗?","看"(及物)后头不带宾语,如果后头加个"它",意思完全不同,等于说"你要看这种东西吗?"。及物和不及物的区别不在能不能带宾语,而在能带什么样的宾语(赵元任1968:61、292,朱德熙1982:58)。

前面说"不及物动词"分两个小类,"死来类"和"病笑类",后者在印欧语里是不能带宾语的,汉语里这两类动词的区别也不明显,前一类固然能带宾语,如"死了一个孩子",只要有一定的语境,后一类也能带宾语,表层结构就能带,例如"在场的人哭了一大片","非典的时候小李也病了一个妹妹"(更多的例子见上一章4.1节)。

朱德熙(1985a:51-53)用结构的平行性证明动词后的动量和

时量成分也是宾语,如"洗一次"的"一次","住一天"的"一天"等。吕叔湘(1979:74)说把动词后的名词"全看作一种成分好",主张统称"补语"。① 然而重要的是,不管是什么种类的宾语,名词谓语都极少能带,除非是口语中说得极频繁的(如"你短信我"),带了宾语通常就是修辞用法,如"看来要腿一阵了","我也大款一回"(带时量动量宾语)。因此,说汉语的名词一般不能做谓语,主要是指名词"不能带宾语"做谓语。这跟上一小节 Baker(2009)以 Mohawk 语为例说明的规律是一致的。

名词谓语句还倾向于表达某种主观意义,比相应的动词谓语句更富有抒情性和表现力,看陈满华(2008)和许德楠(1984)举的例子(笔者有改动):

宋玉,你是个没骨气的无耻文人。——宋玉,你这个没骨气的无耻文人。

巩俐着一条长裙,出席新片欧洲首映。——巩俐一袭长裙,亮相新片欧洲首映。

阿庆嫂是我的保姆。——大堰河,我的保姆。

这是什么话?——这什么话?

他是个白痴。——你才白痴呢!

他是留学生。——还留学生呢,狗屁!

"一+量词"做谓语的句子也带有较强的感情色彩(储泽祥 2001:414),如"毛小孩一个""光棍一条""神经病一个"。赵元任(1968:64)指出,诗词经常用名词呈现场景而不说事物有什么具体的活动,例如"啼莺舞燕""小桥流水飞虹"。关于名词谓

---

① 第七章第 1 节将说明汉语的宾语和补语是一类。

语句的特殊性可参看张姜知(2013:第5章)的综合论述,周韧(2012)还从"缺乏组合变化的能力"这个角度论证它的特殊性。

第3节 境迁语

用作动词的名词总要在原来表达的概念上增加些什么,而且增加的内容是随语境而变化的。一般的语义理论都区分"称语"(denotational expressions)和"指语"(deictic expressions),前者如"人,蓝,走,日子,单身汉",后者如"他,那里,昨天,那个单身汉"。称语有固定的内涵和外延,例如"单身汉"的内涵是"未婚男子",外延是现实或想象世界中的未婚男子。指语虽然也有固定的内涵和外延,但是它的所指对象是随语境而迁移的,例如"他"的固定内涵是"男子",外延是现实或想象世界中的男子,但是它的所指对象随说话的时间、地点、场合而变化。Clark & Clark(1979)指出,"新创名源动词"既不属于称语也不属于指语,而是构成一个新的范畴"境迁语"(contextual expressions,简作contextuals),它的内涵和外延是随语境而变化、而迁移的。以英语的新创名源动词 siren 为例:

(1) The fire stations *sirened* throughout the raid.(空袭中消防站都始终响着警报器。)

(2) The factory *sirened* midday and everyone stopped for lunch.(正午工厂的报时汽笛一响,大家都停工吃午饭。)

(3) The police *sirened* the Porsche to a stop.(警察鸣响警报器逼停那辆保时捷。)

(4) The police car *sirened* up to the accident.(警车一路响着警报

器开到事故现场。)

（5）The police car *sirened* the daylights out of me.（警车警报器呜呜响吓得我昏天黑地。）

名源动词 sirened 的意思在（1）里是"鸣笛报警"，（2）里是"鸣笛报时"，（3）里是"鸣笛警告"，（4）里是"鸣笛快驶"，（5）里是"鸣笛恐吓"。语境无穷多，意思也无穷多。再比如，名源动词 bottle 除了有"装瓶"（to bottle the beer）和"扔瓶子袭击"（to bottle the demonstrators）的意思，还可以有许多别的意思，假定说话人和听话人都知道麦克斯有一个嗜好，就是偷偷走到人背后拿瓶子去抚摩人家的腿肚子，那么在这样的语境里下面这句话里的 bottle 就会被理解为"偷偷的用瓶子从后面抚摩别人的腿肚子"：

Well, this time Max has gone too far. He tried to *bottle* a policeman.（这一次麦克斯可是太过分了，他居然想偷偷的用瓶子去抚摩警察的腿肚子。）

清代袁仁林在《虚字说》中把一般认为是名词的词做谓语这一现象称作"实字虚用，死字活用"，他说"虚用活用，必由上下文知之"，"凡死皆可活，但有用不用之时耳"，"此等用法，虽字书亦不能遍释"，可见袁仁林早已说出了 Clark & Clark 要说的话。古汉语活用作动词的名词大多也是"境迁语"，以名词"世"为例，陈承泽（1982：9）说，"世"在"吴国犹世"里是"继世"义，在"景公早世"里是"传世"义（含"死"义），在"欲求长生久世"里是"在世"义，而在"昔我先王世后稷"里又是"嗣位"义。再例如方位名词"东"：

（1）栾黡曰："晋国之命，未是有也。余马首欲*东*。"（《左传·襄公十四年》）

（2）齐侯执阳虎，将东之。(《左传·定公九年》)

（3）成子将杀大陆子方，陈逆请而免之。以公命取车于道，及耏，众知而东之。(《左传·哀公十四年》)

（4）仲子曰："……今无故而废之，是专黜诸侯，而以难犯不祥也。君必悔之。"公曰："在我而已。"遂东太子光。(《左传·襄公十九年》)

"东"在（1）里表示"向东"，（2）里表示"囚禁于东鄙"，（3）里表示"使……东返"，（4）里表示"徙……于东鄙"。再例如活用作动词的"门"是表示"攻门"还是"守门"完全由上下文来确定，例如：

晋人不得志于郑，以诸侯复伐之。十二月癸亥，门其三门。(《左传·襄公九年》)[门＝攻门]

四年春，蔡昭侯将如吴。诸大夫恐其又迁也，承，公孙翩逐而射之。入于家人而卒。以两矢门之，众莫敢进。(《左传·哀公四年》)[门＝守门]

王克仲（1989：90）在举出这些例子后特别说"读古书时，凡此等情形需要特别留意"。

有一些按"生成语法"理论研究这类现象的人认为，名源动词不是创造出来而是派生而成的，例如 McCawley（1971）说，下面的（a）里的谓语 nailed 是从深层结构（b）派生而来的：

(a) John *nailed* the note to the door.（约翰把字条钉在门上。）

(b) CAUSED a NAIL to HOLD x ON y（使钉子固定 x 在 y 上。）但是类似（b）这样的深层结构并不能涵盖 sirened 和"东"在不同上下文里表达的不同意思。Green（1974：221）又说，源自工具名词的动词如 hammer（*hammer* in a nail），是"按照这件工具的设计目的并按照 NP 的通常使用方式"派生而来的。但是上面那个 bottle 的例子却表明,设计制作瓶子的目的并不是用来砸人,更不是用来抚摩别人的腿肚子。再举一个专有名词用作动词的汉语例子:

（1）你别阿 Q 自己了,被人抢了还说自己不小心。

（2）明明吃了亏还阿 Q,说什么"吃亏是福"。

（3）他有点儿阿 Q,就怕人家说他个矮。

（4）他去阿 Q 人家女服务员,结果挨了一耳光。

（5）第一次批阅文件,他在自己的名字上阿 Q 了一个圆。

假定说话人和听话人都读过《阿 Q 正传》,知道这样一些情节:(1)打阿 Q 的人让他说"人打畜生",阿 Q 就说"打虫豸,我是虫豸"。（2）阿 Q 有精神安慰法,被人打后还说"就算被儿子打了"。（3）阿 Q 因为有癞疮疤,就忌讳别人说"癞""光""亮"等字眼。（4）阿 Q 用动作和言语欺侮调戏小尼姑。（5）阿 Q 临刑前画押,生怕画得不圆被人笑话。那么上面五个句子里的"阿 Q"就会分别理解为"自轻自贱""自我安慰""忌讳提自己的缺点""欺侮调戏""过分认真的画"等意思。言谈双方对阿 Q 的行为举止知道得越多,可以造出的这类句子就越多。

总之,新创名源动词不可能是派生而成的,它的生成条件是语用性质的:遵循"合作原则"的说话人相信,根据他和听话人的共有知识（包括一般知识和特殊知识）,听话人很容易得出一个理解,即在用名源动词所描述的那种情状中,源名词充当一个角色,动词的其他相关名词充当其他角色。Clark & Clark（1979）一文最后说,现在的主流语法学界所关心的"人类的语言创造能力"没有包括创造"境迁语"的能力,这是令人遗憾的。

回到"演员是个动词"上来,这句话也是个境迁语,不同的语境有不同的理解,例如①:

(1)演员是个动词,就是要不停的拍戏。
(2)演员是个动词,就是一年到头不断走穴。
(3)演员是个动词,就是假戏真做,假夫妻做成真夫妻。

第4节 "名动不对称"的认知原因

是什么原因造成上述"名动不对称"具有普遍性?归根结底是人对事物和动作的认知差异造成的。具体说,事物概念可以独立,完全可以想象一个事物而不联想到动作,相反,动作概念总是依附于相关的事物,不可能想象一个动作而不同时联想到跟动作有关的事物。例如,"殴打"这个动作概念不能离开"人"这个事物概念而独立存在,而"人"的概念完全可以脱离"殴打"这个动作概念而独立存在。(参看 Langacker 1987:299)动词如果转指事物,如"吃"变为"吃的",在概念上并没有增加什么成分,因为"吃"这个概念已经包含"吃的人"和"吃的东西";相反,名词如果转指动作,如"奶孩子"中的"奶",概念上肯定要增加些什么。难怪潘慎等人(1996)反对说古汉语"军"(名词)用作动词表示"驻军"这类现象是"词类活用",因为"驻军"实际是"动词+名词",比"军"多了一个动作的概念。认知上的这种不对称决定了我们在汉语中可以用"动词+的"来转指相关的名词,但是不能反过来用"名词+的"来转指动词:

---

① 电视节目里听到一句广告词"家是个动词",什么意思可以有无穷多的猜测。后来得知是宜家家居的广告,原来是鼓动大家更换家具。

造反的（农民）	*农民的（造反）
建造的（桥梁）	*桥梁的（建造）
画图的（工具）	*工具的（画图）
聪敏的（孩子）	*孩子的（聪敏）

"演员和走穴"这个短语，名词"演员"和动词"走穴"并列。如果说跟"演员"并列的"走穴"一样是个用来指称的名词儿（指称一个动作），没有人会反对。但是要是有人说跟"走穴"并列的"演员"是用来陈述的动词，几乎不会有人同意。正如 Hopper & Thompson（1984）指出的，用作名词的动词说出"一个被视为实体的动作"，而用作动词的名词并不是说出"一个被视为动作的实体"，只是说出一个与某实体有关的动作。因为用作名词的动词仍然说出一个动作（尽管在话语中这个动作是指称的对象而不是陈述的对象），因此它仍然具有动词性，不是一个普通的名词。例如英语 V-ing 形式的动词仍然可以受 not 和其他副词的修饰，如 We are talking about John *not/soon* having a sabbatical，汉语做主宾语的动词也一样，如"我们在谈论老张的迟迟不休假"。因为用作动词的名词不再说出一个实体，只是说出一个相关的动作，在英语里它已经转变成动词，不再具有名词的性质，要加时态/数标记 -ed 或 -s，在汉语里它也是当作动词用，可以加"了、着、过"和动量成分，例如：

We squirrel*ed* away $500 last year.（我们去年存钱存了500元。）

She breakfast*s* with the mayor on Tuesdays.（她每周二和市长共进早餐。）

我又大款了一回。

我还没有博客过。

有好几项失语症研究都报道说,失语患者从头脑中提取动词比提取名词困难得多。例如让一名英语失语患者描述一个厨房场景,场景中有各种动作:水槽在溢水,女人手忙脚乱,男孩去够饼干盒差点儿弄翻了凳子,女孩在一旁观看,但是他说出的一段话几乎全都是名词:

Water…man, no woman…child…no, man…and girl…oh dear…cupboard…man, falling…jar…cakes…head…face…window…tap…

Aitchison(1994:102)指出这不是因为名词的数量比动词多,而是因为表示事物的名词在概念上是独立的,不受句法关系的限制。儿童习得名词和动词的时候也有"名词偏向"(见附录1)。

动词名用符合"本体隐喻"的规律(见第四章2.1节)。Lakoff & Johnson(1980:31)指出:"人们用本体隐喻来理解事件、动作、活动和状态。通过本体隐喻,事件和动作被理解为实体。"只有将活动视为一个实体之后,人才可以指称它和计量它。隐喻具有单向性,一般是用具体的概念说明抽象的概念,不会反过来用抽象的概念说明具体的概念,因为人类的认知特点就是处理具体的概念比处理抽象的概念容易。动词名用就是将一个抽象的活动当作一个具体的实体看待,但是没有特殊原因我们不会将具体的实体当作抽象的动作来看待。[①]

总之,名动不对称的认知原因是"物"与"事"这对概念的不对称,用两句话来概括就是:"事,亦物也;物,犹事也。"事"也

[①] 戴浩一(1997)也从认知上解释"名动不对称",但是他有一点疑问:隐喻一般是用具体的概念表达抽象的概念,为什么用具体事物 bottle 来表达抽象动作 to bottle(名词动用)是特殊的呢?这一疑问没有必要,因为隐喻和转喻(metonymy)性质不同,应该区分开来。用 bottle 表达 to bottle 不是隐喻而是转喻。

是"物,而物只是"犹如"事。物之所以犹如事,是因为事也是物。在汉语里,动词"也是"名词,名词只是"用如"动词,名词之所以能用如动词做谓语,是因为动词(述谓语)也是名词(指称语)。

第 5 节 要区分一般和特殊

5.1 汉语不是"类前型"语言

相对而言,动词名用是一般现象,而名词动用是特殊现象。区分一般现象和特殊现象是一条基本原则,对于建立汉语的语法体系至关重要。

一种经常听到的说法是,汉语,特别是先秦汉语,动词可以活用作名词,名词也可以活用作动词,把两种情形等量齐观,忽视动词名用和名词动用的不对称。例如Bisang(2008,2013)提出先秦汉语属于"类前型"的语言,所谓"类前"(precategoriality)是指,词在进入句法层面之前在词汇层面上没有词类区分。这一断言所依据的是 Evans & Osada(2005:366)提出的标准,判定一种语言没有词类区分(monocategorial),特别是没有名动之分,必须满足三个条件:

1)结合性(compositionality):一个词在不同句法位置(主宾语和谓语)上的语义差别完全可以从句法位置的功能来预测,也就是靠词义和句法位置的"结合"来预测。

2)双向性(bidirectionality):表示动作的词也能做主宾语,表示事物的词也能做谓语。

3)穷尽性(exhaustiveness):大多数词满足上面两个条件。Bisang 先生认为先秦汉语词汇层面上的词全部符合这三个条件，特别对符合第一条作了详细说明，举例说，指人的词做谓语，出现在不及物句和及物句里表达的意义不一样：

(1) 君君臣臣父父子子。

(2) 吾於颜般也则友之矣。

(1) 里"君"等做不及物句的谓语，语义是"像君王一样行事"或"成为君王"；(2) 里"友"做及物句的谓语，语义是"使……成为朋友""使……像朋友一样行事"或者是"认为……是朋友""认为……像朋友一样行事"。指工具的词做谓语，出现在不及物句和及物句里表达的意义也不一样：

(3) 君子不器。

(4) 及其使人也器之。

(5) 公子怒欲鞭之。

(3) 里"器"做不及物句的谓语，语义是"成为器或用作器"，(4) 里"器"做及物句的谓语，语义是"使……成为器或用作器"，(5) 里"鞭"也做及物句的谓语，语义是"用鞭于……"。根据这些例证，他认为名词做谓语的时候发生的语义变化是可以靠"词义+句式"的结合来推导和预测的，所以符合组合性条件。其实这种推导和预测的程度是极其有限的，如第3节所述，名词做谓语的时候是"境迁语"，其意义是随语境的变化而变化的，无法做到预测，举过的例子有"世""东"和"门"，这里再举一些有说服力的例子（均摘引自王克仲1989）：

(6) 己亥，与楚师夹颖而军。(《左传·襄公十年》)

祝聃射王中肩，王亦能军。(《左传·桓公五年》)

(7) 桑土既蚕，是降丘宅土。(《尚书·禹贡》)

甲戌晦，日有食之。京师蝗。(《后汉书·孝桓帝纪》)

（8）从左右，皆肘之，使立于后。(《左传·成公二年》)

上尝得佳鹞，自臂之，望见徵来，匿怀中。(《资治通鉴·唐纪·太宗贞观二年》)

（9）项王怒，悉令男子年十五已上诣城东，欲坑之。(《史记·项羽本纪》)

乃沟公宫，曰"秦将袭我。"(《左传·僖公十九年》)

（10）夫子将有异志，不君君矣。(《左传·昭公十七年》)

是臣代君君民也，忠臣不为也。(《晏子春秋·内篇杂下》)

（11）承宗庙，母天下，岂易哉！(《后汉书·邓皇后纪》)

今丞相数病，望之不问病；会庭中，与丞相钧礼。时议事不合意，望之曰："侯年宁能父我邪！"(《汉书·萧望之传》)

（12）衣儒衣，冠儒冠，而不能行其道，非其儒也。(《盐铁论·刺议》)

解衣衣我，推食食我。(《汉书·韩信传》)

好养豕，食其肉，衣其皮。(《后汉书·东夷挹娄传》)

（6）都是不及物句，前句的"军"是"驻扎军队"，后句的"军"是"指挥军队"。（7）都是不及物句，"蚕"是"养蚕"，"蝗"是"闹蝗灾"。（8）都是及物句，"肘"是"用肘推"，"臂"是"放在臂上"或"用臂托"。（9）都是及物句，"坑"是"埋……在坑内"，坑是放置的处所，"沟"是"在……周围挖沟"，沟是挖掘的结果。（10）都是及物句，前句的"君"是"把……当作君"，后句的"君"是"以君的身份统治"。（11）都是及物句，"母"是"像母亲一样爱养"，"父"是"跟我的父亲同年"。（12）也都是及物句，第一句的"衣"是"穿（衣）"，第二句的"衣"是"给……衣穿"，第三句的"衣"是"将……制成衣"。如此复杂多样的语义变化,仅仅靠词的词义及其在及物句和不及物句中的位置是根本做不到预测的。

这种不可预测性还表现在同一个名物概念在不同的语言里表达什么样的动作意义是不可预测的,是每种语言特有的。朱德熙(1988)指出,古汉语的"水"有游泳的意思,如"假舟楫者,非能水也,而绝江河"(《荀子·劝学》),英语的 water 只有浇水、灌溉的意思,没有游泳的意思。

第二条"双向性"同样不能成立。表示事物的词做谓语和表示动作的词做主宾语是不对称的,前者是特殊现象,意义不可预测,后者是一般现象,意义可以预测。先秦汉语里表示动作或性状的词做主宾语跟现代汉语一样有两种情形,一种是"转指",一种是"自指",例如:

(13)仁者乐山。("仁"转指"仁的人")

　　仁者如射。("仁"自指"仁这种品性")

(14)其御屡顾,不在马。("御"转指"驾御的人")

　　吾何执?执御乎?执射乎?吾执御矣。("御"自指"驾御这一活动")

(13)二例都加标记"者",(14)二例都不加标记。转指的时候意义有重大变化,由表示动作变为表示跟动作相关的人或物,但是这种意义变化是完全可以预测的,既不随语言的不同而不同,也不随语境的变化而变化无穷。如果是不及物动词如"仁",转指的一定是动词的唯一论元,如"仁者乐山"的"仁者";如果是及物动词如"御",转指的一定是两个论元中的一个,如"其御屡顾"的"御"指"御手"。(参看朱德熙 1983)总之无论是自指还是转指,表示动作的词做主宾语的时候语义是可以预测的,这和表示事物的词做谓语形成鲜明的对立。

既然第一条和第二条都不成立,第三条"穷尽性"也就无从谈起。总之,即便根据 Evans & Osada(2005)提出的标准,先秦汉语也不属于"类前型"语言。

5.2 名词不是"分类性动词"

何莫邪(1983)提出一个重要的观点,先秦汉语的名词具有动词性,从本质上说是一种"表示类属的"分类性动词(classificatory verb)。这就是说,何先生也提出一种"名动包含"的格局,先秦汉语的名词不是跟动词互相对立的一个类,只是他认为是动词包含名词,名词是动词的一个子类,叫"分类性动词"。他的论据如下:

通常认为"也"是名词性谓语的标记(a),然而动词性谓语也可以带"也"(b),主语和从句之后都可以带"也"(c, d):

(1) a. 旷,太师也。

b. 我必不仁也。

c. 丘也尝使于楚矣。

d. 吾少也贱。

"者"可以跟在动词后头(a),也可以跟在名词后头(b):

(2) a. 贤者则贵而敬之。

b. 民者好利禄而恶刑罚。

"者"既是名词化标记(a),又是从句句尾(b):

(3) a. 仁者乐山。

b. 仁者如射。

他说,要是把名词看成跟名词性谓语一样的分类性动词,就可以把名词后、动词后、从句后这三种位置上的"也"统一为一个,"者"也统一为一个。此外,"之"可以在动词前出现(a),也可以在名词前出现（b）：

（4）a. 北宫黝之养勇也。

b. 此匹夫之勇也。

"而、而后、则"连接句子，但是也可以在主语和谓语之间出现：

（5）人而无信，不知其可也。

贤者而后乐此。

贤者则贵而敬之。

"虽、凡、每"等经常在动词前头出现（a），但也能在名词前头出现（b）：

（6）a. 虽博必谬。　凡虑事欲孰（熟）。　伯宗每朝，其妻必戒之。

b. 虽大国必畏之矣。　凡道不欲壅。　子如太庙，每事问。

要是把名词看成跟名词性谓语一样的分类性动词，就可以把起不同连接作用的"之"统一为一个、"而"统一为一个、"虽"统一为一个，对这些虚词的用法作出十分简洁的说明。

何先生以上的论证不仅以词的"分布"状况为依据，而且是从"简洁准则"出发的，这两点都是朱德熙先生所一贯坚持的重要原则，所以何先生的观点不能不引起朱先生的重视，朱德熙（1988，1990）二文就是针对何文的回应。

说名词是分类性动词，实际是说名词具有述谓性。朱先生批评这一观点，指出的关键事实是：名词性成分只有在主语位置上才表现出述谓性，在宾语和修饰语位置上没有这种性质。还说，赵元任先生早就指出，汉语的主谓句作为一个整句是由两个零句组合而成的（见第三章第4节），例如"饭吃了"一句由"饭呢"和"吃了"两个零句组成。既然主语"饭"是个零句，零句自然具有述谓性。朱先生因此认为，名词的述谓性是主语这个句法位置赋予它的，而不是名词本身具有的。汉语的主语具有述谓性，不能由此推断汉语的名词具有述谓性。

一种经常用来说明古汉语的名词具有述谓性的结构是"名而动"，如"人而无信"里的"人"具有述谓性。然而据杨荣祥（2008）的研究，前项的"名"充当谓语都限于"判断性"，宋洪民（2009）进一步指出，当"名"为定指的时候都是"有感叹意味的评判"，"对该名词性成分的语义补足要依靠语境与听话双方的实际生活经验"，例如：

（7）<u>子产</u>（子产这么贤明的人／以子产之贤）而死，谁其嗣之？（《左传·襄公三十年》）

且<u>先君</u>（伟大圣明的先君／以先君之明智）而有知也，毋宁夫人，而焉用老臣？（《左传·襄公二十九年》）

使<u>宋王</u>（如此威猛的宋王／以宋王之威猛）而寤，子为齑粉夫！（《庄子·列御寇》）

<u>斯人</u>（伯牛斯人如此贤良）也而有斯疾也。（《论语·雍也》）

括号里添加的名词以外的意义是依靠上下文和语境推测出来的，按上面第3节的说明，这样用的名词都是"境迁语"，所以仍然是名词的特殊用法。

何先生为了贯彻他的"名词是分类动词"的观点，将"仁者乐山"的"仁者"解释为述谓性的 assuming someone is humane（假设某人仁），将"仁者如射"的"仁者"解释为 presupposing that something is identical with being humane（预先假设某物与仁同），朱先生批评说，这样的解释"相当牵强"，还是将虚词"者"分为转指（those who are humane）和自指（humaneness）比较好。我们也同意朱先生的这个批评，确实，转指和自指的解释简单而自然，何先生的解释复杂而牵强。

朱先生还批评说,受印欧语语法观念的影响,一直有人想把主语位置上的动词解释为名词,这跟何先生想把主语位置上的名词解释为动词,方向正好相反;要是这两种说法能成立的话,区分名词和动词就成为没有意义的事情。对这一说法我们只同意一半,绪论第1节已经说明,甲类包含乙类不等于两个类之间没有区别,提出名词是一种分类动词,是动词的一个子类,这不等于说名词和动词没有区分,也不等于说名词和动词的区分就"成为没有意义的事情"[①]。何先生在文中也表示并不否认先秦汉语有名动之别,因为类属关系是"异而同"。何先生的观点的问题不是导致名动区分没有意义,而在于将名词定为具有述谓性的"分类性动词",是把特殊现象当成了一般现象。这跟说汉语的动词做主宾语的时候发生了"名词化",把一般现象当成了特殊现象一样,都是混淆了一般和特殊,所以"相当牵强"。再者,朱先生用"主语是零句,零句具有述谓性"来解释做主语的名词具有述谓性,这也有问题,因为零句不一定就具有述谓性,第3章第4节已经说明,第6章第3节还将论证,零句本质上是指称性的。汉语名词性成分在谓语位置上表现出述谓性,如"旷,太师也",这不是因为名词本身具有述谓性,而是因为谓语(零句)具有指称性。

既然如此,我们可以而且应该把何氏的说法反过来,说先秦汉语的动词本质上是一种"动态性名词",也就是说,应该是名词包含动词,而不是动词包含名词。例如,应该说前面(1)和(2)里作为主语或从句的"贤""吾少"跟"民""丘"一样具有

---

① 正因为有这种误识,朱德熙等(1961)在反驳动词"名物化"或"指称化"的时候以"会导致'动词先天是名词'"作为反驳的理由。

名词性，判断句"我必不仁也"里的谓语"不仁"也跟"旷，太师也"里的"太师"一样具有名词性，从而对各个位置上出现的"也""者""之"等作出简洁的统一的说明而又不错将特殊当作一般。[①] 还应该说（5）"人而无信"的"无信"跟"人"一样具有名词性，（6）"虽大国必畏之"的"必畏之"跟"大国"一样具有名词性，而不是反过来说"人"和"大国"具有动词性（详见第六章3.4节）。名词包含动词，还能对先秦汉语"名之动"结构作出更合理的解释（第八章第1节）。

即使从数量上讲，名词的数量大大超过动词的数量，据尹斌庸（1986）对《现代汉语词典》约40,000多个词的统计，名词占56%，动词和形容词加起来才占36%。词典收录名词的选择性其实是很强的，有大量的名词词典不收，例如"星期一"到"星期六"，"棉衣、棉袄、棉裤、棉鞋"等。尹文说"典型的开放性词类，严格的说只有名词"，动词和形容词属于"弱开放性词类"。因此无论从哪个角度，说动词是名词的一个子类都要比说名词是动词的一个子类合理得多。

第6节　名词的根本性

认知上"物"与"事"的不对称决定了名词和动词的不对称，不对称的偏侧方向决定了名词的根本性，也就是名词和动词发生中

[①] 通常认为"也"是名词性谓语的标记，这个看法符合我们的语感。说"我必不仁也"里的"不仁"具有指称性要比说"我"具有述谓性合理得多。"我打了他"这样的陈述句总可以加个"是"字变为判断句"我是打了他"，因此"打了他"可视为判断句的指称性谓语。详见第六章。

和的时候中和项是名词。

有人质疑说,有的语言(如北美的一些土著语言)只有动词没有名词,一般语言里的名词性成分在这些语言里是用动词根加上附缀来表达的。例如 Jelinek(1995)说北美的 Strait Salish 语里所有的实词都是谓词,唯一的词类"谓词"能表示动作、事物、性状等不同"品性",可以充当主宾语、谓语、修饰语等多种句法成分,按其出现的句法位置来辨别品性,谓词充当谓语的时候主语、宾语作为附缀后附在谓词上,谓词充当主宾语的时候加限定词。经常提到的还有梵文,说从词源角度看,名词大多演绎于动词性词根或动词,如 pādah(foot)派生于动词性词根 pad(to go),sthānuḥ(post)派生于动词 sthā(to stand),rūpa(beauty)派生于动词 ruc(to shine)。

然而对梵文的这种看法都是引述西方学者的说法,段晴(2001:V-XI)指出,"当时从事东方学研究的西方学者不可避免地受到一切以西方的眼光为标准、以西方为大的意识的影响","具体表现在习惯性地用西方的概念套东方的事物,将东方的表述西方化"。例如 A. F. Stenzler 撰写的《梵语基础读本》将梵语里表达"造者"(kāraka)意义的词缀叫"格"(德语 Kasus,英语 case),其实"格"是西方语言的语法概念,Stenzler"套用的结果"一方面使这些词缀的变化明朗化,另一方面使这些词缀本来具有的实在意义抽象化,使它们变成了纯粹的符号,"印度传统语法著述的特点被抹杀掉了,所有的语言被蒙上了千篇一律的面纱"。

按照段著,梵文里不加任何词缀的词根叫"界"(dhāhu),意指"元素",附加的词缀叫"缘"(pratyaya),意指引起词根发生音变的原因。虽然"界"所反映的大多是动作行为,但是反映动作行为的不一定就是动词,也可以是名词。汉语"炸"和"死"反映动作行为,但是既对应英语的动词 explode 和 die,也对应英语的名词 explosion 和 death。总之,用"动词性词根"来称梵文里的"界"是西方学者的一种比附,是受"谓语动词中心论"的影响,所谓的"动词性"词根很可能也具有名词性。通常说梵文构词的基本公式是"界+缘=词",界加上缘之后表现出名词、动词等性质。如果界已是动词性的,为什么还要加上缘才"表现出动词的性质"呢?反映动作行为的"界"不见得就是动词根,应该是对是否有动词性未作规定。(见第三章第 3 节)Strait Salish 语的"谓词"也应这么看。

第三章第 7 节讲他加禄语,原先以为这种语言的很多名词是从动词根派生而来,如 b-um-ili"顾客"是词根 bili"买"加中缀 -um- 派生而成。但是按照 Kaufman(2009)的分析,这些词根其实都有名词性。汉语说"一鸭二吃",他加禄语说"一鸟二照","吃"和"照"是动词也是名词。要是彻底接受"动词中心说",那就也可以说汉语的名词都是动词(所谓"分类性动词"),说"一山二虎"里的"虎"跟"一鸭二吃"里的"吃"一样是动词。这显然违背一般认知规律,十分牵强和不合理。跟"以动词为中心"相关的是另一种成见,就是认定主语是动作的施事,宾语是动作受事。再看汉语的例子:

逃僄头,冲好汉。

欺软怕硬。

从这种成见出发,就会说汉语是用动词"逃"来表示"逃跑者","冲"表示"冲锋者",用动词"软、硬"来表示"软弱的人、强硬的人"。其实第四章 3.3 节已经说明,汉语里主语和谓语的关系就是话题和说明的关系,联系可以很松散,主语不是施事是很普遍的情形，宾语也多种多样，不一定是受事。这里的"逃、冲"和"软、硬"不见得转指施事和受事，它们就是指动作或性质本身。"欺软怕硬"里的"软、硬"跟"吃软不吃硬"里的"软、硬"是一样的，"逃孱头，冲好汉"里的"逃、冲"和"逃容易，冲很难"里的"逃、冲"是一样的。有的语言如果真是主宾语全采用这种表达方式，那也只能说明这些语言都是用表示动作的词来做主宾语，并不能证明这种表示动作的词是"动词"而不是（指称动作的）名词。

总之，说有的语言都用动词来表达其他语言用名词表达的意思，这样的语言都应该重新审视。在我们看来，从认知上讲，名动不对称一定是以名词为根本，这是语言的共性，"只有动词没有名词"只是一个传说，目前还没有确实的证据证明存在这样的语言。（见 Luuk 2010）所谓"名词性成分用动词根加附缀来表达"很可能只是名词包含动词的格局在某种词法类型（多式综合型）里的一种表现形式而已，即词根都是指称动作的名词根。

第六章 谓语的指称性

第1节 名词直接做谓语

对于汉语里名词（指静态名词）做句子谓语的现象，要持两点论，既要看到汉语和其他语言的共性，又要看到汉语的特点，不然认识就有片面性。共性表现在，名词做谓语相对动词做谓语而言是比较特殊的，相对动词做主宾语而言也是比较特殊的（上一章），特点是，名词或名词性成分可以不借助动词直接做谓语，例如"他北京人""今天星期四"，还可以受副词修饰，"我也北京人""今天才星期四"，这些不属于修辞说法。这两点是互补的，并不矛盾。名词或名词性成分可以直接做谓语，这个特点的重要性不亚于"动词可以直接做主宾语"。英语的动词虽然不能"直接"做主宾语，但是毕竟可以通过词形变化来实现，但是非修辞说法的时候名词无法通过词形变化来做谓语，必须借助系动词，"*He a Pekingese"和"*Today Thursday"不合语法。从这个角度看，汉语和英语的主要差别在 predicate-hood（名词能不能直接做谓语），不在 subject-hood（动词能不能直接做主宾语）。

汉语名词谓语句的数量和种类要比我们原先想象的多得多，赵元任（1968）、陈满华（2008）、张姜知（2013）等都有详细论述。

做谓语的名词种类多样,除了普通名词(今天晴天)、数量词(血压 140)、偏正短语(小王黄头发)等,还有:

专名	丁先生吗?我月亭。
代词	喂,你哪儿?｜这个什么呀?｜你谁啊?!
的字结构	这本书他的。｜他一个卖菜的。

名词谓语句的句式种类也不少:

对举式	你一言,我一语。｜初一饺子,十五汤圆。
N+了	他都大学生了。｜我们老朋友了。
N_1 的 N_2	会议老王的主席。｜今晚马连良的诸葛亮。
N 就 N	坏的就坏的吧。｜七天就七天呗!
数量分配	三个人一间房。｜每天三趟班车。

还有一些句式,特别是含"的"字结构的,只要打破原来的分析习惯,就是名词谓语句或名词性的零句,例如"我买的票""他去年生的孩子""谁为你做的嫁衣"(见下 2.3 节)。"这本书的出版"在对举的时候也能做谓语,如"今天这本书的出版,明天那本书的出版"。

名词谓语句的表达功能虽然以判断为主,但也有其他,陈满华(2008:88)分为四类:

判断类	你笨蛋。｜老王上海人。
描写类	她,长长的头发,大大的眼睛。
说明类	老鼠眼睛一寸光。｜姐姐北大,妹妹清华。
叙事类	他一年一本书,真是多产作家。｜您这样花法,一辈子也还不清的。

能够修饰名词谓语的副词不少,主要有三类(陈满华 2008:66):

表范围	全,只,都,整整,整个儿,统统

表时间　　　才，都，就，已经，刚，刚刚
表语气　　　简直，究竟，到底①

古代汉语里名词谓语句经常以"也"字煞尾，但是不用"也"的也不少，用"也"是强调判断。诗词和楹联经常是名词连缀成句，如"古藤老树昏鸦，小桥流水人家，古道西风瘦马"（马致远《天静沙·秋思》），"鸡声茅店月，人迹板桥霜"（温庭筠《商山早行》），"千朵红莲三尺水，一弯明月半亭风"（苏州闲吟亭联句）。俗语中名词谓语与动词谓语并列的例子非常多（陈满华2008：193-201）：

官家想一想，银子一千两。
剥削钱，在眼前；血汗钱，万万年。
大吵三六九，小吵天天有。
冬雪丰年，春雪讨嫌。
肚里一两油，满脸放出光。
富人千条道，穷人无路行。
人前一笑，背后一刀。
屎臭三分香，人臭不可当。
一辈鸡儿一辈鸣。
头伏萝卜二伏菜，三伏种荞麦。
嘴里尧舜禹汤，做事男盗女娼。
上面一句话，下面忙不停。

郭绍虞（1979：667，709）认为，说汉语仅仅有少数名词性成

---

① 据苏晓青、万连增（2011：355），江苏赣榆方言可以说：河里很鱼了（河里鱼非常多），他家很钱了（他家钱非常多），今天很人了（今天人非常多）。程度副词"很"的这种用法不同于普通话"她很淑女"之类的修辞说法。

分做谓语,这种说法不完全合适。赵元任(1968:53-57)说,汉语谓语的类型不受限制。(另见陈承泽1982:11)

在传统的"名动分立"的格局里,要解释汉语的这个特点遇到难以克服的困难,"名词活用作动词"这种"通假说"在实用方面使得"词类的特点模糊了","有时显得不必要的啰嗦",在理论方面"要面对词无定类、类无定词以至实词不能分类的结果",见吕叔湘(1954)和第二章第4节。"逃僝头"和"不死(今年)一百岁"这种VP+NP组成的句子等于把"生成语法"的句子转写规则S⟶NP+VP颠覆了,让人困惑和为难。"名动包含说"释疑解难(第三章第4节):NP就是指称语,VP就是述谓语,VP是一种动态NP,NP包含VP。句子的谓语不都是述谓语,但是述谓语总是可以做句子的谓语,所以述谓语可简称谓语。如果用NP(VP)表示"NP包含VP",即指称语包含谓语,用VP[NP]表示"VP属于NP",即谓语都是指称语,那么那条基本的句子转写规则可以这样表示:

$$S \longrightarrow NP(VP) + VP[NP]$$

NP包含VP,VP当然可以做主语;VP属于NP,谓语都是指称语,所以不排除NP做谓语。"名动包含说"在汉语里有限度的维护了那条基本转写规则。当然,这也表明这条转写规则在汉语里的适用度有限,建立汉语生成的规则系统可以另寻出路,计算语言学家会有更好的办法(见白硕2014)和新的思路(如宋柔2013)。

谓语也是指称语,有人觉得这不好理解,问:动词性成分充任的谓语难道也有指称性吗?"我上过大学""他吃了毒药""她正在做饭"里的谓语"上过大学""吃了毒药""正在做饭"也有指称性也是指称语吗?回答是肯定的,第三章第4节已从"零句说"论证,还可以从下面一些方面来论证,先从"是"的性质开始。

第 2 节 "是"是判断动词

2.1 "结构的平行性"原则

"他是买房人""买房的是老李""买房是投资"这样的句子，大家都承认其中的"是"是判断动词，但是遇到下面这些句子就有了争议：

他是买房子。

这个小孩子是挺可爱。

张三是昨天去了外滩。

"是"后头明显是谓词性成分，有人说这些句子里的"是"不再是判断动词，而是虚化了的语气副词或强调标记，尽管持这一观点的人承认动词的宾语可以由谓词性成分充当。对于这个有争议的问题，应该用"结构的平行性"原则来判别"是"的语法性质。这条原则是朱德熙（1985a：31）提出并十分重视的，他认为，本地人的语感就来自结构的平行性，或者说，结构的平行性是本地人语感的表现，因此在确定语法范畴的时候要遵循这条原则。很容易发现，"他是买房子"跟"他是买房人""他想买房子"具有结构上的平行性，而跟"他也许买房子""他反正买房子"（"也许""反正"是语气副词）没有多少相似之处。

A（肯定）	B（否定）	C（问句）	D（问句）	E（回答问题）
他是买房人	他不是买房人	他是不是买房人	他是买房人不是	是-不是
他想买房子	他不想买房子	他想不想买房子	他想买房子不想	想-不想
他是买房子	他不是买房子	他是不是买房子	他是买房子不是	是-不是

"他也许买房子"没有"他不也许买房子""他也许不也许买房子""他也许买房子不也许"这些说法。回答问题的时候虽然能单

说"也许",但是不能说"不也许",平行的大格局不受影响。所以把"他是买房子"里的"是"定性为判断动词是合理的。用"结构的平行性原则"来给句法成分定性符合"简洁准则"。

有人说,可以用重读不重读来区分判断动词和语气副词,可以重读的是语气副词,"他是买房子"的"是"可以重读。这也是行不通的,因为"他是买房人"里的"是"也可以重读,"他是买房子"里的"是"一般也不重读(吕叔湘1979:80)。有人用如下的方法来区分判断动词和语气副词(张斌主编2010:596):

这本书是小张的。　　　*这本书小张。
他是送信的。　　　　　他送信。
沙漠是可以征服的。　　沙漠可以征服。
他的学识是渊博的。　　他的学识渊博。

他们说,头两句去掉"是"和"的"后结构遭到破坏或者发生改变,语义变得不通或者有重大改变,"是"是判断动词;后两句去掉"是"和"的"后结构和语义都没有改变,只是语用上有变化,"是"是语气副词。这种方法很不合理,要判别的是"是"字的性质,却把"是"和"的"连在一起讲。要是单看"是"字,或者用停顿来取代"是","这本书小张的"并不是不成立,"他,送信的"也没有发生结构和语义变化。其实他们确定为动词的"是"(595页)都可以用停顿来取代:

小李是这个班的班长。　　　小李,这个班的班长。
小王昨天是坐火车去的上海。　小王昨天,坐火车去的上海。

第二句里的"是"在这里划归表示强调的动词,但是在别的地方(161页)又说同类句子里的"是"是突出焦点的语气副词:

是张三昨天去了外滩。　张三是昨天去了外滩。　张三昨天是去了外滩。

实在看不出区分动词和语气副词的标准到底是什么。要是从"结构的平行性"着眼，这三句的"是"都是判断动词，可以用否定"不是"、问句"是不是"和"是……不是"、回答"是-不是"来测试。没有主语的句子在汉语里是正常的句子，"是张三昨天去了外滩"就属于没有主语的句子。

还有人说，可以用位置是否有灵活性来区分动词和语气副词，上面那三个句子"是"能出现在"张三""昨天""去了外滩"的前边，分别把这三个成分突出为焦点，所以是语气副词。但是要知道，只要这三个成分分别重读，去掉"是"字后照样突出为焦点，哪个重读哪个就是焦点。加上"是"字是不是就一定是"是"字后边那个成分突出为焦点呢？不一定，还是哪个重读哪个是焦点，例如：

是'张三昨天去了外滩　是张三'昨天去了外滩　是张三昨天'去了外滩　是张三昨天去了'外滩

还有人说，加了"是"，直接跟在后边的那个成分不重读也突出为焦点，其实不都是这样，例如：

我是去年剖腹生的孩子。

他是昨天打的去的医院。

没有特别重读的时候突出为焦点的是"剖腹"和"打的"而不是"去年"和"昨天"。还有一种经常听到的说法，说"是……的"框定一个突出的焦点，"剖腹"和"打的"毕竟还是在这个框子内。但是这个框子对下面的A类句子管用，对B类句子不管用，B类句子十分常见，突出的焦点明显在框子之外：

A类　　　　　　　　B类

他是去年生的孩子。　他是生的双胞胎。

他是昨天出的医院。　　他是进的妇产医院。
他是北外学的英语。　　他是学的美国英语。
他是胡乱投的票。　　　他是投的弃权票。
他是学校付的工资。　　他是付的黄金美钞。
他是室友偷的电脑。　　他是偷的公家电脑。
他是毒蚊叮的发烧。　　他是叮的脑瘫。（不是打摆子）
他是保安打的骨折。　　他是打的瘸腿。（不是一般骨折）

焦点不一定在"是……的"之内，这跟下面那种"是"字句（不带"的"）的情形是一样的，焦点也可以落在"是"字后边不同的位置上：

老张是日本太太，老王是美国太太。（定语是突出的焦点）

老张是日本丰田，老王是日本本田。（中心语是突出的焦点）

说"是……的"框定突出的焦点，这是仿照英语语法对"It is……that……"的说法，其实就是英语也有焦点不在"is……that"之间的情形，如"It is hereby that I declare……"（我在此宣布……），只是这种情形在英语里十分的罕见。

2.2　印欧语的眼光之一

之所以有人把"是"定性为起强调作用的语气副词，原因之一是受印欧语眼光的支配，误以为汉语跟印欧语一样，动词后边的宾语只能是名词性成分。例如，傅玉（2010）这样来论证"是"只是一个强调标记：

I like Syntax, and John *does* too.

我喜欢句法学，小王也是。

I *do* not like Syntax very much.

我不是很喜欢句法学。

I *do* like Syntax.

我<u>是</u>很喜欢句法学。

上面英语句子里的 do 定性为强调标记：第一句 do 起替代作用，可以省略，所以只起强调作用；第二句借助 do 来否定谓语动词，否定也是一种强调；第三句的 do 自然是强调标记。傅文认为汉语的"是"跟英语的 do 对应，所以"是"也应该定性为强调标记。这是只管"是"和 do 对应的情形，不管"是"和 do 不对应的情形，英汉之间的重要差异被掩盖了，请看不对应的情形：

（1）*I do not like Syntax, and John does too.

　　我不喜欢句法学，小王也是。

（2）I do not like Syntax, and John doesn't, either.

　　*我不喜欢句法学，小王也不是。

（3）I like Syntax, and John, too.

　　*我喜欢句法学，小王也。（必须说"小王也是"）

英语的 do 做动词的时候，后头的宾语只能跟名词性成分，或者是兼具名词性的 V-ing 形式，如 do something, do my work, do a movie, do me a favor, do 80 miles in an hour, do the shopping, do some reading, do a lot of running, do my washing and ironing 等，如果后头跟了动词性成分，do 就是强调标记，不再是动词。这样的区分在英语里是合理的，但是对汉语来说不合理，因为汉语动词后头的宾语可以是名词性成分也可以是动词性成分。如果把汉语的"是"统一定性为判断动词，强调的时候出现，不强调的时候不出现，后边跟名词性、动词性成分都可以，那么不仅那些跟英语对应的汉语句子可以解释得通，汉语和英语不对应的句子也能得到合理的解释：汉语句子（1）成立而（2）不成立，这都是因为"是"

是判断动词，它以动词性成分"不喜欢句法学"作为宾语，在（1）里宾语承前省略，在（2）里省略造成语义矛盾。（3）汉语句子不成立也是因为"是"是判断动词，不像英语 do 起替代作用容易省略，有了副词"也"就不能省略。

动词后边的宾语既可以是名词性成分也可以是动词性成分，这是汉语的通则，实在没有必要当"是"后头出现动词性成分的时候就把"是"划归语气副词。朱德熙（1982：105）说，"是"后边的宾语可以是体词性成分，也可以是谓词性成分。宾语是名词，"是"字读轻声，宾语是谓词性成分，"是"字也读轻声。试比较下面成对的句子：

他是骗子 / 他是骗人

她是演员 / 她是演戏

这是手术 / 这是开刀

事实就是事实 / 不懂就是不懂

我喝酒是自己的钱 / 我喝酒是自己花钱

他是忙人，不是懒人 / 他是有事，不是偷懒

亲戚是亲戚，原则还是原则 / 吵架是吵架，帮忙还是帮忙

你是你，我是我，你和我不一样 / 说是说，做是做，说和做不一样

那场火是电线跑的电 / 那场火是电线跑了电

她的笑是那样甜，那样可爱 / 她的笑是多么甜，多么可爱

国民党是飞机和大炮，我们是小米和步枪 / 国民党是飞机加大炮，我们是小米加步枪

这些事实表明，"是"后边是名词性成分还是动词性成分在汉语里实在不是什么要紧的事情。古代汉语里表示判断的"也"字句，句末的"也"也是既可以放在名词性成分后边（如"安平君，

小人也""亚父者,范增也"),也可以放在动词性成分后边(何莫邪 1983,李佐丰 2004:378-393,张玉金 2010),后者例如:

快意而丧君,犯刑也。(《国语·晋语三》)
勍敌之人隘而不列,天赞我也。(《左传·僖公二十二年》)
三十二年,春,城小谷,为管仲也。(《左传·庄公三十二年》)
夏用戈,征不备(服)也。(《郭店楚简·唐虞之道》)
升为天子而不乔(骄),不流也。(同上)
桀纣之失天下也,失其民也。(《孟子·离娄上》)
天帝使我长百兽,今子食我,是逆天帝命也。(《战国策·楚策一》)
吾不能早用子,今急而求子,是寡人之过也。(《左传·僖公三十年》)

最后二例,"是"还是个指示词,后来才变成判断词,承担判断语气,"也"随之消失,名词短语"寡人之过"和动词短语"逆天帝命"都做"是"的宾语。可见我们所说的通则古今都适用,现代的"是"字句跟古代的"也"字句一脉相承:

文言说法　　　现代说法
张君,骗子也。　老张是骗子。
张君,骗我也。　老张是骗我。

在表示判断的时候,现代汉语做谓语的动词性成分前头都可以再加个动词"是"来加强判断,如"我(是)吃过饭了""我(是)不喜欢句法学",原来的谓语就成为"是"的指称性宾语。正因为谓语前经常加"是"来加强判断,又因为这个"是"可加可不加,所以才有大量"连词或副词+是"发生词汇化的现象,如"但是,可是,若是,总是,还是,越是,不管是,或者是,好像是,尤其

是"等等。(参看董秀芳 2004)

加强判断的"是"经常跟句末"的"连用,"的"和"是"相通(见第十章第 5 节)。几乎所有的谓语前头都可以加"是",后头也都可以加"的"(可重读为 di),"的"也起加强肯定的作用,例如在分析案情经过的时候这么说:

犯罪嫌疑人 7 点钟从出租车下来<u>的</u>,7 点 05 分进入大楼电梯<u>的</u>,7 点 35 分出现在传达室门口<u>的</u>,这时候被害人一定已经遇害了<u>的</u>。

2.3 印欧语的眼光之二

之所以有人把"是"定性为语气副词,原因之二也是受印欧语眼光的支配,误以为汉语跟印欧语一样,主语和谓语之间要有紧密的语义联系。英语主语和谓语之间有紧密的语义联系,就判断句而言,系词 be 主要是表示等同和归属。汉语里主语和谓语之间的语义联系可以极其的松散(第四章 3.3 节),如"你(的鞋)也破了""你(的小松树)要死了找我""这场火幸亏消防队来得早"等。就"是"字判断句而言,"是"虽然也表示等同(如"《狂人日记》的作者是鲁迅")和归属(如"鲸鱼是哺乳动物"),但是不表示等同和归属的情形是大量的,在本地人的语感里它们都是正常的句子:

人家是丰年 | 他是两个男孩儿 | 七月的北京是最热的天气 | 他还是一身农民的打扮 | 我们家吃鱼是四川风味 | 昨天是马连良的诸葛亮 | 这次失败都是你 | 欧洲战火是希特勒,亚洲战火是裕仁天皇 | 中国最近的雪灾是 2007 年 | 我们两个人,一个是炸酱面,一个是肉丝面 | 狐狸是一个洞,野兔是三个洞 | 一个洞是狐狸,三个洞是野兔

又因为"是"后边也可以是动词性成分,不表示等同和归属的句子就更加多样。受印欧语眼光的支配,过去我们想不到或不愿意想"老王是去年生的孩子"和"我是投的赞成票"等说法里"是"

字后头其实也是一个定中结构①。稍加比较就很容易看出它们和一般的定中结构之间具有平行性,而且语义上都表示一种主观的认同或归认(沈家煊 2008):

a. 老王是'日本太太(不是美国太太)　　b. 老王是'去年生的孩子
　　老王是日本'太太(不是日本母亲)　　　　老王是生的'双胞胎
a. 我是'日本汽车(不是韩国汽车)　　b. 我是'胡乱投的票
　　我是日本'汽车(不是日本电视)　　　　　我是投的'赞成票

在否定、问句、回答问题等格式上 a 和 b 之间都具有结构的平行性。有人曾以"意思上讲不通"为理由认为"一次头也没洗"和"一天旅馆也没住"里的"一次"和"一天"不是"头"和"旅馆"的定语,但是朱德熙(1985a:53)指出,结构上相关的两个成分不一定意义上有多少联系,意义上相关的成分结构上也不一定有直接的联系。同样 b 句,你怎么断定"去年生的"不是"孩子"的定语、"生的"不是"双胞胎"的定语呢?怎么断定"胡乱投的"不是"票"的定语、"投的"不是"赞成票"的定语呢?说它们不是定语的唯一理由是,"老王"事实上不是"孩子"或"双胞胎","我"事实上不是"投的票"或"赞成票",要是这样说是合理的话,那么"我是日本太太"和"我是日本汽车"里的"日本"也就不是定语了,因为"我"也不是"太太","我"也不是"汽车"。(比照第三章第 7 节他加禄语相关句子的分析)带"的"的定语所修饰的中心语不重读的时候可以承前省略,这对 b 类句同样适用,可比较:

a. 大家都是美国的博士,我是德国的。
b. 他是去年生的孩子,我是今年生的。

---

① 朱德熙(1982:146)把这种定语叫"准定语"。既然汉语里主语和谓语的语义关系很松散是一般现象,那么也可以承认这种定语是一般定语。

他是正经投的票，我是胡乱投的。

天下人总是参得底禅，某是悟得底。(《五灯会元·黄龙悟新禅师》)

既然判断动词"是"后边既可以是名性成分也可以是动词性成分，那么我们还应该建立下面 a (用"的") 和 b (用"了") 之间的结构平行关系：

a. 他是去年生的孩子　　他是生的双胞胎

　　我是胡乱投的票　　我是投的赞成票

b. 他是去年生了孩子　　他是生了双胞胎

　　我是胡乱投了票　　我是投了赞成票

这是从外部看汉语动词短语跟名词短语在更大的结构（"是"字判断句）里的平行性，二者都是动词"是"的宾语。根据这一平行性可以把动词短语和名词短语归入同一范畴，按照"名动包含说"，这个范畴就是"大名词短语"。(另见第十章第 5 节)

"结构的平行性原则"是讲语法和建立语法体系的重要原则，不仅是汉语这种缺乏形态标记的语言要依靠它，就是形态丰富的语言同样也依靠它。英语把 do 的用例区分为"动词"和"强调标记"两类，其原因就是动词 do 和一般动词之间有结构上的平行性，一般动词只能带名词性宾语，是这个平行的大格局决定了英语作出这种区分。有屈折变化的语言重视动词的限定形式和非限定形式的区分，是因为屈折变化格局（paradigm）最明显最严格的体现出结构的平行性。① 一部好的语法，一个好的语法体系，不是把实际简单的事情讲复杂，而是把看似复杂的事情讲简单，遵循"结构的平行

---

① 英语 We tead at the victarage 一句，其中 tead 确定为道地的动词，就是这个道理。见第五章 2.1 节。

性"原则才能做到这一点。

吕叔湘(1979:41,81)说,"完全有可能把'是'字的用法统一起来","单独算作动词的一个小类"。本节的结论很简单:用"结构的平行性"原则来评判,"是"字统一的语法性质就是判断动词,起强调作用,而不是其他什么东西。判断的强弱有差别,"是"一般轻读,不加(改用停顿)也能表示判断,需要加强判断的时候就加上,"是"重读是最强的判断,表示确认。"是"后边是名词性成分还是动词性成分这在汉语里不重要,"是"表示的判断可以是"客观的等同或归属"也可以是"主观的认同或归认"。

第3节　汉语谓语的指称性

3.1 "有"是存现动词

谓语前边除了加"是"还可以加动词"有"做"有"的指称性宾语。朱德熙(1982:71)也是用"结构的平行性"原则判定,汉语谓词性成分前头的"没"和"没有"是动词而不是副词,以"没(有)孩子"和"没(有)去"的平行性为例:

A(肯定)　B(否定)　C(否定)　D(问句)　　E(回答问题)
有孩子　　没孩子　　没有孩子　有孩子没有　有-没有
去了　　　没去　　　没有去　　去了没有　　去了-没有

朱先生解释说:"通常认为体词性成分前边的'没'和'没有'是动词,谓词性成分前边的'没'和'没有'是副词。其实这两种位置上的'没'和'没有'的语法功能在许多方面都是平行的。""只有 A 项不平行(E 项的肯定形式也不平行,但这跟 A 项是一回事),可是有的方言里(例如粤语和闽南语)'没有+动词'

的肯定形式正好是'有+动词'。从这些方面考虑,把谓词性成分前头的'没'和'没有'看成动词是合理的。"受南方方言的影响,普通话"有+VP"的说法变得很常见,例如"有发烧吗?""我有追过女孩""哪有碰过这种场面?""我哪有在哭啊?""我喜欢踢足球,一直有在踢"。王国拴、马庆株(2008)说:有人认为"有+VP"是从粤语和台湾闽南话"传入"普通话的,但是粤语和闽南话大量保留古汉语的形式和用法,所以归根结底汉语本来就允许这个表达式,在先秦时期就已出现,如"春日载阳,有鸣仓庚"(《幽风·七月》)等。所以普通话"有+VP"不是什么新现象,而是历史上消失了的结构在新时代条件下的"复活"。

因此平行是大局,不平行是枝节。结构的平行性要着眼于大局,不要纠缠于枝节,"有"和"了"的异同也只有放在这个大格局里才能真正看清楚。(王冬梅2014)朱先生确定谓词性成分前头的"没"和"没有"是动词不是副词,这跟他一贯坚持的汉语的动词跟名词一样可以做主宾语而没有"名词化"的观点是一致的。

"有"既表示"物"的存现又表示"事"的存现,中国人的心目中,"事"也是"物",抽象的、动态的物而已。从甲骨文到《诗经》到现代方言,汉语肯定"物"和"事"的存现都是用"有"。(余霭芹2009)《诗经》里"有来"犹言"来也","有行"犹言"行矣","有哀"犹言"哀哉"。(郭绍虞1979:479)李佐丰(1985)说:"'有'表示出现,不但人和事物可以出现,行为、变化等也可以出现。所以,'有'既可以用表示人和事物的名词词语做宾语,也可以用表示行为、变化的动词词语、主谓短语做宾语。"例如(1)和(2):

(1) 小国妄守则危,况有灾乎。(《左传·昭公十八年》)
　　惠公之薨也,有宋师。(《左传·隐公元年》)

人弃常则妖兴，故有妖。(《左传·庄公十四年》)

齐有彗星。(《左传·昭公二十六年》)

秋，有蜮。(《左传·庄公十八年》)

(2) 齐有乱。(《左传·僖公十六年》)

十年春，王正月，有星出于婺女。(《左传·昭公十年》)

有使者出，乃入。(《左传·哀公十五年》)

李文还指出，先秦汉语里的"有"记异，而"异"包括异物和异事。前者如"有蜚、有灾、有妖、有彗星、有宋师、有年"等，后者如"有乱、有惑、有食之、有使者出"等。自古就有的情形还保存在大量的成语里：

有教无类　有死无二　无偏无党　有始无终　无私有弊　有去无回　有借有还　有备无患　有恃无恐　有惊无险　无拘无束　无怨无悔　无尽无休　无可无不可　有过之无不及　有一搭无一搭

"有x有/无y"结构，x和y仍然包括名、动、形三类词：

有血有肉　有去无回　有肥有瘦

有山有水　有吃有穿　有大无小

有滋有味　有说有笑　有长有短

有板有眼　有劳有逸　有多有少

有口无心　有恃无恐　有新有旧

有气无力　有得有失　有高有矮

有名有姓　有借有还　有紧有松

有名无实　有赏无罚　有快有慢

《汉语大词典》和《现代汉语词典》(第5版)中收录的"有+单音节动素"式动词有：

有亡　有成　有同　有似　有行　有如　有若　有待　有染

有容　有得　有劳　有烦　有慢　有关　有碍　有救　有赖　有请　有损　有失　有违　有获　有变　有加　有售　有辱

其中有的古已有之（有成，有如），有的刚产生不久（有关，有售），"有"字有的已经虚化为一个没有多少意义的词头，但是大多数还是一个保留实义的动词（刁晏斌、李艳艳2010）。普通话的口语里"有+单音V"和"单音V+了"并存：

　　有得就有失　　得了就失了
　　有还才有借　　还了才借了
　　有赚也有赔　　赚了也赔了①

"有"前能带状语，例如：

　　一直都有在上网吗？｜曾经有见过一只一条腿的和平鸽。｜我经常有看到类似的。｜他确实有发现过。

还有"有一V"的说法，"有"的动词性更为明显，例如：

　　二者有一比。｜长得跟德国人有一拼。｜读至此，乃有一问。｜说起这段旧时家事，她还有一说。

受印欧语眼光的支配，正如有人把"是"定性为语气副词，也有人把"有"定性为完成体标记。然而汉语的实际是，"有"就是表示"有无"的"有"，不表示别的。② 要说"体"（aspect）的话，汉语有一种自身的"有体"。这在南方方言里看得最清楚，例如粤语里"有"和"无"就是表示"有没有"这件事情，跟动作的"完成没完成"是两个不同的概念：

---

① 两种表达的意义有区别，左列是在讲一种道理，右列是在讲一件事情。
② 黄正德（1988）虽然把"他有没有去？"叫"完成句"，但是说"完成句在语义上其实也是存在句的一种。所不同的是存在句意指人或物的存在，而完成句则意指事件或动作的存在"。

佢今日有无食烟？（他今天有没有抽烟？）

佢不溜都有无食烟？（他平时都抽不抽烟？）

在闽南话和南部吴语里这样的用法保留最多，陈泽平（1998：174-175）和郑敏惠（2009）列举福州话的用例如下：

门只行有开。（门这时开着。）

后日有上堂。（后天要上课。）

我有想去考研究生。（我想去考研究生。）

伊有拍算起蜀落厝。（他打算盖一座房子。）

楼顶有住蜀隻傂客。（楼上住了一位客人。）

明旦伊有去，我无去。（明天他去，我不去。）

头先无遐雨，只瞒有遐雨。（刚才没下雨，现在下着雨。）

汝有看电影过来蜀下。（你要是看电影过来一下。）

伲囝都有吼读书。（孩子都在读书。）

有去比赛其傂留下来。（要去比赛的人留下。）

伊有食熏，我无食熏。（他抽烟，我不抽烟。）

汝下礼拜有去出差，有无？（你下周要去出差，是吗？）

这些用例里"有"都是表示某种动作的出现或某种状态的存在，跟未出现、不存在的"无"相对，而不是表示动作或状态的完成。李如龙（1986）也指出，闽南话（包括福州、汕头、浦仙等）"有+VP"可以表示任何时候发生的事情，动作是否完成并无关系，例如：

伊昨方有写好啊。（他昨天写好了。）

伊昨方有咧一写。（他昨天在写。）

伊即久有咧写。（他现在正在写。）

伊下晡有拍算要写。（他下午打算写。）

听候伊有咧写汝则来看。（等他在写时你才来看。）

甚至一个孤立的句子（疑问句）可以表示多种意思：

汝有看电影无（你看没看电影/你看不看电影？）（福州）

汝有无买书□（你买不买书/你买过书吗/你买书了没有？）（宁德）

汕头方言（粤东闽语）"有"表示"进行"或"未然"的例子（施其生1996）：

阿兄有□[lo^{5324}]做作业。（哥哥在做作业。）

你阿是有遇着伊哩请伊来我内坐一下。（你要是遇见他的话，请他到我家里聊一聊。）

吕叔湘（1942/1982：238）说："'未'和'没（有）'不限于否定既事相，它的用处实较英语的完成式否定句为广。"这句话所针对的现象是英语 He didn't go（过去时）和 He hasn't gone（完成式）在汉语里都是"他未去"或"他没（有）去"，表达后者不一定非加"还""尚"等字，中国人不会觉得这两处的"未"字有什么两样。而上面的方言用例表明，"有"不仅涵盖英语的过去时还涵盖现在时、进行时和将来时，只要是表示动作或状态的存现就都可以用"有"。

有人说，普通话的"了"是完成体标志，"有"和"了"是相通的。其实也不应该把"了"和英语里的完成体等同看待，例如：

门口站了一个警卫。

他们打了起来。

山上的叶子红了大半。

小王现在有（了）很大的改变。

第一例也可以说成"门口站着一个警卫"，意思基本不变；第二例与其说是动作"打"的完成不如说是开始；第三例与其说是性状"红"的完结不如说是出现；最后一例"了"可有可无，因为已经有了"有"。(参看王伟 2010)因此"了"也表示存现,只是更偏向于"现",出现或实现。

既然"我吃过野菜""我想考研究生""小囡辣读书"(上海话,孩子在读书)里的谓语都可以在前边再加动词"有"来强调,说成"我有吃过野菜""我有想考研究生""小囡有辣读书",那就表明谓语也有指称性。①

再说一个"在"字。通行的语法书把后边跟名词宾语的"在"定性为动词,如"他在厨房",把后边跟动词的"在"定性为副词或助动词,如"他在做饭",这也是受印欧语眼光引导的结果,以为动词的宾语只能是名词性成分。用朴素的眼光看汉语,根据"结构的平行性"应该认定一个"在",就是表示"处在"的动词。"他在厨房"是"他处在厨房的空间里","他在做饭"是"他处在做饭的过程(时间段)里"。"在"可以跟一般动词一样受多种副词修饰,如"尚在沉吟,又在下雨,也在纳闷,还在锄地,早在焦急,都在讲话,正在推算,心里只在想着快乐"等。(张劼 2011)

把"是""有""在"放在一起看,汉语谓语的指称性就显现出来:

他(是)杀了一条耕牛。

他(有)杀过一条耕牛。

他(在)杀着一条耕牛呢。

这三个句子,"是、有、在"可以不出现,但是在需要强调的时候就可以出现。不出现的时候,后头的部分是句子的谓语,指

---

① 有个例子是王朔的话:你捧他,他有不爱听也不会像你骂他那样引出深仇大恨。

称性不明显，出现的时候，谓语的指称性就显现出来。所谓"强调"就是把强调对象的指称性突显出来（见下第4节），所以谓语前也可以加指示词"这个""那个"来表示强调的语气，见陈晓（2009）：

二姑娘心里这个别扭哇！（刘宝瑞《傻子学乖》）

善大爷这个气，就不用提啦！（清末松友梅《小额》）

最后撞这个人，我这个乐啊！（侯宝林《夜行记》）

那个小生念出来，那个好听！（侯宝林《汾河湾》）

那个大姐长得那个漂亮啊！（郭德纲《怯洗澡》）

不加"这个""那个"，用重读或语调能达到同样效果。虽说这里的"这个""那个"已经虚化，但是虚化的前提是未虚化的"这个""那个"经常用在谓语前。因此陈文认为这种结构中的动词短语"隐含有名词短语的性质"。

总之，动词性成分充当的谓语具有双重性，既有述谓性又有指称性，回到开头"我上过大学""他吃了毒药""她正在做饭"的问题，谓语"上过大学"等兼具二性，对它的述谓性加以否定的时候说"他没有上过大学"，对它的指称性加以否定的时候说"他不是上过大学"。英语前一个否定是否定动词词组，说 He has not done it，后一个否定是否定小句，说 It's not (the case) that he has done it。英语区分动词词组和小句自有它的道理，一个有主语，一个没有主语。汉语的小句可以没有主语，词组和小句是一套构造原理（第二章2.2节），动词词组只要有完整的语调和停顿就是小句。同样，肯定的时候，要强调谓语的述谓性就说"他有吃过了"，要强调谓语的指称性就说"他是吃过了"。因为述谓语也是指称语，所以强调最终都是突显指称性。

3.2 "说明"是下一个"话题"

还可以从会话和篇章结构来看谓语的指称性。在会话中,一个言语举动(speech act)经常兼有"应答"和"引发"两重作用。例如《龙须沟》中的一个片断:

甲$_1$ 巡长:总得抓剂药吃!……

乙 二春:不要紧,有我侍候他呢!

甲$_2$ 巡长:那也耽误作活呀!

如果将"甲$_1$—乙"看作一轮对答,乙是对甲$_1$的应答;如果将"乙—甲$_2$"看作一轮对答,乙引发甲$_2$的应答。乙既是甲$_1$的应答语,又是甲$_2$的引发语。助词"呢"既可以加在陈述句末尾起"指明事实、令人相信"的作用,也可以用在疑问句末尾充当疑问助词。二春的话如果改用疑问语调说成"有我侍候他呢?",表示"有我侍候他,还要抓药吃吗"的意思,引发的作用就更明显。以"呢"结尾的句子经常兼有承上和启下的作用,承上就是应答,启下就是引发。类似的还有助词"吧":

甲$_1$:你去找小李。

乙$_1$:他走了吧?

甲$_2$:还没走吧!

乙$_2$:好像走了。

乙$_1$和甲$_2$这一问一答都在疑信之间,问是疑多于信,答是信多于疑。有人把"吧"称作半个疑问词,十分贴切。乙$_1$是甲$_2$的引发语,又是甲$_1$的应答语,甲$_2$是乙$_1$的应答语,又是乙$_2$的引发语。正因为实际会话中经常是一个言语举动兼有引发和应答作用,从事会话分析的学者,如Goffman(1976)和Coulthard(1977)都认为,会话的结构不应以"对答"为基本单位,而应看作一系列应答的前连后续,每一个应答既是引发的结果,本身又引发下一个应答。

引发语和应答语之间的联系在于"相关"(relevance),具体怎么相关,靠语境和对话双方的认知状态加上推理来确定。按照Sperber & Wilson(1986),引发语和应答语之间的联系不管看上去怎么松散,双方总认为是"相关"的。这种相关也是语篇中话题和说明之间的联系,不管说明是什么内容,总是可以理解为在某个方面与话题相关,例如:

a. 说起鱼,武昌鱼最好吃。

b. 说起鱼,我女儿昨天送医院了。

a. 这场火呀,幸亏消防队来得早。

b. 这场火呀,幸亏气温没在零下。

b句话题和说明的联系看上去很松散,但是总是理解为相关。对话中"引发-应答"和篇章中"话题-说明"有对应关系,篇章结构以会话为基础,汉语中一问一答作为两个"零句"组合为一个整句,日常生活中零句占优势,整句只是在连续的"有意经营"的话语中才是主要句型(第三章第4节)。《龙须沟》中有人民警察的一段独白语篇,看它是如何"有意经营"的:

这回事儿还算好,没有伤了人。大家的东西呢,来得及的我们都给搬到炕上去了。现在,雨住了,天也亮了,大家愿意回家看看去呢,就去;愿意先歇会儿再去呢,西边咱们包了两所小店儿,大家随便用。

这段话可以分解成以下的对话:

警察:这回事儿还算好,没有伤了人。

众人:大家的东西呢?

警察:来得及的我们都给搬到炕上去了。

众人:现在,雨住了,天也亮了,大家愿意回家看看去呢?

警察：那就去吧！
众人：愿意先歇会儿再去呢？
警察：西边咱们包了两所小店儿，大家随便用。

这类例子表明，独白者在平叙时采取"先行一步"的策略（Edmondson 1981），预期听者或读者可能提出什么问题或作出什么反应，自己先提出来作为话题加以说明。因此语篇的结构与其说是由一系列"话题-说明"构成，毋宁说是一系列"说明"的前连后续，每个说明既是前一个说明引发的结果，本身又能引发下一个说明，或者说，每个说明（或说明的一部分）都成为下一个说明的话题（或话题的一部分）。上面那段独白可以这样来分析：

<u>这回事儿还算好，没有伤了人。</u><u>大家的东西呢，</u><u>来得及的我们</u>
　　　话题$_1$　　　　　　　说明$_1$/话题$_2$　　　说明$_2$/
<u>都给搬到炕上去了。现在，雨住了，天也亮了，大家愿意回家看看</u>
话题$_3$　　　　　　　　　　说明$_3$/话题$_4$
<u>去呢，就去；愿意先歇会儿再去呢，</u><u>西边咱们包了两所小店儿，大</u>
　说明$_4$/话题$_5$ 说明$_5$/话题$_6$　　　　　　说明$_6$
<u>家随便用。</u>

说明$_6$后面没有进一步的说明，但仍然是一个"潜在话题"（potential topic），后边有可能出现"小店儿住不下呢"之类的评说。概括的讲，在篇章 XYZ 中，如果截取其中一个片断 XY 或 YZ 作静态分析，话题和说明的划分是确定的，话题在前，说明在后。从连续的动态看，话题和说明没有明确的分界，任何说明都是实际或潜在的话题。[①]（详见沈家煊 1989）

---

① 这样分析有助于认识"对比话题"（contrastive topic）。有人以对比话题传递新信息为理由怀疑对比话题也是话题，其实对比话题只是兼有较强的说明性而已，如"你不去；她呢，更不会去"中的"她呢"。

汉语的特点是，主语和谓语都是可以独立的零句，主语就是话题，谓语就是说明，说明在充当下一个话题的时候没有任何形式的变化，附着在说明后的语气助词"啊、吧、呢、吗"也就是附着在话题上的标记（第三章第 4 节）。还用《龙须沟》的例子，二春和巡长的对话可以变成二春自言自语的独白：

抓药吃吧，有我伺候他呢，那也耽误作活呀。

"有我伺候他呢"一个形式，既是前边话题的说明，又是后边说明的话题。因此说，汉语没有一个"话题化"（topicalization）的过程，说明本来就是话题。董秀芳（2012）发现汉语特多"链式话题结构"，在连续出现的话题结构中，后一个话题结构的话题与前一个话题结构的述题（说明）相同，例如：

逸则淫，淫则忘善，忘善则恶心生。(《国语·鲁语下》)
国君不可以轻，轻则失亲；失亲，患必至。(《左传·僖公五年》)
鬼不祟人则魂魄不去，魂魄不去则精神不乱，精神不乱之谓有德。(《韩非子·解老》)

类似的例子现代汉语里也十分常见，例如"我去，去不能空手去，空手去不礼貌"。还有方梅（2011）的例子（后续话题加"这"）：

你说他一手托天，你可知道他这一手托天才有说不出来的苦衷。
小文子儿的媳妇……数数落落的就哭起来了。他这一哭不要紧，招的额大奶奶也哭起来。

既然说明就是实际或潜在的指称性话题，那么谓语也就具有指称性。

3.3 "流水句"的并置性和指称性

明白谓语具有指称性，汉语"特多流水句"的现象就很好理解了。吕叔湘（1979：27）使用了"流水句"这个名称，他说："用小句而不用句子做基本单位,较能适应汉语的情况,因为汉语口语里特多流水句,一个小句接一个小句,很多地方可断可连。试比较一种旧小说的几个不同的标点本,常常有这个本子用句号那个本子用逗号或者这个本子用逗号那个本子用句号的情形。"① 胡明扬、劲松(1989)对流水句的停顿作语音测试,证明同一段文字不同的人来念,停顿的地方和长度不一样。造成汉语"特多流水句"的原因就是零句占优势,句与句之间关联词经常不用,意义上的联系靠上下文来推导。

吕先生上世纪60年代初提出用"句段结构"这个新框架来分析汉语语法的设想,摆脱西方传统语法的窠臼,"句段"就是用停顿和语调划定的零句和整句②。范继淹(1985)继而提出一个初步的分析框架,给"句段"分类,提出句段独立成句(单段句)和句段联接成句(多段句)是汉语的两种基本造句单位。至今除了零星几篇文章外(胡明扬、劲松1989,Shen & Gu 1997,王洪君2011,王洪君、李榕2014)鲜见继续的研究或思考。研究停滞不前的一个重要原因,正如胡明扬先生所说,是"要牵涉到一系列句法的基本问题",而"我们的语法理论和分析方法、分析格局基本上都是从西方来的,汉语化将是一个漫长的过程……恐怕要经过几代人的艰苦努力才能做到。"沈家煊(2012d)指出,一个突出的"句法基本问题"是,流水句不仅是一系列零句的"并置"(juxtaposition),而且并置的零句有动词性的也有名词性的,例如:

---

① 这里的"小句"显然不是指英语里主谓齐全的小句,汉语的小句大多是零句。

② 王洪君(2011)主张将"句段"改叫"逗(读)"。

老王呢?又生病了吧!也该请个假呀!走不动了嘿!儿子女儿呢?上班忙吧?请个保姆嘿!工资低呀!先借点呢?犟脾气一个呀!……

我们可以把任何两个前后相继的零句组合为一个整句,只要取消中间的全停顿和终结语调,例如"老王呢又生病了""请个保姆嘿工资低""先借点呢犟脾气一个"。在传统的"名动分立"格局里,这个问题当然不好解决,按照"名动包含"格局,动词属于名词,谓语根本是指称语,那么一个"令人惊异然而明明白白的"结论就是,汉语流水句的组成是:

$$S_{流} \rightarrow S'_{NP} + S'_{NP} + S'_{NP}……$$

组成流水句的每一个句段 S' 都具有指称性,可以标为 S'_{NP},只是有的 NP 兼有述谓性(可标为 NP(VP))而已。流水句的根本特点是并置性和指称性。

并置结构要比主谓结构更加根本,从并置关系可以推导出主谓关系(话题-说明)。汉语中许多有表达力和生命力、大众喜闻乐见的熟语,如"一寸光阴一寸金""一日夫妻百日恩""三个女人一台戏""一个好汉三个帮""一分耕耘,一分收获""乘船走马三分险""一岁一枯荣"等等,都是两个指称性词语的并置,但是可以推导出主谓关系来。赵元任(1970)说,中国话的文法,不论是方言与方言之间,甚至文言与白话之间,实际上大致一样。粤语里"俾啲水我添"(再给我点儿水)和"你去先"(你先去),副词"有点像"放在动词之后,但是中文文法副词不能随接在动词之后,所以这种"添"和"先"的用法"在句法上说来最好是当作并列结构的第二项","你去先"分析为"你去的是先(一件事)"。在赵先生看来,"你去先"在句法上说来是个"并列结构",是零句"你去"和"先"的并置,但是可以理解为主谓关系。

赵元任(Chao 1955)又说,汉语没有与英语 and 对应的真正的合取词,表达并列关系靠的只是词语的并置,看似相当于 and 的"跟、同、和"和文言的"及、与",以及"又……又……、并且、而且、也"和文言的"而",它们主要是一个接续助词(resumptive word),而且都可以不出现,如"先生太太不在家""他老打人骂人",而逻辑上合取的简化表示就是并置。

汉语疑问句的类别也体现汉语依靠"并置"这一特点。英语选择问采用的是跟是非问同样的句法手段(主-谓换位等),差别只在于选择问列举不止一个选择项供选择,所以选择问是是非问的一个小类。汉语的情形不同,是非问用句尾"吗",选择问不能用"吗",却可以跟特指问一样用"呢",如"你吃米饭还是面条呢?""你吃什么呢?",所以选择问是独立的一类。汉语还有反复问(也叫正反问),是选择问的一个小类即"正反选择问"(刘丹青编著 2008:2-3)。选择问(包括反复问)在汉语里地位重要,单独成为一类,这还是因为选择问本质上是"并置问",如"你吃饭吃面?"是"吃饭"和"吃面"并置,"你吃不吃?"是"吃"和"不吃"并置,而"并置"在汉语里具有极其重要的地位。从历时上看汉语的是非问也是从并置性的反复问演变而来的:"你去不去 > 你去不 > 你去吗"。

由于语言的单维线性特征,前后并置的两个成分自然有承接关系。承接可以在三个"域"里进行,行为域、事理域、言语域,以"而"字承接为例:

行为承接("所做"的承接):竭泽而渔 | 亡羊而补牢

事理承接("所想"的承接):虎求百兽而食之(目的)| 匹夫

而为百世师（让步）| 出污泥而不染（转折）

言语承接（"所说"的承接）：人而无信 | 子产而死

行为承接是"所做"的承接，我们往往会把前一个动作看作后一个动作进行的方式，如"鼓噪而进"，"鼓噪"成为"进"的方式状语，这就是从承接推导出偏正关系。事理承接是"所想"的承接，可以推导出主谓关系，表示原因、让步、假设等的"所想"成分其实都是主语（话题）。① 言语承接是"所说"的承接，"人而无信"其实是"说是人啊，却不守信用"，"子产而死"其实是"说起子产（这么贤明的人）啊，如果一死"，都是后头对前头"所说"的承接，有转折的意味，前后也有主谓关系。"所说"的承接对语境的依赖性最大（见下 3.4 节）。

"并列条件"要求并列成分具有相同的性质（第二章 3.2 节），一个体词性成分和一个谓词性成分并列，一定是谓词性成分具有指称性。并列形式推导出主谓关系，所以谓语原本具有指称性。李占炳、金立鑫（2012）从类型学角度得出一个推断，人类语言中很可能是先有体词并列的标识，然后扩展到连接谓词的功能。该文引证征文平、曹炜（2007）的统计数据，《水浒传》中的"并"主要连接体词性并列短语，例如"受了棉袄子并肥羊酒礼""当下收拾了火刀、火石并引火煤筒"，只有不到 1% 是连接谓词性的。"五四"以后"并"才用来连接动词性并列词语，不再连接体词性并列成分。下面从这个角度来重新审视古汉语的"N 而 V"结构。

---

① 李佐丰（2004：455-482）认同赵元任的观点，认为古汉语里所有表示让步、原因、条件等等的小句"从形式着眼，它们都是并置句"，并将复句分为两大类：联合复句，不存在话题-陈说关系；偏正复句，存在话题-陈说关系。

3.4 再看古汉语"名而动"结构

古汉语中的"N而V"结构从《马氏文通》开始就备受学界关注,引起很多讨论,主要是因为"而"字作为一个并列连词连接的两个成分一个是名词性的一个是动词性的,形成类似"主而谓"的结构,明显违背了并列成分应该语法性质相同这一并列条件。

以往的处理大多采用补充词语的办法,将N扩充为一个述谓性成分。例如杨荣祥(2008)将"亡人而国荐之"扩充为"公子亡人而国荐之",在"亡人"前补出一个话题主语"公子","亡人"成为对"公子"的陈述,这个结构因而是"两度陈述"。吴春生、马贝加(2014)将"管氏而知礼"扩充为"管氏坏人也而知礼",在"管氏"后面补出一个谓语"坏人也"来,将"谁而及之者"扩充为"(这里)有谁而及之者",在"谁"前补出一个存现动词"有"来。薛凤生(1991)将"人而无仪"的"人"扩充为"作为一个人",将"管氏而知礼"的"管氏"扩充为"说到管氏那样的人",将"子产而死"的"子产"扩充为"有子产这样的官"。

将隐含或省略的成分补出,对帮助释读古文也许有用,但是从语法理论上讲很成问题。持省略说的各家添补的词语是不确定的,各人有各人的补法,有人在N前补话题,有人在N后补谓语,有人在N前补动词"有",或者补"作为、说起"。例如"人而无仪",有人补成"他们作为人却没有礼仪",有人补成"这里有人却没有礼仪",还有人补成"人有脸面却没有礼仪"。有的用例还不知道该补什么,补出后反而显得冗余不自然。宋洪民(2009)一句话说得到位,"对该名词性成分的语义补足要依靠语境与听话双方的实际生活经验"。第五章5.2节已经说明,名词充当谓语的时候是"境迁语",作何种解读是随语境而变迁的,语境无穷多,解读也无穷多。将"子产而死"中的"子产"解读为"像子产那样贤明的人",将"管氏而知礼"中的"管氏"解读为"像管仲那样的坏人",这种好人坏人的解读并不是"子产""管仲"本身的词义,而是听说双方在语境中的互动性理解。下面三例补出的词语好像是唯一的(陈祝琴 2009):

秦战而胜三国,秦必过周、韩而有梁。三国(战)而胜秦,三国之力,虽不足以攻秦,足以拔郑。(《战国策·赵一》)

贵聘而贱逆之,君(之)而卑之,立而废之,弃信而坏其主,在国必乱,在家必亡。(《左传·文公四年》)

大夫为政犹以众克,况明君(为政)而善用其众乎?(《左传·成公二年》)

但是很明显,补出的唯一词语是根据上文出现的词语来确定的。我们实际上可以在听者了解上下文的情况下将各种"动而动"结构改造为"名而动",例如:①

旷安宅而弗居,舍正路而不由,哀哉!(《孟子·离娄上》)——安宅而弗居,正路而不由,哀哉!

兵法不曰陷之死地而后生,置之亡地而后存?(《史记·淮阴侯列传》)——兵法不曰死地而后生,亡地而后存?

是以欲谈者宛舌而固声,预行者拟足而投迹。(《汉书·扬雄传》)——是以欲谈者而固声,预行者而投迹。

霸主将德是以,而二三之,其何以长有诸侯乎?(《左传·成公八年》)——霸主而二三之,其何以长有诸侯乎?

---

① 这是许立群指出和提供的例子。

白起为秦将,南征鄢郢,北坑马服,攻城略地,不可胜计,而竟赐死。(《史记·项羽本纪》)——白起而竟赐死。

总之,按照"尽量少说省略,除非补出的词语有唯一性"这条原则,这种补充的办法值得商榷。吴、马一文指出一个重要事实,古汉语同时还有"N(也)而N(也)"结构的用例,"而"连接两个名词短语:

弟子曰:"是黑牛也而白题(蹄)。"(《韩非子·解老》)

此君之宪令,而小国之望也。(《左传·襄公二十八年》)

此燕之长利而君之大名也。(《战国策·秦三》)

夫齐,甥舅之国也,而大师之后也。(《左传·成公三年》)

经纬天地而材官万物,制割大理,而宇宙里(理)矣。(《荀子·解蔽》)

此外,"N而V"也有"N也而V也"的用例,如"斯人也而有斯疾也"(《论语·雍也》),"即有取者,是商贾之事也,而连不忍为也"(《史记·鲁仲连邹阳列传》),而且几乎都可以在N后加上"也",如"吾一妇人(也),而事二夫,纵弗能死,其有异言?"(《左传·庄公十四年》)。

鉴于此,我们应该改变思路,不是把前头的N扩充为一个陈述性成分,而是把后头的V分析为一个指称性成分。也就是说,"而"连接的是两个并置的指称语,整个结构是"两度指称",跟一般指称语并置的规律一样,可以根据语境推导出各种承接关系或主谓关系。下面一古一今二例,在结构上是对应的,都是两个指称性成分的并置:

斯人也,而有斯疾也。

这个人!(他)也不跟朋友打招呼!

今例就是赵元任（1968：61）的例子，用来说明结构上并行的两个零句可以构成一个整句，而这样的零句，按上面的论证，一律具有并置性和指称性。并置是无需用连词的，"而"不是真正的连词，而是复指前面话题的指代词，兼具连接功能（参看 Simon 1951，1952 & 1954 二文的论证，蓝鹰 1990 指出"而"跟壮侗语的指代词"那"有许多平行现象）。

3.5 从唐诗的词性对偶来看

律诗的对偶指"一，声音要平仄相对，二，意义要同类相对"（张中行 1992：115），按讲究的程度分"工对""邻对"与"宽对"。讲究程度最低的"宽对"是"只要词性相同，便可以对"，所谓词性相同，是指"只须名词和名词相对，动词和动词相对，形容词和形容词相对，副词和副词相对，就行了"（王力 2005：146，180）。例如（以下词性的判定均按照王力 2005）：

江山遥去国，妻子独还家。（高适《送张瑶贬五谿尉》）

峡云笼树小，湖日落船明。（杜甫《送段功曹归广州》）

外地见花终寂寞，异乡闻乐更凄凉。（韦庄《思归》）

晓来江气连城白，雨后山光满郭青。（张籍《寄和州刘使君》）[1]

然而词性不同的词对偶，这在唐诗里并不是个别的现象，王力（2005）和曹逢甫（2004a）都有论述和举例。一是形容词经常和动词相对：

时有落花至，远随流水香。（刘眘虚《阙题》）

近泪无干土，低空有断云。（杜甫《别房太尉墓》）

星垂平野阔，月涌大江流。（杜甫《旅夜书怀》）

---

[1] 这表明，认为唐诗时代的汉语还是"类前型"语言的观点（第五章 5.1 节）是站不住的。

但将酩酊酬佳节，不用登临叹落晖。（杜牧《九日齐山登高》）

这表明形容词可以算作不及物动词。二是不及物动词和及物动词相对的情形十分常见：

红颜弃轩冕，白首卧松云。（李白《赠孟浩然》）

几时杯重把，昨夜月同行。（杜甫《奉济驿重送严公四韵》）

乡泪客中尽，孤帆天际看。（孟浩然《早寒有怀》）

他乡生白发，旧国见青山。（司空曙《贼平后送人北归》）

这表明汉语更不怎么在意动词的及物和不及物的区分。第三点跟本章的主题最有关系，动词"有"不仅与"无"和其他动词相对，还与"不""未"相对，而"不""未"却是副词：

不雨山长润，无云水自阴。（张祜《题杭州孤山寺》）

无风云出塞，不夜月临关。（杜甫《秦州杂诗》之七）

细雨湿衣看不见，闲花落地听无声。（刘长卿《送严士元》）

深山旗未展，阴碛鼓无声。（张籍《征西将》）

这个现象引发的问题用传统的"名动分立"观念很难解释。首先，"雨"和"夜"受"不"修饰，通常解释为名词"活用作动词"，下面各例中的"诏""春""秋""花"等字似也可以这样解释：

不待金门诏，空持宝剑游。（李白《寄淮南友人》）

云霞出海曙，梅柳渡江春。（杜审言《和晋陵陆丞早春游望》）

远寻寒涧碧，深入乱山秋。（李咸用《秋日访同人》）

朱雀桥边野草花，乌衣巷口夕阳斜。（刘禹锡《乌衣巷》）

名词用作谓语就说是"活用作动词"，但是唐诗里名词或名词组做谓语而且前后句相对的情形很多很平常，例如：

白花檐外朵，青柳槛前梢。（杜甫《题新津北桥楼得郊字》）

细草微风岸，危樯独夜舟。（杜甫《旅夜书怀》）

鸡声茅店月，人迹板桥霜。（温庭筠《商山早行》）
秋声万户竹，寒色五陵松。（李颀《望秦川》）
枫林社日鼓，茅屋午时鸡。（刘禹锡《秋日送客》）
深秋帘幕千家雨，落日楼台一笛风。（杜牧《题宣州开元寺》）
敏捷诗千首，飘零酒一杯。（杜甫《不见》）
香稻啄余鹦鹉粒，碧梧栖老凤凰枝。（杜甫《秋兴》八首之八）[1]

难道我们要说这些名词也都是"活用"作动词？人们的语感是这样的名词本来就能做谓语。

还有一个问题，"（听）无声"对"（看）不见"，"无声"对"未展"，不仅是"无"和"不、未"相对，而且是名词"声"和动词"见、展"相对。名词和动词（含形容词）相对其实并不少见，不限于"无"和"不、未"相对的情形，例如：

无边落木萧萧下，不尽长江滚滚来。（杜甫《登高》）
匈奴犹未灭，魏绛复从戎。（陈子昂《送魏大从军》）
千山鸟飞绝，万径人踪灭。（柳宗元《江雪》）
无才逐仙隐，不敢恨庖厨。（杜甫《麂》）
五湖三亩宅，万里一归人。（王维《送丘为》）
不堪玄鬓影，来对白头吟。（骆宾王《在狱咏蝉》）
客路青山外，行舟绿水前。（王湾《次北固山下》）
梦为远别啼难唤，书被催成墨未浓。（李商隐《无题》）
关门令尹谁能识，河上仙翁去不回。（崔曙《九日登望仙台呈刘明府容》）

---

[1] 对此联的结构讨论甚多，如果按论元结构"主动宾"来分析很别扭，自然的分析是"话题-说明"结构，"鹦鹉粒"和"凤凰枝"是对前面话题的说明，见曹逢甫（2004b）。

光华扬盛矣，霄汉在兹乎。(高适《真定即事奉赠韦使君》)
世人皆欲杀，吾意独怜才。(杜甫《不见——近无李白消息》)
世事茫茫难自料，春愁黯黯独成眠。(韦应物《寄李儋元锡》)
沉舟侧畔千帆过，病树前头万木春。(刘禹锡《酬乐天扬州初逢席上见赠》)
尘埃一别杨朱路，风月三年宋玉墙。(唐彦谦《离鸾》)
君遊丹陛已三迁，我泛沧浪欲二年。(白居易《夜宿江浦闻元八改官》)
箸拨冷灰书闷字，枕陪寒席带愁眠。(来鹄《鄂渚除夜书怀》)
青枫江上秋帆远，白帝城边古木疏。(高适《送李少府贬峡中王少府贬长沙》)

下面的例子，从单字看或者从双音复合词看，也都是名对动：

身多疾病思田里，邑有流亡愧俸钱。(韦应物《寄李儋元锡》)
老耻妻孥笑，贫嗟出入劳。(杜甫《赴青城县出成都寄陶王二少尹》)
白帝空祠庙，孤云自往来。(杜甫《上白帝城》)
知君用心如日月，事夫誓拟同生死。(张籍《节妇吟》)
兴亡留白日，今古共红尘。(司马扎《登河中鹳雀楼》)
去矣英雄事，荒哉割据心。(杜甫《峡口》)
谁爱风流高格调，共怜时世俭梳妆。(秦韬玉《贫女》)
一自分襟多岁月，相逢满眼是凄凉。(刘禹锡《赠同年陈长史员外》)
卧龙跃马终黄土，人事音书漫寂寥。(杜甫《阁夜》)
邪佞每思当面唾，清贫长欠一杯钱。(杜牧《商山富水驿》)

最后一例"一杯钱"对"当面唾"虽然都是偏正结构，算是结构平行,但是一个是名词性的定中结构,一个是动词性的状中结构。

这种情形在所谓"借对"里也存在,"借对"分"借义"和"借音"两种,曹文的例子是:

酒债寻常行处有,人生七十古来稀。(杜甫《曲江》)

事直皇天在,归迟白发生。(刘长卿《新安奉送穆谕德》)

"寻常"对"七十"表面看是数目词对数目词(八尺为一寻,二寻为一常),但诗中用的是"寻常"的另一意义,即"平常",这是借义。诗人借"皇"为"黄",以便与对句的"白"成为工整的颜色对,这是借音。蒋绍愚(1990:75)说,借对是巧妙利用字与词的复杂关系,是"字对而词不对"。我们想补充说明的是,"词不对"既指词义不同类,也指词性不相同。这样借的前提是,名词和数目词可以跟形容词相对。

现在面临的问题是:名对动(含形)这种对法,后世的诗评家并不觉得是"不对"或"不工",甚至拿来作为"工对"的例子,这就跟王力对"宽对"的说明相矛盾。如果承认这种情形也属于"宽对",那么"宽对"到底还有没有边界?在"名动分立"的观念下,也不好说"名对动"是"邻对"。

曹逢甫(2004a)也说"词类对偶一直是困扰着研究者的大问题",他倾向于将"宽对"解释为"成语对成语",例如杜甫诗"古人俱不利,谪官语悠然","不利"本来不能对"悠然",但二者已经是成语(也就是已经"双音词化"),成语内部可以不讲究相对。成语对成语不无道理,因为到唐朝的时候汉语双音词化的趋势已经比较明显,但是我们认为在讨论词性对偶的时候不宜过分强调这一点。首先是这不能解释单字的词性不对,这是多数。其次拿"青枫江上秋帆远,白帝城边古木疏"一联来说,可以说"秋帆"

和"古木"已经词化（其实词化的程度并不相同），内部不讲究"秋"和"古"是否相对。但是"青枫江"和"白帝城"是地名，更像成语，其内部却是工对。曹先生自己也说，人名"孙行者"不能随便对一个"赵守成"，还是要对"胡适之"。连绵词相对也要考虑到词性相同，"荒唐"只能对"参差"，不能对"鹦鹉"。再次，"行舟"对"客路"，"行舟"可以说是成语，"客路"就难说是成语，一个组合是否已经词化，实际很难明确界定。赵元任（Chao 1975）讲，汉语每个字长度响度都大致相等，因此节奏呈整齐均匀的单音调，加上字字有意义，所以做诗写散文都要凭借字的数目构思，不管五言、七言，诗人总是要尽量考虑字字相对。"悠然"对"不利"，"然"字固然已经虚化为一个后附词缀，但是还保留"样状"义，"悠然"和"不利"还是可说在结构上保持平行（都是偏正结构）。所以用"成语对成语"来解释"宽对"并不能完全令人信服。

蒋绍愚（1990:168）在谈到对偶要词性相同的时候说，"所谓'词性相同'，不能完全按照现代的语法观念"。我们认为，"现代的语法观念"受印欧语语法观念的影响和支配，"名动分立"就是其中之一。在"名动包含"的格局里，名词包含动词，动词属于名词，述谓语具有指称性，上面的问题得到合理的解答。名词性成分可以做谓语，不是因为名词性成分本身具有述谓性，而是因为述谓语本来具有指称性。所谓"宽对"，就名词和动词而言，就是动态名词（动词）跟静态名词相对，虽有动静之别，但二者都是名词，而"工对"是动态名词只跟动态名词相对，静态名词只跟静态名词相对。唐诗的词性对偶佐证汉语是"名动包含"格局，反过来，"名动包含"格局合理解释唐诗的词性对偶。

第4节　从形式动词看谓语的指称性

形式动词也叫虚化动词，按朱德熙（1985c）它指只在现代汉语书面语里出现的少数几个及物动词"进行、加以、给以、予以、作"等，这些动词原来的词汇意义已经明显弱化。朱先生用形式动词来界定"名动词"，如"调查、研究、批评、惩办"等，它们兼具名词和动词的性质，能做形式动词的宾语。"名动词"的问题第二章第2节已有分析，这里谈形式动词的语法功能问题。朱先生说出形式动词有三个功能：一是使名词性成分转成谓词性成分，例如"*对心脏病患者手术→对心脏病患者进行手术"；二是使名动词复杂化以适应结构上的要求，例如"*今后还要不断总结经验，改进→今后还要不断总结经验，加以改进"；三是出于语义或修辞的考虑起标记前置受事的作用，例如"他们对这批性质和来源都不相同的资料不得不加以整理"。因为这三个功能之间缺乏内在的联系，刁晏斌（2004）和姜自霞、丁崇明（2011）想归纳一个统一的功能。他们都认为形式动词的作用是激活其后名动词的名词性并使它失去动词的语法特征。这就产生理论矛盾：名动词本来就是用形式动词来定义的，兼具名词性和动词性，怎么会加上形式动词后使它失去动词性呢？还有"手术"是名词，谈不上使它失去动词性。

以往的研究还难以解释以下三个事实：

（1）*对这种现象批评　　对这种现象加以批评

　　*对这种现象批　　　*对这种现象加以批

（2）*进行刚刚评估　　　进行重新评估

　　*加以一再攻击　　　加以肆意攻击

(3) *进行吵架　进行争吵
　　 *进行搬家　进行搬迁

(1)头一行左右的对立,过去说是因为名动词"批评"的动词性不够强,要借助形式动词才适合做谓语。这种解释的问题是,"批"的动词性足够强,但是下一行表明不管加不加形式动词都不适合做谓语。(2)形式动词的宾语都是名动词,为什么副词不同(刚刚/重新,一再/肆意)会造成左右的对立?(3)需要解释为什么书面语的"争吵"和"搬迁"可以做形式动词的宾语,口语的"吵架"和"搬家"不行。对此不能解释说前者是名动词后者不是,这是循环论证,因为说后者不是名动词的唯一理由就是它不能做形式动词的宾语。另外"进行第三次吵架"和"*进行第三次吵"的对立也需要作出解释。

要对形式动词的功能作出没有矛盾的简单说明,并且对以上三个事实也作出解释,需要一个统一的理论基础,这个理论基础是:谓词和谓语一律具有指称性,都是指称语,而指称性的强弱程度有差异;形式动词的功能是增强词语的指称性,提高它们的指别度。对(1)左右上下的对立是这样解释的:信息重点的自然位置在句末,"批/批评"置于句末是想要突显或强调批评这个动作,加形式动词增强它们的指称性能起到这个强调的作用。"批评"虽然指称性比较强,但是还不够强,要靠"加以"来增强指称性。"批"的指称性不如"批评"那么强,靠"加以"还不足以强调批评这个动作。

增强指称性就是一种强调。什么叫"增强指称性"呢?增强指称性就是提高指称对象的可指别度(简称可别度),其实质是说话的人想让听者容易识别这个指称对象,把它跟其他的对象区别开来。① 增强指称性的方式有多种，例如：

把杯子递给我！

把'杯子［重读］递给我！

把这只杯子递给我！

把这只杯子［同时用手指］递给我！

要提高"杯子"一词的指别度，重读和加指示词"这、那"是常用的手段，如果觉得这个手段还不够，就再加上手指。改变词序也是一种手段，句末的位置是突出信息的位置。"批评这种现象"和"对这种现象进行批评"两种说法的差别就在于，后者的"批评"成为形式动词"进行"后的宾语，动作批评被当作一个指称对象并得到强调。强调和增强指称性的联系具有普遍性，例如英语要强调一个动作也可以在动词前边加形式动词 do：

He wrote a letter.

He *did* write a letter.

形式动词 do 虽然意义虚但是动性极强，加上 do 后，动词 wrote 的时体标记就转移到 do 上，原形动词 write 可以视为 did 后的宾语，写信这个动作被当作一个独立的指称对象得到强调。类似的情形在韩语里更明显，据 Jo（2000），韩语的 ha 大致相当于英语的形式动词 do，韩语是 SOV 语言，在 V 后头加了 ha，就使得前头的 OV 或 SOV 指称化，不仅带上名化标记 -ki，而且还带上了话题标记 -nun，例如：

a. Chelsu-ka　　maykewu-lul　　mai-ess-ta

哲洙-主格　　啤酒-宾格　　喝-过去时-陈述

哲洙喝了啤酒。

---

① 第八章 1.2 节论述"之"的语法功能，也跟"提高指别度"有关。

b. [Chelsu-ka maykewu-lul masi]-**ki-nun** ha-ess-ta
哲洙-主格 啤酒-宾格 喝-名化-话题 do-过去时-陈述
是的,哲洙喝了啤酒。

c. Chelsu-ka [maykewu-lul masi]-**ki-nun** ha-ess-ta
哲洙-主格 啤酒-宾格 喝-名化-话题 do-过去时-陈述
哲洙是喝了啤酒。

b 句是事件焦点句(event-focus),c 句是动作焦点句(VP-focus)。注意韩语里名化标记 -ki 和话题标记 -nun 的管辖范围是重合的,话题就是名性或指称性强的成分。再看下面汉语的例子:

北风那个吹,雪花那个飘。
我当时那个害怕!
我那叫一个紧张哦!

过去说"那个"是强调"吹、害怕、紧张"的程度高,现在说,正因为"吹、害怕、紧张"的程度高,所以要提高它的指别度(加"那个")来增强对方的注意。

明白强调和增强指称性的联系后,上面(3)的对立就得到解释。"争吵"用于书面语,"吵架"用于口语,二词本来都是指称语,指称同一个动作,因为经常用作谓语就由指称语向述谓语虚化,也就是名词向动词虚化(详见十一章第 2 节)。跟其他的语言演化一样,这一种虚化也是口语比书面语快,因此口语的动态名词"吵"和"吵架"向动词虚化的程度深,动性或述谓性强,书面语的动态名词"争吵"向动词虚化的程度浅,名性或指称性强。动态名词在口语里多用单音,书面语多用双音,所以"吵"比"吵架"向动词虚化的程度更深,指称性更弱。查实际的语料可以发现"进行吵架""进行搬家""进行读书"等不是绝对不能说,当"吵架"

等词前带数量词的时候就容易成立：

进行争吵—？进行吵架（进行第三次吵架）—*进行吵

进行搬迁—？进行搬家（进行第三次搬家）—*进行搬

进行阅读—？进行读书（进行第三回读书）—*进行读

从左到右名词向动词虚化的程度逐次加深，形式动词的宾语一般是比较正式的书面语而不能是太口语化的，就是这个道理。沈家煊（2011b）一文还从"简洁准则"说明这样解释的好处。

最后要解释的是（2）不同的副词造成的对立。要解释这个事实只需再明白一个道理，就是一个词语内部结合越紧实，名词性或指称性就越强。可用下面的例子来说明：

她喜欢买红包$_1$。

老板没发红包$_2$。

"红包$_2$"只能用 X 称之，"老板没发 X"，"红包$_1$"可以用"X 包"称之，"她喜欢买 X 包"（X 代表"红、白、黑、蓝"等）。从这个意义上讲，就指称对象的个体性来说"红包$_2$"比"红包$_1$"强。"红包$_2$"的两个语素结合紧实，融合成一个"词"，像一个"名"，而"红包$_1$"的两个语素结合虚松，不构成一个"词"，不像一个"名"。或者说，越是成为一个"个体"的东西我们越觉得要给它取个"名"。根据张洪年（1972）和张日昇（1959），粤语"红包$_1$"是"红包^{35}"，"红包$_2$"是"红包^{55}"，而 55 调是粤语阴平调"名词"的特征。这就是说，在中国人的心目中"词"就是"名"，不像"词"就不像"名"，成为"词"自然就成为"名"，汉语的"词"或"实词"天然具有名词性。（第四章3.1节）沈家煊（2012f）论证"虚实象似"原理，内部结合越紧实的组合就越像名词，陆丙甫（2012）论证，内涵越丰富就越像名词。"红包$_2$"比"红包$_1$"结合得紧实,有更多的"内涵",所以在词典中"红包₂"要单列词条对其内涵加以说明。指称动作的名称也一样,"速滑"和"跳马"(都是一项运动)的指称对象是"个体"而"快滑"和"骑马"不是,所以"速滑、跳马"是"名"而"快滑、骑马"不像。同样的道理,"重新评估"比"刚刚评估"紧实,因为作为一个指称个体,方式(重新)和动作的结合比时间(刚刚)和动作的结合紧密,例证如下:

刚刚,我们评估了那份计划。

?重新,我们评估了那份计划。

我们刚刚重新评估了那份计划。

*我们重新刚刚评估了那份计划。

认知上的原因是我们经常按动作的方式给动作分类,但是不大会按动作的时间给动作分类。所以"刚刚评估"的指称对象不如"重新评估"的"个体性"强,名性或指称性不够强,借助形式动词还不足以强调那个指称的动作。本节所述详见沈家煊、张姜知(2013)一文。

第 5 节　反观英语的谓语

5.1　V-ing 形式是"准指称语"

第三章第 6 节说,只从汉语看汉语是看不清的,同样,只从英语看英语也是看不清的。认识到汉语的谓语具有指称性之后,我们可以从汉语来反观英语,对英语的谓语有一个更深刻的认识。[1] 过

---

[1] 本节的内容是和王伟深入讨论的结果,见王伟、沈家煊(2011)。

去受印欧语眼光的支配,都是从英语等语言出发来观察汉语,想不到还可以把观察的出发点反转过来。

先看下面三句里的"killing":

a. His job is killing people mercilessly.

他的工作是乱杀无辜。

b. Killing people mercilessly is unimaginable.

乱杀无辜不可想象。

c. He is killing people mercilessly.

他（是/在/是在）乱杀无辜呢。

在 a 和 b 两句里 killing people mercilessly 分别做宾语（表语）和主语,表现出指称性,是指称语,而在 c 句里同样的形式是谓语的一部分,一般认为只有述谓性没有指称性。但是从汉语来反观英语,也可以把 c 句里的 killing... 分析为"准指称语",这跟 Jespersen（1924:277-281）认为 be V-ing 是表示"扩展时态"（expanded tense）而不是"进行时态"（progressive tense）的观点是一致的。如果定性为"进行时态",注意点在 V-ing 上,在动作的进行或延续上；定性为"扩展时态",注意点在标志时间的 be 上,V-ing 只是环绕 be 扩展的时间框架。两种定性的区别图示如下：

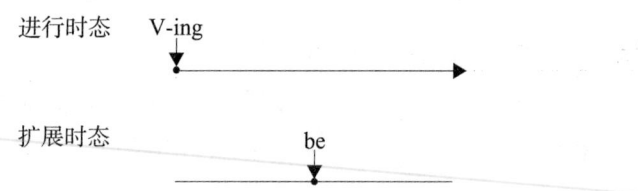

例如,"he is hunting"的意思是 he is in（the middle of）the action of hunting（他正在打猎的活动之中）,由 hunting 一词所表示的动作扩

展到 is 所表示的时刻之前和之后。"扩展时态"的着眼点不在一个动作的进行或延续,而在动作的时间相对来说比较短。例如,Methuselah lived to be more than nine hundred years old(美修塞拉活了九百多岁),这里的 lived 是"非扩展时态",表示存活延续很长一段时间;He was raising his hand to strike her, when he stopped short(他举起手来正要打她,突然又停住了),这里的 was raising 就是"扩展时态",表示举手要打的动作很短暂。

定性为扩展时态有助于我们理解现代英语"be V-ing"形式所表达的确切意义,例如,这个形式常常表示某种短暂状态,跟表示长久状态的非扩展时态相对立,试比较:

He is staying at the Savoy Hotel.(他暂住沙乌埃饭店。)

He lives in London.(他常住伦敦。)

What are you doing for a living? I am writing for the papers.(你目前何以为生?我暂时为报纸写写稿。)

What do you do for a living? I write for the papers.(你以什么为生?我为报纸撰稿。)

再比如,习惯性行为一般必须用非扩展时态来表达:

A great awe seemed to have fallen upon her, and she *was behaving* as she *behaved* in church.(她似乎突然陷入一种深深的敬畏之中,举止就像平时在教堂里一样。)

Thanks, *I don't* smoke.(谢谢,我不吸烟。)比较 I am not smoking(我现在不吸烟)。

但是,习惯性行为如果被看作另一行为的时间框架,就需要用扩展时态:

I realize my own stupidity when I am *playing* chess with him.(我

一跟他下棋就意识到我的愚笨。)

　　Every morning when he *was having* his breakfast his wife asked him for money.(每天早上他一吃早饭,他妻子就问他要钱。)①

　　定性为扩展时态还有助于解释以下一系列事实:(1)从英语史看,"be V-ing"结构主要是由"on 介词结构"的介词 on 脱落词首元音造成的: is on huntinge → is a-hunting → is hunting(演变过程同 burst out on weeping → ... a-weeping → ... weeping, set the clock on going → .. a going → ... going)。这种结构变得使用频繁的时候正是词首元音脱落现象(如 on bœc → a-back → back)十分常见的时候。(2)表示被动意义的 the house was building 原来是 the house was on building(房子在修建中),现在还常用的同类说法有 while the tea was brewing(茶煮着的时候), my MS is now copying(我的手稿在抄写中)等。(3)表示心理状态或感情的动词一般不能用扩展时态,因此不能说 he is on(engaged in, occupied in)liking fish(他正在/忙于/沉溺于喜欢鱼),除非是谈及一个短暂的状态,如 I am feeling cold(我现在觉得冷)。(4)拍卖师在举锤的时候说 Going, going, gone(有了,有了,成交!),going 表示瞬息状态,这就不难理解为什么 be coming 和 be going 能表示即将时:

　　I *am going* to Birmingham next week.(我下周就去伯明翰。)

　　Christmas *is coming* , the geese are getting fat.(圣诞节快到了,鹅也在肥起来。)

叶斯帕森认为表示时间框架的"on V-ing"本质上是个名词结构,他称之为"带介词 on 的动性名词结构"。拿汉语来比照这个说法

---

①　注意汉译句动词性成分"跟他下棋"和"吃早饭"前的数量"一",表明动作行为的短暂性,也表明动词性词语的指称性。

很好理解，汉语"他在打猎（之中）"就是"he is in (the middle of) hunting"这个意思的自然表达，系词隐而不显，它跟"他在山上"结构相同，"山上"和"打猎"都是名词性的。这就是说英语 V-ing 做谓语的时候也不必看作对动作的述谓，可以看作对动作的指称。如果要对上面 a、b、c 三句里的 killing ... 作统一的处理，应该 c 向 a 和 b 靠拢，统称为指称语，不可 a 和 b 向 c 靠拢（统称为述谓语），这是指称和述谓不对称的偏侧方向所决定的（见第五章）。

话说回来，英语之所以通常不再把 c 里的 killing ... 看成指称语，原因有三：一，动词有限定形式和非限定形式的区分；二，主语和谓语的联系紧密，就系词句而言，主谓关系一般表示等同和归属；三，像 KILLING IS AN ENTITY 这种本体隐喻在英语里是"实现性的"而不是"构成性的"（见第四章 2.1 节）。尽管如此，像 Jespersen 那样将 c 句的 killing ... 视为"准指称语"并不过分。

5.2　V-ed 形式是"潜在指称语"

看下面四句里的"killed"：

a. He killed a man.

他杀了一个人。

b. He did kill a man.

他是杀了一个人。

c. He has killed a man.

他有杀过一个人。

d. That he killed a man is a fact.

他杀了一个人是事实。

从汉语反观英语，英语谓语部分的 V-ed 具有潜在的指称性。在 a 里这种潜在指称性一点看不出来，在 b 句里指称性半隐半现，

kill a man 等于 something，He did kill a man 就是 He did something，汉语"杀了一个人"就是"是"的指称性宾语。c 句里的 killed a man 可以看作 has 的指称性宾语，正如汉语"杀过一个人"是动词"有"的指称性宾语。在 d 句里，he killed a man 前加 that"实现"为指称语，汉语无需这个实现过程。

将 V-ed 定性为潜在指称语，这跟 Jespersen（1924：269-271）认为"have V-ed"不是表示"体"（aspect）而是表示"时"（tense）的观点是一致的。叶氏在讨论"体"的时候（286-289），认为英语的"完成体"（perfective）是"完成时"（perfect），而"完成时"其实属于"现在时"，是一种"稳状现在时"（permansive present），即把过去事件产生的结果表示为现在的稳性状态。这样定性得到以下的事实的支持：

（1）have V-ed 可以与副词 now 连用，而表示过去时间的词语不能，例如：

Now I have eaten enough.

*I have eaten enough yesterday.

（2）表达的意思也跟过去时有很大差别，例如：

He has become mad.（"疯了"是现在状态）

He became mad.（与现在状态不相干）

Have you written the letter?（关于现在时刻的提问）

Did you write the letter?（与现在时刻无关）

（3）主句用 have V-ed 的时候从句要用现在时，比较：

He has given orders that all spies *are* to be shot at once.（他已下令间谍一律立即枪毙。）

He gave orders that all spies *were* to be shot at once.（他曾下令间

谍一律立即枪毙。）

（4）古雅利安语（Old Aryan）的完成体原先是一种强调性的"稳状现在时"，表示的是状态，例如：odi（我恨），memini（我记得），hestē ka（我站着），kektē mai（我拥有），kekeutha（我藏在心里），heimai（我穿着），oida（我眼前有）。盎格鲁－爱尔兰语有一种完成体的表达方式是 He is after drinking，即用"他在喝后状态"表达"他已经喝了"的意思。

这些事实说明，"现在状态"和"过去事件的结果"之间有推导关系，例如 He who possesses has acquired（一经获得，即成拥有），He who wears a garment has put it on（一经穿上，即成穿着）。

叶氏还说，把 have V-ed 看作"完成体"，着眼点在完成，在 V-ed 上（-ed 是过去分词后缀），在动作完成还是没有完成上；而把 have V-ed 看作"完成时"，着眼点在时间，在 have 上（-ed 是过去时后缀），在过去发生的事情跟现在的联系上。这就是说，在叶氏看来，have V-ed 里的 V-ed 可以看作动词 have（现在时）的指称性宾语，把 he 在过去做的一件事 killed a man 看作 he 现在稳定持有的一种结果状态，就成了 He has killed a man。因此说，英语过去时的 V-ed 和过去分词的 V-ed 同形并不是偶然的，而是有理据的，理据就是谓语 killed a man 具有潜在指称性。

那么，既然过去时的 V-ed（限定形式）和过去分词的 V-ed（非限定形式）同形，而且不是偶然的，为什么英语语法一般还是把二者区分开来呢？回答仍然是，限定动词的变形具有"结构的平行性"，形成了一套变形"格局"（paradigm）。

最后说一说英语的光杆 V 也有潜在指称性。Huddleston & Pullum（2002：1184）指出：不定式"to+V"的 to 来源于同形介词 to，这在当今的英语语法上仍有反映。首先，从分布限制上看，不定式短语"to+V"跟介词短语"to+N"一样不能充当介词宾语：

*We are thinking of to *London*.（我们正考虑去伦敦。）

*We are thinking of to *travel by bus*.（我们正考虑坐巴士去旅游。）

其次，在某些成对的反义动词中（如 persuade 和 dissuade，encourage 和 discourage 等），不定式的 to 和介词 from 和 against 相对应：

I persuaded her *to* buy it.　　I dissuaded her *from* buying it.
（我劝她买。）　　　　　　（我劝阻她买。）

I encouraged her *to* try it.　　I discouraged her *from* trying it.
（我鼓励她试一试。）　　　（我劝阻她试。）

I warned her *to* stay indoors.　I warned her *against* staying indoors.
（我警告她待在家里。）　　（我警告她别待在家里。）

但是英语名词和动词毕竟已经分立，尽管现在 I agreed to it 和 I agreed to go 都合乎语法，但是 it 和 go 不能并列（*I agreed to it and go），不定式的 to 和介词 against 也不能并列（*I don't want you warning her to or against），所以不定式的 to 还是应该定性为 V 的附加标记，跟介词区分开来。尽管如此，光杆 V 还是具有潜在的指称性。

第6节　汉语是"名词型"语言

汉语是重视动词的语言还是重视名词的语言？不同的观察角度得出不同的结论。郭绍虞（1979：667, 709）主要从汉语有独立的语法范畴"量词"出发，认为汉语重视名词。但是印欧语的名词普遍有汉语所没有的"性"和"数"形态，而且是强制性的，动词还要跟名词的性和数保持一致。语言类型学的研究发现，"量词"和

"数"是同一语法功能的两种互补的表现形式,都是为了区分概念上的有界事物和无界事物(Lyons 1977:227;沈家煊 1995a)。另外,上古汉语没有量词。现代汉语不仅名词有"名量词",动词也有"动量词",如"次、遍、回、下、趟、阵、遭"等,名词一般是不能使用这些动量词的。朱德熙(1985a:16)则明确说,能受数量词修饰并不是名词区别于动词的语法特点。因此有量词不足以证明汉语是重视名词的语言。与郭著的观点相反,刘丹青(2010)提供大量的事实,表明英语使用名词的场合汉语多用动词来表达,因此他认为汉语是重视动词的语言。然而有一个重要的事实刘文也承认无法解释,那就是汉语的名词可以做谓语。上面第 1 节说明,名词可以做谓语这个特点比动词可以做主宾语的特点还重要。

按照"名动包含"格局,汉语的动词都是名词,动词只不过是(大)名词的一个次类,从这个角度讲,汉语重视名词。从另一个角度讲,动词是大名词里的特殊次类,除了具有指称性还具有一般名词所不具有的述谓性,汉语重视动词。然而"名动包含说"的重点在于说明动词属于名词,述谓语具有指称性,有类似情形的其他语言,如他加禄语和汤加语(第三章第 7 节和第九章),语言类型学的文献都称这些语言有"名词的根本性"(nominalism),这是相对印欧语的"动词中心"而言的。从名词根本性的意义上说,汉语是"名词型"语言,重视名词。"名动包含说"既能解释名词可以做谓语这个重要事实,也能解释英语使用名词的场合汉语多用动词,——说明如下。

一说英语多用名词句,汉语要用动词句表达。但是英语的这些名词句都是非直陈句,带有强烈的感情色彩:

感叹欢呼　　Obama! Obama! 欢迎奥巴马!

诅咒辱骂	Death to invaders! 让侵略者去死吧!
请愿号召	Shorter working time! 缩短工作时间!
禁止劝阻	No smoking. 禁止吸烟。
提醒警告	Wet paint. 油漆未干。

这正好表明英语使用动词句是常态，使用名词句是非常态。拿禁阻来讲，说 No smoking 的禁阻强度显然要大于 Don't smoke。

一说英语有名词限定语 all，汉语要用副词"都"：

All the students are gone.

（所有）学生都走了。 *所有学生走了。

还可以补充一个事实，英语有部分量词 some 限定名词，汉语也没有，赵元任（1955）说 some people 在汉语里的表达是"有人"。汉语名词本身不受全称和部分量词的限定，这正跟名词本身不受否定一样，是名词的根本性所决定的。（见第八章第 4 节，第十章第 1 节）

一说英语口令 Attention！是名词，汉语"注意！"是动词。但是汉语还说"三大纪律，八项注意"，"注意"和"纪律"并列，表明"注意"是动词也是名词。英语提醒或警告的 Wet floor 是名词短语，汉语"地滑"是主谓短语，但是在"小心地滑"里"地滑"是"小心"的宾语，说明"地滑"也是名词性的。

一说英语可以省略谓语动词，汉语不可，例如：

I ate noodles, and he rice.

我吃了面条，他 *（吃了）米饭。

但是前面已经说明，"吃了面条"可以做动词"是"的宾语，"我是吃了面条"，因此"吃了面条"有指称性。另外，汉语能说"我面条，他米饭"，或"初一饺子，十五汤圆"，英语却不说 I noodles and he rice。英语可以承前省略动词正是因为英语独立的句子不可没有谓语动词。

一说英语用定语的地方汉语要用补语和状语,例如:

to marry a wrong man 嫁错了人

to make a pot of thick soup 浓浓的煮了一锅汤

第七章将说明,正因为汉语的动词属于名词,汉语的补语也是一种宾语,是"动态结果宾语",汉语的状语也是一种定语,是"动态定语"。

一说英语名词活用作动词的种类和数量都比汉语多,名词比较活跃,汉语这种活用少,例如英语说 to pie the demonstrators,汉语不说"馅饼了示威者"。但是第五章第 2 节已经说明,古汉语中单音名词活用作动词的种类和数量跟英语一样多,而现代汉语双音名词很少活用作动词(短信我,试点小靳庄),那是因为在"名动包含"格局里双音名词还没有来得及向动词深度虚化(十一章第 2 节)。就带宾语而言,汉语动词都可以带宾语(只是带宾语的种类不同),宾语又可以"落空"(dropped),英语及物动词的宾语不能落空,这正表明汉语没有"纯粹的"谓语动词。

总之,刘文所说汉语是"动词型"语言的几个特征,都可以用"名动包含说"来解释:1)动词谓语缺少限定和非限定区别,这正说明汉语的动词即"动态名词"还没有从大名词里分离出来。2)主谓之间的形态-句法联系比较松散,这正好说明汉语没有纯粹的谓语,谓语就是对话题的说明,也属于指称语。3)动词可以直接充当主宾语或修饰语,这正是因为动词本身就是名词。至于形容词属于广义的动词而不是广义的名词,这说明不了汉语重视动词,既然动词属于名词。"名动包含说"还有助于对儿童习得名词和动词的"名词偏向"作出解释,见附录1。

　　从名词的根本性讲,汉语是重视名词的语言,是名词型语言。所谓动词的活跃性都可以从名词的根本性得到解释。从动态演化的角度看,汉语表示动作的名词在向动词转化,但是还没有从名词里完全分离出来成为一个独立的动词类,所以谈不上"名词化"。关于汉语的名词根本性,还可参看徐通锵(2008:73-77)以及王文斌(2013)和王文斌、何清强(2014)从空间性角度的论证。

　　本章的论述可以归纳为如下。汉语不同于印欧语的主要特点与其说是"汉语的动词可以做主宾语",不如说是"汉语的名词可以做谓语"。汉语的名词可以做谓语,不是因为名词有述谓性,而是因为谓语有指称性。汉语没有纯粹的谓语,所谓的谓语就是对话题的说明,并且具有指称性。过去以英语为出发点看汉语,注意点在动词上,动词做谓语怎么样,做主宾语怎么样,以为汉语的动词也有"名词化",或者也有限定和非限定形式的区别,这都不符合汉语的实际。以汉语为出发点看英语,注意点转移到名词上,名词做主宾语怎么样,做谓语怎么样,看到英语的名词不能直接做指称语,而谓语是准指称语或潜在指称语。从语言演化的动态观点看,语法范畴是从语用范畴虚化而来的(第四章4.3节),动词类是从大名词类里分化出来的(第九章第5节),因此以汉语为出发点来看其他语言,这更具有语言类型学和演化语言学的意义,至少可以弥补以往观察的偏颇性。

　　认识到汉语的谓语具有指称性,还可以解释汉语的名词受副词修饰的现象,如"小王也黄头发""我已经大学生了",以及名词做状语的现象,如"电话联系""笑脸相迎"等,这将在下一章讨论状语问题的时候说明。

汉语是"用法包含语法,语法基于用法",从这个意义上讲,汉语是"语用型"语言(见第四章4.3节)。同样,汉语是"名词包含动词,动词基于名词",从这个意义上讲,汉语是"名词型"语言。这样,两个说法可以取得一致。

第七章 "补语问题"和"状语问题"

第1节 补语问题

1.1 取消宾语还是取消补语

"补语问题"是指补语和宾语的纠葛,"状语问题"是指状语和定语的纠葛。这四个句法成分,加上主语和谓语,就是通常所说的六大句法成分。汉语语法出现这两个问题,根本原因是对名词和动词的关系认识上有偏误,误以为汉语跟印欧语一样是"名动分立"的语言。找到原因才能对症下药,从根本上解决问题。先说"补语问题"。

现在通行的汉语语法体系,讲到动词后头的句法成分有两顶帽子,一顶叫"宾语",如"打扫房间",一顶叫"补语",如"打扫干净"。"补语"原是翻译国外语法学里的 complement,狭义的 complement 只指接在连系动词后起"补足"作用的成分,广义的 complement 包括谓语中除动词之外的所有必需成分。(见 Crystal 1997)要紧的一点是,西方语言里的 complement 是动词后头的名词性成分、动词的非限定形式、其他非动词性成分,如 He kicked *the ball*, He likes *reading*, She was *in the garden*, 而汉语里通常所说的"补语"与"宾语"分立,如"洗干净""等得不耐烦""嚷得嗓子都哑了",都是动词后头的动词性成分。金立鑫(2009)认为，汉语的"补语"与国际语言学界通行的 complement 的概念不一致，很容易引起误会，而且逻辑上"缺乏自洽性"，"已经对中国语法学研究产生了负面的倾向"，于是提出一个解决补语问题的方案（下简称"金方案"），保留"宾语"，取消"补语"这顶帽子，通常说的补语不再带"补语"帽，而是改戴另外两顶帽子。一部分改戴"次级谓语"（secondary predication）的帽子，有如英语 John painted the house red（约翰把房子漆成红色）和 John drove the car drunk（约翰醉酒驾车）里的 red 和 drunk，它们被定义为"与主语、宾语等名词性成分有语义选择关系并处于主要谓词之后的动词性词语"，如：

他把衣服洗<u>干净</u>了。（与宾语"衣服"有语义选择关系）

他们打得<u>脸色煞白</u>。（与主语"他们"有语义选择关系）

小王打<u>翻</u>了一桌子菜。（与定语"桌子"有语义选择关系）

你给<u>多</u>了。（与零宾语有语义选择关系）

李四喝得<u>满桌子的人都害怕</u>了。（具有独立的表述功能）

还有一部分改戴"后置状语"的帽子，有如英语 John slept on the floor（约翰睡在地板上）里的 on the floor（在地板上），它们被定义为"与谓语的核心动词有直接句法依存关系的词语"，主要是谓语后面的副词、介词短语以及时量和动量成分，"可以移动到谓语前做前置状语"。前置和后置在语义表达上略有差异，可用"时间顺序原则"加以说明，如"写在黑板上"是先"写"后"在黑板上"，"在黑板上写"是先"在黑板上"后"写"。又例如：

张三走<u>快</u>了。⟶ 快走

李四走得<u>很慢</u>。⟶ 很慢地走

李四写<u>在黑板上</u>。⟶ 在黑板上写

张三干到深夜。→ 深夜干

张三干了三个小时。→ 三个小时干下来

我去了一次。→ 一次也没去成

老师看了我一眼。→ 一眼望去

金方案取消了一顶帽子"补语",但是增加了两项新的帽子"次级谓语"和"后置状语"。

吕叔湘(1979:74-77)谈汉语的宾语和补语存在的问题,提出的方案(下简称"吕方案")正好相反,保留"补语",取消"宾语"这顶帽子。取消"宾语"是因为它总使人误将宾语和主语对立(其实主语是对谓语而言,宾语是对动词而言),还有动词和宾语的关系不限于动作和受事的关系,所以宾语应该改戴"补语"帽合适。这样,原来觉得戴"宾语"帽不太合适的动量时量词语如"学一遍""学三年"改戴"补语"帽后就不再成问题,原来的"补语"则分三种情况处理:一部分取消带帽资格,如"走不了""走出来""提高""说清楚""打扫干净",这些动词短语都算作复合动词,不该分成两个句法成分;一部分(加"得"的)改戴"后置状语"的帽子,如"好得很""等得不耐烦""嚷得嗓子都哑了";还有一部分(动词后边的形容词,可以扩展成短语的)可以继续戴"补语"帽,如"她不算太胖""态度显得很不自然""我去晚了""路走多了",这些形容词也可以改戴"后置状语"帽,如果要把"补语"限定在名词性词语。

吕方案取消一顶帽子"宾语",增加一项帽子"后置状语",按照"简洁准则"优于金方案,但是把许多大家都认为是"补语"的成分("走出来,说清楚,打扫干净")排除在外,说它们是复合动词的一部分而取消戴帽的资格,难以让人接受。

1.2 补语问题的症结

汉语"补语"的主要问题在哪里？是不是补语内部的小类之间有交叉？许多人（如刘勋宁2006）觉得结果补语、程度补语、状态补语的界限分不清，例如"累得掉了一身肉"和"红得发紫"。一般说"恨透了他"的"透"是程度补语，因为程度补语前面的谓词一般是形容词，但是许绍早（1956）说它是结果补语，因为程度补语后头一般不能带宾语。其实侧重不同的标准划归的小类不同，这很正常，界限不清不等于没有界限，只要交叉的部分不大，这也不是什么大问题。但是如果把实际上是大类和小类的上下关系看成小类之间的平列关系，问题就比较大。语法书常常把趋向补语、结果补语、状态补语、程度补语并列，但是不少人指出，趋向补语也是表结果的，例如"走进来"，"走"的趋向结果是"进来"；状态补语也是表结果的，例如"写得很好"，"写"的结果状态是"很好"；程度补语也是表结果的，"恨透了"，"恨"的结果是达到"透"这种程度。至少应该承认，各类补语表达一个共同的、抽象的"结果"义，正是这个原因导致"动补式"和"动结式"两个名称常常混用。不过，只要澄清"结果"有狭义和广义之别，这个问题也好解决。

金立鑫（2009）说"补语"的问题是违背句子成分的"匹配原则"（即主宾语与动词匹配，定语与名词匹配，状语与动词形容词匹配），它没有一个稳定的匹配对象。其实这也不是什么问题。"补语"跟"宾语"一样是对动词的补充说明，动词就是它的匹配对象。要说语义指向的话，"宾语"也可以有多种选择，"我怕累"的"累"指向"我"，"我怕辣"的"辣"指向"菜肴"，"他不学好"的"好"指向谁不明确，我们并不因为宾语没有一个稳定的语义指向而说"宾语"是个有问题的范畴。

汉语的"补语"主要是动词后头的动词性成分,不像西方的 complement 主要是动词后头的名词性或非动词性成分,容易引起误解,这倒是个问题。不过 complement 这个范畴最初就带有印欧语的色彩,西方人对汉语"补语"的误会也许正是因为他们用印欧语的眼光来看汉语造成的,那么补救的办法不是非要让汉语的"补语"尽量跟西方的 complement 相一致,也可以让西方人改变他们的习惯观念。①

汉语的"补语"在语法体系中"缺乏自洽性"是问题的症结,这是指这样一个严峻的事实:对动词后表事物的成分不管是动作对象还是动作结果一律叫"宾语",而对动词后表性状的成分则区别对待,把表动作对象的还叫宾语,把表动作结果的分出来叫"补语",这在逻辑上讲不通。按通行的语法体系,宾语和补语是这样区分的:

拆房子(动作对象—宾语)　　怕累(动作对象—宾语)
盖房子(动作结果—宾语)　　想累(动作结果—补语)
写老师(动作对象—宾语)　　打假(动作对象—宾语)
写论文(动作结果—宾语)　　打死(动作结果—补语)
换(下)了印度装(动作　　　不学好,学坏。(动作对象—
　对象—宾语)　　　　　　　宾语)
换(上)了印度装(动作　　　没学好,学坏了。(动作结
　结果—宾语)　　　　　　　果—补语)

上面的四项格局中只有右下角一项的定性跟其他三项不一致。

---

① 金立鑫(2011)说他的方案是为了彰显语言的共性,但是共性是寓于个性之中的,假设的共性要接受各种语言的事实的检验,方案还是要用"严谨"和"简洁"来评判。

问题是，既然我们已经承认汉语的宾语可以是名词性的也可以是动词性的（朱德熙 1982：122），同时又承认宾语包括对象宾语和结果宾语（朱德熙 1982：110），为什么非要把动词形容词充当的"结果宾语"叫跟宾语分立的"补语"呢？可以把动词后表动作结果的分出来叫"补语"，但是逻辑上不可将它与"宾语"作为分立的句法成分。如果我们一定要把"补语"和"宾语"分立，那么就得说"宾语"只有对象宾语没有结果宾语，或者就得说"宾语"只能是名词性成分不能是动词性成分，然而这两种说法都与汉语的事实严重不符。

1.3 关于"次级谓语"和"后置状语"

金方案定义的"次级谓语"是，与主语、宾语等名词性成分有语义选择关系（即"述谓句子当中的某个名词性成分"）并处于主要谓词后的动词性词语，例子见上。其中"你给多了"一例里的"多"述谓的名词性成分不妨说是个隐而不现的"零宾语"，但是"李四喝得满桌子的人都害怕了"一例找不出"零宾语"来，不得不说"满桌子的人都害怕了"是"具有独立的表述功能"，但是这样的用例是十分常见的。"李四写在黑板上"为什么不说是跟"你给多了"一样包含一个"零宾语"，而是把"在黑板上"归为后置状语？"字写在黑板上"又该如何分析？这个"在黑板上"符合次级谓语的定义（跟"字"有语义选择关系），那么同一个"在黑板上"，它在"李四写在黑板上"里是后置状语，在"字写在黑板上"里是次级谓语，这样的分别是否合理？另外，"走快了"变为"快走"，"快"前置和后置的语义差异其实很大，前者是"走得过快"的意思，后者没有这个意思。"李四写在黑板上"变为"李四在黑板上写"，"在黑板上"前置和后置的语义差异也很大，后者有

"李四站在黑板上写"的意思，前者没有这个意思。相反"给多了"变为"多给了"语义表达上倒只是略有差异，然而"给多了"的"多"却归为次级谓语。

实际上要断定语义差异的大小，要说清楚谁跟谁有"语义上的选择关系"，这都是十分困难的，见仁见智。"他说错了一句话"里的"错"到底跟哪个成分有语义选择关系？可以说"错"是指向"说"，又能前置说成"他错说了一句话"，那么"错"就是后置状语，但是也可以说"错"是指向"他"和"一句话"，那么"错"就是次级谓语。"李大说得可怜巴巴的"可以说成"李大可怜巴巴的说"，语义差异也不大，"可怜巴巴的"应该是后置状语，但是金方案将它归为次级谓语，说前置的"可怜巴巴"并不指向"说"而是指向"李大"。其实到底是说的人可怜巴巴还是说的样子可怜巴巴，这是说不清楚的。"老王这顶帽子戴得不合适"，到底是"老王"不合适、帽子不合适还是戴它不合适？可以说都不合适。"张三走快了，李四走得慢"，"快"和"慢"一般说是指向"走"，但是我们在口语里不也经常说"张三快，李四慢"吗？说它们指向"张三李四"也不算错。这些事实都表明，在汉语里我们并不怎么关心通常所说的补语是指向名词性成分还是指向谓语动词，只要它是动词的补足词语就可以了。

"后置状语"适用的范围，金方案和吕方案不一样。在吕方案里，它只包括原来加"得"的补语（"好得很，等得不耐烦，嚷得嗓子都哑了"），还可以（只是"可以"）包括动词后边能扩展成短语的形容词（她不算太胖，态度显得很不自然，鞋买小了）。金方案把动词后补足的介词短语（李四写在黑板上，张三干到深夜）和动量时量词语（张三干了三个小时，我去了一次，老师看了我一眼）也包括进来。相比之下金方案的问题比较大。

首先，金方案将"张三干到深夜"的"到深夜"归为后置状语，说后置的时点状语必须用介词"到"来引导，前置（张三深夜干）就不需要介词引导。如果这么说可以成立的话，那么也可以将"他把衣服洗干净了"的"干净"归为后置状语，说前置的目的状语必须用介词"为"来引导（他为干净把衣服洗了），语义上的略微差异可以用"时间顺序原则"来说明（前置表目的、后置表结果，很自然）。

将动词后补出的介词短语分析为后置状语，这在古代汉语也许还说得通（刘丹青2005），在现代汉语则忽略了讲语法必须重视的结构层次。"写在黑板上"的语义层次也许是"写 | 在黑板上"，但是结构层次是"写在 | 黑板上"。朱德熙（1985a：54-55）指出"坐在椅子上"的结构层次应该分析为"坐在 | 椅子上"，在口语里实际是"坐.de | 椅子上"。"爬到 | 山顶上"的情形更明显，"爬到"可以单说（爬到了，没爬到），还可以插入"得""不"转化成表可能性的述补结构，所以朱先生说最合理的办法是把"山顶上"看成述补结构"爬到"的宾语。宋玉柱（1980）又指出时态助词"了"是加在"坐在"之后而不是"坐"之后（他坐在了椅子上 /* 他坐了在椅子上），他说汉语的"坐在"之类，很像英语 think of, talk about 之类的"短语动词"，在句子中作为一个单位看待，相当于一个及物动词，而跟 walk along the street 里的 walk along 很不一样。

将动词后补出的动量时量词语（洗一次，看一眼，住三天）分析为后置状语，这种分析忽视了语法结构的平行性原则（第六章2.1节）。朱德熙（1985a：51-53）反对把它们划归补语，主张归入宾语，理由就是"动词+动量时量"这一类结构和一般的述宾结

构"动词+名量"在结构上有许多平行的现象。为了强调这一点,这里把朱先生列出的平行关系转录如下:

动词+名量	买一本	买了一本 买个一两本 买他一两本 买一本书 一本也没买	
	吃一块	吃了一块 吃个一两块 吃他一两块 吃一块糖 一块也没吃	
动词+时量/动量	洗一次	洗了一次 洗个一两次 洗他一两次 洗一次头 一次也没洗	
	敲一下	敲了一下 敲个一两下 敲他一两下 敲一下门 一下也没敲	
	念一遍	念了一遍 念个一两遍 念他一两遍 念一遍书 一遍也没念	
	住一天	住了一天 住个一两天 住他一两天 住一天旅馆 一天也没住	

朱先生说:"把这一类格式放到述补结构里去的惟一的理由是说:后头表动量和时量的词语在意义上是补充前边的动词的。如果这个理由能成立,那末我们也可以把宾语归到补语一类里去,因为宾语也可以说是补充前边的动词的。"有人还是认为把"洗一次头、敲一下门、念一遍书、住一天旅馆"看成跟"买一本书、吃一块糖"平行的格式不妥当,因为"书"是论"本"的,"糖"是论"块"的,可是"头"不能论"次","门"也不能论"下","一本"是"书"的定语,"一次"不是"头"的定语,"一次头"和"一下门"意思上讲不通。针对这一质疑,朱先生回应说"这可不见得",举例有:

一次头也没洗 | 一下门也没敲 | 一天旅馆也没住

朱先生还说这种句式一点也不特殊,因为名量也能在这种句子里出现:

一本书也没买 | 一块糖也没吃

而且数量词也不限于"一":

两次头一洗,就感冒了。|三天旅馆住下来,胃口就没有了。

金方案让动词后的动量时量词语由"补语"改戴"后置状语"的帽子,同样忽视了上面所述的结构平行性。既然金方案很重视名词性成分和动词性成分的区分(次级谓语是指向名词性成分,后置状语是指向动词性成分),那么应该注意到"三个小时""一次"都是名词性词语,跟"洗干净""打翻"里的"干净"和"翻"相去甚远(吕叔湘 1979:75-76),给它们戴"宾语"的帽子(金方案没有取消"宾语")更合适。

那么能不能把"后置状语"的范围按吕方案那样限制在原来加"得"的补语呢?也不妥当。这些补语前头加的"得"大多可以用"个"来替换,还能"得""个"连用,意思仍然是表示结果和程度:

玩得痛快	玩儿个痛快	玩儿得个痛快
跑得飞快	跑个飞快	跑得个飞快
等得不耐烦	等个不耐烦	等得个不耐烦
问得明明白白	问个明明白白	问得个明明白白
打得落花流水	打个落花流水	打得个落花流水
嚷得嗓子都哑了	嚷个嗓子都哑了	嚷得个嗓子都哑了

这些加"个"的词语有人分析为补语,即带"个"的补语(丁声树等 1979:66),有人分析为宾语,即程度宾语(朱德熙 1982:121),要分析成状语很难让人接受。朱德熙(1985a:49)说,如果因为"好得很"跟"很好"、"走得慢慢儿的"跟"慢慢儿的走"意思差不多,就把"得"字后头的"很"和"慢慢儿的"看成后置的状语,这就跟因为"票买了"和"买了票"里的"票"都指受事,就把动词前边的"票"看成前置的宾语一样没有道理。

英语 He drove the car drunk 或 He pulled the belt tight（把皮带抽紧）里的 drunk（醉）和 tight（紧）是"次级谓语"，John slept on the floor 里的 on the floor 是"后置状语"，这么区分自有它的道理，因为英语的宾语（补语）限于名词性成分，drunk 和 tight 不是，介词短语 on the floor 能做修饰语但不能做主语。汉语情况不一样，"醉、紧"能做主宾语，"他躺在床上"里的"躺在"相当于英语的"短语动词"，介词短语也能做主语。如果仿照英语说汉语"喝醉了酒"的"醉"和"躺在床上"里的"在床上"也分别是次级谓语和后置状语，让原来的"补语"改戴这两顶帽子，结果仍然是逻辑上缺乏基本的自洽性。这不叫"彰显语言的共性"，而是误将印欧语的特性当作语言共性。

第 2 节　补语问题的解决方案

在弄清楚补语问题的症结后，解决的方案是，保留"补语"，取消"宾语"这顶帽子，原来的宾语改戴"补语"帽（跟吕方案相同），原来的补语不用改戴帽子，可以仍然戴"补语"帽（跟吕、金二方案不同）。舍宾留补的理由见上面 1.1 节吕叔湘所述。

估计马上会有人反对说，那不是别出心裁把"吃饱"跟"买菜"归为一类、把"问明白"跟"写文章"归为一类了吗？其实这样的想法前人早就有过，谈不上别出心裁。吕方案把原来的宾语改叫"补语"之后说，要是不把"补语"限制在名词性词语的范围内，那么"我去晚了"的"晚"，"路走多了"的"多"，"态度显得很不自然"的"很不自然"也可以归入"补语"，叫"性状补语"。朱德熙（1982：121–122）把别人分析为"带'个'补语"的动词性词语（"玩儿个痛快，笑个不停，打个落花流水"）分析为"程度宾语"。二位前辈都已经各自把一部分原来的补语同宾语归为一类。吕先生说不一定非把"补语"限制在名词性词语的范围内，朱先生把带"个"的补语分析为宾语，依据也是"结构的平行性"原则，因为"问个明白""笑个不停"和"盖个亭子""写篇文章"在结构上是平行的，可举例如下：

盖了个亭子　　　　问了个明白
盖一个亭子　　　　问一个明白
盖他个亭子　　　　问他个明白
盖得个亭子　　　　问得个明白
盖了个精致亭子　　问了个彻底明白
盖了些亭亭馆馆　　问了个明明白白
盖得了些亭亭馆馆　问得了个明明白白

其中"盖他个亭子"和"问他个明白"的平行关系（都能加虚指的"他"）是朱先生已经指出的，邵敬敏（1984）进一步论证下面的甲类和乙类在结构上平行，支持朱先生乙类是述宾结构的观点：

甲：吃个新鲜　喜欢个快　比个高低　得个名扬天下
乙：吃个痛快　跑个快　　比个不停　打个名扬天下

邵文还进一步认为乙类的宾语是"结果宾语"，而不是朱先生说的"程度宾语"，因为下面两句在形式和意义上都是平行的：

把他骂了个花瓜（《骆驼祥子》）
把他打了个半死

既然"花瓜"分析为结果宾语，"半死"也能这么分析。其实下面的平行例子更加明显：

跑了个一身汗　跑了个满身大汗

啃了个一嘴泥　啃了个满嘴烂泥
吃了个大肚子　吃了个大腹便便
和他爹长得一个样子　和他爹长得一模一样
他长得个虎背熊腰　他长得个膀粗腰圆

实在没有必要把"一身汗"等分析为结果宾语而把"满身大汗"等分析为程度宾语,特别是最后二例用"他长得怎么样"和"他长得什么样"问都可以。

丁声树等(1979:67)曾认为"吃个馒头/唱个歌"和"吃个饱/唱个痛快"不同,因为可以说"吃这个馒头"和"唱这个歌",但不能说"吃这个饱"和"唱这个痛快"。这是只看小处不看大处,这点差异朱德熙(1982:122)也注意到了,不过朱先生是从结构平行的大格局着眼,何况实际还能说"吃得这个饱"和"说得那个好听",口语里说快了就成了"吃这个饱"和"说那个好听"。再补充一个事实,下面那些通常所说的补语都可以在后头加"的样子"几个字:

她哭得个半死不活(的样子)。
李大说得个可怜巴巴(的样子)。
她打扮得个花枝招展(的样子)。

还有,"盖了个亭子"和"问了个明白"不仅在结构上平行,在语义上也是平行的。尚新(2009)从形式语义学的角度指出,在"V个NP"中"个"的功能是把事物个体化,在"V个VP"中"个"的功能是把事件个体化,事物的个体化和事件的个体化是平行现象。①

---

① 杉村博文(2010)甚至认为,"画出来"的补语"出来"可以看作动词加结果宾语"画画儿"所表达的创作行为的"语义的一部分"。

总之，这些事实都表明，中国人并不怎么关心通常所说的"补语"本身是名词性的还是动词性的，只要是对动词的补充说明就可以了。此外，中国人也并不怎么关心通常所说的"宾语"是表示动作的对象还是结果。结果宾语和对象宾语的动词往往同形，例如古川裕（2009）就注意到"换了印度装"里的"印度装"可以是对象宾语也可以是结果宾语。"换了一块牌子"，如果是"换下"，"一块牌子"是对象宾语，如果是"换上"，"一块牌子"是结果宾语。"美元换人民币"，"人民币"可以是换的对象，也可以是换的结果。下面是同类的例子：

烧了一车炭 | 撕了一块衣料 | 挂了一个电话 | 吹了一个气泡 | 叮了一个疙瘩 | 抹了一道眉毛 | 约（yāo）了两个苹果 | 打了一尊雕像 | 搞了一个女人

中国人的心目中"拆了一间房"和"盖了一间房"都是"一间房"，"图个痛快"和"吃个痛快"都是"个痛快"。正像现在流行的一首歌里唱道，"他大舅他二舅都是他舅，高桌子低板凳都是木头"，① 在汉语里，表对象表结果都是宾语，名词当动词当都是补语，补语就是"动态结果宾语"。

过分看重汉语里名词和动词的对立以及对象和结果的对立，这使我们把宾语和补语对立起来，造成汉语语法体系的不协调、不一致。如果用朴素的眼光来看汉语，并把动词后补出的词语都叫"补语"，取消"宾语"，那么合理的格局应该是：

---

① 这首说唱词取互文和回文手法，不仅仅是说"大舅二舅"同一、"桌子板凳"同一，而且说"他舅"和"木头"同一，表达的是"一有多种，二无两般"之意。

	对象补语	结果补语
事物补语	拆房子 写老师 换了印度装	盖房子 写论文 换了印度装
性状补语	怕累 打假 学坏	想累 打死 学坏

现在的汉语语法体系过分看重事物和性状的差别、名词和动词的对立。胡裕树主编的《现代汉语》规定：名词或名词性词组只充当宾语，不充当补语。把"想累""打死"和"盖房""写字"对立起来的主要理由是"累"和"死"是动词不是名词。按照这个规定，下面这句话里动词后头的成分都是宾语：

我们伫立橘子洲头，漫步湘江两岸；回清水塘，登岳麓山。（《我爱韶山红杜鹃》）

但是吴延枚（1984）说"橘子洲头"和"湘江两岸"虽然是名词性词组但应该算作补语，因为可以问"回什么地方？"却不能问"伫立什么地方？"，只能问"伫立在什么地方？"，而介词短语"在什么地方"是补语。他列出很多从古代到现代的这类例子：

但见悲鸟号古木，雄飞雌从绕林间，又闻子规啼夜月，愁空山。（李白《蜀道难》）

徘徊庭树下，自挂东南枝。（《焦仲卿妻》）

闻名世界｜云集山下｜耸立江面｜漫步沙滩｜倒影水中｜横亘两大盆地之间

其实，把这些个成分分析为跟宾语对立的补语那才叫别扭呢，且不说"飞机飞上海"已经可以问"飞机飞什么地方"。要是我们一开始就不规定"名词性词语不充当补语"，把两者都叫"补语"，那就不会有这些纠缠。

这样的规定完全是因为受印欧语观念的束缚,在汉语里过分看重名词和动词的对立,已有的解决方案又搬来"次级谓语"和"后置状语"两个名目,但这还是没有摆脱印欧语的眼光,只是换了一种印欧语眼光而已。①

现在把合理的解决方案说得更具体些:取消"宾语",把动词后补足的词语都叫"补语",首先确定这个大格局。其次可以对"补语"进行第一层分类,从一个角度可以再分为对象补语、结果(广义)补语、施事补语、工具补语等,从另一个角度可以分为事物补语和性状补语。再次进行第二层分类,表性状的结果补语可以再分为表趋向、表结果(狭义)、表状态、表程度等。这样的体系才是一个自洽的体系、一个简洁的体系。自洽和简洁对体系而言同等重要,自洽和简洁的体系才真正是一个贴近语言实际的体系。有人认为把动词后补足的词语都叫"补语"的话,"补语"成了个毫无意义的名称,模糊了一些重要的区别(金立鑫2011)。这个质疑跟朱德熙先生将"今天种树"和"这儿种树"里的"今天"和"这儿"都归为"主语"后有人提出的质疑相同,说"主语"成了个空洞的名称。然而朱先生说,要对复杂的主谓关系进行概括是很困难的,说得太具体了,必然缺乏普遍性,要有普遍性,就不免显得抽象空洞。这本来是无可奈何的事,不管你用什么标准确定主语,都会碰到这个困难。所以说主语是话题、是陈述的对象的一类话只能从最宽泛的意义上去理解。(朱德熙1985a:35-36)同样,说补语是动词的补足语也只能从最宽泛的意义上去

---

① 吕方案已经把补语里的大部分和宾语归为一类,只有小部分归入后置状语,因此只能说是摆脱印欧语的眼光摆脱得还不够彻底。

理解。① 统归补语不等于补语内部不作区分，但是作内部区分是第二步的事情，重要的是不应该把大类和小类的上下关系说成二类分立的关系。

从大处看，汉语主要的句法结构只有主谓结构（主语包括静态主语和动态主语），述补结构（补语包括静态补语和动态补语），偏正结构（偏语包括静态偏语和动态偏语，即定语和状语），联合结构（包括静态联合和动态联合）等有限的几种。② 汉语的句子和词组是一套结构原理，所有的句子都是这几种结构和它们的组合叠套（赵元任 1968：136，朱德熙 1982：19，陆俭明 1990，赵金铭 2010）。朱德熙（1985a：55）说，"爬到山顶上"最合理的分析法是把"到"看成"爬"的补语，把"山顶上"看成述补结构"爬到"的宾语。现在宾语归入补语，这就是一个述补结构叠套一个述补结构。③ "坐 .de 椅子上"里的"坐 .de"、"说得很清楚"的"说 .de"是述补结构的词汇化形式，可看作一个单位不分析内部的结构关系。④

---

① 其实这样界定的"补语"并不空洞，按"名动包含说"它具有 [指称] 性，见第三章第 3 节。

② 到底有几种最基本的结构可以讨论。联合结构又可分为并联和串联两种，前者如"北京上海"和"开车走路"，后者如"中国北京"和"开车出发"。

③ 所谓的"双宾语结构"如"给他一本书"也是述补结构叠套一个述补结构，"象鼻子长"这类结构是主谓结构叠套一个主谓结构。

④ 至于表可能性的述补结构如"写得完""写不完"，得承认是特殊的一类，有的补语没有什么实义，如"还不起""做不来""管不着""吃得了"等，格式整体的重要性已经超过做补语的成分本身（刘丹青 1983），所以朱德熙（1985a：51）认为这里的"得"既不属前也不属后，实际等于说不必对整个格式作二项切分。

第 3 节　状语问题

3.1　两种不可取的办法

"状语问题"是指状语如何定义，如何跟定语区分开来。之所以成为"问题"，是因为在状语的界定上存在循环论证和理论矛盾。较早的语法教材中是这样给定语和状语下定义的：

"名词前边的回答'谁的'、'什么样的'、'多少'这类问题的名词、代词、形容词、数量词叫做定语"，"动词、形容词前边的形容词、副词或者表示时间、处所的词，能回答'怎么'、'多么'这类问题的，叫做状语。"（张志公主编 1956）

这样的定义对于印欧语（例如英语）来说是合适的，对于汉语不适用。正如张斌主编（2010：293）所指出的，按照这样的定义无法分析下面的短语：

　　刚星期二　才十一月　最中间　只三个人
　　水平的提高　问题的纠正　老王的任命　狐狸的狡猾

上一行显然是状中短语，但是状语"刚、才"等却位于名词前边，下一行显然是定中短语，但是定语"水平的、问题的"等却位于动词前边。有人说，下一行的"提高、纠正、任命、狡猾"都是兼具名词性质的"名动词"，但是实际上进入这一格式的动词不限于名动词，如："蚂蚁的搬家，他俩的吵架，广东人的吃，他的打和骂"，等等。（第二章第 2 节）"名词化"或"名物化"的说法更不可取，朱德熙（1985a）早就批评过，一是循环论证，你要是问他何以见得这些动词已经名词化了，他又会反过来说因为它们受定语修饰、做主宾语，二是违背"简洁准则"，绪论第 2 节已有说明。

试图解决状语问题，有两种办法都不可取。一是说名词性谓语都省略了一个动词,"刚(是)星期二,才(到)十一月,最(为)中间,只(有)三个人",所以副词修饰的还是动词。但是好些名词谓语说不好该补出哪一个动词,例如"篮子里一只破碗",可以补出"是、有、放着、装着、藏了"等好多个动词来,究竟省略的是哪一个呢?有的名词谓语句还不宜、不能添加什么动词,例如"我就这点工资""那家伙满嘴脏话""一个好汉三个帮"等。(陈满华 2008:55)如果这种省略说可以成立的话,那么我们更有理由说动词性词语也不是直接做谓语了,因为动词谓语前头总是可以补出一个动词"是"来(第六章第2节),在判断句的否定式里"是"字还非补出来不可。这当然是个荒谬的结论,所以问题仍然是违背"中心扩展规约"(第二章3.1节),状中短语应该是以动词、形容词为中心扩展而成,定中短语应该是以名词为中心扩展而成。

另一个办法是,说名词或一部分名词本身具有述谓性。龙果夫(1958:26,169)说"汉语里有若干名词性词组能够不用系词而独立地作谓语,这样它就接近了谓词的范畴",特别是数量名结构"具有谓语性"。朱德熙(1961,1982:103)说,"数量结构和'数·量·名结构'都有谓词的性质","数量词和数量名结构是体词性成分,同时又有谓词性,可以自由地做谓语"。陈满华(2008:217)全面考察体词谓语句后的结论也是体词"具有谓词性",有的"直接具有谓词性",有的"间接具有谓词性"。马庆株(1991)把有谓词性的名词的范围推广到数量名以外,说"有顺序义的体词和体词性结构,不仅有指称作用,而且有陈述作用,因而可以作谓语,有谓词性"。他举例说,在主谓结构里,相对时间词(如"昨天、今天、明天")总是在前做主语,而绝对时间词(如"春天、夏天、一月、二月")总是在后做谓语,因为绝对时间词有顺序义。邓思颖（2002）补充说，具有指示作用的时间词和有定的名词（如代词）没有顺序义所以不能做谓语，例如：

今天星期一。　　*星期一今天。

这个月二月。　　*二月这个月。

他山东人。　　　*山东人他。

但是语言事实并非如此，名词做谓语的普遍性第六章第1节已有所说明，陈满华（2008：60）通过大量语料的调查，发现做谓语的名词性词语不限于数量名，不限于偏正结构，还可以是单个名词：

今天晴天。| 明天春节。| 你呀笨蛋！| 谁光棍，我还没离呢！| 他连长，你指导员。| 丁先生吗？我月亭。| 头胎男孩，二胎女孩。| 喂，你哪儿？| 这个什么呀？| 你谁啊？在这儿指手画脚的。| 这本教材字数多少？

只要有一定的语境，几乎任何名词都可以进入"X了"和"X呢？"的格式，如"小王了"（轮到小王了），"论文呢？"等。这些名词性词语大多没有顺序义，就是"今天、这个月、他"也不是真的不能做谓语：

扳指头算算，初一今天，初二明天，初三就是后天了。

开会定稿这个月，正式发布下个月。

你偏心！怎么老是吃肉的他，喝汤的我？

有人辩解说，这些都是对举说法，属于语用法。但是语法规则是说一不二的，能做就是能做，不能做就是不能做，现在连这几个词在一定的上下文里都能做，那就说明在汉语里名词能不能做谓语根本就不仅是语法问题，还是语用问题。如果声明"我只讲语法不管语用"，那么有理由反问，离开了语用你究竟还有多少纯粹的语法可讲？（第四章第4节）

既然几乎所有的名词都可以在一定条件下做谓语因而都具有谓词性,那么汉语里究竟还有没有名词和动词的区别呢?(第二章第4节)何莫邪(1983)曾提出,(先秦)汉语里的名词都是"分类性动词",这跟说名词具有谓词性是一个意思,这种说法的问题在第五章5.2节已经说明。

值得注意的是,杨成凯(2003)对所谓名词的"述谓"功能提出了质疑。他说,在"今天星期六"和"小王黄头发"这类句子中,通常说"星期六"和"黄头发"是谓语,"这很可能误会为这两个名词短语自身有表述功能。其实它们自身没有表述功能,是结构赋予它们表述的意义"。

3.2 关于"准谓词性结构"

朱德熙(1985a:43-48)试图这样来解决状语问题,他先说明在确定一个偏正结构里的修饰语是定语还是状语时,应该考虑三个因素:

(i) 修饰语本身的性质,

(ii) 中心语的性质,

(iii) 整个偏正结构的性质。

然后指出,如果拿(i)和(ii)做定义的根据,效果差、不管用。(i)不管用是因为形容词修饰语可以是定语也可以是状语。(ii)不管用是因为修饰名词性中心语的不一定是定语,修饰动词性中心语的也不一定是状语。不仅效果差、不管用,而且有"明显的循环论证":给副词下定义的时候说只能做状语的词是副词,给状语下定义的时候又说由副词充任的修饰语是状语。所以朱先生说区分定语和状语只能凭(iii)整个偏正结构的性质,二者的定义分别是:定语是名词性偏正结构里头的修饰语,状语是谓词性偏正结构里头的修饰语。

但是这个定义还是有毛病,有人问,"这个人黄头发"里的"黄头发"占据谓语的位置,应该算是谓词性偏正结构,"黄"应该看成状语,这怎么说得通呢?为了维持上面的定义,朱先生把"这个人黄头发"里的"黄头发"叫"准谓词性结构",理由是"黄头发"能受典型的定语修饰(如"一根黄头发,我的黄头发")。"准谓词性结构"因此是指"出现在谓语位置上以名词性成分为中心语并且能够受典型的定语修饰的偏正结构"。这样就只需对上面的定义作一点修正:凡是名词性偏正结构和准谓词性偏正结构里头的修饰语是定语,凡是真谓词性偏正结构里头的修饰语是状语。根据这个修正的定义,"黄头发"的"黄"是定语不是状语。

然而问题还是没有解决,问者追问,准谓词性偏正结构能受副词修饰,如"他弟弟也黄头发"和"他早就黄头发了",里头的副词"也"和"早就"也算是定语吗?对于这个追问朱先生的回答是,准谓词性偏正结构前边加上副词以后,就不再是准谓词性偏正结构,而是真谓词性偏正结构了,因为它不能再受定语修饰,例如没有"一根也黄头发"和"我的早就黄头发"的说法。到此为止提问人一时也提不出什么问题来,不过说"恐怕还得好好想想才行"。

绕来这里,是不是真就没有问题了呢?想一想还是有问题。说名词性结构"黄头发"当它"出现在谓语位置上"就成为"准谓词性结构",这个说法其实是"依句辨品"的翻版,而"依句辨品"恰恰是朱先生一贯反对的。其次,说"准谓词性偏正结构前边加上副词以后就成为真谓词性偏正结构",这就抛弃了(iii)又回到(i)那个"效果差、不管用"的标准"修饰语本身的性质"上来了，跟"区分定语和状语只能凭（ⅲ）"的说法相矛盾。更严重的是，比"也黄头发"这种真谓词性偏正结构还要"真"的谓词性偏正结构可以受典型的定语修饰，就以"不去"为例：

三次不去是有道理的。

上回的不去是有道理的。

他的不去是有道理的。

他的暂时不去是有道理的。

这些例子里"不去"的修饰语朱先生都认定是定语，包括"三次"这种动量词语（上 1.3 节）。因此根本不能用"不能再受定语修饰"这一条来判定"也黄头发"是真谓词性偏正结构。

总之，朱先生对定语和状语的定义在"这个人黄头发"和"他弟弟也黄头发"这类名词谓语句上遇到了困难，增加了一个范畴"准谓词性结构"而仍然不解决问题，还是存在循环论证和理论矛盾。赵元任（1968：56）说，汉语谓语的结构形式"多种多样""不受限制"，可以是动词性成分也可以是主谓结构和名词性成分。所以这个问题不仅关系到定语和状语，还关系到中心语和谓语，是关系到整个汉语语法体系的大问题，不能不予以重视。不过有一点是明确的，要解决状语问题，关键是要弄清名词为什么可以做谓语，名词性谓语为什么可以受副词修饰。

第 4 节　状语问题的解决方案

4.1　动态体词性结构

造成以上困难的原因，还是没有彻底摆脱印欧语"名动分立"观念的束缚。当有人说"这个人黄头发"里的"黄头发"占据谓语的位置因此应该算是"谓词性"偏正结构的时候,朱先生接受了他一贯反对的"依句辨品",只是把"谓词性"改成了"准谓词性",不敢坚持说"黄头发"仍然是名词性偏正结构。这样做自有他的为难处,因为在朱先生的语法体系里,副词的定义是"只能修饰谓词性结构的词",而"黄头发"却可以受副词"也""早就"的修饰。明白了问题产生的原因,解决之道就是"名动包含说":不说"这个人黄头发"里做谓语的"黄头发"是"准谓词性结构",应该说"这个人染过头发"里的谓语"染过头发"是"动态体词性结构",而谓语"黄头发"是"静态体词性结构"。跟"名动包含说"相一致,"动态体词性结构"的定义是:既能做主宾语又经常做谓语的体词性结构。这就是说,汉语里通常说的谓词性结构其实都是"动态体词性结构"。(见第六章第3节)"黄头发"固然是体词性结构,"染过头发"也是"体词性结构",也能做主宾语,如"染过头发又怎样"和"他被发现染过头发",区别只在于"染过头发"等还具有动态性,做谓语的机会多。

现在可以明白"他弟弟也黄头发"和"他早就黄头发了"里的谓语"也黄头发"和"早就黄头发了"是怎么一回事了。名词性成分"黄头发"怎么能受副词修饰呢?副词"也"和"早就"究竟是定语还是状语呢?简洁的说明是:"黄头发"可以充当谓语是因为汉语的谓语根本有指称性,经常由"动态体词性结构"充当。谓语具有指称性,根本不需要假设名词具有述谓性,名词可以做谓语就已经是一件可以理解的事情。根本有指称性的谓语不排斥名词,所以名词谓语不排斥副词的修饰。这也意味着,汉语的状语(包括由副词充当的)其实是"动态定语"。(见下)

这样处理不会导致"名动不分"和"依句辨品"的不良后果,

能避免循环论证和理论矛盾,维护"中心扩展规约",又能使语法系统变得简洁。要说明相同的语言事实,原来的语法体系需要三个范畴:体词性结构(<u>黄头发</u>),谓词性结构(<u>染过头发</u>、<u>也黄头发</u>),准谓词性结构(这个人<u>黄头发</u>)。现在只需要两个范畴:体词性结构(<u>黄头发</u>、<u>染过头发</u>、<u>也黄头发</u>),动态体词性结构(<u>染过头发</u>、<u>也黄头发</u>),"体词性结构"包含"动态体词性结构"。所以这是一个优选的方案。

4.2 汉语的状语是"动态定语"

既然汉语的谓词性结构是"动态体词性结构",那么应该改变原来将定语和状语对立起来的观念,转而认为汉语的状语是一种"动态定语"。举例来说,"慢性子"的"慢"和"黄头发"的"黄"是一般定语,"慢走"的"慢"和"也去"的"也"是动态定语。"慢走、也去"和"慢性子、黄头发"一样都是体词性结构,一样能做主宾语,如"慢走对身体好,我喜欢慢走"和"他想也去,也去没关系"。区别只在于一个是动态的,经常做谓语。如果保留"定语"和"状语"这对术语,那么它们的定义分别是:定语是体词性偏正结构里头的修饰语,状语是动态体词性偏正结构里头的修饰语;体词性偏正结构的中心语是体词性成分,动态体词性偏正结构的中心语也是体词性成分,但通常是动态的。"也"修饰"黄头发",动态定语修饰静态体词性成分,属于"宽饰",正如律诗对偶,动态名词对静态名词(世人皆欲<u>杀</u>,吾意独怜<u>才</u>)属于"宽对"(第六章 3.5 节)。

下面是一些状中结构受一般定语修饰的例子,只能从状语是动态定语来解释:

<u>他的暂时不去</u>是有道理的。(朱德熙例)

科总理迪亚拉……要求科治安部门采取措施,制止任何形式的<u>肆意搜捕和监禁</u>。

这是一座文化超级市场,<u>新奇货色的不时出现</u>对在寻求知识的顾客带有强烈的诱惑。

对于<u>女单的两名主力的先后失利</u>,中国队总教练表示这对打造女单领军人物没有影响。

侯赛因常常通过更换首相来表明<u>国策的稍许转变</u>。[①]

有人拿"的"和"地"的分工来证明定语和状语是对立的,说"的"是定语的标志,"地"是状语的标志(张斌主编 2010:295-299),但是第三章第 2 节已经说明,这种分工完全是语法学家仿照印欧语语法的人为规定,汉语的实际是"地"只是状语标记,而"的"既是定语标记也是状语标记。吕叔湘(1984a)主张一概写"的",这样就不至于给一般写文章的人造成困难,见第三章第 2 节。吕叔湘(1984b)还指出一个现象,下面左右两栏中定语和状语的"构造相同"(都是"形+名"结构):

非谓形容词做定语	形名短语做状语
高层(建筑)	大面积(丰收)
高速(公路)	高速度(建设)
大型(文艺刊物)	大规模(展开)
长期(贷款)	长时间(鼓掌)
远程(导弹)	远距离(操纵)
多头(政治)	多渠道(流通)

有些非谓形容词也可以做状语,如"高速(前进),长期(积压),

---

① 这些例子都由曾骞收集和提供。

远程（控制），多头（领导）"。如果我们将右栏的"大面积丰收"等定性为"动态体词性结构"，状语是"动态定语"，那就能很好说明左右修饰语的结构平行性。

第5节 解释汉语词类的多功能

对汉语词类的多功能现象需要作出解释，要知其然还要知其所以然，见第二章第5节。朱德熙（1985a：5）讲汉语词类的多功能特点着重讲了四点，都是印欧语所没有的：(1) 动词和形容词可以做主宾语，(2) 名词可以做定语，(3) 形容词可以做谓语和状语，(4) 名词在一定条件下可以做谓语。这四点有什么内在的联系？这个问题过去还没有追究过。现在可以回答，造成这四个特点的根源都在汉语是"名动包含"格局：动词和形容词都可以做主宾语，不是因为动词和形容词变成了名词，而是因为动词和形容词本来属于名词，有指称性。形容词除了做定语还可以做状语，也是因为汉语的谓词性结构是"动态体词性结构"，状语是"动态定语"。名词可以有条件的做谓语而且可以受副词修饰，可以从两方面解释：从谓语讲，谓语根本有指称性，当然可以容纳名词做谓语；从名词讲，无法排除一个名词既指"小名词"又指"大名词"的情形（正如无法排除英语 dog 一词既指公狗又泛指狗的情形，见第三章第3节），既然可以"又指大名词"，也就不排除受副词修饰的可能性。两方面的解释一致，只是角度不同而已。

名词可以做定语而且是经常性的做定语，这一点在第一章讲朱先生的贡献的时候还来不及加以强调。朱先生认为，"我的眼镜""他写的诗""富的爸爸"里做定语的"的"字结构都是名词性的,"的"是"名词性语法单位的后附成分"。这就是说,跟英语比较,"我的"不是等于 my 而是等于 mine,"他写的"不是等于关系从句 that he wrote 而是等于 what he wrote,"富的"不是等于 rich 而是等于 the rich。过去我们对朱先生的这一见解理解得不深,重视得不够,静心加以体会,这是用朴素的眼光观察汉语得出的独到创见。在意识到汉语名词的根本性之后,现在反省,刻意"彰显"所谓的语言共性,很容易使思想落入俗套。[①] 其实汉语的这一特点跟汉语名词的根本性和并置结构的根本性有内在的联系,说明如下。偏正关系跟主谓关系一样,在汉语里都是从形式上的并置结构(一般不用并列连词)推导出来的,并置的两个成分都具有指称性(见第六章3.3节),所以汉语的定语本来就由指称语充当。从"广东人和吃""买房和风水"能推导派生出"广东人的吃""买房的风水",两种说法经常可以互换,如"我来谈谈广东人和吃⟷我来谈谈广东人的吃"。这种推导派生是实际交谈过程中的"在线生成"(见刘探宙、张伯江 2014)。由并置结构派生的主谓结构也能派生定中结构,二者之间也能互相转换(定语可以视为次级谓语),如"老张偻头⟷偻头老张","书刚买的⟷刚买的书","这个人脾气犟⟷这个人犟脾气"。汉语因为没有印欧语那种词形变化,所以这种转换极为容易。有的并置结构有歧义,例如"击鼓前进",可以理解为顺接的连动关系,击鼓然后前进,可以理解为主谓关系,击鼓意味着前进,也可以理解为偏正关系,击着鼓前进(只是取消中间的停顿)。又如"医院重地"是偏正关系还是主谓关系,这取决于实际交流中言者对听者

[①] 沈家煊(1999a:十一章)过分强调语言的"共性",没有重视朱先生的这一创见。

认知状态的评估：如果认为听者不知道医院是重地，它是主谓关系，"重地"是对"医院"的说明；如果认为听者知道医院是重地，它就是偏正或同位关系，指"医院这个重地"。在多次告诉听者医院是重地后，就会在双方头脑中形成"医院这个重地"的概念，主谓关系就变成偏正关系。"三层网吧""楼上雅座""中秋佳节""他写的小说"等等也一样有这样两种理解。这种理解的"在线生成"再次证明汉语是语用型语言。（第四章第4节）

此外，汉语还有名词做状语的现象，这也是有别于印欧语的一个重要特点，例如"电话联系，集体参加，现场办公，掌声欢迎，友情出演，荣誉出品，直线上升，巴掌大"等等。过去说"汽车出租"的"汽车"是定语，"电话联系"的"电话"是状语，定语和状语分立，这其实是有问题的。这样分的理由无非是从语义着眼，"汽车"指出租的对象，而"电话"指联系的方式，但是形式上二者并无分别。遇到"汽车促销"，"汽车"如果指促销的对象就说它是定语，如果指促销的手段（如用汽车游街来促销某种商品）就说它是状语。按照这个两分法，那么"汽车医院""水果医院"等也得这么两分，"汽车、水果"如果是指医院医治的对象就说它是定语，如果是指医院医治的手段（用流动的汽车做医院，用水果治病）就不能说它是定语了，这显然是不合理的，因为定语和中心语的语义关系本来就可以是多种多样的。所以应该说"电话联系"的"电话"也是一种定语（动态定语），"汽车促销"的"汽车"不管是对象还是手段都是定语。所谓名词做状语的现象可以这样解释：偏正关系的来源是两个指称语的并置，状语是"动态定语"，状中结构是"动态定中结构"。"电话联系"和"集体参加"都是从两个名词的并置（"联系、参加"是动态名词）推导派生出一个表定中关系的名词短语或复合名词。谓语不排除名词性成分，只是名词性成分做谓语要受一定的限制，带宾语不自由（第五章2.3节），例如，一般不说"我集体参加了三青团"，而说"三青团我是集体参加的"；说"大家掌声欢迎李教授"不顺，宜说"（这是）李教授，大家掌声欢迎"；只说"电话联系我"，不大说"电话联系你"，常说的是"咱们电话联系"。此外，动词做状语的现象（如"迂回前进，盘旋侦察，交叉搭配，站着看"等）也可以作类似的解释，其来源是两个动态名词的并置。总之，对第二章第4节提出的汉语词类的多功能问题，"名动包含说"在承认名动有别的前提下作出简洁而统一的解释。

在名、动、形、副四大词类"分立"这种传统观念的支配下，人们的思路必然被引向"兼类"，名词和动词兼类（即所谓"名动词"），形容词和动词兼类，副词和非谓形容词兼类等等，第二章第2节和第5节分析了兼类说在汉语里存在的问题。如果打破这种分立观念，按"名动包含"格局就不存在名动兼类，如果形容词被视为动词的一个次类，既能解释形容词直接做谓语的现象，也不会有动形兼类。过去形容词和副词分立，"必然"一词就定为副词和非谓形容词（区别词）的兼类（<u>必然</u>失败/<u>必然</u>结果），结果出现逻辑谬误（第二章第5节）。有了"名动包含"格局，既然动词属于名词，那么副词和形容词也不是分立关系。如果把修饰"大名词"的词统一称为"饰词"或"通用饰词"（静态名词和动态名词都能受修饰），那么副词就是一种"副饰词"，即通常修饰动态名词的饰词。（将副词定义为"只能"修饰谓词，这与事实不符。）就"必然"而言，它就是（通用）饰词。这倒是十分符合英语 adjective 和 adverb 这两个词的本义：adjective 源自古法语 adjectif > -ive，后者源自拉丁语 adject- < adjicere"附加、修饰"，也是一般饰词的意思，adverb 是修饰动词的饰词。只是因为印欧语名词和动词已经分立，adjective 和 adverb 才成为两个分立的范畴。总体上看，汉语和英语的词类格局呈现如下差异：

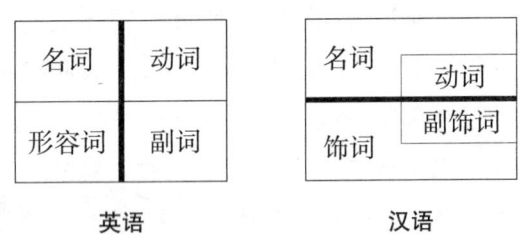

英语　　　　　　　汉语

英语名词和动词是主要分野（粗黑线），形容词和副词的区分是根据这个主要分野来定的。汉语名词（大名词）和饰词（通用饰词）是主要分野（粗黑线），名词和动词的区分、饰词和副饰词的区分都是有限的，名词包含动词（动名词），饰词包含副饰词。第十二章还将从单双音节的组配方式（汉语的一种形态手段）区分结构类型这个角度论证，汉语形容词和名词（含动词）的区分比名词和动词的区分重要。从这个角度看，过去仅从形容词可以直接做谓语这一点出发，说形容词是动词的一个次类，这个说法虽然不无道理，但还是过分受印欧语"动词中心论"的影响。①

须承认副饰词即一般所说的副词内部的差异很大（吕叔湘 1979：36），语言类型学家比较不同语言的副词，一般只限于方式副词（manner adverb），因为只有这一类副词是对动作的样态进行描述。（Hengeveld 1992）表示语气的副词，如英语的 generally，

---

① 这种观念根深蒂固，沈家煊（2009a）一文也还没有充分意识到这个问题。不过上面这个图示也有缺点，未能显示汉语的属性饰词（性质形容词）也属于大名词。图示总是有局限性的。

frankly, surprisingly, however 等，有的表达说话人的某种态度，有的指向上下文，起到语篇的衔接和连贯作用，大多不是谓语的内部成分，而是在谓语之上（参看蔡维天 2010）。① 然而带语气副词的谓语或小句仍然属于上面定义的"动态体词性结构"，这是汉语流水句的指称性（第六章 3.3 节）所决定的。

揭示汉语词类格局的特点，这对于词类类型学有什么具体的意义呢？汉语里副词只能做状语（这跟印欧语一样），而形容词既能做定语又能做状语，这是汉语跟印欧语的重要区别所在，关乎整个语法体系，深层的原因是汉语的谓词性结构其实是"动态体词性结构"。据此我们提出一个假设供继续研究，用一个"单向蕴含式"来表达就是：

一种语言如果有一类词既修饰体词性结构又修饰谓词性结构，那么也有一类词既充当体词性结构的中心又充当谓词性结构的中心。

前一类词就是汉语的形容词，后一类词就是汉语的动词。有汉语这样的形容词，也就有汉语这样的动词。有汉语这样的形-副关系，也就有汉语这样的名-动关系。这就是汉语形容词既做定语又做状语这个事实在语言类型学上的意义了。

对汉语词类多功能的更深层次的解释是中西方"范畴观"的差异，西方的范畴观以"甲乙分立"为常态，中国的范畴观以"甲乙包含"为常态。结篇第 3 节将讨论这个差异。

---

① 带语气副词的谓语不能前头加"是"做"是"的宾语，试比较：
他们都大学生了。|他们是都大学生了。（"都"是一般副词，表示"总括"）
他都大学生了你还管！|*他是都大学生了你还管！（"都"是语气副词）
他才十一岁。|他是才十一岁。（"才"是一般副词，表示"实现得晚"）
你才傻瓜呢！|*你是才傻瓜呢！（"才"是语气副词）

第八章 "之"和"都"的个案

第1节 "名之动"里的"之"

1.1 诸说检讨

"之"是古代汉语最常用的虚字之一,受"名动分立"传统观念的支配,对"名之动"结构以及"之"字的语法功能的研究走了很多弯路,把简单的问题搞复杂了。先秦汉语里的"名之动"结构也称作"之字结构",它通常用作句子的主语和宾语,如"鸟之将死,其鸣也哀"(《论语·泰伯》)和"知柳下惠之贤"(《论语·卫灵公》)。不加"之"字的"名+动"结构称作"主谓结构",如"鸟将死"和"柳下惠贤"。已有不少文章讨论过这种结构和"之"字的性质和功能,检讨如下。

(1)"三化"说。"三化"指词组化、名词化、指称化。吕叔湘(1942/1982:84)和王力(1980:395)都认为,"之"的作用是化句子为词组(仂语),取消句子的独立性。朱德熙(1983)认为,汉语里真正的"名词化"都是有形式标记的,"之"的作用是使谓词性的主谓结构转化为名词性的偏正结构,所以"之"是一个名词化标记。王力(1989:232)否定原来的"词组化"说,转而认同"名词化"说。宋绍年(1998)和张雁(2001)认为,"之"是自指化的形式标记,之字结构是自指化的主谓结构,"自指"就是动词性结构转而指称它所代表的事件自身。李佐丰(2004:265)也采用"指称化"的说法。

但是从张世禄(1959)起就不断有人指出,去掉"之"的主谓结构同样能充当句子的主语和宾语,例如:

a. 民之望之,若大旱之望雨也。(《孟子·滕文公下》)
b. 民望之,若大旱之望云霓也。(《孟子·梁惠王下》)
a. 是故愿大王之孰计之。(《史记·张仪列传》)
b. 是故愿大王孰计之。(《史记·苏秦列传》)

在同一段话里,之字结构和主谓结构还可以前后并列:

戎之生心,民慢其政,国之患也。(《左传·庄公二十八年》)

人之爱人,求利之也;今我子爱人,则以政。(《左传·襄公三十一年》)

子曰:"不患人之不己知,患不知人也。"(《论语·学而》)
既然去掉"之"的主谓结构本来就能作为词组充当主宾语、指称语,那么又有何必要词组化、名词化、指称化呢?如果承认"化"之前是句子、是动词性的或述谓性的,"化"之后是词组、是名词性的或指称性的,那么词组和句子、名词短语和动词短语、指称语和述谓语又怎么能够并列在一起呢?并列的两个成分应该性质相同才是(第二章第3.2节)。

(2)粘连说。"三化说"说不通,于是有人(何乐士1989,刘宋川、刘子瑜2006,宋文辉2006等)认为之字结构仍然是动词性的"主+谓"结构,"之"只是起个把主和谓粘连起来的作用。但是,没有"之"主语和谓语不是也粘连在一起么?"民望之"的内部粘连程度好像比"民之望之"还要高。说之字结构是动词性结构也很难成立,因为有一个无法否认的重要事实,之字结构很少充当句子的谓语，做主宾语才是它的一般用法。①

（3）定语标记说。余霭芹（Yue 1998）认为"之"是定语标记，并且认为只有"名之动"里的"之"才是真正的定语标记，而中心语为名词的定中结构（如"王之诸臣""侮夺人之君""贤圣之君"）里的"之"还可算作指示词。张敏（2003）对此说的评论是："名之动"出现在战国金文、《尚书》和《诗经》中，即春秋战国时代已经存在，在这种"之"产生并开始广泛运用的时代，说常例的定语标记"之"反而未成熟，还是指示词，这是"颇为费解的"。

（4）语气文体说。《马氏文通》说"之"有一种"缓其辞气"（马建忠1898/1983：248）的表达作用，而何乐士（1989）又说"之"字连接主语和谓语的同时还有"强调"作用。强调和舒缓像是两种相反的语气，即使可以相容，那么强调的到底是什么，舒缓的到底又是什么？

刘宋川、刘子瑜（2006）认为"之"除了起连接作用还起协调音节的作用，使句子节奏具有对称性和整饬性（前后语段的音节数相等或奇偶对应），但是不好这样解释的例子很多，更有不少相反的情形，例如下面几句加"之"反而使前后语段的音节数失去奇偶对应：

德之不修，学之不讲，闻义不能徙，不善不能改，是吾忧也。（《论语·述而》）

丹朱之不肖，舜之子亦不肖。（《孟子·万章上》）

众之为福也，大；其为祸也，亦大。（《吕氏春秋·决胜》）

王洪君（1987）认为之字结构和主谓结构是文体上的差别，特别是汉代以后用"之"是表现典雅风格。但是同一时代、同一语篇

---

① 姚振武（1995）说"之"是主谓结构处于非独立的、指称的状态下的一个非强制性的形式标记，此说可接受，但是他也没有说明这个标记的作用是什么。

两种结构互文和并列的现象就无法用文体差异来解释。

（5）句子核心说。邓盾（2015）用"生成语法"理论将"之"定性为主谓句的核心，类似于英语的"引句词"that。但是"引句词"顾名思义应位于句首，而"之"位于句中。那就要假设一系列移位操作，这种复杂的移位并非如作者所说"没有理论和技术上的问题"。

1.2 "之"提高指别度

"之"的问题之所以迟迟得不到解决，是因为用"名动分立"的眼光来观察汉语，过分看重了汉语里名词和动词的区分。

The bird is going to die.　　鸟将死

the bird's coming death　　鸟之将死

上面两个英语片段的语法性质很不一样：前者是句子，后者是词组，后者是前者词组化的结果；die 是动词，death 是名词，death 是 die 名词化或指称化的结果。讲汉语语法容易比附英语，将"鸟将死"和"鸟之将死"看成是同英语一样的区别，于是就有了"之"的作用是用来标记词组化、名词化、指称化这些说法。其实汉语里的"鸟将死"既是句子也是词组，"死"既是动词（相当于 die）也是名词（相当于 death），既是述谓语也是指称语，没有发生什么词组化、名词化或指称化。这不是说汉语里名词和动词不能分或不必分，而是说这种区分相对不重要，我们不必纠缠于"鸟之将死"里的"死"到底是名词性的还是动词性的，重要的是弄清"之"的性质和功能。

在摆脱印欧语"名动分立"的观念之后，用朴素的眼光看汉语，"鸟之将死"和"鸟之双翼"的"之"是同一个"之"，它的功能是提高指称词语的指别度，不管所指对象是事物还是事件，详见沈家煊、完权（2009）一文。该文对文本作细致的考察后发现"之"字在同等条件下的三个"前用后不用"：

（1）在并列的情形里，总的倾向是之字结构在前，主谓结构在后。

（2）前后两部文献里指称同一个事件的两个词语形式，总的倾向是之字结构在前，主谓结构在后。

（3）同一语篇里指称同一个事件的两个词语形式，一般情形是之字结构在前，主谓结构在后。

第一个"前用后不用"，除上面举过的例子还有以下例证：

尔之许我，我其以璧与珪，归俟尔命；尔不许我，我乃屏璧与珪。（《尚书·金縢》）

伯有闻郑人之盟己也，怒；闻子皮之甲不与攻己也，喜。（《左传·襄公三十年》）

君之视臣如手足，则臣视君如腹心。君之视臣如犬马，则臣视君如国人。君之视臣如土芥，则臣视君如寇雠。（《孟子·离娄下》）

子曰："政之不行也，教之不成也，爵禄不足劝也，刑罚不足耻也，故上不可以亵刑而轻爵。"（《礼记·缁衣》）

战势不过奇正，奇正之变，不可胜穷也。奇正相生，如环之无端，孰能穷之哉？（《孙子兵法·兵势篇》）

仁人之得饴也，以养疾待老也。跖与企足得饴，以开闭取楗也。（《吕氏春秋·异用》）

德之不修，学之不讲，闻义不能徙，不善不能改，是吾忧也。（《论语·述而》）

有的例子看似反例，其实不然，如：

周颇曰："固欲天下之从也，天下从，则秦利也。"路说应之

曰："然则公欲秦之利夫？"(《吕氏春秋·应言》)

这样的例子其实不是之字结构和主谓结构的并列，"天下从"是一个"复指语"，指代前面的"天下之从"，不是语义重心，而"秦之利"是一个"直指语"，是路说引述周颇说的话"秦利"并让周颇注意它的意义，同时表达自己对这种说法的反对态度，它是语义重心所在。① 看似反例，其实用"之"不用"之"的道理是一样的，都是要不要提高指称词语的"指别度"(见下)。

第二个"前用后不用"，主要比较的是《左传》和《史记》，看例句：

秦穆之不为盟主也，宜哉！(《左传·文公六年》)
秦缪公……不为诸侯盟主，亦宜哉！(《史记·秦本纪》)
夫差！而忘越王之杀而父乎？(《左传·定公十四年》)
阖庐使立太子夫差，谓曰："尔而忘句践杀汝父乎？"(《史记·吴太伯世家》)
君子是以知秦之不复东征也。(《左传·文公六年》)
是以知秦不能复东征也。(《史记·秦本纪》)
惠公之在梁也，梁伯妻之。(《左传·僖公十七年》)
初，惠公亡在梁，梁伯以其女妻之。(《史记·晋世家》)
寡君之使婢子侍执巾栉，以固也。(《左传·僖公二十二年》)
秦使婢子侍，以固子之心。(《史记·晋世家》)
干郑之如秦也，言于秦伯曰：……(《左传·僖公十年》)
邳郑使秦，闻里克诛，乃说秦缪公曰：……(《史记·晋世家》)
楚子问鼎之大小、轻重焉。(《左传·宣公三年》)

---

① 关于"复指语"(anaphora)和"直指语"(deixis)的区别，见沈家煊、完权(2009)。

楚王问鼎小大轻重。(《史记·楚世家》)

父母之爱子，则为之计深远。(《战国策·赵策》)

父母爱子，则为之计深远。(《史记·赵世家》)

再说第三个"前用后不用"，例证如下（都是同一语篇上句出现在下句之前）：

国之将兴，明神降之，监其德也。将亡，神又降之，观其恶也。(《左传·庄公三十二年》)

国将兴，听于民。将亡，听于神。(同上)

善人之赏，而暴人之罚，则家必治矣。(《墨子·尚同下》)

善人赏而暴人罚，则国必治矣。(同上)

(刘邦)曰："吾入关，秋毫不敢有所近，籍吏民，封府库，而待将军。所以遣将守关者，备他盗之出入与非常也。"(《史记·项羽本纪》)

(樊哙)曰："……今沛公先破秦入咸阳，毫毛不敢有所近，封闭宫室，还军霸上，以待大王来。故遣将守关者，备他盗出入与非常也。"(同上)

是故愿大王之孰计之。(《史记·张仪列传》)

愿大王孰计之。(同上)

下面一对例子看似反例，其实是从反面证明以上的规律：

(沛公)曰："……愿伯具言臣之不敢倍（背）德也。"(《史记·项羽本纪》)

张良曰："请往谓项伯，言沛公不敢背项王也。"(同上)

下句张良对沛公说的话在先，上句沛公对项伯说的话在后，记述先后也是如此，好像违背了规律，其实不然，因为说话的语境不一样。张良教沛公对项伯说"沛公不敢背项王"，沛公听后不是问为什么要这样说，而是问"君安与项伯有故？"。可见"沛公不敢背项王"这个说法在沛公意料之中，对沛公来说它的可及度是高的，所以不加"之"。而沛公对项伯说同样的话，对项伯而言很可能在意料之外，可及度低，所以加"之"。

事实摆到这里，道理已经蕴含在其中。"之"的作用是什么呢？是提高指称词语的"指别度"。指称词语的"指别度"定义如下：

说话人提供的指称词语指示听话人从头脑记忆中或周围环境中搜索、找出目标事物或事件的指示强度。指示强度高的指别度高，指示强度低的指别度低。说话人提高了指称词语的指别度也就提高了所指事物或事件对听话人的可及度。[1]

指别度的高低由指称词语的形式决定，例如带指示词的比不带指示词的指别度高，人称代词比一般名词的指别度高，限定词语多的比少的指别度高，重读的比不重读的指别度高，第六章第 4 节已经举例说明。正如指示词"这"和用手指向目标（手语的指示词）起到提高指别度的作用，"之"字也是起提高指别度的作用。"鸟之双翼"是提高了所指事物的可及度，"鸟之将死"是提高了所指事件的可及度。[2] 当说话人觉得一个主谓结构所指的事件的可及度比较低的时候，就加上"之"来提高指称语的指别度，于是形成之字结构，[3] 例如：

子曰："禄之去公室五世矣，政逮於大夫四世矣，故夫三桓之子孙微矣。"（《论语·季氏》）

---

[1] "指别度"是就指称词语而言，"可及度"是就所指对象而言。

[2] 早有宋作胤（1964）指出，"之"是指代词的虚化，可以指示事物，也可以指示活动和性状。

[3] 敖镜浩（1998）已指出，"之"指示受话方注意前言后语并从中领会出和"之"相联系的对象。

刚刚搜索到一个目标，接着搜索的另一个目标如果跟刚才那个相似，就比较容易搜索到，这是一般规律。这一句先指称"禄去公室"这个事件，说话人觉得需要提高这个事件的可及度，于是就加"之"，接着要搜索的目标事件"政逮於大夫"跟刚才那个有相似性，容易搜索到，所以说话人就觉得无需再加"之"。① 这样就不需要假设这个并列结构的用例是文献传抄之误（洪波 2008，2010）。从语气上讲"提高指别度"就是起"强调"的作用，而加"之"的同时也延缓了目标体的识别，这就是所谓"缓其辞气"的作用。在之字结构和主谓结构不是并列的话语里，语义的重心所在就适宜用"之"来提高指别度（见上两个所谓"反例"）。②

第 2 节 "之"和"的"的异同

说先秦汉语之字结构里的"之"只是带有"指示词的痕迹"有点委屈了它，应该说"之"在很大程度上还具有指示词的性质和功

---

① 有心理学的证据。心理学里有一种"斯特鲁色词测验"（Stroop color word test），向被试人呈现用绿色写的"红"字和用红色写的"绿"字，被试人在念出字来的时候不受什么干扰，但在说出字的颜色的时候受干扰，容易把"红"字说成红色的，把"绿"字说成绿色的。（Posner 1973）这表明，在概念"红"被激活的时候同类概念"绿"也容易被激活，因而产生干扰。所以并列结构里"之"字前用后不用的现象实际是一种"斯特鲁效应"。

② 明确"之"的作用是"提高指别度"还有利于弄清长期以来有争议的"作之君""作之师"（《伪古文尚书·泰誓》）这种"动之名"结构的性质。这种结构曾被认为是"为动双宾结构"（为之立君，为之立师），然而谢序华（2014）指出，"作之君""作之师"是强调上天立君、立师的目的，而不是要强调为谁而立，这种结构因此是单宾结构不是双宾结构。翻译成现代汉语，"之"相当于加强指称的"这个"：上天爱抚百姓，设立这个君主，设立这个官师，是希望……。

能。现代汉语"名的动"结构里的"的",据王远杰(2008)、完权(2010a)的论证,也有"提高指别度"的作用。二者的区别是,"之"指示目标是直接的,直接提高目标的可及度,之字结构的内部因此是 [A+(之+B)],其中 B 是所指目标,A 是借助的参照体;而"的"指示目标是间接的,是通过指示一个参照体来提高目标的可及度,"名的动"结构的内部因此是 [(A+的)+B]。从这个角度讲,"之"的指别功能强,"的"的指别功能弱。"之"和"的"在句法上的异同都可以从这里得到解释,例如:

  白的(衣冠) *白之(衣冠)

现代汉语提高了指别度的参照体"白的"可以转指目标"衣冠",而古代汉语没有类似的说法。"名之动"中的名词绝大多数是动作的施事,在王洪君(1987)所收的 708 个例句中名词为受事的只有 14 个,而现代汉语的"名的动"里名词为受事的情形很普遍,如"桥梁的破坏""普通话的推广""这本书的出版"等等。这是因为动作的受事不如施事显眼,因此它充当目标动作的参照体的时候指别度不够高,"的"恰恰起到提高参照体指别度的作用。下面的例子表明,"的"的指别功能因为不是很强所以需要使用指别功能强的"这"和"那":

  狂童之狂也且!
  *狂童的狂啊!
  狂童这个狂啊!

  认识到"的"仍然具有指别功能,许多必须加"的"和不可加"的"的情形也能得到解释,例如:

  红脸   红的脸
  *红通通脸 红通通的脸

三条鱼　　＊三条的鱼
三斤鱼　　三斤的鱼

性质形容词"红"可以不加"的"修饰名词，状态形容词"红通通"必须加"的"才行。其实"形（的）名"也是一种"参照体-目标"结构，只不过是拿事物的某种性状作为参照体来指别目标事物。解释是，参照体应该相对固定，事物的性质是固定的而状态是不固定的，性质的可及度高而状态的可及度低，所以指称后者的词要加"的"来提高指别度。同样，指别可数事物（鱼）的时候用它的"数"（三条）做参照体可及度高，因为可数事物当然是可"数"的，而用它的"量"（三斤）做参照体可及度低，所以指称后者的词可以加"的"来提高指别度。

刘丹青（2008）认为汉语名词短语有两大特点：一是区分外延定语（不能加"的"，如"这书"的"这"）和内涵定语（能加"的"，如"好书"的"好"），外延定语本身起指别作用，所以不能再加指别标记。二是指别词"这、那"有漂移性：如"他这脾气"里的"这"可以"漂移"到代词之后，而且是汉语表达的常态，而英语不能说＊his the temper，要说 the temper of his。第一点表明汉语"指"与"非指"的区别重要，外延定语起指别作用，内涵定语不起指别作用。不重视名词和动词二分的语言重视的是"指"与"非指"的区别，这种情形在汤加语里也存在（见第九章）。第二点表明汉语在需要加强指别的时候随时可以加指别标记，这造成"这、那"的漂移性。"这、那"可以用"的"取代，如"他这脾气"→"他的脾气"，所以"的"是个准指别标记，不像英语的 of 来自 off，与指示词 this 无关。

总之，"鸟之将死"和"鸟之双翼"，"这本书的出版"和"这本书的封面"都可以看作同一种结构,即"参照体-目标"结构。这样的结构倒是代表人类普遍的认知模式,不管是汉语还是英语都要加以利用。试看以下英语的例子(Taylor 1994):

the death of the bird　　the bird's death
the wings of the bird　　the bird's wings

右侧的 the bird's death 和 the bird's wings 也同样是"参照体-目标"结构,后附介词 -'s 不仅仅是表示领属(起左侧 of 的作用),还有提高目标的可及度的功能,作用相当于左侧 death 和 wings 前面的定冠词 the(由指示词 that 虚化而来)。这很自然,因为有证据显示现代英语的 -'s 来源于中古英语起复指作用的人称代词 his,即 þe king his cnihtes ⟶ the king's knights。(参看张敏 2003)

提高指别度一说能消释前面提到的张敏的困惑,将"名之动"的"之"判定为定语标记,而将"名之名"的"之"判定为指示词,这说不通。这样的判定是过分看重了汉语里名词和动词的区别,"名之名"和"名之动"的相同点更重要,二者都是用"之"来提高指别度的"参照体-目标"结构,差别只在一个的目标是事物、一个的目标是动作或事件而已。"指示词"和"定语标记"两分,使人误以为定语标记已经不起或没有多少指示的作用。其实可以换一个角度来看"定语","定语"即"定位语"之谓,给所指目标定位也:

借助事物的性质来指别事物,给事物定位:白的马,木头的马
借助事物的领有者来指别事物,给事物定位:爸爸的马
借助事物的量来指别事物,给事物定位:三斤的鱼
借助事件的参与者来指别事件,给事件定位:马的死,马的掉毛

从这个意义上讲，指示词"之"是帮助定位的标记，而且是典型的定位语标记。

从"之"和"的"的作用和二者的兴衰可以看到语言的使用始终受两条原则的支配，一条是"表达明确"，一条是"表达经济"。人们在说出指称词语的同时加上个相当于手指的"之"，发现效果不错，能提高指别度，使目标明确可及，于是经常加"之"，越来越多的人跟着加"之"。然而老是加"之"的结果是使它提高指别度的功能逐渐磨损衰退，而不加"之"的主谓结构本来就能用来指称，加不加"之"的差别就逐渐缩小，人们会觉得它是个多余的赘词，为了省力就不用。但是不用又会造成所指目标不明确，于是需要寻找和采用新的提高指别度的手段，这应该是"之"的消亡和"的（底）"兴起的原因。现代汉语里"的"的指示功能也已经磨损得很厉害，虚化程度更高，口语就改用"这""那"，书面语就让"之"起死回生，以此来提高指称词语的指别度：

中国的梨，品种那个多，分布那个广，产量那个大，都是世界第一。

郑晓京却卖了个小小的关子，为的是显示她这个导演物色演员的标准之高、工作之难、权威之大。（霍达《穆斯林的葬礼》）

虽然裘委员的威风如此之大，可是在抗战中他也受了不少委屈。（老舍《民主世界》）

最后一例仅仅有"之"还不够，还要加上指示代词"如此"。

"明确"和"经济"的竞争造成语言使用的个人差异、地区差异、时代差异，但是并不影响基本结论。说话指称的时候有些人习惯加手指，有些人不习惯加手指，但是在相同情形下不加手指永远不可能比加手指的指别度还高。

第3节 "都"的量化方向

3.1 量化方向的迷途

"都"是现代汉语最常用的副词之一。"都"的语义是"总括",形式语义学用"全称量化"的名称,总括的对象叫"量化域","都"叫"量化算子"。① 有不少文章讨论"都"的量化方向,也就是总括的对象是在"都"的左边还是右边。也是受"名动分立"传统观念的支配,研究走了很多弯路,把简单的问题搞复杂了。

吕叔湘(1981)说,"除问话外,所总括的对象必须放在'都'前。……问话时总括的对象(疑问代词)放在'都'后"。但是马真(1983)很早就发现"都"右边的总括对象不限于疑问代词:

这几天你都干了些什么?

小李都买呢子的衣服。

我都通知他们了。

疑问代词是询问的信息焦点,如果它是总括对象的话,那么针对疑问代词的回答(如"呢子的衣服")也是信息焦点,也应该成为总括对象。下面右列的答句,表示复数的词语在"都"的左边,通常认为"都"的总括对象在左边,但是回答疑问代词的语词却都在"都"的右边:

大伙儿都什么意见? 大伙儿都同意。

怎么都不能苦了谁? 怎么都不能苦了孩子(们)。

不论谁都不能进哪里? 不论谁都不能进这两间屋子。

为了解决这个矛盾,陆续有人提出"都"不能总括或量化右向关联

---

① 其实语义上"都"只是近似于"全称量化算子",参看徐烈炯(2014)及刘丹青(2013)。我们讨论的重点在"都"总括的"方向"。

成分(蒋严 1998,袁毓林 2005b,潘海华 2006)。他们的共同做法是,如果"都"的左边找不到一个可以理解为复数的成分,就设法补出一个来,或者补出一个复数性的预设,或者补出一个复数性的话题。例如"我都通知他们了"可以补足为"小王、小李、小赵,我都通知他们了"。"小李都买呢子的衣服"一句,袁毓林补出的复数性话题是事件性质的:

[买衣服]小李[每次]都买呢子的衣服。

然而蒋静忠、潘海华(2013)觉得还是要承认有右向量化,理由是语义上这一句的"呢子的衣服"不具有排他性,除了呢子衣服,还可能买了别的,但是"小李都买的呢子衣服"一句则不同,"的"标明"呢子衣服"是排他性的语义焦点,买的全是呢子衣服,没有别的,这个排他义需要用右向量化来说明。问题是这一句左边照样可以补出复数性事件话题来:[买衣服]小李[每次]都买的呢子衣服。于是他们认为这样的句子要先使用左向量化规则,接着再使用右向量化规则。如果是"这一次小李都买的呢子衣服",左边的"这一次"是单数,那就只使用右向量化规则。然而问题是,这一句还是可以在左边补出复数性的词语来,例如:

这一次小李[在每个服装店]都买的呢子衣服。

这一次在这个服装店小李[在每个柜台]都买的呢子衣服。

这一次在这个服装店这个柜台小李[付了好几回钱]都买的呢子衣服。

这表明,只要有一定的语境,总是可以在左边补出一个总括对象来,被确定为右向量化的句子都可以这么来补。

然而在左边补的问题是,可以补出的词语是不确定的,"他都穿呢子衣服"("他都穿的呢子衣服"也一样)不仅可以补成"他

[每次]都穿呢子衣服",还可以补成:

他上上下下都穿呢子衣服。

他从小到大都穿呢子衣服。

他春夏秋冬都穿呢子衣服。

又例如"他呀,都是名牌",可以补成"他穿的都是名牌""他买的都是名牌""他卖的都是名牌""他送的都是名牌"等等,甚至可以是"他买的、穿的、卖的、送的都是名牌",语境无穷多,可能补出的词语也无穷多。有人说,下面一句"都"在左边有三个指向目标分别是 a、b、c:

这两个故事(a),他们(b)给张三和李四(c)都讲了一遍。

其实指向目标也可以同时是 abc,同时是 ab,bc 或 ac,而单独指向中间的 b 倒有点勉强,尽管"他们"是复数(吴长安 2013:281):

*这个故事,他们给张三都讲了一遍。

其实这都由语境和语篇因素决定,到底是指向左边的哪一个无所谓,重要的是"都讲了一遍"。同样的情形还有:

*他把一张纸都撕碎了。

这小孩儿可真厉害,把这么大一张纸都给撕碎了。

*一分钟里,我都在搞这项研究。

一分钟里,我都忍受着这巨大的痛苦。

"一张纸"和"一分钟"是不是复数概念也无所谓,重要的是"都做了某件事情"。有时候左边硬补出一个复数性话题来很别扭,例如:

一锅饭都煮糊了。

?一锅饭的每一部分都煮糊了。

?一锅饭的每个米粒都煮糊了。

其实不管怎么补,下面的对立还是存在:

你都读过哪些书？

*你都读过哪本书？

这个对立只能用"都"的右向量化来解释。

存在的问题可以这样归纳：适用左向量化规则的句子几乎都可以在"都"的右边找到一个跟疑问代词对应的语义焦点，因而也都适用右向量化规则，这就使左向和右向两条规则的使用发生矛盾。如果规定先使用左向规则，就都可以接着使用右向规则，而适用右向规则的句子总是可以在"都"的左边补出一个全称量话题来，因而都是在使用右向规则之前先使用了左向规则，这表明其中一条规则是冗余的。再加上可以补出的词语又极不确定，矛盾、冗余、不确定性使我们陷入了"都"的量化方向的迷途，或左或右，左右彷徨，无所适从。

3.2 统一的"右向管辖规则"

其实"从朝阳区到海淀区，是可以不绕道阿尔比斯山的，坐地铁10号线就行"。① 简洁而没有矛盾的解决方案是，遵守句子本来的话题-焦点结构，不要把本来在右边的焦点转移到左边去，也不要在左边随意补充一个话题来充当总括对象，左向量化和右向量化两条规则应该合并为一条，就是"都"的"右向管辖规则"，"都"的语义限定域（量化域）跟它的句法管辖域相一致。

估计有人马上会提出疑问，像下面这种最常见的句子，"都"的句法管辖域在右边，而语义限定域在左边，怎么可能"一致"起来呢？

a. 他们都是老师。

b. 大伙儿都同意。

---

① 转引自刘瑜《今年您施密特了吗》。

按照过去的通行观点，这两句"都"总括的对象是左边的复数成分"他们"和"大伙儿"，使用左向量化规则得出语义解释：

　　a. 对于每一个 x 来说，如果 x 是"他们"中的一员，那么 x 就是老师。

　　b. 对于每一个 x 来说，如果 x 是"大伙儿"中的一员，那么 x 就同意。

　　仔细想一想，这种解释无非就是忽视集合"他们"和集合"大伙儿"内部成员的差异，把内部成员视为一样，总括起来都具有"老师"和"同意"的特性。其实我们也可以采用反向的解释：忽视集合"老师"和集合"同意"内部的成员差异，比如说，不管是小学老师、中学老师还是大学老师，也不管是语文老师、数学老师还是英语老师，反正他们都是"老师"；不管是勉强同意、基本同意还是完全同意，也不管是最先同意、接着同意还是最后同意，反正大伙儿都"同意"。注意，后一种解释跟前一种解释其实是对等的，而且互相依存，因为忽视"老师"内部的差异等于忽视"他们"内部的差异，忽视"同意"内部的差异等于忽视"大伙儿"内部的差异，甚至可以说，不忽视"老师"内部的差异就无法忽视"他们"内部的差异，不忽视"同意"内部的差异就无法忽视"大伙儿"内部的差异。这个道理简单而又重要。后一种解释就是按"都"的句法管辖域来确定"都"的语义限定域，也就是遵守句子本来的焦点结构，因为右边的"老师"和"同意"都是句子的自然焦点（无需重读），尽管一个是名词一个是动词。上面两句使用右向量化规则得出语义解释：

　　a. 对于每一个 x 来说，如果 x 是集合"老师"中的一员，那么 x 就是"他们"。

b. 对于每一个 x 来说,如果 x 是集合"同意"中的一员,那么 x 就是"大伙儿"。①

有人会问,当左边的成分"他们"和"大伙儿"强调重读的时候,"都"还是右向量化吗?还是右向量化。右边的"老师"和"大伙儿"也可以强调重读,不管是左边右边,强调重读当然引起语义变化,但是这跟"都"的量化方向无关,因为句子去掉"都"字后强调重读会引起同样的语义变化。还有人会问,"他们都是老师"可以这样处理,"他们都教语文"还能这么处理吗?回答也是肯定的。甲、乙、丙都教语文,如果不忽视甲的"教语文"、乙的"教语文"、丙的"教语文"之间的差别,如何能忽视甲乙丙之间的差异把三者总括起来呢?同样,"这三起案件都是一人所为",如果不忽视案件一的"一人所为"、案件二的"一人所为"、案件三的"一人所为"之间的差别,如何能忽视三个案件之间的差异把它们总括起来呢?

已有人(胡建华 2009,尚新 2011,黄瓒辉 2013,李强、袁毓林 2013)从"事件量化"的角度来讨论"都",这跟"都"的右向管辖趋于一致。对下面一组句子,

他都喝青岛啤酒。

*他都喝过青岛啤酒。

*他都喝了青岛啤酒。

李、袁一文的解释是,"都"的作用不是总括而是把一组事件加合,"喝"是可以加合的重复动作,而"喝过"和"喝了"不是。其实,正如徐烈炯(2014)指出的,只要有一定的语境(例如三

---

① 集合的一员本身可以是一个集合,如"他们""大伙儿"。

部电视剧都出现过相同的细节）后两句照样能说，所以无需另作"加合"解仍然适用统一的右向管辖规则。

原来有一些句子用左向量化规则来解释很不自然，用"右向管辖规则"解释就很自然，例如"一锅饭都煮糊了"，要在左边补出一个全称量化域来极不自然，因为"一锅饭"本来是作为一个整体来理解的，无需总括，而各种"煮糊"的程度倒是需要总括的。"他呀，都是名牌"可能在左边补出的词语无穷多，但是句子要表达的意思并不是"他哪些都是名牌"而是"他都是什么"，谓语是对主语"他"的陈述。汉语句子的主语其实就是话题，它跟谓语的联系本来就可以是很松散的，不必是谓语的论元，因此为了使用左向规则而在"都"的左边补出一个量化域来实为画蛇添足之举。统一的"右向管辖规则"还可以解释以下现象：

两个题目相同。　*两个题目都相同。（除非理解为逐字相同）

三个题目相同。　三个题目都相同。

两个题目一样。　两个题目都一样。

为什么"两个"和"三个"，"相同"和"一样"加不加"都"会有如此的差别？原因是甲乙丙三个才谈得上忽视"甲和乙的相同""乙和丙的相同""丙和甲的相同"之间的差异，只有甲乙两个的时候"甲和乙的相同"和"乙和甲的相同"之间谈不上什么差异可以忽视，而"甲的一（个）样"和"乙的一（个）样"之间倒是有差异可以忽视的。[1] 回到上面谈及的一对句子上来：

a. 他都买呢子的衣服。

b. 他都买的呢子衣服。

---

[1] 汉语的"一个"本身不包含"同一"的意思，如奥运会口号"One World, One Dream"要译成"同一个世界，同一个梦想"。

统一的"右向管辖规则"可以对这两句的语义差别作出简洁和准确的解释。a 句"都"的管辖域有宽有窄，在回答"他都干什么"的时候，句子焦点是"买呢子的衣服"，它是"都"管辖的宽域，在回答"他都买什么"的时候，焦点是"呢子衣服"，它是"都"管辖的窄域。① b 句跟 a 句的差别在于 b 句不可能用来回答"他都干什么"，因为"买的呢子衣服"这个形式（话题"买的"+ 说明"呢子衣服"）已经预设他干的事是买东西，焦点只在"呢子衣服"上。正因为 b 句的焦点只在他买的东西上，因此容易理解为买的只是呢子衣服，而 a 句的焦点还可以在他干的事上，因此不容易理解为买的只是呢子衣服。用"呢子衣服"有无"排他性"来区分两句的语义差异是不准确的，b 句并不绝对排除买了别的，只是表示"很可能"买的只是呢子衣服，有例为证：

他都买的呢子衣服，除了一件纯棉的。

"买的只是（呢子衣服）"这个排他义是根据会话合作原则当中的"适量准则"（Grice 1975）推导出来的会话隐涵义（conversational implicature），属于语用性质，是可以被语境或上下文消除的（defeasible），后半句"除了一件纯棉的"就是直接消除这个隐涵义的上下文。② 因此准确的讲，a 和 b 两句的语义区别是，b 句"都"的管辖范围排除了宽域"买呢子衣服"，使得"买的只是呢子衣服"这个语用隐涵义的消除更加困难而已。统一的"右向管辖规则"还能

---

① 还有一个更窄的管辖域，在回答"他都买什么样的衣服"的时候，句子焦点是"呢子的"。

② "适量准则"（Maxim of Quantity）是指"从合作原则出发，会话要提供适量的信息，不多也不少"。提供的信息要足量，所以听到"老王有三个孩子"的时候可以推导出"老王只有三个孩子"的隐涵义。这个隐涵义是可以被消除的，如"老王有三个孩子，其实还不止三个"。

准确自然的解释下面一对句子的语义差别：

a. 他连房子都买了。

b. 他都买了房子了。

蒋静忠、潘海华（2013）用左向量化规则解释 a，用右向量化规则解释 b，理由是 a 句无排他性，可推导出车子、电脑等也可能买了，b 句有排他性，不能推导出也买了车子、电脑等，他们用后补小句来证明：

a. 他连房子都买了，就别说电脑了。

b. 他都买了房子了，真没想到。

其实两句的语义差别并不在排他不排他，把两句的后补小句交换后句子同样成立：

a. 他连房子都买了，真没想到。

b. 他都买了房子了，就别说电脑了。

这两句的语义差别其实很简单，是句子本来的话题-焦点结构的区别，a 句"房子"既是焦点也是话题（次话题），而 b 句的"房子"只是焦点不是话题。按照统一的"右向管辖规则"，a 句"都"的管辖域是右边的"（他）买了"，"房子买了，车子买了，电脑买了"，这几个"买了"细究起来是不同的"买了"（至少是花的钱不一样），但是"都"的限定忽视这种差别，总括为"买了"。句子的意思是：对于每一个 x 来说，如果 x 是集合"他买了"中的一员，那么 x 在一个对比候选项的集合中甚至是"房子"。房子是他买了的集合中可能性最小的，房子买了，车子和电脑很可能也都买了。b 句其实有宽域和窄域两解，"都"限定的宽域是"买了房子了"，窄域只是"房子"，我们正在讨论的是窄域的解释，所以句子的意思是：对于每一个 x 来说，如果 x 在一个对比候选项的集合中甚至是"房子"这一员,那么他买了 x。要说 b 句跟 a 句在排他性的程度上(只是程度而已)有所差别的话,那也是由句子本来的话题-焦点结构造成,b 句排除了"房子"是话题的可能性,它只是关注的焦点,因此比较容易理解为买的只是房子。①

下一节分析在"都"的量化方向上陷入迷途的原因。

第4节　汉语的逻辑

按量化方向区分左向的"都"和右向的"都"不但没有必要,反而造成矛盾、冗余和不确定,陷入"都"的量化迷途。其原因还是受印欧语眼光的支配,拿汉语的"都"比附英语的 all。首先,英语的 all 是个形容词或代词,形容词限定名词,代词代替名词,只有在表示强调语气的时候才用作副词,例如 I am all for adopting the new technique(我十分赞同采用新技术),所以 all 总括的是名词所代表的事物。很多人以为"都"也是总括名词代表的事物,不知不觉到左边去寻找名词性词语作为总括对象,找不出来也要想方设法补出一个名词性话题来,其实右边的谓语才是"都"的自然的总括量化域,尽管谓语通常表达的是动作或性状。这是过度受制于"名词是名词,动词是动词"这种名动截然二分的成见。

---

① 沈家煊(2015b)还用统一的"右向管辖规则"对以下成对句子的语义差别作出简洁准确的解释:
　　a. 什么他都喜欢吃。/?　　a. 这话说都说了,要收回也晚了。
　　b. 他都喜欢吃什么?　　　b. 连这话都说了,还有什么话说不出口!

赵元任（Chao 1955，1959b）指出，汉语里不仅没有一个形容词与英语的 all 对应，也没有与 some 相当的形容词，Some men tell truth 用汉语表达是"有（的）人说真话"，"有的人"意为 men that there are。汉语对事物的全称量化和部分量化，是通过"副词+动词"和对动词"有"的肯定来实现的，名词本身不受这样的量化。汉语还没有相当于英语 no 的形容词，No one comes 用汉语来说是"没有人来"，也是用副词"没"否定动词"有"的方式来否定名词，名词本身不受否定。第十章将进一步说明，汉语的名词本身不受否定，这是因为汉语的实词都是名词，指称事或物，在中国人的心目中事物天然存在，没有"存在不存在"的问题。汉语的名词本身不受全称量化和部分量化，这是因为汉语的名词都是物质名词（mass noun）①，没有可数不可数的区分，加上数量词才把个体性表达出来（戴浩一 2002），在中国人的心目中事物的存在天然是物质存在。总之，汉语是用否定和量化跟"物"牵连的"事"的办法来否定和量化"物"，"事"也是"物"，一种"动态的物"，"事物"。

其次，英语的 all 有管辖方向的歧义，特别是跟否定词或其他量化成分同现的时候，经典的例子是：

All that glitters is not gold.

发亮的不都是金子。/ 发亮的都不是金子。

---

① 英语 mass noun 很难译成汉语，因为我们没有一个跟"可数名词"对立的初始概念，译作"物质名词"倒是符合我们"事物天然存在"的观念，参看《现代汉语词典》"物质"的定义："独立存在于人的意识之外的客观实在"。先秦时候汉语说"一帛、二玉"也说"一牛、二马"，"牛、马"跟"帛、玉"一样是物质名词，所以发展出量词，说"一头牛、一匹马"。

赵元任（Chao 1955, 1959b）说，逻辑学教材经常花大量篇幅来讨论西方语言里含 all 的歧义句的语义表达式，区分 all 是在 not 的左边还是右边，而在汉语里 all 都是用副词来表达，现代用"都"或"全"，文言用"皆"，而且修饰语总是先于被修饰语，所以区分"不都"和"都不"的逻辑含义是件轻而易举的事情。这也是在说汉语"都"的语义限定域跟它的句法管辖域本来就是一致的（另参看王还 1983、1988，沈家煊 1985），我们根本不用仿照英语 all 去区分"都"在逻辑语义上的量化方向。

陷入迷途的另一个原因是，受制于"话题是话题，主语是主语"这种话题-主语截然二分的成见。按照这种成见，论元结构是句法结构的基本结构，主语必须是谓语动词的论元，必须跟谓语动词有直接的逻辑语义关系，不然就只能是话题。其实汉语的主语就是话题，主语跟谓语动词的联系本来就是松散的，不一定要有直接的逻辑语义关系，甚至没有主语的句子也是正常的句子（第四章 3.3 节）。例如，汉语"每个人都来了"，"都"字不能去掉，英语 Every man has come，"all"不能加上，于是有人就认为汉语的"都"是表示分配（Lin 1998），但是"分配"跟"总括"是相反的两个概念，怎么协调呢？英语不能说 Many people have all come，因为全称的 all 跟主语里的 many 逻辑上不一致，汉语却可以说"很多人都来了"。有人说"都"总括的对象必须是多数，但是事实是少数也能总括：

经调查（居然）有 10% 的年轻恋人都不想生孩子。

其实都字句跟其他的汉语句子一样主谓联系可以是很松散的，不管主语（话题）是合说（大伙儿）还是分说（每个人），是全部（所有的人）还是部分（很多人），"都"一律是右向管辖、右向量化表示总括。① 吕叔湘主编（1981）用"总括"来概括"都"的语义已经十分贴切，"总括"是说话人的当场总括，带有主观性（张谊生 2005），我们只是为了便于展开讨论才沿用"全称量化"的名称。②

探讨"汉语的逻辑"就是探讨那些基本的逻辑概念在汉语里是如何表达的，特别是如何用语法形式表达的。赵元任（Chao 1955，1959b）说，"汉语的逻辑其运作必定受制于汉语自身允许的运作范围"，因为汉语是这样的，所以汉语的逻辑是这样的。这个观点张东荪（1938）已有表述："……我以为西方的名学与西方言语中有 to be 的动词大有关系。因为 to be 有自己存在的意思，所以西方的名学根本上就建有'同一律'（law of indentity），同一律是西方名学的唯一基础，所谓矛盾律与排中律只是同一律的附律，分类、定义以及三段论法无一不基于此。中国语言，不必有主语，没有与英语 it 相当的字，没有和 to be 相当的字，'是'没有存在的意思，文言的'为'有'成'的意思，有几分像英语的 to become，而 becoming 与 being 正相反对。所以中国的名学系统不是建立在同一律上的。"赵元任的两篇文章则从"there be"扩展到其他的逻辑概念，包括"all""not""and""or"等，说"要找出汉语逻辑运作的方式，实际是找出逻辑在汉语里的运作方式"。

总之，在将全称量化这种逻辑语义"映射到一个线性序列"的

---

① 熊仲儒（2008）意识到"都"在右向量化的时候量化域和管辖域一致，他的说法是"约束实际上就是量化"，但是他保留"都"的左向量化，而且用"都"在底层逻辑形式的移位来解释，处理仍然十分复杂。

② 形式语义学以客观主义的语义学为基础，"全称"和"部分"量化都是客观的。

时候,汉语采用了一种十分简单的方案,即副词"都"的统一的"右向管辖规则",不管右边受管辖的是代表事物的名词还是代表事件的动词。这是汉语不同于英语等印欧语的"设计特点"(design feature),为什么要舍近而求远,把"都"的量化规则搞得那么复杂呢?复杂而且理论上不自洽,"名动分立"的成见脱不了干系。

第十章第 6 节和结篇第 3 节将再次论及汉语的逻辑与印欧语的差别以及这种差别的哲学背景。

第九章 汉语、汤加语、拉丁语

第1节 词类跨语言比较的共同基础

语言学家大多接受"所有语言都有名动之分"的观点,但是仍然有不少人认为有一些语言没有名词和动词的区分,经常提到的有北美西北部的 Salishan 语、Wakashan 语、Chimakum 语,北美东部广大地区的易洛魁语(如 Nootkan 语),中太平洋群岛的波利尼西亚语(如汤加语 Tongan),南太平洋群岛的南岛语(如斐济语、他加禄语)等,争论持续了一百多年没有停息。(见 Vonen 1997:18-19,131-144)后一种观点原先只见于一些语言的"参考语法书"里,大多没有语法理论的背景,然而近来有一些语言类型学家也开始主张有的语言没有名词和动词的区分,甚至认为名动分合是区分语言类型的一个重要参项(Rijkhoff & Lier 2013),于是在语言类型学内部出现了两种不同的观点,一种认同名动之分的普遍性,一种不予认同。这两种观点的对立和折中在 Vogel & Comrie(2000)合编的论集以及 *Theorectical Linguistics* 杂志 2009 年 35 卷第 1 期(专刊)里有集中的呈现。

要对名词和动词的分合作跨语言的考察,需要有一个共同的标准作为比较的基础,目前看来比较合理有效的共同标准是,看词在两个位置上的分布状况,即指称语位置和述谓语位置。如果不用这个标准,就根本无法从事跨语言的词类比较,因为无法判定语言甲按自身的分布标准划分出来的一类词跟语言乙按自身的分布标准划分出来的一类词是不是同类的或对等的。所以不管是反对还是赞同"有的语言没有名动之分"的人都承认,名词一般充当指称语,动词一般充当述谓语,"指称"和"述谓"这两个概念是进行名词和动词跨语言比较的基础,而"指称"和"述谓"又跟句法成分"主宾语"和"谓语"有明显的对应关系,主宾语是指称语而谓语是述谓语。(见第四章第 1 节)Hengeveld(1992,2013)提出一个词项和功能槽位的组配表作为跨语言比较的基础,首先在第一层次用"指称"和"述谓"区分核心成分的类别名词和动词,然后在第二层次将附加的饰语分为形容词和副词(限方式副词):

	指称	述谓
核心成分	名词	动词
附加饰语	形容词	副词

这个四分表只能作为比较的出发点,Hengeveld 认为,像英语那样呈现这种名、动、形、副四分模式的语言只是少数。[①] 从事比较的时候还要遵守一条原则,都要拿词库里的词来比较,不能拿词在语句里呈现的形式来比较。

Hengeveld(1992)将汤加语归为名动合一的语言,但是 Croft(2000)不予认同,批评他转引的例证有问题,错把词义有重要差别的两个词当作一个词看待,例如:

(1)na'e si'i 'ae akó

---

① 第七章第 5 节说明汉语的词类系统跟这个四分格局的差异。

PAST 小　ABS 学校.DEF①

那所学校很小。

(2)'i　'ene　　si'i

在 3SG.POSS　童年.DEF

在他/她的童年

(3)na'e　ako　'ae　tamasi'i　si'i　iate　au

PAST 学习 ABS 孩子　　小　　LOC 1SG

那个小孩子在我那里学习。

Hengeveld 说，汤加语同一个词 si'i 在(1)和(3)里是形容词"小"，在(2)里是名词"童年"，同一个词 ako 在(1)里是名词"学校"，在(3)里是动词"学习"。Croft 反驳说，"小"和"童年"意义差别很大，"学校"和"学习"意义差别也很大，都应该算作两个词。他拿英语的同类例子来做比较：

(4)a. The school was small. [=(1)]

　　b. We schooled him in proper manners. [≠(3)]

(5)a. The little child studied at my house. [=(3)]

　　b. I retired to my study. [≠(1)]

(6)a. The school was small. [=(1)]

　　b. the small child [=(3)]

　　c. There are a lot of smalls at the fair. [≠(2)]

英语 school 一词做谓语的意义是"训练"而不是"学习"，study 一词做主宾语的意义是"书房"而不是"学校"，small 一词做主宾语

---

① 缩写形式：ABS= 通格，ALL= 向格，ART= 冠词，CL= 量词，DEF= 定指，FUT= 将来时，LOC= 处所，PAST= 过去时，PL= 复数，POSS= 领属格，PRES= 现在时，PRST= 存现助词，SG= 单数，SPEC= 特指，TOP= 话题标记。

的意义是"小件古董"而不是"童年"。Croft说,这些属于各自语言特有的语义差别表明,汤加语跟英语一样有多义词或同音词,属于不同词类的两个词碰巧同形同音而已。

Croft的这一批评不无道理,宜算作两个词的不宜当作一个词。不过批评者和被批评者对汤加语的实际情形都缺乏真切的了解。

第2节 汤加语"名动不分"的情形

论证汤加语名动基本不分,最重要的一篇文章是Broschart(1997),发表在《语言类型学》杂志创刊号上,Broschart & Dawuda(2004)对内容加以充实,增加了跟其他语言的比较。Broschart曾对汤加语作了历时5个月的实地调查,他提供的材料和对汤加语的认识比较客观,所作的阐述也容易让人接受,文章发表后引起普遍的重视,经常被从事词类类型研究的人引用。下面在介绍和转引的时候将比照汉语的情形作一些评说,一来是帮助理解汤加语,二来是为了最后对汤加语和汉语作类型上的比较。Broschart指出的一个重要事实是,汤加语里大多数的词在词库里看不出来是指称性的还是述谓性的,而到了语句里加上冠词就都能做指称语,加上时体标记就都能做述谓语。例如:

(1) e   tangatá
  ART.SPEC 人.DEF
  那个人

  e   'alú
  ART.SPEC 去
  那个去

（2）na'e　kata　（e　　　　tangatá）
　　　PAST　笑　ART.SPEC　人.DEF
　　（那个人）笑了。

　　'e　'uha
　　FUT　雨
　　要下雨。

词库里的 tangatá（人）和'alú（去）二词加上冠词 e（专指冠词，还有一个非专指冠词 ha）都成为指称语，kata（笑）和'uha（雨）二词加上时体标记（na'e 是过去时标记，'e 是将来时标记）都成为述谓语。注意，汤加语词库的词（光杆词）如果不加冠词或时体标记就不能充当指称语或述谓语，加冠词和时体标记是强制性的。

（3）na'e　'alú　(')a　Sione　ki　kolo
　　　PAST　去　ABS　肖纳　ALL　城
　　肖纳去城里了。

（4）ko　e　　'alú　'a　Sione　ki　kolo
　　　PRST　ART　去　GEN.ALL　肖纳　ALL　城
　　肖纳现正去城里呢。

（3）是'alú（去）加过去时标记 na'e 做述谓语，而在（4）里'alú 又加冠词 e 做指称语指称"去"这个动作，前面的 ko 是一个表存现的词，意思相当于"有"，'a 是领属格标记，相当于"的"，句子的字面解读是"现有肖纳的去城里"。作者特别提醒我们，（4）里的'alú（去）并没有因为前加 e 而转化为名词，汤加语里没有什么"动词的名词化"，因为所谓的"动词"几乎全都可以前加 e 做指称语。作者遵循的原则就是"简洁准则"，"凡是在相同条件下，同类的词都可以这样用的，不算词类转变"（吕叔湘 1979：46）。注意，'alú 加冠词做指称语还是指称"去"这个动作，语义没有明显差别，这在汤加语里是普遍情形，不属于上面 Croft 批评的情形。

如果拿汉语来比照，闽南话（福州）里说"头先无遐雨，只瞒有遐雨"（刚才没下雨，现在下着雨），"有遐雨"的"有"就相当于（4）头里的那个 ko。闽语等南方话里"有"的这种用法上承古汉语，正在向北方扩散，普通话本来能说"没有下雨"和"有没有下雨"，接纳"有下雨"的说法很自然（第六章 3.1 节）。因为汉语的动词跟名词一样可以做主宾语（指称语），因此我们可以将"现在有下雨，老张没有去"看成和"现在有大雨，老张没有车"一样，"下雨、去"和"大雨、车"都是动词"有"的宾语，"下雨"和"去"也没有发生什么"动词的名词化"。汉语和汤加语不一样的地方只是，汤加语表示动作的词虽然都可以加冠词做指称语，但是做指称语的时候不能不加冠词标记，而汉语的动词做指称语不用加什么标记。

汤加语里一般认为名词性的短语可以加时体标记做谓语，例如：

(5) 'oku fu'u fo'i 'ulu lanu pulu: 'a e kakaá
　　 PRES CL.大 CL.圆 头 颜色 蓝 ABS ART 鹦鹉.DEF
　　 这只鹦鹉又圆又大的蓝脑袋。

Broschart 特别指出，头里的现在时标记 'oku 并不是将一般认为是指称性短语的 fu'u fo'i 'ulu lanu pulu:（又圆又大的蓝脑袋）转变为"长着又圆又大的蓝脑袋"这样的述谓语，它只是"将'又圆又大的蓝脑袋'跟当前场景中的某个指称对象'这只鹦鹉'在时间上联系起来"。从对应的汉语译句可以看出，(5) 跟汉语的名词性成分做谓语的判断句相当，经常引用的例子是"小王黄头发"和"老王上海人"。"又圆又大的蓝脑袋"和"黄头发""上海人"虽然做谓语，但是"它本身仍旧是名词性成分"（第六章第 1 节）。汤加语和汉语不一样的地方只是，汤加语必须有一个时体标记起联系作用，汉语不需要这样的标记。

（6）na'e Mekipefi 'a　　Sione
　　　PAST 麦克白斯 GEN　肖纳
　　（那天）肖纳的麦克白斯。

这一句的意思是"那天是肖纳扮演麦克白斯"，'a 是一个相当于"的"的领属格标记，可比照汉语"昨晚马连良的诸葛亮"，指称性短语 Mekipefi 'a Sione（肖纳的麦克白斯）虽然加了过去时标记 na'e，但是它本身仍旧是个指称性的名词短语。

（7）na'e kau　　faiakó　　（'）a　e　 Siasí
　　　PAST PL.HUM 教师.DEF ABS ART 教堂.DEF
　　教堂曾有那些个教师。

不要被汉语译文所误导，过去时标记 na'e 并不是将指称性短语 kau faiakó "那些个教师"转变为陈述义"有那些个教师"或"提供这些个教师"，它也只是将"那些个教师"跟过去场景中的某个指称对象"教堂"在时间上联系起来。因此（7）实际是跟汉语的存在句"树上三只喜鹊"或"屋里这么多客人"相当。两种语言的差别在于汤加语要有一个时体标记起联系作用，汉语不需要时体标记。这句里的（'）a 虽然标作通格标记，但是它也是领属格标记 'a 的变体，因此句子实际是由指称"教堂的那些个教师"的名词性短语加上过去时标记组成。

值得注意的是，Broschart 还指出，上面（3）那个句子 na'e

'alu(')a Sione ki kolo（肖纳去城里了）也可以定性为由指称"肖纳的去城里"的名词性短语加过去时标记组成，因为(')a 是领属格标记'a 的变体。这就是说，汤加语里的述谓性短语其实都可以分析为指称性短语。述谓语可以分析为指称语，这并不奇特，汉语里说"进城了就好办了"，"进城了"这样的述谓性词语既可以独立成句也可以作为指称性成分做主语（总是可以后加"的话"），而且独立成句的时候和指称性主语一样可以后加"啊、吧、嚜、呢"。（第三章第 4 节）

总之，Broschart 用上面那些例子说明：一，汤加语词库里的词（光杆词）表示动作的都能跟冠词相容，表示事物的都能跟时体标记相容，没有单独一类像印欧语那样跟名词对立的动词，因此没有什么动词的"名词化"。二，汤加语指称事物的短语可以带时体标记做谓语，做谓语的时候本身仍旧是指称性质的。三，汤加语表示动作的短语带时体标记的时候也具有指称性，从形式上（领属格标记）就可以分析为指称性短语。后两点可以归结为汤加语"名词（短语）的根本性"（Tongan nominalism）。

第 3 节　"型-例"语言和"名-动"语言

3.1　两种类型的词类系统

Broschart 进一步提出，汤加语和拉丁语代表两种不同的语言类型，汤加语属于"型-例"类型的语言，拉丁语（还有其他印欧语）属于"名-动"类型的语言。这里先把他的两个示意图放上，然后再解释。为了便于理解，拉丁语的例词换成英语的，虽然英语不算最典型的"名-动"语言：

先解释一下"型"和"例"。词库里存放的词（光杆词）是抽象的词、概括的词，是备用成分，这是"型"（type），或叫"词型"；词用到语句中实现为具体的指称语、述谓语、修饰语等，由备用成分变为使用成分（通常不再是光杆形式），这是"例"（token），或叫"词例"。

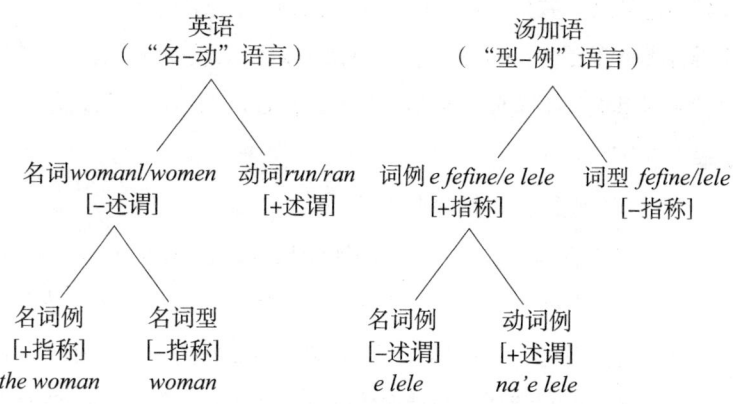

印欧语（拉丁语、英语）第一个层次区分名词和动词，名词有名词的形态变化，如 woman/women（拉丁语还有性和格的变化），动词有动词的形态变化，如 run/ran；动词能充当述谓语（[+述谓]），名词不能充当述谓语（[-述谓]）。第二个层次才区分词型和词例，名词例 the woman 能充当指称语（[+指称]），名词型 woman 不能充当指称语（[-指称]）。汤加语第一个层次区分词型和词例，词型如 fefine（女人）和 lele（跑）不能充当指称语（[-指称]），词例 e fefine（冠词+女人）和 e lele（冠词+跑）才能充当指称语（[+指称]）。第二个层次才区分名词例和动词例，动词例 na'e lele（过去时+跑）能充当述谓语（[+述谓]），名词例 e lele（冠词+跑）不能充当述谓语（[-述谓]）。第一个层次是主要层次，第二个层次是次要层次,所以印欧语叫"名-动"语言,汤加语叫"型-例"语言。从"指称"和"述谓"的角度看,印欧语的词主要区分能不能充当述谓语([±述谓]),汤加语的词主要区分能不能充当指称语([±指称])。

注意这个类型模式并不完全否认所有的语言包括汤加语在内都有名动之分这一共性,不过这个模型强调,名动之分的地位在不同的语言类型里是不一样的,在印欧语里地位很重要,是第一位的,在汤加语里地位不重要,是第二位的,汤加语的"词型"确是"名动基本不分"。

3.2 汤加语是"指述包含"

接下来要解释为什么名-动的区分是根据[±述谓],而型-例的区分是根据[±指称]。名-动的区分根据[±述谓],这是基于这样一条普遍性原理:动词具有做述谓语的内在特征([+述谓]),名词不具有这个内在特征。为什么依据的原理不是"名词具有做指称语的内在特征([+指称]),动词不具有这个内在特征"呢?这是由名词和动词之间功能的不对称决定的:动词用作指称语是一般现象,而名词用作述谓语是特殊现象。这种不对称的实质是事物概念和动作概念之间的不对称:事物概念可以独立于动作的概念而存在,而动作概念的存在依赖于跟动作相关的事物概念。(详见第五章第2节)

Broschart 说,名动之间的不对称可以用 Jakobson(1932)的标记理论(markedness theory)来说明:在能否做述谓语这一点上,名词是"未标记类",即没有规定能否做述谓语,而动词是"有标记类",特别规定能做述谓语([+述谓])。我们将这种不对称关系用下图表示:

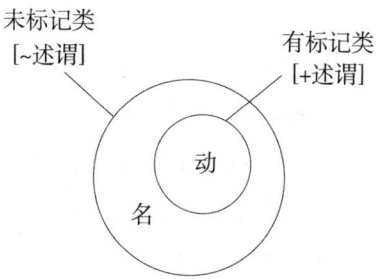

注意，[~述谓]这个标识是表示"没有规定是否有述谓性"，不同于表示"规定没有述谓性"的[-述谓]标识。这种关系有如英语 man 和 woman 二词的关系，man 是未标记项，没有规定是否有阴性特征（[~阴性]），woman 是有标记项，特别规定有阴性特征（[+阴性]）。（见第三章第 3 节）

下面来说明为什么型-例的区分是根据[±指称]。说汤加语的光杆词（词型）没有名动之分，是因为它没有一类光杆词具有做述谓语的内在特征，不管是表示事物的还是表示动作的，光杆词都可以加冠词标记（ART）做指称语或者加时体标记（TAM）做述谓语①。既然汤加语的光杆词在 TAM____ 和 ART____ 这两个句法槽里都能出现，那就表明 TAM 短语和 ART 短语二者有共同点，这个共同点就是都能充当指称语（光杆词不能），都具有指称性（[+指称]），须知指称的对象除了人和事物还有动作和事件。这就是 Broschart 提到的"谓词逻辑"中"指称饱和"（referentially saturated）的概念，在"谓词逻辑"里所有的光杆词都是[-指称]的，即都是"非指称饱和"的谓词②。光杆词（词型）入句实现为"词例"之后才是"指称饱和"的，不管它是实现为指称语还是述

---

① ART 和 TAM 分别是 article 和 tense-aspect-mood 的缩写。
② 关于"指称饱和"见第四章第 1 节。

谓语。拿汤加语来说，na'e 'uha（过去时＋雨）这个 TAM 短语是述谓语，但它也是"指称饱和的"，而且事实上可以分析为指称语（见上）。所以，型–例的区分是根据 [±指称]，这还是因为动性的述谓语和名性的指称语之间是不对称关系：述谓语也能用于指称（自指动作本身），而指称语一般不能用于述谓。

"谓词逻辑"忽视词型上指称和述谓的差别，重视的是指称饱和的"词例"和非指称饱和的"词型"之间的差异，汤加语的情形正好跟谓词逻辑相一致，作为"词例"的指称语和述谓语都是"指称饱和"的（[+指称]）。Broschart 用布尔代数（只用"和""或""非"三个算符）来刻画"型–例"语言和"名–动"语言的区别如下：（ART 包括冠词和性、数、格标记）

"型–例"语言（汤加语）

例 [+指称]：有时体标记 [+TAM] 或 有冠词标记 [+ART]

型 [–指称]：无时体标记 [–TAM] 或 无冠词标记 [–ART]

"名–动"语言（拉丁语）

名 [–述谓]：有冠词标记 [+ART] 和 无时体标记 [–TAM]

动 [+述谓]：无冠词标记 [–ART] 和 有时体标记 [+TAM]

为了更明显的看出"名–动"语言和"型–例"语言的异同，我们先用下面简明的直观图来表示：

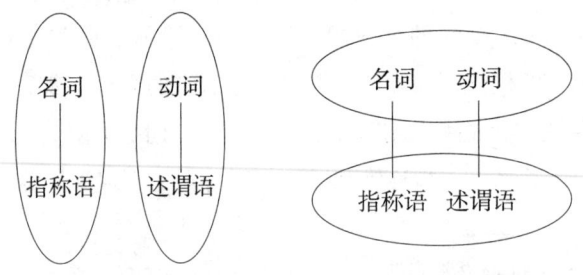

"名–动"语言（拉丁语）　　"型–例"语言（汤加语）

"名-动"型的拉丁语,名词和动词的对立是主要的,名词/动词和指称语/述谓语的对立是次要的;"型-例"型的汤加语,词型和词例的对立是主要的,名词/指称语和动词/述谓语的对立是次要的。

然而上面那张图没有反映上一节说明的名词和动词之间、指称语和述谓语之间普遍存在的不对称关系,图示如下:

左图表示,在"名-动"语言(拉丁语)里,名词和动词的关系是不对称的,动词除了充当述谓语,通过变形充当指称语是一般现象,而名词一般只充当指称语,充当述谓语是特殊现象。右图表示,在"型-例"语言(汤加语)里,在词例即短语的层面上指称语和述谓语的关系也是不对称的,述谓语都具有指称性,而指称语做谓语的时候本身仍然保持指称性。前已说明,指称语是未标记类,没有规定是否有述谓性,述谓语是有标记类,特别规定有述谓性。这两种不对称的实质都是概念上事物和动作之间的不对称。把这种不对称关系在图里表示出来,就得到下面这样的图:

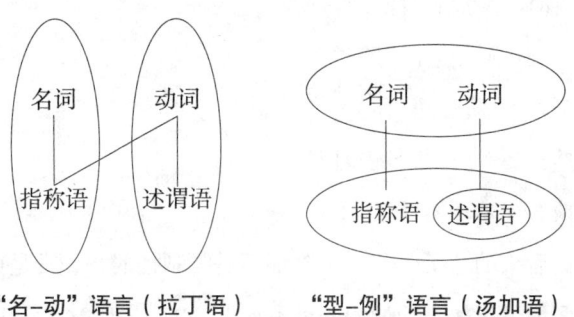

"名-动"语言(拉丁语)　　"型-例"语言(汤加语)

右边的图表明,汤加语在词型上是"名动不分",在词例上是"指述包含",即指称语包含述谓语,虽然指称语不都是述谓语,但是述谓语都是指称语,是指称语里特别规定具有 [+述谓] 特征的一个次类,这正是 Broschart 着力要说明的汤加语的实际情形。另见许余龙(2014)的阐释。

第 4 节 汉语是"型例合一、名动包含"语言

现在可以拿汉语来和汤加语以及拉丁语作一比较。首先,不能将汉语归为"型-例"语言,因为汉语的光杆词"女人"无需加标记就能入句做各种指称语,包括类指、定指、不定指等(详见第三章第 1 节):

女人比男人心细。(类指)

女人厨房做饭呢。(定指)

他欺负女人了。(类指/定指/不定指)

光杆词"跑"也无需加标记就能做各种述谓语,包括一般时、进行时、过去时、完成态等:

他专跑 100 米。(一般时)

他到处跑呢。(进行时)

他昨天还跑呢。(过去时)

他跑三圈后跑不动了。(完成态)

加在动词后头的"了、着、过"都不是强制性的,经常是可加可不加。前面说过汤加语的词型如果不加上 ART 或 TAM 标记就不能成

为词例,所以汉语不像汤加语那样在第一层次"型例二分",恰恰相反,汉语是"型例合一"的语言。

其次,我们也不能将汉语归为"名-动"语言。汉语的"跑"除了充当述谓语还能跟"女人"一样不加标记做指称语:

跑比走快。

我喜欢跑。

这样的句子在汉语里是正常的句子,这就是说,汉语没有单独一类在词形上特别标明[+述谓]特征的词,所以汉语也不像拉丁语那样在第一层次区分名词和动词。另一方面,我们已经在第五章说明,汉语符合语言的共性,名词做述谓语是比较特殊的现象,名词和动词之间同样存在不对称关系。

那么,汉语究竟属于什么类型呢?汤加语在词例上是指称语包含述谓语("指述包含",见图5右),汉语和汤加语的区别就在于汉语的词型就是词例,名词和动词就是指称语和述谓语(第三章第1节,第四章),所以汉语属于"型例合一,名动包含"的语言,图示如下:

汉语("型例合一、名动包含"语言)

"型例合一"是指汉语里的名词、动词和指称语、述谓语二者合一,无需用形式的变化来实现由"型"到"例"的转化,"名动包含"是指汉语里的动词/述谓语包含在名词/指称语内,前者是后者的一个次类。

不要以为"动词是名词的一个次类"是十分奇特的，上面说过从标记理论来讲，这样的名动关系很正常，属于"未标记项"和"有标记项"的关系。所以 Broschart 引用 Steinitz（1994：1）的话说："N 和 V 一起构成……一个自然类，充当指称语的词汇中心。"Broschart 还说可能还有不同于英语和汤加语的其他语言类型，提到易洛魁语里的 Cayuga 语既不像英语那样区分名词和动词，也不像汤加语那样区分"词型"和"词例"。Cayuga 语的情形到底什么样还有待深入的研究（参看 Mithun 2000），不管怎样，重要的是要弄清楚每种语言究竟注重什么样的区分，而不是沿用印欧语的眼光在别的语言里寻找传统认定的区分。

有两点要再澄清和强调一下。第一点，之所以认定汤加语跟英语不一样是属于"型-例"语言，那不是因为汤加语的光杆词必须加标记才能入句充当指称语和述谓语（因为英语也是如此），而是因为汤加语的光杆词不管是表示事物的还是表示动作的都可以加 ART 标记做指称语，也都可以加 TAM 标记做述谓语，这是跟英语大不一样的地方。换句话说，英语词型的词性和词例的词性之间基本上是严格对应的关系，词型（woman）是名词性的，词例（the woman）是指称性的，词型（run）是动词性的，词例（ran）是述谓性的，所以英语"词型"和"词例"的区别不重要，重要的是"名词"和"动词"的区分。汤加语不一样，词型看不出是名词性还是动词性的，变为词例后加的什么标记就是什么词性，加 ART 标记成指称性的，加 TAM 标记成述谓性的，"词型"和"词例"之间的关系是灵活的，所以"词型"和"词例"的区别很重要，"名词"和"动词"的区别相对不重要。Hengeveld（1992）正是从这个角度说英语属于"刚性"（rigid）语言，汤加语属于"柔性"（flexible）语言，详情可参看完权、沈家煊（2010）。

第二点，汤加语的光杆词不分类别都可以加 ART 标记做指称语，也都可以加 TAM 标记做述谓语，这样灵活的标记等于不起什么作用，跟不加标记差不多。不加标记就可以做指称语和述谓语，这正是汉语的情形，可回顾前面第 2 节对（1）-（7）诸例与汉语的比照说明。汉语词型和词例之间的关系也是灵活的①，用朱德熙（1985a：4）的话说就是，汉语里词类（指词型的类）和句法成分（由词例充当）之间缺乏印欧语那种一一对应的关系，动词除了充当谓语还能充当主宾语，名词除了充当主宾语在一定条件下也能充当谓语。所以汉语跟汤加语一样，"名-动"的区别不像印欧语那么重要。汉语和汤加语的差别是，汉语因为"型-例"同形（合一）所以"型-例"的区别也不像汤加语那么重要。汉语所重视的只是名词/指称语和动词/述谓语之间的不对称关系。

第 5 节　词类系统的"语法化"程度

综上所述，拉丁语是"名动二分、型例二分"的语言，汤加语是"型例二分、名动合一"的语言，汉语是"型例合一、名动包含"

---

① Hengeveld 曾将汉语归为"刚性"语言，认为汉语里名词和动词是分化的两个类，但是他承认自己对汉语的实情并不太了解。按照他的"功能专门化"标准，汉语的事实是并没有一类词不加标记专门做述谓语而不做指称语，像"跑、打、吃"这些词不加标记既可以做谓语又可以做指称语，这一类词并没有和一个特定的功能槽位绑定，而是灵活应用于两个槽位。所以单就名词和动词的分合而言，汉语就应当属于"柔性"语言而不是"刚性"语言。

的语言。现在我们可以从"语法化"（grammaticalization）的角度来看名词和动词的分合。Vogel（2000）在Broschart那个"型-例"和"名-动"二分模型的基础上提出，在名动的分合上德语（比英语更像"名-动"语言）和汤加语分别属于两种不同的类型，图示如下：

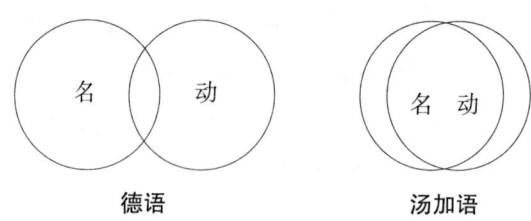

德语里名词和动词是两个分立的类，名词用作指称语，动词用作述谓语，交叉部分（兼类）很小，名词和动词的语法化程度高；汤加语词库里的名词和动词大部分交叠，既可以加标记做指称语又可以加标记做述谓语，可以说是名动基本不分，名词和动词的语法化程度低。

用来衡量词类系统语法化程度高低的标准究竟是什么呢？Vogel分析说，汤加语的光杆词（词型）绝大部分是[-指称][-述谓]的，即不能直接做指称语或述谓语，所以说是名动基本不分；到短语层加上标记成为词例，具有[+指称,+述谓]特征的是动性的述谓语，具有[+指称,-述谓]特征的是名性的指称语，因此汤加语的主要区分在词型[-指称]和词例[+指称]。德语的光杆词虽然也是[-指称]，但是区分[-述谓]和[+述谓]，所以说是名动二分；德语的短语有[+指称]特征，也分[-述谓]和[+述谓]，因此德语的主要区分是[-述谓]的名性词语和[+述谓]的动性词语。可见，用来衡量名词和动词语法化程度高低的标准归根结底是看"是否有一种固化的形式给某一部分光杆词标记[+述谓]特征"。如果有了这种固化的标记，那么就有了跟"名词"对立的"动词"类，不同的光杆词就和不同的句法槽位（指称语槽位和述谓语槽位）有了固定的联系，词类系统的语法化程度就高，反之则低。从这个角度着眼可以看出，在名词和动词的语法化程度上，汉语是最低的，德语是最高的，汤加语处在二者之间的过渡阶段：

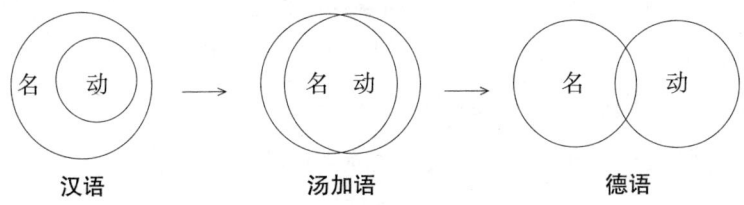

就像细胞分裂一样，印欧语（德语）的实词类已经裂变为两个相对独立的类"名词"和"动词"，汉语的实词类至今还没有出现这样的裂变，而汤加语正处于这个裂变的过程之中。这个"裂变"过程也就是词类的"语法化"的过程，即具体的语用范畴（指称语述谓语）虚化为抽象的句法范畴（名词动词）的过程。这可以从两个角度来理解。

从一个角度看，汉语名词和动词没有互斥的部分，动词还包含在名词里；汤加语名词和动词大部分交叉，小部分互斥；德语名词和动词已经是大部分互斥，只有小部分交叉。从另一个角度看，汉语虽然在短语层面上已经有标记[+述谓]特征的形式（主要是表示时体的"了、着、过"），但是它们都还不是强制性的标记，更没有成为词形的一部分；汤加语里短语层面上这种标记形式（TAM）已经成为强制性的，光杆词不加这样的标记就不能做述谓语，但是这种标记还没有成为词形的一部分；德语特别是拉丁语里这种时体标记不仅是强制性的，而且已经固化为词的形态标记，所以是词类语法化程度最高的。

第 6 节　假设一个循环模型

Vogel（2000）还认为，跟德语、拉丁语相比，英语的屈折形态衰减的程度已经很高，因此英语是一种正在"去语法化"（degrammaticalized）的语言，名词和动词兼类的比例也已经相当高。那样的话，我们可以合理的推测语言词类系统的类型演化是循环性的，英语是一种正在向汉语型语言回归的语言。

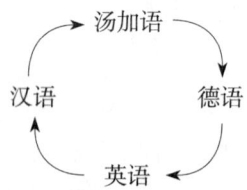

英语如果继续变下去，词的形态消失殆尽，就会变得跟古代汉语一样。现代汉语已经出现谓语后头的"了、着、过"，主语名词表示定指的时候在有的方言里要前加"只"或"个"，这可以视为汉语出现向汤加语演变的迹象。而古代汉语很可能也是更原始的汉语"去语法化"的产物。① 汉语词类的类型学价值在于，它为人类语言词类系统循环演变的假设提供一个不可或缺的支点。

现在阶段的英语和汉语都有所谓"动名词"，兼有名性和动性，但是性质很不一样。按照这个动态模型，英语的"动名词"（V-ing 形式）是已经分立的动词类向名词类"回归"的产物，性质是动词的"名词化"；汉语的动词类还没有分立，动词都是"动名词"即动态名词，性质是处在名词类向动词类"虚化"（或叫"动词化"）

---

① 已经有证据表明原始汉藏语动词的形态标记和"名词化"标记在上古汉语里有遗迹，见梅祖麟（2011）。

的过程中。(详见十一章第 2 节)。

对这个假设的循环模型可能提出的一个质疑是,据说有的语言只有动词没有名词,所谓"名词"都是动词根加附缀的形式。但是第五章第 6 节已经说明,这样的语言实际不存在,至少十分可疑。

本书在绪论中强调从世界语言看汉语的重要性,就词类而言,我们已从伊朗语和他加禄语来看汉语(第三章第 6,7 节),本章又从汤加语和拉丁语来看汉语,结果是对汉语"名动包含"的格局有了更深刻的认识。反过来,汉语的"名动包含"格局也将丰富词类系统的类型图景,发展词类的类型学研究。

第十章 "是""有"大分野

第 1 节 英汉否定词的分合

1.1 英语重视"否定名词"和"否定动词"

一种语言否定词的分合跟名词动词的分合有密切关系。英语，名词和动词分立，所以名词有名词的否定词 no，动词有动词的否定词 not。No 是个形容词，在名词前边否定名词，例如：

No teachers went on strike.（没有一个教师罢教。）

I've got *no Thursdays* free this term.（这学期哪个周四我都没空。）

She had *no idea* what I meant.（她不理解我的意思。）

No honest man would lie.（诚实的人不会说谎。）

Sorry, there's *no time* to talk.（对不起，没有时间交谈了。）

还有"no+ 名"结合成词，如 nobody, nothing, none（no-one），nowhere，或组成习用短语，如 no doubt, no problem。

Not 是个副词，否定动词和形容词的时候附加在助动词（do, have, would 等）和系动词 be 后，上面几句的意思用 not 来表达就是：

The teachers *did not* go on strike.

I *haven't* got any Thursday free this term.

She *didn't* have any idea what I meant.

An honest man *would not* lie.

Sorry, there's *not* any time to talk.

有时候看上去是 not 在否定名词，其实否定的还是动词，只是动词省略而已，如：

Who's paying? _____ Not me.（谁来付账？不是我。）

The students went on strike, but *not* the teachers.（学生罢课，但是教师没有罢教。）

前一句的 not me 是 it's *not* me 的省略，后一句也是省略，因为不能倒过来说成：

*Not the teachers went on strike, but the students.（教师没有罢教，但是学生罢课。）

所以 but *not* the teachers 实为 but the teachers *did not* 的承前省略。下面几句里 not 也不是直接否定名词，而是否定名词前头的数量：

We left *not* one bottle behind. = We left no bottle behind.（我们一个空瓶子没留下。）

Not a word would he say. = No word would he say.（他将不置一词。）

Not many people attended the meeting.（参加会议的人不多。）

Not a, not one, not any 可以用 no 替代，not many 可以用 few 替代。

用 no 来否定形容词，除个别习语如 no good, no different 外一般只限于比较句，形容词为比较级，但只是为了强调才这么用，一般还是用 not：

Are you really fifty? You look *no older* than thirty-five.（你真的 50 岁了？看上去连 35 岁都不到呢！）

You don't look older than thirty-fine（你看上去在 35 岁以下。）

汉语里没有相当于英语 no 的否定词，中国人学英语常犯的错误就是该用 no 的地方错用 not（上海外国语学院英语系英语教研组编 1964）：

他没有一个兄弟。
*He has not a brother.
He has no brother.

大家都答不上来。
*Every one could not answer.
No one could answer.

他没有任何遗憾的表示。
*He showed not any sign of regret.
He showed no sign of regret（at all）.
He didn't show any sign of regret（at all）.

我没有这一种字典。
*I have not such dictionary.
*I have no such a dictionary.
I have not such a dictionary.
I have no such dictionary.

跟英语一样，法语的名词和动词也是分立的两类，否定词也有两个，nul/nulle 是形容词用来否定名词，ne 是副词用来否定动词，例如：

nul espoir（没有希望）

san *nulle* vanité（毫不自满）

Nul homme ne t'approuve.（没有人赞同你。）

Il n'a *nulle* cause de se plaindre.（他没有理由抱怨。）

和英语 no 不同的地方是，nul/nulle 通常要和 ne 或 san 一起用。副词 ne 出现在动词前，经常是动词后再加 pas，point 等否定小词使否定程度强一些：

Il *ne* cesse de parler.（他老是说个不停。）

Je *ne* sais que faire.（我不知道怎么办好。）

Je *ne* sais *pas*.（我一点不知道。）

Elle *ne* le veut *point*.（她一点也不要。）

总之，英语和法语，否定词最重要的区分是"否定名词"还是"否定动词"。这种格局与汉语的区别是：

英语　He did not read it.　*He did no read it.

　　　*There's not books.　There's no books.

汉语　没书　　　没读

　　　*不书　　　不读

英语是"四缺二"，no/not 和名/动是一一对应，汉语是"四缺一"，"没/不"和名/动是偏侧对应。（第三章第 2 节）

1.2　汉语重视"直陈否定"和"非直陈否定"

汉语的否定词首先不是区分"否定名词"还是"否定动词"，而是区分"直陈否定"还是"非直陈否定"。

吕叔湘（1942/1982：234-242）指出，周秦汉语里"不/弗"用于直陈式否定，"毋（无）/勿"用于非直陈式否定：

君子泰而不骄，小人骄而不泰。（《论语·子路》）

不知疾之所自起，则弗能攻。（《墨子·兼爱上》）

己所不欲，勿施与人。（《论语·颜渊》）

无欲速，无见小利；欲速则不达，见小利则大事不成。（《论语·子路》）

"毋/勿"除了表禁阻，也用于假设小句：

若又勿坏,是无所藏币以重罪也。(《左传·襄公三十一年》)

苟毋适卫,吾出子。(《史记·孔子世家》)

甲骨文里的否定词,据龚波(2010),"不"和"弗"用于直陈否定,"勿"和"弜"用于非直陈否定(包括禁阻和假设)。甲骨卜辞多为"假设小句+结果小句"的形式,龚文发现假设小句都用"勿""弜",结果小句都用"不""弗"(还有动词性的"亡"):

贞:马勿先,其遘雨?(《甲骨文合集》27950)

弜酒,亡雨?(《小屯南地甲骨》2261)

壬王迺田,不雨?(《甲骨文合集》28617)

戊戌卜:王其逐兕,禽?弗禽?(《小屯南地甲骨》2095)

龚文认为周秦汉语否定词的首要区分跟商代甲骨文否定词的首要区分是一脉相承的。

秦汉以前,"不/毋"否定的动词带宾语,"弗/勿"否定的动词不带宾语(丁声树1933),这种区别仍然不是"否定名词"和"否定动词"的区别:

虽有嘉肴,弗食,不知其旨也;虽有至道,弗学,不知其善也。(《礼记·学记》)

不知疾之所自起,则弗能攻。(《墨子·兼爱上》)

毋友不如己者,过则勿惮改。(《论语·学而》)

秦汉以后,这种分别消失,"弗/勿"跟"不/毋"一样都可以带宾语,后世"毋/勿"只限于命令/禁止(禁止之词还有"莫""休"和"别""甭")。

英语表示禁阻和假设,可以用not(do not, don't),也可以用no,以禁阻为例:

Don't you open the door!(勿开此门!)

Don't fool yourself that you can get away with it!
（勿存就此逃脱之妄想！）
No one open the door!
Let no one fool himself that he can get away with it!

用 no 的时候还和 V-ing 形式（已经名词化）连用，连用形式或单独出现（例如出通告），或用在 there is 后面：

NO SMOKING（禁止吸烟）

NO PARKING （请勿停放车辆）

Sorry, there's no smoking in the waiting-room.
（对不起，候诊室不准抽烟。）

可见英语的否定不注重直陈和非直陈的区别。

1.3 否定词缀

陈平（1981）在比较英语和汉语的否定词缀的时候，先指出汉语里所谓的"词缀"不是道地的词缀，然后列出两种语言的否定词缀跟名、动、形三类词根的结合情况如下：

英语

	non-	dis-	un-	in-	a-	-less
名词根	+	+	+	+	+	+
动词根	−	+	−	−	−	−
形容词根	+	+	+	+	+	−

汉语

	不−	非−	无−	莫−	未−
名词根	(−)	+	+	−	−
动词根	+	+	+	+	+
形容词根	+	+	+	+	+

英语总体上名词根和动词根形成对立，六个否定词缀只有 dis- 一个跟名词根和动词根都能结合。汉语名词根和动词根的区别是很有限的，五个否定"词缀"只有两个（莫和未）存在名词根和动词根的区别，三个（不，非，无）没有这样的区别。"不"和名词根的结合，要是把"不日""不时""不力""不法""不一""不道德""不规则""不科学""不名誉"等放进来的话可以标（+）。汉语的主要区别是"不、非、无"和"莫、未"之间的对立。"莫"表示禁止（劝君莫惜金缕衣）或表示"无人"（狂者伤人，莫之怨也），"未"否定既事相，相当英语的 not yet（吕叔湘 1942/1982：187，240，305）。其次，英语的形容词根和名词根表现一致（只有 -less 例外），而汉语的形容词根和动词根表现一致。这是形容词的地位在类型学上的差异，汉语的形容词接近于动词，英语的形容词接近于名词。不过，汉语的动词属于名词，形容词接近动词还是名词不是重要问题，见第七章第 5 节。

第 2 节 "有的否定"和"非有否定"

汉语注重区分"直陈否定"和"非直陈否定"，特别表现在区分是不是对"有"的否定，可称为"有的否定"和"非有否定"。"有的否定"用"没/无/未"，"非有否定"用"不/非"。"非有否定"包括对"是"的否定。（"不有"实为"不是有"，只用于反问和假设。）吕叔湘（1942/1982：238）指出，"有的否定"注意点在动词的事变性（有没有这件事），"非有否定"注意点在动词的动作性（做不做这件事）。

他没（有）去。（没有"他去"这件事）

他不去。(不做"他去"这件事)

"有没有这件事"是个"有无"问题,"做不做这件事"是个"是非"问题。英语"他没去"是 He didn't go,"他不去"是 He won't go,都用 not 来否定,可见英语不注重"有的否定"和"非有否定"的区分。

汉语里"有"是"有","是"是"是","有"和"是"的分别重要,所以否定"有"有否定"有"的否定词"没",否定"是"有否定"是"的否定词"不"。"是"的概念在汉语里通常无须用"是"字来表达,如"陈婴者,故东阳令史"和"老王上海人",只有否定它的时候才加否定语词"非"和"不是",如"鲸非鱼也"和"我不是上海人"。

"是"属于"非有"范畴。"非有"的注意点在"做不做这件事",跟"是不是这件事"一样是个"是非"问题,不是真正的直陈。在应对命令/禁止的时候用的也是一个"是"字:

他(是)没有开枪?——是。(是不是这么回事)

开枪射击!/别开枪!——是。(做不做这件事)

而"有没有这件事"是个"有无"问题,是真正的直陈,应对命令/禁止的时候不能用"有":

他有没有开枪?——有。(有没有这回事)

开枪射击!/别开枪!——*有。(做不做这件事)

总之,汉语里的"是"不完全对应于英语里的 be,"是"的源头跟"指示"有关,引申义跟"是非"有关,都有主观的判断性和非直陈性。像"人家是丰年""他是个日本太太"这样的"是"字句表达的是一种"主观认同"或说话人的"移情"(沈家煊 2008,

2009c)。否定"是"的"不"在否定其他动词的时候有语用上的隐涵义"有意不",如"他不去"有"他不愿意去"的意思。[①]

在"否定名词"还是"否定动词"上,汉语只作"有限的"区分,这可以从两个角度来讲。一,如果不把"没"看成"没有"的缩略形式,把"没"看作一个词,那么汉语的情形是:虽然"不/未"只否定动词("不"是"非有否定","未"是"有的否定"),但是"没/无"既否定名词又否定动词。

不去　未回　　*不车[②]　*未车

没去　未回　　没车　无车

另外,在"非有否定"里"不"否定动词,但是"非"既否定名词("非人非鬼")又否定动词("非不为也")。二,如果把"没"看成"没有"的缩略形式,"没钱"其实是"没有钱","没"否定的是动词"有",那么可以说"汉语的名词本身不受否定"。吕叔湘(1942/1982:234)就说过:"名词,汉语里似乎觉得它本身不受否定,所以没有和英语 no 相当的否定词。可是我们可以否定事物的存在,就是否定'有',这儿不用'不';我们也可以否定两个事物的符合,就是否定'是',这个文言里也不用'不'。"(文言否定两个事物的符合用"非",肯定则不用"是"。)

不管从哪一个角度讲,汉语的名词和动词都能用同一个否定词"没"或"无"或"非"来否定。汉语历史上否定词在更替,但是不管哪个时期总是有否定词既否定名词又否定动词。这表明

---

① "不"和"没"的语义差别还表现在,"不做某事"一定"没做某事","不"涵盖"没",而"没做某事"不一定"不做某事","没"不涵盖"不"。

② "不车"不说,但有"不茶不烟""不冠不袜",是较特殊的用法。还有"不几天""不两三日""不一小会儿",因为常用已经由特殊变为一般了。

汉语注重区分"有"和"是"（属于"非有"），而"有无"和"是非"的区分也是"直陈"和"非直陈"的语气区分，所以注重"有"和"是"的区分也就是注重"直陈"和"非直陈"的区分；而"有没有这样东西"和"有没有这回事情"汉语不怎么区分，"是不是这样东西"和"是不是这回事情"汉语也不怎么区分。和汉语相反，英语里 be "是"和 there be "有"不怎么区分，注重的是"有没有是不是这样东西"（没有和不是都用 no）和"有没有是不是这回事情"（没有和不是都用 not）的区分，所以说首先区分的是"否定名词"和"否定动词"。当然英语也有用 not 和 no 来区分语气的情形，区分的是否定语气的强弱，不过这种区分在英语里显然是第二位的：

I am *not* a writer.（我不是作家。）

I am *no* writer.（我根本不会写文章。）

He is *not* wiser than his brother.（他没有他弟弟聪明。）

He is *no* wiser than his brother.（他和他弟弟一样笨。）

Write a composition of *not* less than 500 words.（写一篇作文不少于 500 字。）

No less than 500 people were injured or killed in the accident.（这次事故伤亡人数多达 500 人。）

中国人习惯于首先区分不同的语气否定，应该对英语的这一区分容易理解，但是由于 no/not 的主要区分在名/动，因而容易忽视这种语气上的差别。

以往对现代汉语否定词的说明和研究（Li & Thompson 1981, Teng 1975, Thomas 1995, Yeh 1995, Xu 1999）大多没有像吕叔湘（1942/1982）那样跟汉语史上否定词的分合连起来考虑，没有注意到

"不（是）"和"没（有）"的区别根本上是"是"和"有"的区别。

第3节 三个概念的分合"地图"

英语表达"是"的概念用 be，表达"有"的概念用 there be，仍然离不开 be。否定 be 是 be not，否定 there be 还是 there be not。可见英语里"是"和"有"是不怎么分的，There is a unicorn in the garden（花园里有一只麒麟）这句话，可以把 there is 看作一个单位，也可以把 there（那儿）和 is 各看作一个单位，there 看作句子的主语。有很多证据支持 there be 里的 there 是一个独立的成分，例如：

Mary did homework and wrote a letter this morning.（玛丽今天上午做作业写信。）

*Mary wrote and Tom received a letter.（*玛丽写了汤姆收到一封信。）

There are two cats and also a dog on the mat.（地席上有两只猫和一只狗。）

前二例表明"等同名词删略"只适用于主语，不适用于宾语，因此最后一句里的 there 应该是主语。下面两句在结构上完全对应：

We believe Smith to be the culprit.（我们相信史密斯是罪犯。）

We believe there to be an error in this proof.（我们相信校样有一处错误。）

there 对应于独立的 Smith，所以 McCawley（1988: 84-88）认为 There is a unicorn in the garden 一句应该是 A unicorn is in the garden（一只麒麟在花园里）插入主语 there 的结果。

因此可以说，英语里 there be"有"也是一种 be"是"。赵元任

（Chao 1955）曾经说过下面一段话：

"[英语的] There is 无法直译成汉语，汉语里只有'有'。There is a man 译成'有人'。……碰巧的是，There is 与 has 都译作'有'，而'有'字与作'是'字解的 is 没有任何关系。所以，西方哲学中有关'存在（being）'的问题很难用汉语说清楚，除非特别切断'存在'与'是'的联系，把它与'有'挂钩。"

这段话的意思可以诠释为：英语讲 being（是）的概念不能不跟 there is（有）的概念挂钩，汉语讲"是"的概念可以不跟"有"的概念挂钩，"是"的概念是独立的，所以汉语的"有"不完全对应于英语的 there be。

英语 have 表"拥有"，(there) be 表"存在"，两个概念是分开的，而汉语三千年来"有"字同时表"拥有"和"存在"（余霭芹 2009）。在中国人的心目中，"拥有"和"存在"有紧密的联系，可以互相转化（袁毓林等 2009，任鹰 2009），"X 拥有 Y"意味着"X 那儿存在 Y"，可比较：

你还有多少钱？

你手里还有多少钱？

这是汉语"有"不完全对应于英语 there be 的另一个方面。"是""存在""拥有"三个概念的表达，英汉区别可以用下面的分合"地图"来表示：

概念	英语	汉语
是	be	"是"
存在		"有"
拥有	have	

英语 be 是一大块，包括"是"和"存在"两个概念，汉语"有"是一大块，包括"存在"和"拥有"两个概念。汉语里"有"是"有"，"是"是"是"，"有"和"是"是两个分立的概念，有否定词"没"和"不"的区别为证。总之，从否定词的分合上看出，英语不像汉语那样注重"有"和"非有"（包括"是"）的区别。

中国人学英语，老师首先告诉 there is 的用法，提醒不要把"公园有很多游人"说成 The park has many people，要说 There are many people in the park。西方人学汉语，经常听到他们该说"山上有座庙"的时候犹豫不决，换说成"山上是座庙"。对西方人来说，to be 还是 not to be，这是个首要问题；对中国人来说，"有"还是"无"，这是个首要问题。

有人以为"山上是座庙"也属于存在句，也表示存在。其实"山上是座庙"就是表示山上"是"座庙，说话人关注的是"是不是"的问题。"是不是"的问题虽然以"有"某物的存在为前提，但是本身不是"有没有"的问题，见胡文泽（2011）的诸多例证。陆丙甫提供下面的例子：

学校后面是一片草地，并且有一片树林。

*学校后面有一片草地，并且是一片树林。

他解释说，"是"的宾语占据整体空间，"有"的宾语占据部分空间，语序要遵循"先整体后部分"原则。所用的否定词不同是汉语注重"是""有"区分的最有力的证明。总之，汉语"是"和"有"二者的区分大于联系，英语 is 和 there is 二者的联系大于区分。

有许多语言跟汉语一样"是"和"有"（存在）两个概念用完全不同的形式表达，如非洲的斯瓦西里语（尼日尔-刚果语系班图语族）和 !Xun 语（Khoisan 语系）[①]：

Swahili 语（坦桑尼亚和肯尼亚）

Juma *ni* mwalimu.

Juma COP teacher（珠玛是老师。）

Juma a- *na* pesa.

Juma 3.SG- be.with money（珠玛有钱。）

Ku - *na* maji.

LOC- be.with water（有水。）

"是"是 ni，"有"是 na。

!Xun 语（纳米比亚和安哥拉）

Nǁùmé òha gǁàgǁàkx'àó.

Nǁùmé COP teacher（钮美是老师。）

Nǁùmé gèa gǁú.

Nǁume be.with money（钮美有钱。）

Gǁú gèa.

water be.with（有水。）

"是"是 òha，"有"是 gèa。"是"和"有"的分合在语言类型学上有什么重要的意义，值得深入研究。

汉语一方面"拥有"和"存在"不分，另一方面"有事物"和"有事件"也不怎么分，自古如此，第六章 3.1 节讲"有"的性质是动词的时候已有详细例证，不再重复。补充的一个事实是，"有"引申出"量多，丰富"义，汉代以后的经师直至戴震都指出这一点，余霭芹（2009）发现这一引申见于多种南方方言，如吴语"有得受他的

[①] 承蒙 B. Heine 教授指出并提供以下例子。COP= 系词，SG= 单数，LOC= 处所。

气哩",温州话"好不有""受得气有"等,其实普通话也不乏"有的是""有钱""有意思"这样的说法。值得注意的倒是"有"表"多"也不限于名词,还用于动词和形容词,"有+名/动/形"都变成表达"量多"的摹状词,从古代到现代都是如此。《诗经》的例子:

乐且<u>有仪</u>(《小雅·菁菁者莪》)

<u>有秩</u>斯祜(《商颂·烈祖》)

中心<u>有违</u>(《邶风·谷风》)

明星<u>有烂</u>(《郑风·女曰鸡鸣》)

四牡<u>有骄</u>(《卫风·硕人》)

<u>有洸有溃</u>(《邶风·谷风》)

现代方言的例子更多,如厦门话、台湾话、梅县话等(余霭芹2009),"有"已经虚化为摹状词的标志,凸显状态的存在:

有额(量大) 有岁(年纪大) 有销(畅销) 有穿(耐穿) 有重(够斤两) 有煮(米的出饭量大) 有水(漂亮)

还值得注意的是,《诗经》里"有X"和重叠形式XX一样起到摹状的作用(王显1959),而重叠的X大多是形容词或动词,如:有忡=忡忡,有荡=荡荡,有楚=楚楚,有赫=赫赫,有蕡=蕡蕡,有扁=扁扁,有力的例证来自对文和互参:

四牡<u>有骄</u>,朱幩<u>镳镳</u>。(《卫风·硕人》)

行道<u>迟迟</u>,中心<u>有违</u>。(《邶风·谷风》)

桃之<u>夭夭</u>,<u>有蕡</u>其实。(《周南·桃夭》)

<u>幽幽</u>南山(《小雅·斯干》) 其叶<u>有幽</u>(《小雅·隰桑》)

<u>有秩</u>斯祜(《商颂·烈祖》) <u>秩秩</u>斯干(《小雅·斯干》)

<u>有皇</u>上帝(《小雅·正月》) <u>皇皇</u>后帝(《鲁颂·閟宫》)

第三章第5节已经说明,现代汉语同样是名词/动词/性质形

容词重叠之后都变为摹状词,这些事实都表明汉语里的词从古至今,首先区分直陈词和非直陈词(摹状词),其次才在直陈词内对名、动、形作有限的区分。

汉语的"有"字和英语 there be 的差别还可以概括为动态和静态的差别。英语 there is 是"存在"(being)的"有",静态的"有",汉语"有"字按《说文》是"有,不宜有也",如"有灾""有彗星",这一训释是"从无到有"或"无中生有"这种动态"有"的绝妙表达,"有"是表"存现"而不是"存在"。

第 4 节 谓语的分类

赵元任(1968:53-57)在"谓语的类型"一节里,从形式着眼,提出了一种有别于传统的谓语分类法,值得重视和深思。赵先生说,传统上将谓语的类型分为动词性谓语、形容词性谓语、名词性谓语,大致对应于叙述、描写、判断,而"另一种分类在形式上更有依据(着重点为笔者所加),是按谓语的作用(原文是 the nature of predication)来分①:(1)对比,(2)肯定(assertive),(3)叙述(narrative)"。

对比性谓语:我现在(是 [.sh])说话(不是打架)。
肯定性谓语:我现在'说话。/我现在'是说话(不是不说话)。
叙述性谓语:我现在说话了。(刚才不说)

这个新的三分"横贯"(cut across)原来"动词、形容词、名词"的三分,因为名词性谓语和形容词谓语同样能这么三分:

---

① 丁译本译作"根据谓语的性质而定"。两种译法都有道理,因为汉语是按"作用"决定谓语的"性质"。

对比性：今儿（是 [.sh]）礼拜（不是礼拜一，等等）。

　　　　这瓜甜。/ 这瓜是甜的（不是酸的、苦的）。

肯定性：今儿ˈ礼拜。/ 今儿ˈ是礼拜（不是非礼拜）。

　　　　这瓜甜。/ 这瓜是甜（不是不甜）。

叙述性：今儿礼拜了。

　　　　这瓜甜了（先前没熟）。

为什么说这样分类"在形式上更有依据"呢？赵先生没有明说，但是显然是指"是"与"了"的对立以及"是"的轻重隐现，这里阐释如下。一般说汉语的形容词属于动词，所以传统的三分可以看作动词性谓语和名词性谓语二分。但是汉语里找不到名词性谓语和动词性谓语之间明显的形式区别。赵元任（1968）用不少篇幅（原书63-67, 90-94页）举例讲各种名词性成分做谓语的句子，说名词性谓语跟动词性谓语一样可以受副词的修饰，名词和动词一样可以前面加形容词做谓语，例如：

那个人怪样子。　这个孩子坏脾气。　这个人大舌头。

还可以把名词和形容词的次序颠倒过来，如：

这个人犟脾气 ⟷ 这个人脾气犟

这个人死心眼儿 ⟷ 这个人心眼儿死

其用意在于指出，别看"脾气犟"和"心眼儿死"是主谓结构，在做谓语的时候跟"犟脾气"和"死心眼儿"这样的名词性成分并没有形式上的重要区别。"莺啼、燕舞"和"啼莺、舞燕"语法上有同质性，差别主要是文体差别而已。

赵先生提出的新的三分可以归并为二分，因为"肯定"其实也属于"对比"，是跟否定对比，如"我现在ˈ是说话"的"ˈ是说话"是跟"不说话"对比，而且这是最典型的对比，所以对比可以视为肯定的一个特例。这样的话新的三分可以看作肯定性谓语和叙述性谓语二分,而这个二分有明显的形式依据:肯定性谓语常用判断动词"是"(轻重隐现决定肯定的程度),否定的时候用"不"而且"是"字必须显形,而叙述性谓语常用时体助词"了","了"和"有"相通,否定的时候用"没(有)"。也就是说,赵先生认为,给谓语分类要找形式依据的话,"是"和"有/了"的区别、"不"和"没"的区别是重要的,而"名"和"动"的区别不重要。

针对赵先生对谓语的新三分,杨联陞先生指出一个事实,叙述类也"横贯"对比类和肯定类,例如"他昨儿(是 [.sh])回'家了"和"他昨儿'是回家了"二句都可加语尾"了"。对于这个事实赵先生解释说,带"了"的谓语一般不涉及对比或肯定。这个解释对维护新的三分不够有力,所以只是在脚注(原书 88 页)里提了一下。如果从"名动包含说"着眼,就可以这样来解释:不是对比和肯定性谓语可以后加"了",而是叙述性谓语可以前加"是",因为谓语(包括带"了"的)除了有述谓性还有指称性,总是可以充当动词"是"的宾语。① 这样解释的形式依据是:"他昨儿回家了"在许多南方方言里说成"他昨儿有回家",普通话的否定式就是"他昨儿没有回家","有"和表示时体的"了"相通,而带"是"字的谓语前面不能再加"(没)有","他昨儿(没)有是回家了"不成话,但是带"(没)有"的谓语前面却可以再加"是",如"他昨儿是(没)有回家"。汉语的谓语除了述谓性还有指称性,而指称

---

① 见第六章第 2 节。即便是"是"字开头的句子也是如此,如"是谁告诉你的",吕叔湘(1979:53)说,这个句子也是一种无主句,它本来是个主谓句,让"是"字在头里一站,把后边的全打成谓语了——意思也就是主谓句"谁告诉你的"成了动词"是"的指称性宾语。

语不都具有述谓性,这正是"名动包含说"的要义。所以赵先生对谓语的新三分从形式上讲完全合理。

对"名动包含"型的汉语来说,名词和动词虽然也有区别(因为名词不都是动词),但是区别有限(因为动词都是名词),因此名动区别不像"名动分立"的印欧语那么重要。这一点赵先生早已敏锐的发现了,"名动包含说"其实是"新谓语类型说"的自然延伸。

李佐丰(2004:64-67,2011)也认为,古汉语不应该按充当谓语的是名词、动词还是形容词来划分句型,最鲜明、最普遍的句型区别是"叙事句"和"论断句",形式特征是,论断句句末多用助词"也",其次用"矣""焉",句首有时用助词"夫",主语和谓语之间有停顿,叙事句句末句首不用助词,否定用"不""未",主语和谓语之间无停顿。

(1)齐景公之晋。(《韩非子·外储说右上》)

鲁昭公弃国走齐。(《晏子·内篇杂上》)

(2)太甲贤。(《孟子·尽心上》)

风俗美。(《荀子·王霸》)

(3)行则有随,立则有序,古之义也。(《礼记·仲尼燕居》)

今以三万之众而应强国之兵,是薄柱击石之类也。①(《战国策·赵策三》)

这是按(1)动词(2)形容词(3)名词来区分谓语类型,然而李文指出,根据"也"这个形式特征②,应该首先将(3)跟下面的(4)(5)归为一类,虽然(4)和(5)的谓语分别为动词和形容词:

(4)不闻命而擅进退,犯政也。(《国语·晋语三》)

---

① 此例和(4)第二例里的"是"都是指代词,复指前面的词语。
② 何莫邪(1983-85)也十分重视"也"这个形式特征,见第五章5.2节。

我未及亏,而又城下之盟,是弃国也。(《左传·哀公八年》)

(5) 身贤,贤也;使贤,亦贤也。(《谷梁传·襄公二十九年》)

倕,至巧也。(《吕氏春秋·重己》)

带"也"的句子是论断句(以判断句为主),不带"也"的句子是叙事句,这样的区分在下面的对比句里十分明显:

秋七月,叔弓如宋,葬共姬。(《谷梁传·襄公三十年》)

秋七月,叔弓如宋,葬共姬也。(《左传·襄公三十年》)

(从者)将行,谋于桑下。(《左传·僖公二十三年》)

公会齐侯于艾,谋定许也。(《左传·桓公十五年》)

上句是叙事句,下句是论断句。"也"是决断词,它的作用是:表示句子所述的内容反映了说话人的主观认识,主语和谓语之间的语义是一种断定关系,而不是实在关系。随着汉语的发展,"也"字逐渐淡出,代之而起的是从指代词演变而来的系词"是"。

汉语谓语的类型主要区分"肯定"和"叙述",古今一脉相承。

第 5 节 "是""有"大分野

5.1 综合性的"是""有"分野

汉语的语法是"大语法",综合语法、语义、语用,甚至语音诸方面,见第四章第 4 节和下面第十一章。这个大语法的大分野是:

肯定 / 是非 / 非直陈	叙述 / 有无 / 直陈
"是 / 的"	"有 / 了"

语法上"肯定"和"叙述"的分野、语义上"是非"和"有

无"的分野、语用（语气）上"直陈"和"非直陈"的分野，三者都在形式上体现为"是/的"和"有/了"的分别。王冬梅（2014）一文提供了丰富的例证，引用如下。

（1）"是"和"的"在各种谓语里相通，都起"加强一个肯定"的作用：

是大白天，有什么可怕的？/大白天的，有什么可怕的？

黑是黑，白是白，黑白分明。/黑的黑，白的白，黑白分明。

这事是真是假，谁也不知道。/这事真的假的，谁也不知道。

他对工作是认认真真，一丝不苟。/他对工作认认真真，一丝不苟的。

我喝酒是自己花钱。/我喝酒自己花钱的。（我喝酒自己花的钱。）

我是随口问问，没有别的意思。/我随口问问的，没有别的意思。

真是不像话。/真的不像话。

（2）"有"和"了"在各种谓语里相通，都表示动作或状态的"从无到有"（实现）：

他有进步。/他进步了。

病情有好转。/病情好转了。

西藏我去过了。/西藏我有去过。

桌上放有一本书。/桌上放了一本书。

有去无回。/去了回不来。

别有负于她。/别负了她。

（3）"是"和"有"在各种谓语里分别，都是肯定和叙述的分别：

墙上是我写的诗。（不是别人写的）/墙上有我写的诗。（也有别人写的）

这条鱼是三斤（只能是三斤）。/这条鱼有三斤。（可以超过三斤）

是一个人慢慢走了过来。(主观判断)/有一个人慢慢走了过来。(客观叙述)

桌子上都是书。(可为一张桌子)/桌子上都有书。(多张桌子)

山上是座庙,还是一户人家。(这户人家就住在庙里)/山上有座庙,还有一户人家。(这户人家不一定住在庙里)

参加比赛的是北京队和山东队,*还是辽宁队。/参加比赛的有北京队和山东队,还有辽宁队。

(4)"的"和"了"在各种谓语里分别,也都是肯定和叙述的分别:

灯,他开的。/灯,他开了。

上个星期他来的。/上个星期他来了。

*上个星期他已经来的。/上个星期他已经来了。

瓦特发明的蒸汽机。/瓦特发明了蒸汽机。

不是瓦特发明蒸汽机的。/瓦特没有发明蒸汽机。

外国人学汉语,经常把"我是去年毕业的"说成"我是去年毕业了",把"我是去年毕的业"说成"我是去年毕了业"。① 究其原因,他们的语言不重视"是-的"和"有-了"的区别,是"名动分立,动词中心"作怪,习惯于把"是"看作强调动词性成分的标记。

"是"和"有"同时出现的时候是有顺序的,只能是"是有"(如"是有这么回事"),不能是"有是"("*有是这么回事")。"有"的概念总是可以用"是"来表达②,而"是"的概念一般不能用"有"来表达,例如:

---

① 这是王韫佳和董秀芳告诉笔者的。

② 王健指出,绩溪方言"你有几个孩子"说成"你是几个孩子","山上有座庙"说成"山上是座庙",用"是"句表达"有"句的意思。

山上有座庙。到底有没有？ 有。是（有）。
山上是座庙。到底是不是？ 是。*有。

"了"和"的"的同现虽然有"了的"和"的了"两种情形，但是"了的"仅仅表示肯定，而"的了"则表示一个肯定的实现，这个"了"一定是表判断语气的"了"，例如：

你们一辈子的温饱是没有问题了的。（"了"表示实际事情的实现）

你们一辈子的温饱是没有问题的了。（"了"表示一个判断的实现，带有语气①）

这是因为，对于一个叙述我们仍然可以加以肯定，而对于一个肯定我们很难再加以叙述。②

说"肯定"和"叙述"是大分野，不是因为二者在概念上排斥对立，而是因为这个分野有形式"是""有"的分别，因此重要。汉语没有印欧语的那种词形变化，采用两个不同的词本身就是形式区分。吕叔湘（1942/1982：28，54）从句型的角度讲这个大分野：叙述句的句型是"起词-动词-止词"（主-动-宾），表态、判断句的句型是"主语（句头）-谓语（句身）"，谓语本身可为"主-谓"结构。这个讲法也有启发性。

过去以为论断（肯定、判断）和叙述只是语用或文体上的差别，"文体，大体可分为论议、叙述两类。论议贵畅，叙述尚简。"（郭绍虞 1979：147）然而汉语离开了语用就没有办法讲语法，或者没有多少语法可讲（第四章第 4 节），汉语"大语法"是"形、音、义、用"（李佐丰 2009）四者的综合。

---

① 这个"了"定性为"言域"或"知域"的"了"，见下 5.2 节。

② 王灿龙（2011）从"不"与"没"语法表现的相对同一性着眼指出，叙述一个事物的存在与否，其本身就是判断（肯定）的结果。

5.2 "也"和"矣"的分别

古人说,"也"之于"矣",相去千里。二字的差别究竟是什么?《马氏文通》从两方面加以区分,一是"论断-叙说"之分:"也"字所以助论断之辞气,"矣"字惟以助叙说之辞气。二是"当然-已然"之分:凡句意之为当然者,"也"字结之;已然者,"矣"字结之。

吕叔湘(1942:273-276)质疑这一说法:"郑不来矣"和"其为惑也,终不解矣"未尝不可说是一种论断,"甚工楷术也"和"犹以为母寝也"又何尝不是叙说?以"矣"字结的"吾将仕矣"明明表将然之事,而"也"字也有不论事理之当然,仅叙事态之固然者。吕先生于是提出一种新的见解,即"静性-动性"之分:"矣"字表变动性的事实,"也"字表静止性的事实。他解释说:已然、将然都是动性变化,有时间性,固然、当然都无变化,是静性,无时间性。下面是给出的近乎"最小对比对"的例子:

其将固可袭而虏<u>也</u>。

其将可袭而虏<u>矣</u>。(去掉表静性的"固(固然)"字后改用"矣")

操军方连船舰,首尾相接,可烧而走<u>也</u>。

操军既连船舰,首尾相接,可烧而走<u>矣</u>。(把"方"字改为表动性的"既(已然)"后改用"矣")

天下事犹可为<u>也</u>。

天下事无可为<u>矣</u>。(从"犹可为"到"无可为"之变化,动性)

非吾徒<u>也</u>,小子鸣鼓而攻之,可<u>也</u>。

公将鼓之,刿曰,"未可。"齐人三鼓,刿曰,"可<u>矣</u>。"(从

"不可"到"可"之变化，动性）

　　彼唯不嗜杀人者，则天下之民皆引领而望之也。（因果句表事理之固然，静性）

　　如有不嗜杀人者，则天下之民皆引领而望之矣。（条件句表变化之结果，动性）

这些例子虽然有说服力，但是"静性-动性"的区别未尝不可以说也属于"论断"和"叙说"的区别，看给出的又一对例子：

　　既欲其生，又欲其死，是惑也。（这是糊涂）

　　爱其子，择师而教之，于其身也，则耻师焉，惑矣。（这就糊涂了）

括号里的译句表明"也"相当于静性的"是"，"矣"相当动性的"了"，然而"是"和"了"的区别也可以说就是"论断"和"叙说"的区别，赵元任（1968：53-55）就是这么说的："我现在'是'说话"是表示肯定，肯定就是"论断"，而"我现在说话了"则是叙说故事的进程。

　　怎么理清这之间的瓜葛呢？其实马氏和吕氏的解释并无矛盾，各自说出了事情一个方面的真相，两种解释应该结合起来。"也"和"矣"二字都有"助论断之辞气"的作用，区别在于"也"表示"这是论断"（静性），"矣"表示"有此事情/论断"（动性）。事情从无到有（已然）用"矣"，论断从无到有也用"矣"，论断从无到有一般依据的是事情从无到有。仍然看上面那对讲"惑"的例子，"也"是表示"'是惑'（这个'是'是指代词）为论断"，"矣"既表示事情从无到有，即爱子择师而又耻师的父亲在待师上从没有"惑"到有"惑"，也表示说这句话的人从没有论断"是惑"到有论断"是惑"。

"矣"表示两种"从无到有",这跟现代汉语句尾的"了"(了$_2$)表示两种"从无到有"是一致的。"了"也是既表示事情从无到有,也表示论断从无到有,后一种用法的"了"也是"助论断之辞气",按照肖治野、沈家煊(2009)的观点,是在"知域"或"言域"里的"了":

这就糊涂了 = 我就想 [这是糊涂] 了 / 我就说 [这是糊涂] 了

这个"了"是表示新的知态或言态从无到有这一变化,句子的意思是,我就有了"这是胡涂"的想法或说法。这可以解释为什么句尾的"了"可以表将然之事:

休息了!

此句实际是"我放言 [休息] 了"或"我预想 [休息] 了",不是真的表将然。古汉语"吾将仕矣"表将然应作同样的解释。

归根结底,"也"和"矣"的分别还是"是"和"有"的分别,而"有"既指事情的"有"也指论断的"有"。这可以解释为什么先秦句子结尾只有"也矣"连用,没有(或罕见)"矣也"连用:要强调"有此论断"自然可以在"也"后加"矣",然而说"有此论断"的时候已经蕴含或预设"这是论断"的意思,所以"矣"后不宜再加"也"。

5.3 景颇语的"是""有"分野

据戴庆厦(2002),景颇语有类似汉语的"是""有"大分野。西方语言,特别是斯拉夫诸语言,"体"(aspect)注重区分完成体和未完成体。景颇语的"体"注重的是"存在-变化"的区别,这种区别横贯或超越"完成-未完成"的区别。戴文讲,"存在体"谓语说明主语存在什么事,是描述性的,偏重于静态描写,相当于汉语的"……的"或"是……的"句式;"变化体"谓语说明主语实现了什么变化,是叙述性的,偏重于动态叙述,相当于汉语的"……了"句型。[1] 这种区别在语法形式上表现为句尾加不加 sa(或变体 s 或 sin)。例如,主语是第一人称单数时,句尾的 n³¹ŋai³³ 表存在,sa³¹ŋai³³ 表变化。这两类句子内部都有完成、未完成的区别,存在句有表示未完成的存在,也有表示完成的存在,例如:

ŋai³³ ka³¹lo³³ ŋa³¹ n³¹ŋai³³.
我 　做 　(助动)(句尾)
我在做的。(未完成的存在)

ŋai³³ ka³¹lo³³ ju³³ n³¹ŋai³³.
我 　做 　(助动)(句尾)
我做过的。(完成的存在)

ŋa³¹ 是表示正在进行的助动词,ju³³ 是表示动作完成或经历过的助动词。同样,变化句有表示完成的变化,也有表示未完成的变化,例如:

ma³¹ khʒap³¹ sai³³.
孩子 哭 　(句尾)
孩子哭了。(完成的变化)

ma³¹ khʒap³¹ wa³¹ sai³³.
孩子 哭 　(助动)(句尾)
孩子哭起来了/孩子在哭了。(未完成的变化)

an⁵⁵the³³ ʃoŋ³ wa³¹ ma³¹kaŋ³³ na³³ sa⁵⁵kaʔ⁵⁵ai³³.
我们 　先 　回 　边 　要 　(句尾)
我们要先回了。(未完成的变化)

---

[1] 参看第六章 3.1 节,要说汉语的"有"是体标记的话,它表示的是一种从无到有的"有体"。

wa³¹ 是表示动作处于开始或逐渐变化的状态或正在进行的助动词，na³³ 是表示动作即将要进行的助动词。所谓的变化体就是表示"从无到有"，如孩子从不哭到哭，从不在哭到在哭。

明确汉语"是""有"大分野以及这一分野的性质，这将有助于看清其他民族语言的语法状况，反过来讲也一样。

第6节 哲学背景

哲学不仅直接启发科学范式的创新，还能强化科学家的批判精神，提升他们的想象力。20世纪初叶走在前沿的物理学家几乎都像是哲学家。近代自然科学是在西方哲学的背景下产生和发展起来的，但是这并不意味着只有西方哲学才能够充当自然科学的精神资源。日本科学家、诺贝尔物理学奖获得者汤川秀树就曾经坦言，老庄思想对他的科学发现有正面影响。（钱捷 2012）

语法理论如果没有哲学根基就缺乏深度。另一方面，在语言学家看来，重视语言分析的哲学家也这么看，哲学上讨论的概念差异只有在语言形式上找到证据才算数。印欧语重视名词和动词的分别，"物"和"事"的分别，汉语不重视这种分别，重视的是"是"和"有"的分别。印欧语是动词为中心，名词依附于动词，汉语是名词为根本，动词也属于名词。汉语和印欧语的重要差别有深刻的哲学背景。

赵元任讲汉语和印欧语的差异就讲到中西方哲学的差异，他说西方哲学中有关"存在（being）"的问题很难用汉语说清楚，除非特别切断"存在"与"是"的联系，把它与"有"挂钩。上面第3节根据语言事实指出，西方重视 to be 还是 not to be 的问题,中国重视"有"还是"无"的问题。哲学界对这个问题的讨论也一直没有中断,近年来更趋热烈。张东荪(1938)早就提出,中国语言不必有主语,没有与英语 it 相当的字,也没有和 to be 相当的字,"是"没有存在的意思,所以中国的名学不以同一律为唯一基础。冯友兰(1964:44)说,"《老子》中的宇宙观当中,有三个主要的范畴:道、有、无。因为道就是无,实际上只有两个重要范畴:有、无。"刘利民(2009)一文论述,西方哲学是围绕 being 而进入形而上学的思辨,而中国先秦名家则是通过对动词"有"的反思而进入形而上学的思辨,"有无"概念是中国传统哲学本体论中的核心概念。尚杰(2009)一文认为,汉语里"是"是个默认的无标记概念,"有"才是一个有标记概念,是一个不同于"是"的概念,是特别要注意的。中国人习惯于"类比"(analogy),把"是"变成了"好像是"或者"就当是","甲,乙也"是传统的训诂学的基本格式。① 王路(2013)一文指出,西方的 being 既有"是"义又有"存在"义,中国人翻译的时候只取其一,理解"整体上出现偏差",这种理解偏差是根本性的,后果是严重的。

"是"和"有"的讨论必然引申到"物"和"事"的关系。杨国荣(2010)一文指出,中国哲学很早已注意到"物"与"事"之间的联系,郑玄在界说《大学》中的"物"时,便认为:"物,犹事也。"(《礼记注·大学》)这一界定一再为后起的哲学家所认同,如朱熹在《大学章句》中便承继了对"物"的如上解说,王阳明则

---

① 由此也可以理解为什么汉语多"他是个日本太太"和"我是肉丝面"这样的说法。"是不是"的问题对中国人而言不值得重视和深究。

直说"物即事也"。①"物,犹事也"的"犹"作"如同,好像"解,如"夫兵,犹火也"。本书的观点是,"物犹事也"是由于"事亦物也","事亦物也"是不言自明,用不着说的,见第五章第4节。汉语给思辨者提供的焦点是"名",名家的思想特质是"专决于名",而"名"显然不限于具体"物"的名,也包括"事"和"性状"的名。(第四章 3.1 节)尚杰(2009)也指出,在西方属性虽不离事物却又非事物,而在中国属性不但属于事物,它自己也是"事物本身"。郭绍虞(1979:142)从语言的角度讲,中国古人对于事和物是同等看待的,不过有虚实之分而已,最有力的证据是汉语里跟"事"有关的时间词和空间词都是当作名词用的,例如"台上坐着主席团"和"后来又来了不少人",修饰语尾"的"和"地"口语里不分,名量词丰富发达。

东西方哲学背景的差异还可以从"事物"(thing)、"事情"(event)、"事实"(fact)三者的关系来观察。陈嘉映(1999,2003)论述这三个哲学概念的分合在汉语和英语里的差别如下。名词用来指称事物,动词用来陈述事情,在英语里事实跟事物一头而跟事情对立:

John's painful death (死亡的事实)

John's dying painfully (死亡的事情)

There's no investigation of it. (没有调查的事实)

They've not investigated it. (没有调查的事情)

死亡的事实和调查的事实用名词 death 和 investigation 表示,而死亡的事情和调查的事情则用动词的分词形式 dying 和 investigated 表

---

① 王阳明"物即事也"的"物"是指"意之所在"(意之所在便是物),不是指客观存在的物。(王阳明 2012:5,41)。

示，词性不同。汉语在词形上分不出来，否定有调查这个事实说"没有调查"，否定有调查这件事情也说"没有调查"；"张三的死"作为事实和作为事情都是"死"。我们说，虽然在词形上看不出区别，但是指事实的时候用"什么"指代，指事情的时候用"怎么样"指代。因为事物也用"什么"指代，因此也可以说汉语是事实跟事物一头：

没有什么？没有面包_{事物}。

没有什么？没有调查_{事实}。

没有怎么样？没有调查_{事情}[①]。

据陈文，哲学家奥斯汀与斯特劳森之间有一场关于事实和事情的争论。斯特劳森称，事情是事情，事实是事实，二者不是一回事，事情存在于世界中，事实则不存在于世界中；奥斯汀认为这种说法"对事实不公"，事情和事实往往是一回事，德国人的崩溃既是一件事情又是一个事实。那么事情和事实到底是两回事还是一回事呢？

从汉语来看，我们的回答是，事情和事实既是一回事又不是一回事。事情也是事实，所以二者是一回事，事实不都是事情，所以二者又不是一回事。

一般认为否定事物和事实用否定词"无"（无面包，无调查），否定事情用否定词"未"（未调查），事物和事实用"什么"指代，事情用"怎么样"指代，事实和事情因此是两回事。但是第3章第2节已经说明，汉语的实际不是这种一一对应的关系，而是偏侧关系。"未"只能否定事情，但是"无"可以否定事实也可以否定事

[①] 按照朱德熙（1982：124），就"没有调查"来说，表示事实的"调查"叫"指称性宾语"，表示事情的"调查"叫"陈述性宾语"。

情;"怎么样"只能指代事情,但是"什么"可以指代事实也可以指代事情。

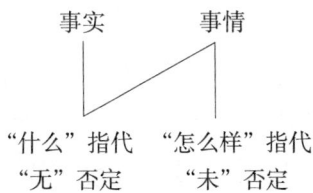

事实只对应"什么"和"无",事情既对应"怎么样"和"未"也对应"什么"和"无"。从这样的偏侧关系看奥斯汀与斯特劳森的那场争论,还是奥斯汀的看法比较符合语言的实际。

为什么会是这样一种偏侧关系呢?陈嘉映(2001)解释说:"事情"既可以从它的发生经过结束来看,也可以从它实际发生过已经摆在那里来看,"事实"则单从一件事情已经发生摆在那里来看,因此我们说"发生了一件事情"却不能说"发生了一件事实",事实是从已经发生的事情上截取下来为论证服务的。事情是树林里长出来的树,事实是木材,你可以指着这些树说:这些都是木材,但是不能说木材都是树。可见陈文同样认为,事情也是事实,说事情就是在摆事实,虽然摆事实不都是说事情,换言之,事实包含着事情。陈文还说,把物和事分开,把事实和事情分开,"可能本来就是语言带来的结果",也就是印欧语"名动分立"带来的结果,从汉语来看,下面两个句子,"火灾"和"爆炸"指事情和指事实本来是一个形式:

火灾/爆炸发生了。("火灾/爆炸"指事情)

火灾/爆炸证明市政管理何其混乱。("火灾/爆炸"指事实)

陈述事情的"爆炸"(锅炉房爆炸了)和指称事情的"爆炸"(爆炸

发生了）也是一个形式。

如果从语言类型和语言演变的角度看问题，结论是，事实包含事情的状态是语言的本来状态，事情和事实分离的状态是语言的衍生状态。英语在词形上区分事实和事情，因为英语的动词已经从名词里分离出来成为一个独立的类，形成"名动分立"的格局，注重名动的差别（如 die 和 death，explode 和 explosion 的差别），而汉语的动词还没有从名词里分离出来，是"名动包含"格局，不注重名动的差别，体现事实和事情二者既分又不分的本来状态。（第九章第 5 节）要是斯特劳森和奥斯汀知道汉语是"名动包含"格局，可能就不会在观点上这么针锋相对了。

结篇第 3 节还将从"对立"和"对待"两种范畴观的角度进一步论述汉语"是""有"大分野的哲学背景。

第十一章 "单双区分"的地位和作用

第1节 "单双区分"比"名动区分"重要

从语法体系着眼,不同的语言重视不同的范畴区分。第九章说明,印欧语重视"名词"和"动词"的区分,汤加语重视"词型"和"词例"的区分。第十章说明,汉语重视的是"肯定/是非/直陈"和"叙述/有无/非直陈"的区分。比较研究不同语言的语法,要紧的是弄清楚每种语言究竟重视什么样的区分,而不应沿用印欧语的眼光不加怀疑的接受传统认定的区分。重视什么样的范畴区分要着眼于形式,上一章讲汉语的那个大分野就着眼于形式上"是/的"和"有/了"的区分。本章将说明,由双音化造成的单音词和双音词的区分是汉语明显的形式区分,这一区分以及由此造成的双音词和三音词的区分、单双音节组配方式的区分,在汉语里的地位和作用十分重要,而我们过去认识得还很不够。单音词和双音词的区分以下简称"单双区分",单音词和双音词的组配方式以下简称"单双组配"。①

---

① 用"单音词""双音词"的名称只是为了照顾习惯,更确切的名称应是"单音字""双音字"(徐通锵2008)。"字"这个字原来只指单音字,后来泛指单音双音多音字,这种字义引申方式同"江"字"河"字,"江"原来只指长江,"河"原来只指黄河,后来泛指各种江河。

印欧语注重的是"名动区分",有词的形态为证,汉语注重"单双区分",它本身就是一种形态。为了使问题更加清晰,这里集中考察述宾和定中两种结构。"房屋"是名词,"出租"是动词,但是如果没有其他帮助我们不知道"出租房屋"这个组合是述宾结构还是定中结构,"养殖对虾、冷冻猪肉、组装衣柜、研究方法"等是同类例子。同样,"田"是名词,"耕"是动词,没有其他帮助也不知道"耕田"是述宾结构还是定中结构,"赛车、跑马、蹦床、劈柴、煎饼、剪纸、印花、染衣"等是同类例子。然而改变音节的数目,把单音和双音互相搭配,[2+1]的"出租房、轮耕田、养殖虾、比赛车"十有八九是定中不是述宾,[1+2]的"租房屋、耕衣田、养对虾、赛单车"肯定是述宾不是定中。这就是吕叔湘(1963)最早指出的,三音节的组合,定中以[2+1]为常态,述宾以[1+2]为常态,王洪君(2001)称之为"节律常态"。

定中结构:出租房 *租房屋

述宾结构:租房屋 ?出租房

定中结构以[2+1]为常态,不管定语是名词还是动词,例如:

[2+1] 鞋帽店 中药铺 金钱梦 手表厂 衣帽间 氧气罩
[1+2] *鞋商店 *药商铺 *钱梦想 *表工厂 *衣房间 *氧面罩
[2+1] 出租房 瞭望塔 控制柄 打击面 演奏团 学习机
[1+2] *租房屋 *望塔楼 *控手柄 *打面积 *演团体 *学机器

而且中心语也有大量的单音动词,例如:

三级跳 俯卧撑 龙虎斗 窝里反 姐弟恋 鸳鸯配 姑嫂争 妻管严 习马会 西藏行 欧洲游 秋雨吟 安乐死 三七开 壁上观 离别恨 出国热 百日咳 阴阳判 散文选 论文集 十三问 连锁变 全年租 人来疯 母狮吼 本字考 包包控

这种 [2+1] 定中同样跟 [1+2] 形成对立：

双虎斗　*虎争斗　　全年租　*年租用
欧洲游　*欧旅游　　论文集　*文结集
离别恨　*离悔恨　　母狮吼　*狮吼叫
十三问　*三问答　　本字考　*字考证
欧洲游　*欧旅游　　包包控　*包控制

述宾结构以 [1+2] 为常态，当宾语为动词的时候也是双音好单音不好，但是这并不是因为单音动词缺名性，因为宾语为名词的时候也是同样格局，例如：

宾语为动词　　　　宾语为名词
比长跑　?比试跑　　租房屋　?出租房
学画画　?学习画　　买粮食　?购买粮
谈买卖　?谈判买　　关门窗　?开关窗
做调查　?进行查　　传疾病　?传播病

说单音动词缺名性不适合做定语，这固然可以解释定中的"租房屋"不成立，也解释"碎机"不成立（要说"粉碎机"），但是不能解释"砍刀、睡衣"，这样的定中组合非常普遍：

躺椅　摇杆　睡床　站笼　唱机　按钮　挂钩　挡板　养女　蹲坑　打手
赢家　做法　抗体　施主　看台　笑脸　哭腔　进程　升力　欠条　签证
叫名　拼盘　骗局　跑车　念珠　说辞　耕牛　炼狱　来路　动脉　冻疮
开本　租费　倒爷　剩女　煮夫　达人　损友　吃货

有人说，这种 [1+1] 组合只属于构词法，但是汉语里词和短语的界限并不清楚（见下第 5 节），而且这种组合在现代汉语是能产的，可以类推：

唱机　唱本　唱段　唱工　唱腔　唱谱　唱片　唱碟　唱词　唱名

刨床、冲床、剪床、锯床、拉床、磨床、铣床、旋床、钻床、镗床

新创的这类词语很多，如"吃货、剩女、煮夫、损友"，说不定哪一天随着新机械的发明就会仿照"唱机"创造出一个"碎机"来。

这都表明，单音动词虽然动性强但是也具有名性，这一点在第二章2.2节已有详细证明。下文把这一事实叫"重要事实"，它支持汉语"名动包含"格局，证明汉语"名动区分"有限。

总之，在汉语里要确定一个结构是述宾还是定中，主要不是看这个结构的成分哪个是名词哪个是动词，而是看哪个是单音哪个是双音。这不等于说汉语里名动区别一点没用，还是有点用的。对于"房屋出租"和"房租"这种组合，知道"房屋"和"房"是名词不是动词还是可以把述宾关系排除掉，因为名词一般不带宾语。（第五章2.3节）另外在非常态的音节组合里名动之别的作用还比较明显：

定中 [1+2]　纸房子　*租房子

述宾 [2+1]　?出租房　*纸板房

定中 [1+2] 是非常态，单音定语为名词成立，为动词不成立；述宾 [2+1] 也是非常态，双音述语为动词勉强成立，为名词绝对不成立。

印欧语第一层次靠形态区分"名-动"，第二层次才对"单-双"作有限区分，音节的相对多少，也有区分名动的作用，例如英语 clothe-clothing, poor-poverty, publish-publication, 单为动，双或多为名。名动兼类词大多是单音词，如 call, jump, kick, shout, cough, sneeze, 双音词少，多音词更少。但是靠音节多少来区分名动，这在英语里不重要，不管音节多少，都主要靠词的形态来区分，grammar 是名词，grammatical、grammaticalize 就是形容词、

动词，grammaticalization 又是名词，grammaticalizational 又成为形容词，所以英语语法书从不把音节多少放在重要的地位来讲述。汉语第一层次区分"单-双"，第二层次才对"名-动"作有限区分，遗憾的是过去没有把"单双区分"放在重要的地位来讲述。印欧语是"名-动"型语言，汉语是"单-双"型语言，[①] 单双区分不仅仅是语音上的区分，下面要论证它是汉语的一种综合性形态。

第 2 节 名词"虚化"和双音化"充实"

对于汉语里双音化的语法作用，过去用印欧语的眼光立足于"名动分立"的看法是，单音动词本来没有名性，双音化之后才具有名性，例如"击打"和"攻击"具有单音动词"击"或"攻"所没有的名性，因此双音化的语法作用就是"动词名化"（以下称作"旧双音化说"）。但是这个看法不符合"单音动词虽然动性强但是也具有名性"这个重要事实，上一节已有说明。其次这个看法不全面，不能涵盖另一个不可忽视的事实，即单音名词双音化之后增强了名性，说明如下。

单音名词发展出动词用法，做谓语而且带宾语，这在古代汉语里已经相当普遍，如"车水、衣人、坑之、丝蚕、膏唇、妻之、树德、母天下"等等（例见第五章 2.1 节），许多这样的用法已经固化，如"车水、车垃圾、车走尸体、车螺丝钉、车过身来"里的"车"字，我们已经承认它是动词。这一现象叫"名词向动词虚化"。然而这些单音名词变为双音的"汽车、车辆、衣服、泥坑、

[①] 古代汉语虽然以单音为主，但是"单双区分"同样存在。

妻子、唇膏、树木、母亲"等等之后就一时失去或减弱了这种动词用法。王冬梅（2001）将现代汉语名词用作动词的情形分为两种，一种是凝固用法，一种是临时活用，根据王文收集的334个例子，按单音和双音分别统计，结果如下：

	用法	例句	数量	百分比
单音	凝固用法	把白菜窖上。	140	70%
	临时活用	天哪，电梯坏了，要腿着了。	60	30%
双音	凝固用法	先试点，后推广。	20	15%
	临时活用	她就这么和母亲距离着。	114	85%

数量上单音（200例）和双音（134例）差别并不显著，但是在凝固用法和临时活用的比例上反差极大。单音凝固用法和临时用法的比例是7∶3，凝固用法占优势，而双音这个比例相反，是1.5∶8.5，临时用法占绝对优势。要解释这个事实就必须假设，从古代汉语开始，单音名词作动词用（向动词虚化）不断扩张，大量固化，而双音名词的这种虚化开始得晚或刚刚开始，绝大多数还没有固化。从这个角度看，名词的双音化也起到增强名性的作用。

不仅如此，"增强名性"的作用对名词的重要性还胜过对动词的重要性，因为从认知上讲，要理解动词用作名词（如"哭没用"的"哭"做主语）和名词用作动词（如"要腿着了"里的"腿"做谓语），前者容易而后者困难（见第五章第4节），所以不让人误解名词动用比不让人误解动词名用更加重要。根据程湘清（2003）的研究，汉语历史上名词的双音化早于动词的双音化，最早在甲骨卜辞里出现的双音词大都是名词（向熹2010：368），王洪君（2001）根据现代汉语的统计材料也证明名词双音化快而动词双音化慢，这个事实也可以用这个道理来解释。

从"名动包含"出发看,双音化是汉语的一种形态手段,语法地位十分重要,但是它的语法作用不是"动词名化",而是"增强名性、减弱动性",简称"增名减动",这是"新双音化说"。注意,"增名减动"对动词和名词都起作用,而不是只作用于动词。对动词的作用是使原来有名性的单音动词增强名性,因而能容纳"单音动词虽然动性强但是也具有名性"这一重要事实;对名词的作用是使单音名词减弱已经派生的动性,因此能涵盖"单音名词双音化之后增强了名性"这一事实。

双音化的"增名减动"就是"增实减虚"。名为实、动为虚,古人就持这一看法,如清代袁仁林在《虚字说》里说"春风风人、夏雨雨人、解衣衣我、推食食我"里的名词"风、雨、衣、食"是"实词虚用"。当今认知语言学的观点是,动词用作主宾语的时候,就是将抽象、虚灵的动作看作具体、实在的事物,也就是"视虚为实"。因此双音化的语法作用可以用"充实"二字来概括,图示如下:

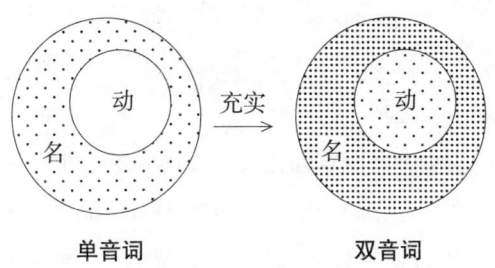

上图中散点"从无到有"和"由疏变密"都代表"充实"。单音词为主的古代汉语,左边空白小圈代表名词中一个较虚的次类"动态名词"("击"为代表),有散点的部分是"静态名词"("车"为代表)。双音词一端,那个有疏散点的小圈也是一个较虚的次类

"动态名词"("攻击、击打"为代表),但是相对单音词里的小圈有所充实(名性增强);散点密集的部分("汽车、车辆"为代表)是单音静态名词经双音化充实(动性减弱)后变得更实的产物。现代汉语单音词和双音词并存,不管是动态名词还是静态名词,都是单音词的名性相对弱,对应的双音词名性相对强。

第九章第 5 节从类型学和语法化的角度说明,动词这个类是名词这个大类里一部分逐渐"虚化"的产物。有的语言(如拉丁语和德语)动词类已经从名词这个大类里彻底分化出来,有的语言(如汤加语)这种分化还没有实现,而汉语的动词类至今还没有出现这种分化,还包含在名词类之中。只有名动已经分立的语言才会发生动词的"名词化",动词类还没有分化出来的语言(汉语和汤加语)根本谈不上动词的"名词化"。汉语里实际发生的是两股势力持续的交互作用:一股势力是名词(包括静态、动态)不断向动词"虚化",但是一直没有形成一个独立的动词类,另一股势力是双音化使有所虚化的名词(包括静态、动态)再度"充实",向实在名词回归。①

用"严谨"和"简洁"两条标准(绪论第 2 节)来评判新旧"双音化说",可以发现,旧说以"名动分立"为基础,要全面解释单双组配跟定中、述宾结构之间的联系,一共要依靠三个假设:

假设一,历史上名词双音化快,动词双音化慢;

假设二,单音动词双音化后才具有名词性(动词名化);

假设三,现代汉语的动词,双音向名词漂移快,单音向名词漂移慢。

假设一和假设二合起来能解释为什么名词以双音为主而动词以单音

---

① 这个现象富有哲意,变易与保守,二者缺一,决无所有。有变易没有保守,是从虚无到虚无,结果一无所有,只有保守没有变易,便不能保守。(转引自金岳霖 1926)

为主,但是无法解释那个"重要事实":单音动词虽然动性强但仍然具有名性。要解释这个事实,必须要增加假设三,现代汉语的动词双音单音都在向名词漂移,双音比单音漂移得快。然而仔细推敲,假设三不自然不合理:既然单音动词双音化的结果是双音动词具备了名词性,为什么已经具备了名词性的双音动词还要再向名词漂移呢?不自然不合理而又不能不要,这就是问题,同时违背"严谨"和"简洁"。

"新双音化说"建立在"名动包含"的基础上,要解释同样的事实,特别是上面所述的那个"重要事实",一共只需依靠两个假设:

假设一,历史上静态名词双音化快,动态名词双音化慢;

假设二,双音化具有"增名减动"的语法作用。

按这种新的理论,在汉语的单音节时代,动态名词(如"击")已经向动词深度虚化,静态名词(如"车")向动词虚化的程度不如动态名词那么深;到了单音双音并存的时代,由于静态名词双音化快,双音(如"汽车、车辆")已经具有很强的名性,而动态名词双音化慢,单音(如"击")仍然具有很强的动性,双音(如"攻击、击打")向动词虚化的程度更浅,动性更弱,所以根本不存在"动词向名词漂移"的问题,旧说的假设三根本就不需要,就已经能解释所有的相关事实。新说还实现逻辑先后和历史先后的一致:历史上先有单音词后有双音词,双音化起"充实"作用,逻辑上现代汉语不存在相反的"双音动词先向名词漂移"。(详见沈家煊2011b)第四章4.3节已说过,逻辑和历史虽然不必一致,但是能一致还是一致的好。

自从陈宁萍(1987)提出现代汉语的双音动词正在向名词漂移,并把这些双音词称作"来自动词的名词",很多人接受了这个说法，但是这是受印欧语"名动分立"观念的支配，是说不通的。按照"名动包含说"，现代汉语的实际不是"双音动词正在向名词漂移"，而是"双音动态名词还没有向动词深度虚化"。这具体是指：动态双音名词（"攻击、击打"）以做主宾语和定语为主，做谓语经常要借助于形式动词"进行、加以"（第六章第 4 节），即使做谓语，有的还不能带宾语，有的只能带单宾语不能带双宾语，有的所带宾语的种类有限（董秀芳 2013）；静态双音名词（"汽车、车辆"）活用做谓语的用法还非常之少，大多还没有凝固化。[①]

解释同样的事实，"新双音化说"比"旧双音化说"不仅少一个假设，没有理论的不自洽，而且历史解释和逻辑解释一致，所以应该相信新说。

第 3 节 "单双组配"比"词-语区分"重要

双音化形成"单双区分"，由"单双区分"造成的"单双组配"在汉语里比词和短语的区分（"词-语区分"）重要。汉语里要区分词和语十分困难，吕叔湘（1979：20-31）花了许多篇幅来讨论，列出牵涉到的五个因素：（1）组合和组合的成分能不能单用，（2）组合能不能拆开，（3）组合能不能扩展，（4）组合有没有专门意义，（5）组合的长短。问题是，这五个标准经常不相一致。

按能不能单用，因为"驼"和"鸭"不能单用，说"驼毛"和"鸭蛋"是词，因为"羊"和"鸡"可以单用，就说"羊毛"和"鸡蛋"是短语，这就有点儿可笑。说"高射"不能单用所以不是词，

[①] 第二章第 5 节讲到的"专业、高度、新式、重型"这类非谓形容词（双音居多）也是还没有向谓词深度虚化的一类名词。

"高射炮"才是词,问题不大,但是"高射机关枪"就有点为难。如果考虑词是不太长不太复杂的组合,"高射"显然比"高射机关枪"像词。按有没有专门意义,同一个"吃饭",如果吃的是米饭,"吃饭"是短语,如果吃的是馒头或者面条,"吃饭"(进餐的意思)是词,但是从语法上看,"吃"和"饭"的关系没有什么不同,一切语法格式变化,如"吃着饭""饭不吃了"等等,对两种意义的"吃饭"都适用。按能不能拆开,"走路、洗澡、睡觉、吵架、打仗"等等可以拆开,如"洗个澡""吵一架",应该算是短语,但是只有单一的意义,难以把这个意义分割开来交给组合的成分,因此有人管这种组合叫"离合词",不分开的时候是词,分开的时候是短语。按能不能扩展,"大的树"能扩展("挺大的一棵树"),是短语,"大树"不能扩展,是词。但是"大树"和"大车"又不一样,"大树"的意义等于"大的树","大车"的意义不等于"大的车",如果"大车"才算词的话,"大树"只能叫"短语词",兼有词和短语两种性质,类似的还有"老实人""胖娃娃"。

有形态的语言不见得词-语界线一清二楚,但是比较好办,吕先生举例说,"铁路"论意义可以是一个短语,也可以是一个词,如果"铁"和"路"都有一定的语尾(甚至中间有一个介词),铁路就是一个词组,如果只有"路"后头有一定的语尾,"铁路"就是一个词。汤加语里词和短语更是用强制性形式作严格二分(第九章第3节)。汉语光杆词就可以直接充当指称语和述谓语,词和短语处处难以一刀切,意见分歧特别多,上述五个因素取舍不同,排序不同,就会得出许多种不同的判断,决不是只在词和短语之间设立一个中间站就能解决问题的。有人设"短语词"为中间站,将"大树""老实人""胖娃娃"等形名组合都归为短语词,但是三者成词的程度还是有差别。同为 [1+2] 的"新衣服"和"新款式"，"小雨伞"和"高智商"，成词的程度也不同，前一个不能扩展（*最新衣服，*很小雨伞），后一个可以扩展（最新款式，很高智商）。王洪君（1994）对所有两字组作细致的分析，发现"成词性"的强弱形成一个非离散性的"序列"。①

　　词和语的区别无非就是组合紧和松的区别，由"单双区分"造成的"单双组配"能区分组合的松紧。吕叔湘（1979：22）已经意识到区分词-语要考虑单双区分。他说，按成分能否单用，"人造丝"向"人造纤维"看齐，都作为两个词较好，而"人造革"只能作为一个词（"革"不能单用），但是从词的长度考虑，与其把"人造丝"和"人造革"作不同的处理（类似"鸡蛋"和"鸭蛋"的问题），不如让"人造丝"和"人造纤维"有所不同。同类的例子有"耐火-材料：耐火砖""生物-制品：豆制品""高压-电线：高压线""自由-体操：自由泳"。他主张，一个双音节组合，先假定它是词，然后看是否有别的理由认为是短语，[2+2] 组合多半看作两个词好，[2+1] 组合多数看作一个词好。

　　定中结构以 [2+1] 为常态，述宾结构以 [1+2] 为常态，这个节律常态也是吕先生早就指出的。定中结构偏向成词，如"出租车""养殖虾"是复合词，述宾结构以短语居多，如"租汽车""养对虾"。冯胜利（1997，2000）明确提出"[2+1] 构词，[1+2] 造语"规则。为什么是 [2+1] 构词、[1+2] 造语，而不是相

---

　　① 有人以为，只要把这些双音组合统一定为"韵律词"，就算找到了赵元任所说的"介乎音节词和句子之间的那级单位"（冯胜利 2000：77），其实赵先生说介乎音节词和句子之间的是"那些单位"而不是"那级单位"，中间单位决不止一级，有很多级。

反呢？柯航（2007）和沈家煊（2012e）归结为"松紧象似"原理：结构关系的松紧（词紧语松）对应或象似于单双组配的松紧（[2+1]紧，[1+2]松）。定中结构比述宾结构紧，吴为善（1989）和柯航（2007）用三音节组合连读变调的材料加以证明。柯航又以不带意义的数字串995[2+1]和955[1+2]为例，指出相邻两个上声字连读变调的时候995里5前头那个9变为直上调[24]，是大变化，而955里的9变为半上调[211]，是小变化，从而从音节组配自身证明[2+1]紧而[1+2]松。

按照冯胜利（2000）和端木三（2007），三音节组合[2+1]可视为重轻格，[1+2]可视为轻重格，所以"[2+1]构词，[1+2]造语"也就是"重轻格构词，轻重格造语"。陆丙甫（2012）还指出，动补结构"跑得快、看得清"，重音在前面动词上的重轻格是表示可能的动补复合词，重音在后头补语上的轻重格是表示结果的动补短语。柯航（2007）指出，[1+1]组合"重轻"[X.X]和"轻重"[X'X]两种格式[①]，语音上给人的整体感不同，重轻格的整体感强，具有对外的排他性和对内的凝聚性，轻重格的整体感弱，例如乐曲中以休止符起首的节拍（轻重格）给人停顿感、终止感不强的感觉。因此重轻和轻重的区别可以纳入紧和松的区别，而且这种语音的松紧同样对应于概念上的松紧。投射到语法上就是，紧的重轻格构词而松的轻重格造语：

重轻格构词：兄.弟　东.西　买.卖　煎.饼　烧.纸　反.正
轻重格造语：兄'弟　东'西　买'卖　煎'饼　烧'纸　反'正
英语有类似情形，重轻格'black.board和'green.house是复合

---

① 按照赵元任（Chao 1975），汉语里的[X'X]轻重格准确说应为"准轻重格"，因为第一音节很少是完全轻读的。

词，轻重格，black 'board 和 green 'house 是短语，可见这是普遍的倾向。但是形态发达的语言主要依靠形态区分词和语，轻重音是次要手段，远不如在汉语里那么重要。

其实 [2+2] 组合也有重轻（紧）和轻重（松）两种格式，黄彩玉（2012）通过实验测量发现，"进口彩电""组装电脑"这种定中/述宾两可的结构，定中结构的"进口、组装"在时长、最高基频、调域上都长于、高于、大于述宾结构的对应词，而述宾结构的"彩电、电脑"在时长、最高基频、调域上都长于、高于、大于定中结构的对应词。

第 4 节　语义上的"松紧差别"是根本

音节组配的松紧对应于语法结构的松紧，根本是对应于语义关系的松紧，结构关系是一种较为抽象的语义关系。归根结底这是因为汉语的每个音节（字）是形和义的结合体。这一点很重要，不了解这一点，就无法解释"[2+1] 构词，[1+2] 造语"这条规则的许多"例外"，主要有以下四种。

第一种"例外"比较明显，[1+2]"名 + 名"组合也可以构成复合名词，而且不在少数：

鸭骨架　泥菩萨　党代表　校领导　乡政府　纸老虎　肉丸子　汤年糕
皮坤包　布沙发　年利率　水立方　火凤凰　木疙瘩　铁娘子　煤老板

为了解决这个问题，有人想把这种 [1+2] 组合归为短语，但是理由很不充分，退而求其次，只能说 [1+2] 除了造语也能构词（冯胜利 2001），那条规则的力量也就失去了一半。其实重要的不在区分词和语，而在于明白，同是三音节定中组合，概念上也是 [2+1]

比[1+2]紧。例如柯航（2007）比较"学校店"和"校商店"后指出，"学校店"是以学校师生为基本顾客群的商店，一般地处学校周边，而"校商店"一般指学校拥有产权和设在学校里的商店，二者在概念上是前者紧而后者松，因为一般情形下服务对象比产权归属更说明商店的性质。下面是同类的成对例子：

[2+1] 纸板房 中药罐 水果篮 陶瓷馆 钢铁侠 枣花蜜 焰火节 木材商 午夜场

[1+2] 纸房子 药罐子 果篮子 瓷娃娃 铁娘子 花蝴蝶 火疖子 木脑袋 夜生活

拿第一对来讲，"纸板房"的"纸板"仍然具有明确的事物指称义，它限定房子的质材，而"纸房子"的"纸"是在描摹房子，有"像纸糊的"这种意思，指称具体事物的能力被弱化，转而突出"纸"的某些属性（如"轻薄、不结实"等），因而"纸"在语义上变得更像是个形容词，具有摹状性。如果盖的房子很不结实，我们会说"这房子跟纸房子似的"，不大会说"这房子跟纸板房似的"。可见概念上"纸板房"比"纸房子"紧。"午夜场"和"夜生活"，前者的"午夜"只是限定场次的时间，后者的"夜"却可以引发"放纵、灯红酒绿"等许多联想，具有摹状性。同样，"陶瓷馆"的"陶瓷"限定展馆的性质，而"瓷娃娃"常被用来指代骨质异常疏松的儿童，"瓷"有"脆弱"义。"钢铁侠"指穿着钢盔铁甲的人或是用钢铁制造的机器人，"钢铁"指特定的金属材料，而"铁娘子"里的"铁"则被理解为金属的某种属性，如"强硬"。[①]"与其治这

[①] 英语里 STEEL warehouse 是"钢材库"（存放钢材的仓库），steel WAREHOUSE 是"钢仓库"（用钢材建造的仓库），其规律跟汉语相似。（与陆丙甫通讯）

种社会病，不如治这个病社会"，"社会病"和"病社会"的区别也是很好的例子。

第二种"例外"跟第一种是一类，[1+2]"动 + 名"组合也可以构成复合名词，数量也不少，如"卷头发、死脑筋、活菩萨、睡美人"等。但是拿它们跟对应的 [2+1] 式比照也能看出语义上松紧的差别：

[2+1] 卷曲发　死亡岛　活动家　睡眠状　病弱者

[1+2] 卷头发　死脑筋　活菩萨　睡美人　病西施

双音动词"卷曲"限定发型的样式，"卷曲发"倾向于成为发型的名称，"卷曲"是个定性定语；而"卷头发"一般描写某个人头发的样子，所以"卷"具有摹状性，例如：

直发、波浪卷曲发、天然卷曲发，我们头发分以上三种。（百度知道）

天生的卷头发怎么办啊？帮我想想办法……（网易论坛）

如果将"卷头发"和"卷曲发"互相替换，二句就都显得不自然。同样，"死亡岛"指"登上岛的人都会死亡"，定语"死亡"是给"岛"定性，而"死脑筋"的"死"和"丧失生命"义关系不大，它描摹"思想不开窍"的状态。

第三种"例外"，述宾短语有 [2+1] 组合，如"出租伞，批发酒，代表党，喜欢钱"等。从语义的松紧来看这也很好理解。比较"出租伞"和"出租车"，"出租车"一般用作定中复合名词，很少用作述宾短语，"出租伞"则相反。原因是日常生活形成按出租、自驾、公用等方式给汽车分类和定性的习惯，但是没有按这样的方式给雨伞分类和定性的习惯，所以"出租伞"只能用作述宾短语。"批发酒"和"批发价"的区别也一样：价格按批发、零售等方式分类定性,酒不这样分类定性。再比较"代表党"和"领导党",党派按执政、在野分类定性,不按代表不代表分类定性。①

第四种"例外"最明显,"形+名"组合在单双组配上有特殊性。定中结构以 [2+1] 为常态,这只适用于定语是名词或动词,形容词充当定语的时候情形正好相反,[2+1] 受限制,[1+2] 倒是常态:

[1+2] 大房间　冷空气　热开水　白脸蛋　黑皮肤　小房间
　　　 新皮鞋　旧衣服
[2+1] *宽大房　*寒冷气　*湿热水　*煞白脸　*黝黑肤　*窄小房
　　　 *崭新鞋　*破旧衣

形容词做状语的状中结构也是这个格局,例如"勤练习/?勤奋练","假批判/*虚假批","乱闹腾/*胡乱闹"。这也证明形容词修饰的是名词还是动词,这在汉语里并不重要。

"形+名"组合的特殊性看似例外,其实还是遵循松紧原理。可以这样来解释:性质形容词本来以单音为主,它们和中心词的组合本来概念上就联系紧,所以无需换成 [2+1] 这种紧的音节组配。这个道理就是"标记颠倒",又叫"局部标记"(local markedness),这里先放一放,下一章将对此作详细的说明。这里先说一种类似的情形,有一类特殊的"动+名"复合名词为 [1+2] 式,数量不大,大多局限于指烹饪的食物,如"烤白薯、炒年糕、蒸带鱼、涮羊肉"等。从语义的松紧来看也容易理解,烹饪词因为常用所以一直以单音为主,如果不用作烹饪词,"烤衣服、炒沙子、蒸针头"作为复合名词就不成立,原因在于"民以食为天",日常生活中经常要按烹饪的方式给食物分类,烹饪方式起定性的作用,例如烤的白

---

① 只有在当年批判"右派"的特殊语境里,"领导党"才会理解为述宾短语。

薯跟蒸的、煮的形成对立，"烤"给"白薯"定性，"烤白薯"的内部组合本来就紧。相反，人们通常不会按"弄干"的方式给衣服分类，尽管弄干衣服的方式也有多种，"烤"不给"衣服"定性，"烤衣服"的组合松，只能是述宾关系。

总之，所谓的"例外"都不是真正的例外，其实都没有违背松紧原理。词和语的区别无非就是内部结构和语义上紧和松的区别，汉语并不注重印欧语那种"词-语"区别（吴长安 2012），注重的是单双组配 [2+1] 和 [1+2] 的区别，这种区别本身是一种形态，能够同时在语法和语义上对组合的松紧作出相对的区分。①

第 5 节 "虚实象似"原理

5.1 "虚实象似"的综合性

作为汉语自身的一种形态，双音化的语法作用可以概括为"充实"，双音化形成的"单双区分"和"单双组配（单双-双单）区分"，具有"区分虚实"的语法作用。这种语法作用具有综合性，"单双区分"是一种综合性的形态手段，概括如下：

语音松紧虚实：单音拍虚松，双音拍紧实

[1+2] 虚松，[2+1] 紧实

[X'X] 虚松，[X.X] 紧实

语法松紧虚实：短语虚松，复合词紧实

述宾结构虚松，定中结构紧实

---

① 过去试图解决上述种种"例外"的思路是严格区分"词"和"语"，着力于词重音的确定，但是效果不理想，因为汉语的基本单位是"字"，字与字的结合是"松紧"为本，不是"轻重"为本。详见沈家煊、柯航（2014）。

动词虚松，名词紧实

语义松紧虚实：单音词内涵单调，双音词内涵丰富。

语用松紧虚实：单音词随意，双音词稳重。

松紧和虚实相通，语音、语法、语义、语用上的松紧虚实是象似和对应的。语音上"单双区分"也是一种"虚实区分"，单音拍虚松，双音拍紧实。拿乐曲来说，一个节拍，含一个音符疏松，含两个音符密实。语流中说"黄、赌、毒"和说"涉黄、赌博、吸毒"，如果节拍等长，双音词肯定比单音词说得紧凑，给人的听觉也是这样。说"火凤凰、铁娘子、黑牡丹"的时候，经常是单音的"火、铁、黑"拉长，形成前后大致等长的节拍，但是前拍比后拍虚松。说"代表党、出租伞、批发酒"的时候，经常是单音的"党、伞、酒"拉长，同时前头的双音紧缩，甚至出现第二个音节失去原有的声调的情形，如"喜欢钱、吓唬人"，也形成前后大致等长的节拍，但是后拍比前拍虚松。上文已经说明，由"单双区分"造成的"单双组配（单双-双单）区分"，也是"虚实区分"，重轻格 [2+1] 和 [X.X] 因为紧而实，轻重格 [1+2] 和 [X'X] 因为松而虚。

语音的松紧虚实对应于语法和语义的松紧虚实。重轻格构词，轻重格造语，词紧语松，无需多说。重轻格为名性（构成复合名词），轻重格为动性（构成动词短语），这是因为"名紧动松"。按照 Langacker(1991:21)，"名紧"是因为名词是"整体扫描"，"动松"是因为动词是"次第扫描"。一个复杂的概念，只有在"紧凑化"也就是凝聚成一个整体之后人们才会给这个概念取个名称、给它个名目，第六章第 4 节已举例，"速滑"和"跳马"像个"名"（运动项目），而"快滑"和"骑马"就不像，因为前者词义紧实，内涵更丰富。本章第 4 节已经说明，必须考虑语法意义的虚实松紧，才能对"单双组配"规律的一些所谓"例外"作出合理的解释。端木三（2007）从信息论的角度说明，动词因为对比项少所以信息量小，名词因为对比项多所以信息量大。国外有人说，名词的语义密度（semantic density）高，动词的语义密度低（转引自胡建华 2013）。密度高自然就实，密度低自然就虚。陆丙甫（2012）举例说明，事件越复杂，内涵越丰富，表示事件的词越倾向于名词，例如英语 act 和 action，move 和 movement，前项名动兼类，后项只是名词，因为后项表示的事件比前项复杂。汉语"打仗（动词）、战斗（名词/动词）、战争（名词）"，三个词表示的事件一个比一个复杂。双音化使词义"精细化、丰富化"的作用为大家所认同（徐时仪 2005，吴长安 2012），例如，"筹"孳乳出"筹办、筹划、筹措、筹集、筹备、筹算、筹谋"，"出"孳乳出"出动、出列、出场、出局、出产、出面、出版、出品、出售"。[①] 词义越精细，内涵越丰富，词义就越实。

"虚实象似"还可以从语义扩展到语用上，语用上词义的"正式"和"非正式"的区别其实也是一种"虚实之别"，越是正式，人感觉的分量越重越实。例如双音的"批判"比"批"正式，"打算"和"规划"，"打算"是比较随意的规划，而"规划"是正式的打算，"规划"比"打算"更实所以更像一个名词。（陆丙甫 2012）女儿叫一声"爸爸"，重音落在前一个"爸"，听上去干脆

---

① 单音的"杀"（二桃杀三士）变为"杀死"，"污"（以血污车轮）变为"弄脏"，词义并没有增加，但是这是双音化变为动结式的少数情形，多数情形属于"破"变为"攻破""打破""捅破"词义有所增加的情形。"杀死""弄脏"也并不违背"虚实象似"原理，至少在语用意义上有所"充实"，见下。

紧凑,如果重音落来后一个"爸"上,是港台腔,一定是女儿在向爸爸撒娇。格律诗的诗行,末尾用偶音步给人以稳定、完整的感觉,用奇音步给人的感觉是活泼、轻快。(文炼、陆丙甫 1979)这也是当前"很黄很暴力""很傻很幸福""且行且珍惜"这种说法流行开来的原因。一问一答的时候,问"今天几号了?",可以答"十五""二十",不宜单答"五",要答"五号"或"初五";问"你姓什么?",可以答"欧阳""端木",不宜单答"张",要答"姓张"。这也只能从语用上去解释。

5.2 "虚实象似"的相对性

综合性的"虚实象似"让我们领悟,在印欧语的语法观念引进之前,为什么中国人那么重视"虚"和"实"的区分。要补充说明的是,这种对应或象似不是一一对应的关系,而是"偏侧对应"(第三章第 2 节),因此是一种相对的象似性。形式和意义之间的"偏侧对应",赵元任(1968:11)举例说,重轻格 [X.X](实)的"煎.饼、劈.柴"一定是复合名词,但是轻重格 [X'X](虚)的"煎'饼、劈'柴"可以是动词短语也可以是复合名词。

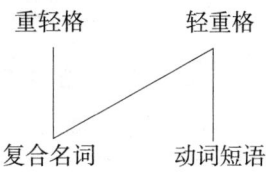

同样,[2+1] 几乎只构成复合名词,但是 [1+2] 既构造动词短语也构成复合名词。我们补充,名词和动词作为较抽象的形式类与词汇的语义类(内涵多和内涵少),二者之间也是偏侧对应关系,例如:

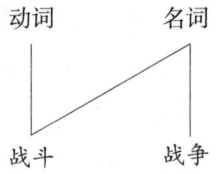

"战争"的内涵多而复杂,"战斗"的内涵少而简单。

沈家煊(1999b)论证,"偏侧对应"(扭曲对应)是形式和意义之间联系的普遍状态和正常状态,符合语言演变"形义不同步"规律(形式的演变滞后于意义的演变,原来的意义滞留在新的形式中),是语言保持生命和活力的必需条件。从这个角度看,"虚实象似"的综合性还指共时现象和历时过程的综合。

"虚实象似"的相对性决定我们对单双组配和语法结构之间的联系只能作出倾向性的预测,这种预测可以用"如果 A 成立,B 也成立,反之则不然"这样的"单向蕴含式"来表述,具体有下面一些:

如果 [1+2] 定中成立,那么 [2+1] 定中也成立,反之则不然。例如,有"校商店"也有"学校店",但是有"煤炭店"没有"煤商店"。

如果 [2+1] 述宾成立,那么 [1+2] 述宾也成立,反之则不然。例如,有"出租房"(见于招贴)也有"租房子",但是有"造房子"没有"建造房"。

如果 [2+1] 述宾成立,那么 [1+2] 定中也成立,反之则不然。例如,有述宾"出租房"也有定中"纸房子",但是有定中"草房子"没有述宾"建造房"。

如果"动 + 名"组合 [X'X] 能复合成名词,那么 [X.X] 也能复合成名词,反之则不然。例如,有复合名词"炒'饭"也有复合名词"烙.饼",但是有复合名词"烧.纸"没有复合名词"读'报"。

倾向性的预测只能叫"弱预测",虽然预测性弱,但是并不缺乏科学性,它们是可以证伪的,而且能做到充分的解释。由于语言系统的开放性和变动性,语法研究追求的"不过分"的目标是对语言事实作出这种"弱预测"(沈家煊 2004)。赵元任(Chao 1959a)告诫研究者,"不要期望韵律特征和[语法]结构之间会有一种十分简单的对应关系",在语言现象中寻找系统性和对称性不要"走得太远"。过犹不及,"过分"和"走得太远"的结果往往是连充分的解释也做不到。

第6节　对主流语法理论的反思

重要的是弄清一种语言重要的区分是什么,而不是去寻找在其他语言里显得重要的区分。已经有不少人开始意识到双音化和"单双区分"是汉语自身的一种语法形态,但是对它的重要地位和作用仍然认识不够。它不仅相当英语里 V 和 V-ing(动性较弱)的区分,还在汉语里区分 N 和 N-ness(名性更强)。它的重要性还在于具有综合性,集音韵、语法、语义、语用的功能于一身,不仅表现共时现实,而且反映历时过程。这引发我们对主流语法理论的反思,也引发我们思考汉语这种形态对一般语法理论的建设具有什么样的意义,因为汉语语法是综合性的"大语法",如果对语音、语法、语义、语用分别研究,就破坏了它的存在形式。

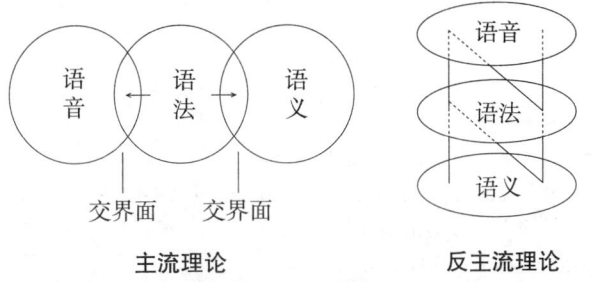

主流理论认为，如左图所示，语音、语法、语义是三个独立的模块，处于核心地位的语法部分处理完毕后，得出的结果输入语音部分进行"拼读"，输入语义部分进行"解读"。然而从汉语的事实看，这个假设的普遍性值得怀疑。本章证明，语法要受语义的控制，语义上的"松紧虚实"最终决定结构的"松紧虚实"。广义的"语义"包含语用意义，这就是说，至少在汉语这种类型的语言里，语音、语法、语义三个层面不是截然分开、各自自主的。三者之间的联系主要不是靠什么"交界面"（interface），而是靠"松紧虚实"的映射对应关系，而且这种对应是符合语言演化规律的偏侧对应，如右图所示。①总之，对汉语这样的语言，更加适用的理论不是横向模块之间的"界面理论"，而是一种纵向层面之间的"映射理论"，后者跟当今"认知语言学"的基本理论相吻合（沈家煊1995b）。如果从统一的映射角度来看印欧语和汉语，区别在于，印欧语的映射是间接的，汉语的映射是直接的，这就是第四章所述"实现关系"和"构成关系"的差别。

---

① 冯胜利（2011）意识到，汉语不仅语法可以控制语音，语音也可以控制语法，语音部分可以对语法部分不合格的产品"退货"。不过，这种表述的出发点还是语音和语法各自独立。

第十二章 "标记颠倒"和包含格局

第 1 节 局部的"标记颠倒"现象

上一章第 4 节讲"形 + 名"定中组合在"单双组配"上的特殊性，要解释这个特殊现象需要依靠"标记颠倒"的理论。

语言学中的标记理论（markedness theory）最初应用于音位系统的分析，用到词法和语法分析的时候，区分了标记模式的两种情形，一种是 male 和 female 的"对立"，male 是"无标记项"，一种是 man 和 woman 的"对待"，man 是"未标记项"。这个重要的区分第三章第 3 节已经说明，它决定了名词和动词的关系也可以有"对立"和"对待"两种情形，"对待"关系就是"包含"关系。

随着语言类型学的发展，标记理论的另一个新进展是发现了两个或多个范畴在标记性上的关联（Greenberg 1963，1966），特别是"标记颠倒"（markedness reversal）现象，也叫"局部标记"（local markedness），即一个主范畴和一个包含其中的次范畴在标记性上相反的情形，参看 Witkowski & Brown（1983）和 Croft（2002：134-147）。

举例来说，按照传统的标记理论，辅音这个范畴内清音（如 /p, t, k/）不带声为无标记项，浊音（如 /b, d, g/）带声为有标记项，这是就辅音的总体而言，但是作为辅音的一个次类"鼻辅音"（如 /m, n, ŋ/），它的标记性正好相反，带声的鼻辅音是无标记项，不带声的鼻辅音是有标记项（Greenberg 1966：24）：

	不带声（清）	带声（浊）
一般辅音	无标记	有标记
鼻辅音	有标记	无标记

这个标记颠倒的情形也可以用主、次两个"自然配对"来表示：一般辅音和不带声是一个自然配对，鼻辅音和带声是一个自然配对：

	自然配对（主）	自然配对（次）
口腔－鼻腔	一般辅音	鼻辅音
带声－不带声	不带声	带声

前一个自然配对为主，代表全局，后一个自然配对居次，代表局部，所以"标记颠倒"也叫"局部标记"（Tiersma 1982）。要指出的是，之所以前者为主、后者居次，是因为鼻辅音是辅音的一个特殊次类，或者说，"辅音"本身是一个"未标记"音类，未标明是否具有[鼻音]特征，"鼻辅音"是相对的"有标记"音类，特别标明具有[鼻音]特征。按照"典型理论"（prototype theory）的说法，一般辅音的典型是不带声的，而鼻辅音的典型是带声的，所以"标记颠倒"也叫"典型互补"（complementary prototypes）。正因为一般辅音通常不带声，尽管有鼻辅音这个次类存在，"清辅音为无标记项"这个说法也为大家所接受。

标记颠倒的情形也存在于语言的其他层面。词汇语义层面，举例来说，"管家"是无标记词项，"女管家"是有标记词项，这适用于一般表示职业职位的名词，如"司机、经理、校长、大使"等等，但是有一小部分这样的名词情形相反，如"护士、保姆"是无标记词项，"男护士、男保姆"是有标记词项。大部分名词如"管家"等和"男性"构成一个主要的自然配对，少量的名词如"护士"等和"女性"构成一个次要的自然配对，也就是在职业职位这类名词内"护士、保姆"等构成一个有标记的次类。所以确切说，"管家"是"未标记项"。不过因为一般管家是男性，说"管家"是"无标记项"也可以接受。

语法层面同样存在"标记颠倒"现象，最明显的例子是名词的单数和复数。一般情形下单数名词是无标记项，复数名词是有标记项，例如英语单数名词 oak "橡树"不带标志，复数名词 branches "树枝"带标志 -es，鞑靼语（一种阿尔泰语）相当于英语 oak 的 imän 也不带标志，相当于 branches 的 botaklar 也带标志 -lar（Comrie 1981：86）。但是有一小部分名词，即集合名词，标记性正好相反，复数是无标记项，单数是有标记项，例如俄语的 goroxs "豌豆"，所指对象为许多细小颗粒的集合，单数 gorošinɑ 反而是有标记项，带标记 -inɑ；又如苏丹东部的 Turkana 语（一种尼罗-撒哈拉语）ŋɪ-tyaŋì "野生动物"，所指对象有群居性，单数 e-tyŋ-it 反而是有标记项，带标志 -it。Turkana 语里成对的身体器官的名称也是如此，ŋɑ-kì "耳朵"是无标记项，指单只耳朵的 ɑ-k-it 反而是带 -it 的有标记项。这种情形在闪语和尼罗-撒哈拉语里很常见（Croft 2002：190），形成的标记颠倒如下：

	个体名词	集合名词
单数	无标记	有标记
复数	有标记	无标记

一般名词即个体名词和单数构成一个主要的自然配对，集合名词和复数构成一个次要的自然配对，之所以是一主一次，也是因为集合

名词是一般名词的一个特殊的、有标记的次类。

      自然配对（主） 自然配对（次）
个体/集合   个体名词   集合名词
单数/复数   单数   复数

正因为一般名词是个体名词，尽管有集合名词存在，"单数名词是无标记项"的说法也为大家所接受。这种两个或多个范畴发生关联的标记理论不仅适用于跨语言的类型学研究，也适用于个别语言的研究，沈家煊（1999a）曾用这种理论来描写和解释汉语中语法范畴的种种不对称现象。

  还需指出的是，标记颠倒的情形不但在语言中存在，也在人类的其他活动中普遍存在。例如七月八月吃冰棍是正常活动，一月二月吃火锅也是正常活动，如果反过来七月八月吃火锅或者一月二月吃冰棍，那就成了特殊的有标记活动。但是这种标记性到了澳大利亚就颠倒了过来，一般认为是有标记的活动在那儿是无标记活动，而无标记活动成了有标记活动。那么标记理论的普遍性是否就失效了呢？不是。因为人类在地球上大部分生活在北半球，南半球成为一个特殊的次类地区，标记颠倒只发生在这个局部地区。标记颠倒只是表面现象，背后的实质或理据是某种关系的"象似"（iconicity），即"自然的对应关系"。就吃冰棍和火锅而言，这是一种"冷热象似"，天气的冷热和食物的驱寒祛暑之间存在自然的对应关系。这种对应关系可以用"功能主义"的观点来解释，食物的冷热调节具有适应天气冷热变化的功能。同样，功能主义语言学也是这样来看待语言中的标记性和标记颠倒现象，例如，个体名词和单数构成一个自然配对，集合名词和复数构成一个自然配对，其理据是语言的形式和意义之间存在自然的对应关系，即一种"多少象似"：形式的多少具有表达意义多少的功能，意义上本来含"多"的集合名词就无需形式上多加标志，用集合名词来指称个体倒要加个特殊的标志。① 正因为这种对应关系是自然的，而且在语法中十分普遍，所以 Haiman（1985）把语法叫"自然语法"（natural syntax）。

第 2 节 "名动包含"和"标记颠倒"

上一章第 1 节讲名词性的定中结构以 [2+1] 为常态，动词性的述宾结构以 [1+2] 为常态，例如：

名词性定中　煤炭店 /*煤商店　手表厂 /*表工厂　复印纸 /*印纸张　出租房 /*租房屋

动词性述宾　抄文件 /*抄写文　造房子 /*建造房　买粮食 /*购买粮　看大戏 /*观看戏

柯航（2007）首次用"标记颠倒"来说明上述现象：

	名词性定中	动词性述宾
[2+1]	无标记	有标记
[1+2]	有标记	无标记

---

① 标记颠倒不能仅仅用使用频率（高频的形式倾向短小）来解释。苏丹 Western Nilotic 的 Shilluk 语表单只鞋是 wà:r-ɔ（有标记），表一双鞋是 wâr（无标记），如果这只是因为鞋通常是成双论对的，那就无法解释英语的事实，据 Dryer（2014）在 Google 上 2002 年的频次统计：

crododile 1,350000　crocodiles　364,000

shoe　　 9,510000　shoes　 34,700,000

shoes 的频次大大高于 shoe 却为较长形式。认知上的解释是这样的：鞋一般成双论对，这对 Shilluk 语和英语是共同的，两种语言的差别在于，Shilluk 语视成双的鞋为集合（mass），英语视成双的鞋为复数（plural）。

这个标记颠倒也可以用一主一次两个自然配对来表示：

	自然配对（主）	自然配对（次）
单双组配	[2+1]	[1+2]
语法结构	名词性定中	动词性述宾

上一章已经说明，这背后的理据是"松紧象似"，韵律结构（单双组配）和语法结构之间存在自然的对应关系，前一个自然配对是紧的韵律结构配紧的语法结构，后一个自然配对是松的韵律结构配松的语法结构。这里要指出的是，之所以前一个自然配对为主，后一个自然配对居次，这是因为汉语的动性词语是名性词语的一个特殊的、有标记的次类，汉语是"名动包含"格局，名词和动词不是"对立"关系而是"对待"关系。这跟集合名词是名词的一个特殊的、有标记的次类是类同的情形。

第 3 节　定中结构的"标记颠倒"

3.1　形容词的特殊性

"形 + 名"定中组合在单双组配上的特殊性（上一章第 4 节）可以用下面的表格来概括：

	[2+1] 定中	[1+2] 定中
名词	汽车房	*车房子
动词	出租房	*租房子
形容词	*宽大房	大房子

名词动词为一头，形容词为另一头，单双组配的方式正好相反。形容词的特殊情形也违背 Lu & Duanmu（2002）和 Duanmu（1997）阐释的"辅重原则"，定语作为辅助成分应该是音韵上重

的双音节。为了解决这个问题，端木三（2000）认为"大房间"等是语法结构不好的复合词，音步划分是"大房｜间"而不是"大｜房间"，但是这种划分十分牵强，跟连读变调和停延的实际情形不符。① 详见王洪君（2001）和柯航（2007：67）的批评。王洪君于是放弃"辅重原则"，转而注重于形容词的特性，她认为，由于历史上形容词单音的使动用法转移到双音上，现代汉语形容词的双音形式不少有使动用法（如"<u>柔软</u>头发、<u>端正</u>态度"）因而容易造成歧义，而单音形式用法单纯，所以形名定中结构以 [1+2] 为常态。这个解释的问题是，现代汉语大量的双音动词都可以带宾语，也容易造成歧义，却仍然经常做定语，而且是很好的定语，如"出租房屋"和"养殖对虾"；古代汉语里单音形容词普遍有使动用法（如"<u>静</u>其心、<u>深</u>其宫"），但是这并不妨碍它们做定语（"静女、深宫"），而且现代汉语仍然留存古汉语单音形容词的使动用法，如"静一下心，热一热饭"。

过去把精力主要放在争论"大房间"这种 [1+2] 组合究竟是词还是短语上。因为难以确定它是词是语，冯胜利（2001）就说句法可以造语也可以造词，"大的房间"是句法造语的产物，"大房间"则是句法造词的产物，叫"句法词"，即"以短语生成方式产生的词"，所以是 [1+2]。这样的处理难以解释动名复合词 [1+2]"租房屋"不成立，"租的房屋"是句法造语的产物，为什么"租房屋"不能是句法造词的产物呢？所以这种办法不解决问题。

另一方面，在做定中结构的中心的时候，单音形容词又和单音名词、单音动词表现一致，都以 [2+1] 为常态，这个事实也很

---

① 比如"小雨伞"，三个上声字，从连读变调看只能划分为"小｜雨伞"。

重要:

> 汽车房　全年租　猩红热
> 煤炭店　三级跳　妻管严
> 手表厂　本字考　夕阳红

要回答的问题是,在三大实词类中形容词究竟处于什么地位?它和名词、动词究竟是个什么样的关系?

3.2　形容词定语的"标记颠倒"

形容词的问题解决不好的症结是,过分看重汉语里名、动、形之间的区别,预设它们跟印欧语一样是三个分立的、互斥的类。其实汉语里首先重视的不是名动形的区别,而是"名词"和"状词"的区别,这个和"状词"对立的"名词"包括动词和性质形容词,即包括动作名称和属性名称。这个"(大)名词"类的成员一律能通过重叠的方式形成"状词"(也叫"摹状词"),重叠也是汉语的一种不同于印欧语的重要形态手段。(第三章第 5 节)在区分"大名词"和"状词"之后,其次才在大名词内部对名、动、形(限于性质形容词)有所区分。

形容词做定语出现跟名词动词做定语相反的单双组配方式,这也是一种"标记颠倒"现象,是"松紧象似"原理在起作用。在"名动包含"格局里,名词是个"大名词"类,包含动词和形容词,所以在常态定中结构 [2+1] 里充当中心的单音词是不论名词、动词还是形容词的。如果首先把形容词视为"大名词"内部的一个特殊次类,它除了具有一般名词(含动词)具有的 [指称] 特征,还特别具有 [修饰] 特征,这样就可以说它跟一般名词(含动词)形成"标记颠倒"格局,并且得到一主一次两个无标记配对:

	自然配对（主）	自然配对（次）
名词	纸板房 [2+1]	纸房子 [1+2]
动词	卷曲发 [2+1]	卷头发 [1+2]
形容词	冷空气 [1+2]	寒冷意 [2+1]

注意，形容词做定语不是 [2+1] 绝对不成立，例如"话里透出一股<u>寒冷意</u>"。能构成 [2+1] 定中的双音形容词，在跟 [1+2] 定中的单音形容词对比时，很容易看出它们的摹状性来，所以说这个标记颠倒背后的理据还是"松紧象似"。例如：

[1+2] 定语定性　白颜色　冷空气　平视角　贵金属　稳办法　暗房间　穷地方　强动词

[2+1] 定语摹状　苍白色　寒冷意　平常心　名贵犬　安稳觉　阴暗面　穷酸相　强硬派

"白颜色"是给颜色定性，"苍白色"是在描摹一种脸色；"强动词"是给动词定性，"强硬派"是在描摹一个派别。定性词和中心结合紧，摹状词和中心结合松。定语的典型功能是"定性"，单音的定性形容词和中心词的结合本来就是紧的，所以无需换成 [2+1] 这种紧的韵律结构，而双音的摹状形容词和中心名词的结合是松的，所以韵律结构特别用 [2+1]。从这个角度，完全可以把形容词的双音化"白→苍白""冷→寒冷"看作一种类似于重叠的手段，叫作"准重叠"。形容词做状语的时候情形相同，可比较：

[1+2] 定性　慢着落　细分析　广搜索　稳增长　深交往

[2+1] 摹状　缓慢落　仔细分　广泛搜　平稳长　深入谈

"慢着落""稳增长"是给"着落""增长"定性，"缓慢落""平稳长"是描摹"着落""增长"的方式，这也表明形容词修饰的是名词还是动词不重要,名动是包含关系,状语是一种"动态定语"(第七章4.2节)。

总之,单音形容词做定语是无标记的,双音形容词做定语是有标记的,这是因为在语义上单音形容词倾向"定性"而双音形容词倾向"摹状",而"定语"的典型功能顾名思义就是"定性"。单音和双音分别对应于定性和摹状,这也是一种"多少象似":摹状形容词比定性形容词的内涵丰富,所以用双音。以"白"和"煞白"为例,"白"外指各种各样的白,外延大而内涵小,本身无程度义,而"煞白"只外指一种白,外延小而内涵大,本身有程度义(参看沈家煊1995a)。这条象似原则具有普遍性,在英语中延长形容词的元音也可以增加程度义,增强摹状性(Lakoff & Johnson 1980:127),例如 big 延长为 bi-i-i-i-ig 在语义上近似于 very tall。

He is very tall.

He is bi-i-i-i-ig!

英语的形容词也可以出现重复的"AA形式",起摹状作用。例如:

My Luve's like a *red, red* rose,

That's newly sprung in June.(*Red, Red Rose* Robert Burns, 1794)

I'm a *big big* girl

in a *big big* world.

It's not a *big big* thing if you leave me.(*Big, Big World* Emilia, 1998)这种重复形式不受音节的限制,主要用来做定语,而且重复的次数可以大于2(如 *wet wet wet* song)。

单音节 *cold cold* ground, *hot hot* heat, *tall tall* grass, *blue blue* heart, *wet wet wet* song

双音节 *tiny tiny* world, *smelly smelly* shoes, *dizzy dizzy* Monday, *lazy lazy* river

三音节 *beautiful beautiful* stars, *wonderful wonderful* life, *difficult difficult* decision

由于英语的词和词组有比较清晰的划分,这种"AA 形式"只能算作"重复"形式,它们大都是临时构成的词组,属于修辞手段。汉语形容词的"AA 式"(红红的、高高的)是真正的"重叠","词头+A"式(通红、冰冷)是"准重叠",它是一种构词的形态手段(关于"重复"和"重叠"的区别可参看刘丹青 2012b)。英语中有类似汉语"冰冷、火热"的"N+A 式",如 stone cold, stone dead, ice cold, sky high, sky blue, iron gray, jade green 等,但是一般只做系词的补语,很少做定语。这都表明,形容词的"多少象似"原理在英语里没有"语法化",少量"词化",在汉语里已经"语法化",大量"词化"。

那么为什么做定语的时候内涵简单的单音形容词和中心结合紧,而内涵丰富的双音名词(一般名词)和中心结合紧?这是因为做定语的形容词只是用某一个属性修饰中心名词,而做定语的名词是用事物的多个属性修饰中心名词(Wierzbicka 1980:468;Givón 2001:55)。例如说"新房子""大房子"的时候都是只用一种属性"新"或"大"修饰"房子",形容词受程度词修饰的时候也是一样。而说"纸房子"就不一样,"纸"的任何一个内在属性都可以用来修饰"房子",只要有一定的语境,可以指房子轻、墙面薄、渗水、成本低、可拼叠等等,因此绝大部分名词一般不适合受程度词"很"修饰。吕叔湘(1987)也曾举例,"水果医院"可以指给水果治病虫害的医院,也可以指用水果给人治病的医院,"汽车医院"可以指检测修理汽车的设施,也可以指在汽车上开设的流动医院。这个道理具有普遍性,例如英语的 London detective,名词 London 充当定语,这个短语可以被理解为"前往伦敦的侦探""出生在伦敦的侦探""负责伦敦案件的侦探"等等(Beck 2002:35),所以定语这个句法位置迫使我们要根据语境对 London 作出某种具体的解读,London 不能再被简单理解为地点名词,整个短语的意义也就不是简单的"London + detective"。相比之下,形容词做定语的情况就很简单,如 handsome detective"漂亮的侦探",这个短语的意义就是"handsome + detective",它的潜在解读要比 London detective 少得多。总之,正因为形容词本来就是只在一种属性上给中心名词定性,名词本来就是在多种属性上给中心名词定性,所以名词的内涵丰富就和中心名词结合紧,而形容词的内涵简单就和中心名词结合紧。

第 4 节　形容词内部的重新分类

4.1　双音化增强摹状性

形容词内部的分类,按照朱德熙(1956)区分为性质形容词和状态形容词。性质形容词包括单音形容词和一般双音形容词如"寒冷、高大";状态形容词包括形容词的重叠形式和"煞白、温热"等一类双音词,还包括"很冷""怪冷的"这类词组。区分的标准是:(1)前者能受"很"修饰,后者不能;(2)前者重叠是 AABB 式如"冷冷清清",后者重叠是 ABAB 式如"冰冷冰冷"。其实这两条标准并不十分可靠也不那么重要。第一,性质形容词如"冷"加上"很"就变为状态形容词"很冷",加"很"是增加摹状性，状态形容词虽然不能加"很"，但是能跟性质形容词一样通过 ABCC 式重叠来增加摹状性，如"雪白淋淋、浓黑烈烈"等。第二，现实生活中正在大量出现状态形容词加"很"的用例，从百度网上搜索一些常用词几乎每个都有很多加"很"的用例（另见李劲荣 2007）：

为什么一到冬天我的手脚就<u>很冰冷</u>、而夏天反而身体很烫？

我的皮肤算得上是白，但不是<u>很雪白</u>的那种，有点黄。

孩子的心灵是<u>很雪亮</u>的，所以我们要保持童心。

为什么有的人喝酒后脸上会<u>很通红</u>，有的人就不红？

最近申彗星把自己练得很结实，晒得<u>很黝黑</u>，看上去很男人。

是不是女人抽烟喝酒，去酒吧玩就<u>很稀烂</u>？

路边有一种树，闻起来<u>很喷香</u>，有很小的白色花朵，谁知道是什么树吗？

右后胎爆了，爆得很坚决，很彻底，<u>很粉碎</u>！没啥说的，为自己的急躁买单吧。

原因显然是状态形容词的摹状性在磨损减弱，需要通过一定的方式来重新增强摹状性。拿"冰冷"和"火热"比较，或比较"彤红"和"苍白"，差别只在"冰冷""彤红"的摹状性没有"火热""苍白"磨损得厉害，所以"冰冷""彤红"一般还不能受"很"修饰。第三，有不少不能加"很"的双音形容词有 AABB 重叠式，如"白白亮亮、红红胖胖"，而能加"很"的双音形容词也不绝对排除 ABAB 重叠式，如"软绵软绵、苍白苍白、穷酸穷酸、阴暗阴暗"等。在作家阎连科的作品中，重叠为 AABB 的双音形容词有的是表性质的（能加"很"，如"美丽、柔和"）有的是表状态的（不能加"很"，如"红胖、白亮"），还有一种常见的 ABCC 式重叠，

AB 也包括性质形容词和状态形容词两类：

AB 是性质形容词（能加"很"）

暴虐汹汹　苍老荒荒　潮润烂烂　潮湿雾雾　迟缓慢慢　光亮嫩嫩　恍惚悠悠　浑浊厚厚　火热腾腾　枯瘦黄黄　亮堂洁洁　明亮晃晃　清脆哗哗　威严森森　稀疏飘飘　狭长弯弯　鲜活生生　脏旧兮兮

AB 是状态形容词（不能加"很"）

鲜红艳艳　血红艳艳　黑红暖暖　黑红艳艳　红艳阵阵　红灿烂烂　雪白淋淋　惊白茫茫　惨白凄凄　浓黑烈烈　白亮嘎嘎　赤裸条条

总之，双音形容词不管是表性质的还是表状态的，都能通过多种手段来增强或恢复摹状性，加"很"只是其中的一种手段，而重叠又有多种方式，重叠方式的选择不是绝对的，有的重叠方式对二者都适用，所有这些手段（包括加"冰、黝"等词头）可以概括为"叠添"（叠加和添加）。

以上是现代汉语共时平面的情形，从历史上看，石毓智（2010）发现古汉语单音词重叠为摹状词也包括名、动、形三类，他还发现另外两个重要事实：一是先秦汉语单音形容词中有一部分是状态形容词，通过叠添来增强摹状性，如"萋→萋萋"，"忡→有忡"；二是后来表性质的双音形容词原先也是由单音通过叠添而得到的摹状词，如"灿烂、悠久、苍白"，因为摹状性衰减才变为性质形容词。因此从动态的观点看，汉语不管是古代还是现代有两个随时进行着的变化：一是属性词通过各种叠添手段来增强摹状性，这些手段包括双音化，二是状态词的摹状性衰减向属性词漂移，通过新的叠添手段来恢复摹状性。

对形容词而言，双音化也是增强摹状性的一种叠添手段，这个认识十分重要。与其说历史上形容词单音的使动用法也转移到双音上（如端正态度），不如说历史上形容词单音的使动用法还没有完全转移到双音上，现代汉语双音形容词的使动用法还不像古汉语单音形容词用得那么广泛和多样。王克仲（1989）对古汉语单音形容词活用做动词有较详细的描述，首先，使动用法很普遍，如：

宁吾族姓（使宁静） 深其宫（使深广） 白之顾益黑（使明白） 肥牺牲（使肥美） 能富通者在我（使富裕） 弱寡王室（使衰弱） 兄不安弟（使安宁） 静之（使安静）

翻译成现代汉语，括号里相应的双音形容词都不能用做使动。现代汉语里部分双音形容词虽然有使动用法，但是使用的范围不那么广，例如古汉语说"丰民人"（使人民丰富、丰裕），现代汉语只说"丰富生活"，不说"丰富人民、丰裕人民"，也不说"丰裕生活"。其次，古汉语单音形容词除了表示致使，还能表示王著所说的"支配"和"意为"：

车邻，美秦仲也。（《诗·秦风·车邻小序》）
（美秦仲，赞美秦仲。支配关系）
吾妻之美我者，私我也。（《战国策·齐策一》）
（美我，认为我美。意为关系）

支配和意为是抽象的、意义虚化的致使，这两个"美"是在言辞上或认识上使对象具有美的属性。究竟是表示致使、支配还是意为可以从上下文来判断：

父不宁子，兄不安弟。（《汉书·伍被传》）
（安弟，使弟安宁。致使关系）
及齐，齐桓公妻之，有马二十乘。公子安之。（《左传·僖公

二十三年》)

（安之，安于齐国的生活。意为关系①）

上多昉有理剧才，改南京副留守。(《辽史·室昉传》)

（多昉，称赞室昉。支配关系）

天将多阳虎之罪以毙之，君姑待之，若何?(《左传·定公六年》)

（多阳虎之罪，使阳虎之罪多。致使关系。）

群士皆少丞相，而多彼贤人。(《新论·谴非》)

（少丞相，贬低丞相。支配关系）

惠帝怪相国不治事，以为"岂少朕与?"(《汉书·曹参传》)

（少朕，认为我年少。意为关系）

而现代汉语双音形容词基本上只限于表达单纯的致使，还没有引申出支配和意为。总之，现代汉语双音形容词用作使动的，都能在古代汉语找到相应的单音词，而古汉语单音形容词用做使动的，在现代汉语不一定能找到相应的双音词。造成这种状态的原因是，古汉语的单音形容词通过双音化而增强摹状性，使得现代汉语的双音形容词仍然具有摹状性，因此使动用法不那么广泛多样，只有那些摹状性已经磨损得很厉害因而漂移到属性词的才会有使动用法。

4.2 形容词内部重新分类

形容词双音化增强摹状性，有了这样的认识，应该重新考虑现代汉语形容词内部的划分方式。双音形容词有一部分早已划归状词，如"通红、煞白、冰冷、死灰"等，只是它们不通过重叠而是通过添加"通、煞、冰、死"等词头形成。一般所说的双音"性

---

① 此例王克仲（1989）归为"支配"，但归为"意为"更妥当，"安"是"觉得……安宁"的意思。

质形容词",如"伟大、奇怪、豪华、敞亮、糊涂"等,它们本来也是有摹状性的状词,只是用得多了摹状性磨损减弱,已经或正在向属性词漂移,有的已经能在有限的范围内直接做定语,如"豪华间、聪敏人、糊涂虫、安稳觉",形成 [2+1] 定中,跟"纸板房"和"出租房"一样。正因为摹状性减弱,它们要通过加"很"和重叠等叠添手段来重新增强摹状性。通过叠添音节来恢复摹状性,这样的变化在不断的进行之中,单音为主的阶段如此,单双音并存的阶段也是如此。另一方面,尽管双音形容词在向属性词漂移,但是它们仍然带有状词的本性。过去是按两条标准将"寒冷、苍白"跟"冷、白"合在一起算性质形容词(属性词),对立于状态形容词"冰冷、煞白"。现在既然看到这两条标准并不可靠也不重要,可靠的标准是单音和双音的区分(因为非此即彼),重要的标准是单双音节的组配方式 [2+1][1+2]（因为能区分结构类型和语义),从做定语看,不仅是 [1+2] 为常态 [2+1] 受限制,而且受限制的双音形容词不分性质还是状态,这就有理由改变原来的分法,首先按单音和双音来区分两类形容词,将同为双音的"寒冷、苍白"和"冰冷、煞白"都归为一类词,叫摹状词（depictive),跟单音的定性词"白、冷"对立。

```
传统分类              新的分类
      ┌ 冷   白 ——  单音（定性）
性质 ┤
      └ 寒冷 苍白 ┐
                    ├ 双音（摹状）
状态 — 冰冷 煞白 ┘
```

传统的分类低估了"单双区分"的重要性,明明放着可靠和重要的标准而不用,是因为认识上有一个误区,过分看重单音形容词直接做定语所受的限制，因而忽视形名定中以 [1+2] 为常态这个事实。朱德熙（1956）说单音形容词直接做定语受限制，例如说"白纸"不说"白手"，不说"重箱子"只说"很重的箱子"，但是赵元任（1968：304）早就指出：这种限制"只能说是一种倾向，不算规律"，"重箱子"不是绝对不能说，像"你不累吗，老提溜着那么个重箱子？"的说法就很自然，"凉水"常说而"凉脸"少见，但是"别拿你那凉脸挨着人！"不算不合语法。沈家煊（1997）曾指出，之所以常说"白纸"而不大说"白手"，那是因为我们通常按颜色给纸分类但不按颜色给手分类，但是只要特定的语境允许按颜色给手分类，说话人就会毫不犹豫的用"白"来直接修饰"手"，例如幼儿园老师会对小朋友说，"伸出你们的小手来看看谁是白手谁是黑手"。可见单音形容词能不能直接做定语主要是语义问题，跟上面所说的"语义松紧"有关。

在形容词内部首先按单音双音来区分小类，并不意味着双音形容词内部不必作区分，不过那是第二步才要做的事情。用单双音节来区分语法功能不同的两类形容词，这是汉语有别于印欧语的一个重要特点。

总之，局部的"标记颠倒"是指一个主范畴和它所包含的一个次范畴标记性相反的情形。汉语名性词语和动性词语在单双组配上呈现标记颠倒，这是因为动性词语是名性词语的一个局部性次类。名词（含动词）和形容词（属性词）在做定语的时候在单双组配上也呈现标记颠倒，这也是因为汉语的形容词是名词（含动词）的一个局部性次类。反过来说，这两个局部的标记颠倒证明汉语名、动、形三类实词的关系是两个包含关系。换言之，标记颠倒理论和名动包含说互相印证。

第5节　表现语言的"主观性"

类型学的研究发现，形容词在有的语言里靠近名词，在有的语言里靠近动词，有形态标记为证。汉语的名词动词没有形态标记，形容词靠近哪一头就有了争议。赵元任（1968：292）视形容词为动词的一个次类，因为形容词跟动词一样能直接做谓语，能受"不"修饰。这样处理不无道理，形容词能直接做谓语确实是汉语区别于英语等印欧语的一个重要特点，能否直接做谓语，是否依靠和如何依靠系词做谓语，这是区别名词和形容词的一个重要标准（Dixon 2004）。但是还是有人觉得汉语的形容词至少从某些方面看靠近名词（沈家煊 1997，张伯江 2011b），觉得形容词和名词的区别并不比它和动词的区别大多少，特别是做定语的时候单音形容词和单音名词更接近，单音名词做定语的数量比单音动词大得多，例如"假老虎"接近"纸老虎"，而跟"打老虎"相去甚远。正因为形容词具有两面性，沈家煊（2011c）对形容词归为动词的一个次类是有所保留的，说形容词的地位有如紧邻北京的燕郊，燕郊隶属河北省，但是受北京的影响在房地产方面近似北京。双音化对形容词的作用主要不是"充实"增强指称性（上一章第 2 节），而是增强摹状性。

过去争论形容词的地位，出发点是"名动分立"，名词和动词分立两端，然后看形容词靠近哪一端。从"名动分立"出发，主-谓关系是基础的、核心的关系，其他结构关系是下位的、附庸的关系，句子以谓语动词为中心，因此就特别看重汉语的形容词可以跟动词一样直接做谓语这一点。其实从形式依据着眼，汉语的谓语有比区分名、动、形更重要的分类，即肯定和叙述的分野（第十章第 4 节）。如果改用"名动包含"的眼光，主谓关系和其他结构关系的地位基本平等（第一章第 1 节），谓语根本具有指称性，指称语与指称语的并置关系才是汉语结构的根本关系（第六章 3.3 节），那么形容词做饰语时"单双组配"的标记颠倒现象就显得很重要，而形容词是靠近名词还是动词的问题在汉语里就不那么重要。所以第七章第 5 节提出的词类格局是合理的，即汉语名词（含动词）和饰词的区分是主要分野，而名词和动词的区分是次要分野。

  总之，重要的事情是从明显的形式着眼弄清一种语言的语法重视什么样的区分。单双区分和单双组配方式，还有重叠，都是汉语自身的形态。形容词做饰语在形态上的"标记颠倒"现象进一步证明，汉语语法重视"摹状"和"非摹状"的差别。"状词"和"大名词"作为首要区分，是"摹状"和"非摹状"的区分（第三章第 5 节）；形容词首先按单音和双音区分，是区分"定性"和"摹状"；大名词做定语的时候形容词跟名词动词形成"标记颠倒"，也是因为形容词具有"形容"性，跟"摹状"有直接联系。[①] 联系到第十章论述的"是""有"大分野，"是非 / 肯定 / 非直陈"和"有无 / 叙述 / 直陈"的区分是汉语的重要区分，综合起来讲就是，汉语语法重视用明显的形态手段将言者的态度和感情在言语中打上印记，这种印记也就是通常所说的语言的"主观性"（沈家煊 2001）。详细参看沈家煊（2015d）一文。

  [①] 《现代汉语词典》没有标词性的时候，名词动词没有专门的释义用语加以区分，而形容词的释义常用"形容……"开头。

结篇 语法研究的破和立

第1节 "一抛一捡"之后

以上做的是"一抛一捡"之间的工作,抛弃的是"名动分立"、"动词中心"格局,捡起的是"名动包含""名词为本"格局。"一抛一捡"之后,我们对汉语里"名词"和"动词"两个范畴有了新的认识,名词是"大名词",动词属于名词,是"动态名词","名词"和"动词"的内涵和外延都发生了变化。在谈论汉语语法的时候,我们可以继续使用这一对名称,一是照顾使用习惯,二是为了便于跟其他语言进行比较①,但是必须记住它们的内涵外延和相互关系跟印欧语的"名词"和"动词"有重要的差异。

围绕"名动包含"这个中心,有一系列相关的新认识,主要有:

汉语的名词就是指称语,动词就是述谓语,主语就是话题,句子就是话段,语法范畴和语用范畴之间是直接的实现关系,也叫"构成关系"。汉语的语法包含在用法之中,离开用法就没有办法讲语法或没有多少语法可讲。

印欧语"实词"是名词和动词的统称,它的内涵(定义)是空

---

① 我们不主张改变名称,这样做还对中国不公,因为指"大名"的"名"自古是中国人在使用的。应该让对方改一改固有的观念才是。

洞的；汉语的"实词"对等"名词"（大名词），有实在的内涵"指称性"。

名词和动词的不对称植根于认知上事物和动作的不对称，事物概念可以独立于动作概念而存在，动作概念总是依赖相关的事物概念。这决定了名动不对称的"偏侧方向"和名词的根本性。"名动包含说"强调名动"不分"的一面，但是不否认还有"分"的一面。

汉语的动词做主宾语的时候之所以没有"名词化"或"指称化"，是因为动词本来属于名词，述谓语本来具有指称性。跟英语的"V-ing形式"对当的是汉语的整个动词类而不仅仅是所谓的"名动词"。所谓违背"中心扩展规约"和"并列条件"的问题不再成为一个问题。

名词性成分可以做谓语，汉语的这个特点比动词可以做主宾语更加重要。这不是因为名词有述谓性，而是因为谓语有指称性，谓语也是指称语。汉语的补语也是一种宾语，是"动态结果宾语"（宾语改称补语）；汉语的状语也是一种定语，是"动态定语"。汉语的主谓句是最小组合的"流水句"，流水句是一系列指称性小句的并置。

"名动包含"格局是人类语言的词类系统"循环性演变"当中的一个环节。汉语是"名词型"语言，动词还包含在名词中，拉丁语是"动词型"语言，动词已经从名词中分裂出来成为一个独立的类，汤加语正处在这个裂变的中间阶段，英语正在由"动词型"语言向"名词型"语言回归。

印欧语"名动分立"而"是有包含"，"有"也是一种"是"。汉语"是有分立"而"名动包含"，动词也是一种名词。印欧语重视"是不是"，汉语重视"有没有"。"名动分立"和"名动包含"

有各自的哲学背景。

过去在"名动分立"观念的支配下，在汉语里过分看重名动区分，走了不少弯路，古汉语的"名之动"结构和现代汉语"都"的量化方向，是两个明显的例子。代之以"名动包含"，看似复杂的问题变得十分简单。

确立"名动包含"格局，生成语法的基本规则 S→NP+VP 才能在汉语里得到有限的维护，功能语法"连续范畴"理论用于汉语的词类划分才更加合理。

有人觉得"名动包含"说很激进，其实它只是还汉语的本来面貌而已，从语言演化的角度看，很可能也是还语言的本来面貌。

第2节 汉语大语法

破字当头，立在其中。"名动包含"格局意味着汉语里名词和动词的区别并不那么重要，有比名动区别重要的区分值得重视。重叠、双音化、单双音节的组配方式都是汉语不同于印欧语的重要形态手段，具有综合性的特点，集韵律、语法、语义、语用的功能于一身。重叠将"名词"（含动作名词和属性名词）变为摹状的"状词"，双音化的功能是"增强名性减弱动性"而不是"名词化"，汉语不是双音动词正在快速向名词漂移，而是双音名词还没有向动词深度虚化。形容词和名词动词的区别，其重要性不亚于名词和动词的区别，甚至更重要。客观叙述和主观判断、直陈和非直陈、定性和摹状的区分是汉语语法的大分野。

破除"名动分立"的旧观念，树立"名动包含"的新观念，将从根本上改进已有的汉语语法体系，使它变得"自洽"和"简洁"。

新的语法体系的建立还需要做很多工作,下面是一些初步的设想。

首先要确立汉语"大语法"的观念,大语法是语法、语义、语用甚至语音的综合,如果分开研究就破坏了它的完整性。讲结构类型必须联系重读轻读、音节的单双和单双组配来讲,还必须联系语义(包括语用意义)来讲。讲汉语语法,要用整体控制部分,从"自下而上"(bottom-up)变为"从上至下"(top-down)。

其次是重点的转移,从上到下想到的大致有以下八点。

一,把重点从讲语法转移到讲用法上来,从讲"句法"转移到讲"章法"上来。汉语语法上不成立的句子极少,大多数在一定的语境或上下文里都能说,与其讲什么样的句子不成立,不如讲什么样的说法最合适。讲话题和说明比讲主语和谓语重要,讲指称和述谓比讲名词和动词重要,讲话段比讲句子重要。

二,把重点从"整句"转移到"零句"和"流水句"上来,重视零句的正常性和独立性,重视流水句的并置性和指称性,重视从并置形式"在线"推导各种结构关系。

三,把重点从所谓"广义形态"转移到汉语自身的直观形态上来,即重叠和双音化。广义形态要重视"是/的"和"有/了"的系统性区别。

四,把重点从两个范畴的"对立"关系转移到"对待"关系上来,重视形式和意义之间的"偏侧对应"而不是"一一对应"。重视范畴"语法化"的研究,"词汇化"(词库吸纳新词汇)的研究,共时和历时不宜断然分开,逻辑顺序和历史顺序可以统一。

五,把重点从印欧语的"动词中心"转移到汉语的"名词为本"上来,从述谓语转移到指称语。重视名词直接做谓语(并受副词修饰)和自由做定语的现象。

六，把重点从词类转移到句类和结构类型上来。汉语的句类首先区分直陈式和非直陈式，区分"有"句和"是"句，区分客观叙述和主观判断。句子和词组是一套结构原理，各种复杂的组合是类型有限的几种结构（联合、主谓、述补、偏正）层层叠套的产物。句型的研究要把重点从横向的结构变换关系转移到竖向的同构映射关系（例如沈家煊1999c）。

七，词类的区分，首先区分叠词和非叠词，即区分"状词"和"大名词"。"大名词"内部首先区分单音词和双音词，相对而言单音词述谓性强，双音词指称性强。形容词内部也首先区分单音和双音，单音偏向定性，双音偏向摹状。突出形容词和名词动词的区别，饰词和被饰词的区别，相对淡化名词和动词的区别。动词及物和不及物的区分不重要，动词都能带宾语，只是带宾语的种类不同。

八，补语和宾语不是对立的句法成分，取消"宾语"的名称，统称"补语"，取消"名词性成分不充当补语"的人为限制，原来的补语是其中的一种即性状结果补语。定语和状语也不是对立的句法成分，状语是定语的一种，是动态定语。

第3节 范畴的"对立"和"对待"

任何有深度的语法理论都不能没有哲学的根基，建立我们的语法理论既要重视和尊重汉语的事实，还要有自己的哲学基础，不然就会陷入老跟着别人走的盲目性。（潘文国1995）

甲乙两个范畴要么分立要么合一，这种观念在西方语言学家当中根深蒂固，他们最多也就是提出一个"连续统"理论，说甲乙之间（如名词和动词之间）是逐渐过渡的，没有明显的分界。

但是连续统的两端还是明显分立，所以连续统理论根本上还是建立在"甲乙分立"的观念上。即便对名动分立是语言共性这一观点提出批评的人，如 Evans & Levinson（2009），也只是从这一共性是不可证伪的角度来阐述，缺乏甲乙两个范畴"异而同"、既分又不分的"甲乙包含"为常态的观念。例如，有的类型学家说，一些语言名动不分，只有名词没有动词。其实所谓的"没有动词"只是没有"独立的"动词类。他们觉得，没有一个独立的动词类就是没有动词类，这跟说有的语言只有动词没有名词一样都是"动词中心论"的偏见。然而中国人觉得，有一个非独立的、包含在名词之内的动词类就已经"有了"（从无到有）一个动词类。

在语法和用法两个范畴的关系上，西方语言学家的观念也是要么分立要么合一。例如，Newmeyer（2003）和 Bybee（2005）关于语法和用法的分合之争，一个说"语法是语法，用法是用法"，"我只研究语法，不管用法"，一个说"语法也是用法，用法也是语法"，至少是如此表述的。要么分要么合，缺乏的同样是既分又合、既合又分的"甲乙包含"观念。用"甲乙包含"看语法和用法，应该是，"语法也是用法，用法不都是语法"。

总之，就范畴观而言，西方人重视"是不是"，中国人重视"有没有"。好比面对半瓶水，有人说"只是半瓶水"，有人说"已有半瓶水"，西方人倾向于认为，甲和乙分立才是两个范畴，中国人倾向于认为，甲包含乙就有两个范畴。这就是东西方"范畴观"的根本差异所在。西方的范畴观，究其根源，是 there is "有"跟 is "是"脱不了钩，there is 也是 is。"是不是"因此是首要问题。中国人的范畴观，究其根源，汉语的"有"和"是"是分开的，"是不是"的问题不值得追究，重视的是"有没有"的问题。

两种范畴观的差别可以用"对立"和"对待"这一对名称来概括。"甲乙分立",甲和乙是"对立"关系;"甲乙包含",甲和乙是"对待"关系。说"甲乙包含",强调乙也是甲;说"甲乙对待",强调甲不都是乙。中国哲学和中国语文,"对待"关系是常态关系、正常关系,不是非常态或过渡态,它是世界一切的出发点。张东荪(1938)指出:西方名学上的分类因为基于同一律,所以必须"二分"(dichotomous division),即"甲"与"非甲","善"与"非善",分类规则必须要"尽"(exclusiveness),定义必须是"定者"与"定之者"之间能划一等号。但是中国人的思想是不依靠同一律的,而只取"对待"的关系为出发点,"甲"和"乙"对待,相依相成,定义也不能有,只能由反义以明之,这是另外一套名学,另外一个思想系统。(另见朱晓农1991、1997、2015,顺真2015)张氏的这个见解很深刻,但是在西方学者看来,这样说的"对待"关系毕竟缺乏明确的定义,这是中国传统哲学的欠缺之处。我们把"对待"关系明确化,确定为一种"甲乙包含"关系,意在弥补上述缺陷。

中国哲学里"天"和"人"这对概念的关系,汤一介(2013)指出,"天人合一"不能理解为对立的"人"和"天"合而为一,而应该理解为"人"是"天"的一部分,"人之始生,得之于天"。这就是说"天"和"人"之间是一个包含一个的"对待"关系,而不是互相排斥的"对立"关系。[①] 汤先生还认为,儒家和基督教的

---

① 对"天人合一"的这一诠释比"主体融入客体,或者客体融入主体"的说法(金岳霖1943)来得准确,已经是"甲乙包含"的范畴观。朱熹的"存天理、灭人欲"容易使人误以为天和人分裂对立,导致理论上的"自相矛盾",后王阳明主张"心即理",天理包含人欲,人欲体现天理,才纠正这一偏误。参看朱晓鹏(2015)。

不同在于：西方基督教偏重于外在超越的问题，它必须有一个上帝，人获救的最后力量来自上帝，人自身不能救自己，而儒家并不设定一个外在的"上帝"，人怎么"超凡入圣"完全靠你自己，所以孔子讲"为仁由己，岂由人乎"。（转引自赵嘉、陈岸瑛 2002）按我们的阐释，在西方人和上帝的关系是分立关系，在中国人和圣的关系是包含关系，圣人也是人，人人可以入圣。

"有"和"无"这对重要概念的关系也一样，"有生于无"是老子作为一个独立命题提出来的，具有重大的哲学意义。按照冯友兰（2013：94）的诠释，"道"是"无"或"无名"，是万物之所以生者，逻辑上是"有"之前必须是"无"，由"无"生"有"。陈霞（2011）明确说出这种包含关系，说"无"不是什么都没有，而是指无限的可能性，"有生于无"的真正含义是"'无'包含着规范着'有'"，"无包含有、有生于无"的观念就是老子所谓的"道"。"体"和"用"这对概念也一样是对待包含关系，从中国哲学的主流看，哲学家大多肯定"体用不二"，反对分离或割裂"体用"。如严复说："体用者，即一物而言之也。有牛之体，则有负重之用；有马之体，则有致远之用。未闻以牛为体，以马为用者也。"（严复 1902）熊十力《体用论》（2009：7）里说，"实体是功用的自身"，"功用以外，无有实体"，"离用便无体可说"。"体用"之辩与"道器"之辩有对应关系，从"道"和"器"的关系看，"体用不二"意味着抽象的"道"包含在具象的"器"之中。朱熹早就说"道器一也，示人以器，则道在其中"（杨国荣 2014，李承贵 2014）。

汉语语法范畴的"对待"关系跟中国哲学范畴的"对待"关系是相通的，后者是前者的基础又可以从前者得到证实。"天""人"对待，离开作广义解的"天"就没有"人"，离开"人"就没有作狭义解的"天"。"名""动"对待,离开作广义解的"名"就没有"动",离开"动"就没有作狭义解的"名"。不是有两个"天"、两个"名",只有一个"天"、一个"名",但是可以有两种理解。①

"甲乙对待"的范畴观突破"甲乙对立"的传统观念,已经在许多其他的学科成为重大发现的突破口。例如经济学领域的"科斯学说"(科斯因此获诺贝尔经济学奖)提出"交易成本"的概念,在真实世界中凡交易都有成本。这实际上就是把"交易"视为"成本"的一个次类,二者是成本包含交易的"对待"关系,参看附录3。政治哲学领域,赵汀阳的"天下理论"有广泛的影响,所阐释的"天下无外"的概念就是把"中国"和天下所含的"异邦"视为"对待"关系而不是"对立"关系,参看附录4。

汉语语法范畴"甲乙对待"的情形十分普遍,属于一般情形,不限于本书已经说明的"用法语法对待""名词动词对待""定语状语对待""补语宾语对待"等。例如吕叔湘(1979:94)指出,西方语言的构词以派生为主,跟"词根"(即构词的基础成分)相对的是"词缀",汉语的构词以复合为主,跟"词根"相对的是"根词"(既能构词又能单用的)。这等于是说,西方"词根"与"词缀"是"对立"关系,一个是基础成分,一个是派生成分,而汉语"词根"与"根词"是"对待"关系,"根词"包含"词根","词根"是在"根词"内逐渐形成的一类具有依附性的"根词"。例如,"羊毛""驼毛""驼色"三个复合词,"羊""毛""驼""色"本都是根词,其中包含词根"驼""色"(现已不能单用)。又有赵元任(1968:350)指出汉语并没有印欧语那种跟介词对立的连词,例如:

---

① 参看第三章第 3 节 man 和 woman 对待,dog 和 bitch 对待,man 和 dog 都只有一个词项,但是有两解。

介词：我<u>和</u>他要了张电影票。我<u>跟</u>他聊了自己的事情。我<u>同</u>小张毫无关系。

连词：我<u>和</u>他看了场电影。我<u>跟</u>他是北大学生。我<u>同</u>小张都在二班。

江蓝生（2012）论证，所谓的连词"和、跟、同"其实是"连-介词"（连词性介词）。这就是说，跟印欧语介词和连词是"对立"关系不同，汉语介词和连词是"对待"关系，连词还不是一个单独的词类，虽然它正在形成之中，实际还包含在介词之中。[①] 至于汉语的动词和介词，从历史来源和共时分布看，介词属于动词，二者是"对待"关系更为明显。

正因为汉语的词类"两两"之间的关系大多是包含性的对待关系（不必引申出"层层包含"来），所以实际上不可能找出"仅为此类词所有而为它类词所无的语法性质"来（袁毓林1995），印欧语那种离散性的词类区分也就在汉语语法中难以立足，而连续性的词类区分比较容易被接受。用周韧（2014）的观点说，汉语词类的划分要注重"排他法"，也就是注重反面的定义。汉语的"名词"即传统所说的"小名词"只能从反面定义，这只有在"名动包含"的格局里才是合理的。另外，词类两两之间包含对待，也就不存在兼类词，兼类词问题（第二章第5节）也就不复存在。

中西方两种范畴观都有其存在的价值，都有各自的长处和短处。西方虽然也认识到甲乙两个范畴有分立和包含两种关系，但是过于注重"是"还是"不是"两个范畴，对中方认为甲乙呈包含关

[①] 西方语言里连词和介词"对立"自有它的道理，因为介词只能引介名词不能引介动词，名词有不同于动词的变格，这种变格取决于介词（如英语 to her/*to she），而汉语是"名动包含"，介词既引介名词也引介动词。

系就"有"两个范畴的观念不太理解。我们太不讲究"是不是"的问题,传统哲学对两个范畴的"对待"关系究竟"是"什么关系也含糊其辞("相依相存"的说法可以有多种理解)。冯友兰(2013:311-325)将中西方形而上方法的差别归结为"正的方法"和"负的方法",并指出两种方法相辅相成,互相补充。所以中西方应该互相学习、取长补短。①

第4节　重视语言的多样性

赵元任(Chao 1975)说,"研究现代语言学的学者都同意,对于所研究的语言,不应该刻意去寻找在我们从前就碰巧会说的那种语言中十分熟悉的那些东西,而应该确定我们实际上碰到了什么,并给它们以适当的名称。"这个观点本书已经多次强调。

汉语的动词本来就可以做主宾语,具有指称性,做主宾语的时候并没有发生什么"名词化"或"指称化",为什么一定要在汉语里假设一个"隐性的"名词化或指称化呢?汉语本来没有跟"名词类"对立的"动词类",所谓的"动词"都是"动态名词",为什么一定要在汉语里把名词和动词对立起来呢?

汉语的主语和谓语的关系本来就可以是松散的,是话题和说明的关系,主语不一定是谓语动词的论元,为什么一定要在汉语里假设一个由论元充当的"空主语"呢?汉语本来没有跟"话题"对立

---

① 刘静芳(2014)讲,哲学是求通之学,西方哲学所求之通,偏重的是普遍与特殊之通,中国哲学所求之通,偏重的是整体与部分的贯通,两种求通各有优长,可以并存,而后者可以涵盖前者。甲乙包含的范畴观以整体和部分的关系为本,但也涵盖普遍与特殊的关系。

的"主语",所谓的"主语"就是话题的一个特例,为什么一定要在汉语里把"话题"和"主语"对立起来呢?

汉语本来没有"there is"既表"有"又表"是",而是"有"是"有","是"是"是",为什么一定要在汉语里将"有"和"是"混为一谈呢?汉语本来没有与英语"no, all, some"相当的形容词,名词本来不受否定也不受全称、部分的量化,相应的逻辑概念都是用副词和动词来表达的,逻辑概念"and"和"or"的表达本来不依靠有形的连词,就靠"并置",为什么一定要在汉语里找出和使用英语那种表达形式呢?

没有主语的句子在汉语里是正常的句子,汉语中不存在英语"It rains"(德语"Es regnet"、法语"Il pleut")中的抽象体词性主语"it",有人据此猜测中国人的思维缺少客观的考察实体物质的能力,因此没能在西方科学传入以前发展出一套自然科学体系。对这种猜测赵元任(Chao 1955)回应说:一,现代西方科学只是近三、四百年的事,在整个人类文化史中占的比重极小。二,实体物质的概念只是西方科学思想的某一发展阶段的产物,二十世纪的现代物理学理论中,恰恰出现了没有物质就可以产生的场,没有物质的振动就可以产生的波(参看附录5)。就逻辑学而言,汉语的逻辑恰恰在许多方面跟现代逻辑的表达形式相一致。所以赵先生最后说,"作为一个以汉语为母语的人,我很想说:瞧,这就是汉语在科学上优于西方语言的例证。然而作为一个研究语言的学者必需尽量做到不偏不倚,对语言和科学的最好的概括,就是不要去做任何概括。"

不可否认,近一二百年来西方的语言学家为探究人类语言的本质做出了重要的贡献,他们的视野开阔,关注的语言无论在数量和种类上都很可观，有自觉的理论追求和不断的方法创新，这都是值得认真学习和借鉴的。另一方面，也要看到西方学者提出的语言理论还多多少少带有"印欧语中心"的痕迹，对汉语实际情形的了解还很不够，他们大多习惯于找一些"参考语法书"来了解不熟悉的语言，然而这种参考语法书基本上是按印欧语的语法观念搭的框架。这就好比国外的中餐馆，为了迎合西方人的口味，做的饭菜已经不是道地的中餐。

从二十世纪五六十年代开始，乔姆斯基开创的"生成语法"理论相信人类语言的共性存在于语言的结构之中，原则上讲，只要深入研究一种语言（比如英语）的结构，从中概括出一些抽象到不能再抽象的规则，也就找到了语言的共性。半个多世纪以来，国际语言学界的主流就按照这个信念在寻找语言的共性，曾经有一句流传很广的话："按照乔姆斯基，火星上来访的科学家一定得出结论，除了词汇互相听不懂，地球人说的是同一种语言。"（Pinker 1994：232）那么到目前为止有没有找到属于语言共性的抽象到不能再抽象的结构规则呢？有没有找到语言的"原始项"呢？不断的有人假设和论证这样的规则，但是拿更多的语言来测试就发现它们缺乏普遍性，于是不断的对规则调整和修改，结果还是发现有的语言是例外。语言学的新动向是，开始反思原来探求语言共性的路子是否对头。要找出语言真正的共性，也许要先充分了解语言结构的多样性，研究的重点应该从一致性转移到多样性上来。（Evans & Levinson 2009）"生成语法"学派的内部也有人开始意识到过分依赖语言自身的结构是一个教训，要到人类语言和其他生物系统的共享层次上去寻找"普遍语法"。另一个教训是不能抛弃"所见即所得"的立论法则，过去在建立抽象规则的时候设立许多在语言表面看不到的抽象范畴,这在一定范围内是可行的,但是做过了头就很成问题。(宁春岩 2011)这样的反思对语言学和认知科学的发展方向将产生重要影响。

在笔者看来,语言大同而大不同,上面提到的那句名言应该改为:"火星上来访的科学家一定得出结论,地球上生物多种多样,人类的语言也多种多样。"语言的共性寓于语言的多样性之中,只有充分重视语言的多样性,语言共性的研究才会有真的收获。真正的语言共性也许不在语言的结构而在语言的使用,至少不能脱离后者。真正的语言共性也许不在语言之间有共同的内核,而在语言之间"相通","共性"应该叫"通性"。

从语言的多样性看,语言的研究就是语言的比较研究。"不识庐山真面目,只缘身在此山中。"此山如此,彼山亦如此。想只分析英语找出语言共性之行不通,是因为只从英语看英语是看不清的。比较无有止境,对语言的认识不断更新。本书只是以名词和动词的关系为主题,以笔者有限的眼界和学识通过比较后获得的一点新认识,不足和不对的地方只能期待后人来修正了。

附录1　英、日、汉儿童习得名词和动词

Haryu, et al.（2005）和 Imai et al.（2008）报道一项心理语言学的实验研究（下称实验甲），与儿童习得名词和动词的区分有关。实验采用的是"匹配法"，要求被试儿童把一些新词跟呈现的事物或动作配对。实验的结果表明，英、日、汉三种语言的儿童在三岁的时候都已经能把一个新的名词跟一种新的事物联系起来，五岁的英语儿童和日语儿童都能把一个新的动词跟一种新的动作联系起来，但是五岁的汉语儿童还做不到，他们到了五岁还是倾向于把一个新的动词跟一种新的事物联系起来。

对这个结果的解释是，习得事物概念比习得动作概念容易，儿童习得名词和动词的时候有"名词偏向"（noun bias），遇到一个新词，儿童先默认它是一个名词，把它跟一种新的事物联系起来，除非有相反的线索表明它不是名词而是动词。用来判定是动词的线索主要有：(1) 论元结构信息，论元（argument）就是跟动词配合出现的主语和宾语成分，(2) 专门附加于动词的各种形态标记。英语的论元位置不能落空，句子不能没有主语，宾语不能随便省略，动词的形态却不如日语发达。日语的论元位置可以落空，而动词的形态比英语发达。汉语这两种线索都缺乏，很难把一个新词跟一种新的动作联系起来，不得不依靠上下文或语境方面的信息，所以汉语儿童习得动词比英语和日语儿童都慢。

过去有人认为汉语跟日语一样是"动词亲和"语言，因为汉语和日语的论元位置都可以落空，这跟英语不一样，而汉语论元落

空比日语还自由，因此汉语的"动词亲和"程度最高。按照这个说法，应该推论汉语儿童习得动词要比名词快，而且有的研究者称发现"动词亲和"的汉语、韩语和日语都是儿童词汇中动词比名词多。这个"发现"的问题是，研究都不是采用匹配实验，而是靠母亲和研究者自己来判断是动词还是名词，但是这种判断是很不可靠的，即便儿童已经能说出一个动词，这也不表明儿童已经跟成人一样掌握了这个动词的功能和意义。特别是在独词和双词阶段，研究者并不知道说出的词在儿童心目中到底是名词还是动词。只有当儿童能在一定的语境里把一个新的动词和一种新的动作配对的时候，这才能说明儿童已经正确掌握了这个动词的用法。①

Chan et al. (2011)（下称实验乙）是针对实验甲的研究，得出相反的结论。这项实验也是用匹配法来考察英语和汉语幼儿在遇到新词时，是更倾向于将新词与物体匹配还是与动作匹配。跟实验甲不同的是，实验分为两个阶段，习惯化阶段和测试阶段。在习惯化（habituation）阶段，实验者用新物体表演新动作，分为两组实验条件：一组是动作条件，对同一物体做两种不同动作，例如，动作 A 的语音刺激为 sug，动作 B 的语音刺激为 keet。另一组是物体条件，对两种不同物体做同一个动作，物体 A 的语音刺激为 sug，物体 B 的语音刺激为 keet。在测试阶段，幼儿看到两段与习惯化阶段相同的视频，但是听到的与视频相配的两个目标词一个保持不变，一个发生变换。比如，在动作条件下，将叫 keet 的动作换成语音刺激 sug，在物体条件下，将叫 sug 的物体换成语音刺激 keet。也就是说，幼儿在测试阶段遇到的刺激一个是熟悉的、与习惯化阶段相同

---

① 这也给语法学家一个启示，不能仅仅根据一种语言动词用得多就认定它是"动词亲和"语言，因为所谓的"动词"很可能也是"默认的名词"。

的，另一个是陌生的、与习惯化阶段相异的。可以推测，幼儿在遇到陌生的新刺激的时候注视的时间应该长于熟悉的旧刺激。

实验乙的结果发现：英语幼儿在18个月时能够将新词与动作或物体匹配，14个月时则两者都不能完成。而汉语幼儿在14和18个月时都能够将新词与动作匹配，但不能将新词与物体匹配。这个结果表明汉语幼儿习得动词要比英语幼儿早，实验者因此认为英语幼儿词汇习得具有名词偏向，而汉语是动词偏向。

下面是笔者的评论。两项研究各有各的实验数据做支撑，而且采用相同的匹配法，之所以得出相反的结论，问题出在所依凭的词类理论上。两项实验都建立在"名动分立"的基础之上，所谓"名词偏向"或"动词偏向"，其实是十分含糊的说法，从不同的角度可以有不同的理解。如果从"名动包含"的格局看，汉语的实词天然都是名词，一个词是不是名词不重要，是不是动词才是重要的，从这个角度讲，汉语偏重动词。然而从另一个角度讲，汉语的动词只是名词的一个次类，没有形成一个跟名词对立的类，名词是根本，所以汉语偏重名词。

"名动包含"格局可以消除两项实验结果看似存在的矛盾。实验乙分为习惯化阶段和测试阶段两部分，仔细分析可以发现，经过习惯化阶段，幼儿已经习惯于动作和物体有不同的标签，也就是已经习惯于在语音上区分名词和动词——必定是这样的，设置这个阶段的目的就是训练幼儿习惯于名词和动词的语音区分。所以在后续的测试阶段幼儿的关注点是语音标签有没有发生变化，测试到的其实是幼儿对已经作出区分的名词和动词在语音上发生变化的敏感度。而在实验甲里，被试没有经过一个训练习惯阶段，可以说是一直处在训练学习中，幼儿的关注点是在寻找可能区分两类词的线索，而汉语动词缺乏判定其为动词的线索，所以幼儿将动词和名词区分开来会比较困难。然而一旦已经掌握名动之别，就会特别重视动词，因为它是名词里一个特殊的次类，这就是实验乙测试阶段得到的结果。实验甲还比较了汉语儿童和成年人的新词匹配情况，结果发现儿童有物体命名偏向，而成人有动作命名偏向，这也可以解释为成人在已经掌握名动之别后会重视动词。总之，应该承认没有经过训练的儿童存在"名词偏向"。

附录 2　名词和动词脑成像的英汉比较

已有的神经语言学的研究表明，英语和其他印欧语，名词和动词在大脑皮层的表征区域不同，动词的表征区域在额叶（frontal cortex），名词的表征区域在后叶（posterior cortex）的颞叶－枕叶区（temporal-occipital regions）。脑成像的实验似乎也表明，动词的呈现使大脑前部强烈激活，而名词的呈现使大脑后部强烈激活。这个发现跟一些失语症的研究结果相一致：布洛卡失语症患者处理动词有障碍，布洛卡区位于大脑前部额叶区；威尼克失语症患者处理名词有障碍，威尼克区位于大脑后部颞叶区。

李平等人（Li, et al. 2004）的《汉语名词和动词的神经表征：一项 fMRI 研究》一文报道一项针对汉语词类的核磁共振脑成像实验，实验方法是词汇判定法（lexical decision），实验材料是汉语双音节的名词（道路、电影、观众）、动词（担任、打破、告诉）、动名兼类词（变化、编辑、建议）。实验的结果有两点：

（1）汉语名词和动词激活的区域分散在大脑的前部和后部，名词和动词一样激活前部，而不是像英语那样只有动词激活前部。研究者认为这跟汉语语法里名词和动词的特殊性有关，动词可以自由的做主宾语，名词可以自由的做谓语。

（2）只有尾状核（caudate nucleus）是唯一显示名、动有别的部位，在这个部位，名词的激活强于动词。已有的研究表明，人在执行许多认知和语言任务的时候，尾状核和前额区域有相似的作用。实验者说他们不清楚为什么尾状核部位只强烈激活名词。

上述的实验结果在 Chan et al.（2008）和 Yang et al.（2011）两项实验研究中得到进一步的证实。这两项研究是用 fMRI 技术来考察母语是汉语的早期和晚期双语者（汉语和英语）大脑表征两种语言的名词和动词的异同。早期（3岁）和晚期（12岁）双语者大脑处理汉语的名词和动词时，都表现出跟上一项实验相一致的情形：名词和动词的大脑表征区域没有区别。但是早期双语者在处理英语的名词和动词时，大脑激活区域的分布有差异；而晚期双语者在处理英语的名词和动词时，跟他们在处理汉语的名词和动词时相似，没有明显差异，都激活了广泛的脑区。这两项研究表明，二语习得晚的人，会将处理母语名词和动词的大脑表征模式映射到二语处理。晚期双语者的二语学习开展得晚，其水平要低于母语，因此二语的学习很容易受到母语的影响，这体现了语言习得的年龄效应。

在解释实验结果的时候，研究者感到缺乏语法理论、特别是词类理论的支撑：汉语难道真的没有名词和动词的区分？如果真是这样，为什么尾状核又是唯一显示名、动有别的部位？

下面是笔者的评论。"名动包含说"为实验结果的合理解释提供了一种可能性。看下面的示意图：

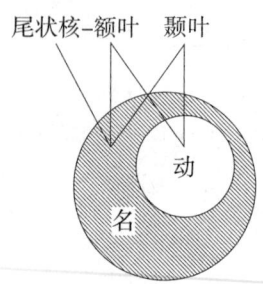

在汉语里，动词作为名词的一个次类包含在名词里，动词属于名词，是动名词。动名词除了可以做谓语，还跟一般名词一样能做

主宾语，所以它除了激活前部额叶还能激活后部颞叶，因此如图所示动词和名词都能激活颞叶。另一方面，汉语的名词不都是动词，那些不是动词的一般名词也可以做谓语，所以跟动词一样能激活额叶，但是名词做谓语毕竟是特殊的，有条件的，因此除了激活额叶还需要激活跟额叶作用相关的尾状核部分。

那么，尾状核的功能是什么呢？可以假设尾状核的作用是调节词的"指称性/述谓性"的强度。动词和一般名词都具有"指称性"，区别在于一般名词不具有动词具有的"述谓性"。如果假设大脑的额叶区和尾状核都跟词的"述谓性"有关，额叶区的功能是表征词的述谓性，那么尾状核的功能可以假设为"降低名词充当述谓语的阈域"。近年的相关研究表明，应该把语言在大脑里的表征跟处理区别开来，最近的《科学》杂志报道，熟练掌握多种语言的人用不同语言说话时大脑要在几种语言间切换，左尾状核承担着语言切换"开关"的作用。当然以上只是一个推测和假设，有待验证（参看杨静、董燕萍 2014），但是我们相信，词类理论的更新将为不同语言词类脑成像的比较研究提供新的设计思路和解释角度，加深我们对大脑表征和处理语言的神经机制的了解。Kemmerer & Eggleston（2010）发问，如果世界通行的强势语言不是英语，而是汤加语或汉语，那么词类的实验研究会是怎么一个样？

附录3 科斯学说的"交易成本"

2013年9月2日,诺贝尔经济学奖获得者罗纳德·科斯与世长辞,享年102岁,媒体上有诸多纪念性和介绍科斯学说的文章。① 科斯是为数不多的具有原创性思想的经济学家,制度经济学和产权经济学的创始人之一。他凭着几篇不长的论文,开创了新的研究范式。科斯之前的新古典经济学是从抽象的市场(鲁滨逊经济)出发,假设市场(价格机制)的运行过程中交易是没有成本的(交易成本为零)。它在形式化和数量化方面取得了辉煌的进展,但同时也为此付出了代价——缺少对现实经济问题的解释力:既然市场是人们在生产活动中进行合作的最有效的形式,为什么还会有企业存在?为什么市场中会存在不同的市场交易形式?科斯在26岁的时候发表了《企业的性质》一文,文中提出一个近乎天真的问题:为什么许多人宁愿加入公司、在别人的指令与监督下工作,而不是自我雇佣、彼此再以合约相连呢?科斯的解释是:如果没有企业组织,那么消费者要为对最终产品有贡献的每个生产要素分别付款,交易费用会高到令交易无法进行下去。企业的存在正是为了节约市场交易成本,而企业规模扩展的边界就是企业内部的管理协调费用高到等于市场交易成本。正是从真实的市场出发,科斯发现市场中的交易其实是要耗费大量成本的,叫

---

① 下面的介绍根据《南方周末》2013.9.5政经版盛洪、张维迎等人的系列文章,评论员的评论文,豆丁网讲解科斯"交易成本"的PDF讲义。

"交易成本"。《新帕尔格雷夫经济学词典》对"交易成本"(transaction costs)的解释如下：

> 在最广泛的意义上，交易成本包括那些不可能存在于没有产权、没有交易、没有任何一种经济组织的鲁滨孙经济中的成本。交易成本的定义这么宽广很有必要，因为各种类型的成本经常无法区分。（张五常）

这样定义的"交易成本"可以看作一系列制度成本，包括一切不直接发生在物质生产过程中的成本，如：搜寻交易对象和价格的费用，讨价还价的费用，交易中发生纠纷和解决纠纷的费用等等。广义的说，交易成本是人与人之间打交道的费用，这种成本只有在假设的鲁滨逊经济中才是不存在的。

《企业的性质》一文发表后相当长的时间里未得到经济学界的关注，直到1960年《社会成本问题》发表，引起经济学界的轰动，人们才回过头来挖掘"交易成本"理论的价值。《社会成本问题》一文论证，在交易成本为零或可忽略不计的情形下，只要产权有清晰的界定，不管产权谁属，市场交易总能让资源达到最优配置，这就是著名的科斯定理。你养的牛跑入邻居家的地里吃麦子，令邻居蒙受损失，有人大喊市场失灵了，要政府来干预和征税。但是科斯的解释独辟蹊径。将麦田分成相等的小块，只要产权明确，不管是邻居有麦子不受损害的权利，还是你有让牛吃邻居麦子的权利，牛吃小块麦田的数目即栏杆设置的边界是一样的，双方都会让牛一直吃到其长肉增值与麦子损失相等时的那小块麦田。由于真实世界里交易成本不可能为零或忽略不计，所以科斯定理就变为：不同的权利界定和分配，会带来不同效益的资源配置。人们由此认识到，产权制度在生产过程中不是无关紧要的东西,它也从此成为经济学中至关重要、不可或缺的分析对象和内在变量。

科斯定理成为中国经济转型的基本原理,明确产权、制度创新可以降低交易成本,而交易成本下降一些,财富的创造就会呈指数级上升。中国30年改革的实践证实了这一点,所以吴敬琏说科斯学说是中国改革的一盏明灯,科斯也在遥远的东方有了大量的知音,他的学说影响了一大批有影响力的华人经济学家。科斯逝世前寄希望于中国,希望中国的改革实践能催生一个他向往的那种经济学,一种基于真实存在事例的经济理论。

下面是笔者的评论和阐释。要特别注意,科斯的"交易成本"不是指"有些交易有成本"。这种狭义的理解还是没有摆脱成本和交易"分立"的传统观念,只是承认两者之间有小部分交叉而已:

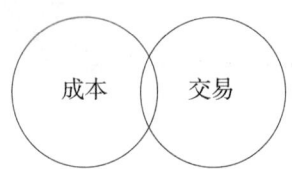

交叉部分可以指实现交易的路程花费,假设有些交易过程包含路程。然而这种狭义的理解并不是科斯的本意,如果"交易成本"只是这种含义,就谈不上什么原创性思想,科斯也就不成其为科斯了。科斯的"交易成本"的含义是广义的,在真实世界里,交易成本不可能为零,凡是交易都有成本(特别体现为制度成本),交易本身也是一种成本,不然就人人自我雇佣自当老板、无需企业的存在了。所以科斯学说可以解读为,交易和成本不是"分立关系",而是"包含关系",成本包含交易(交易成本):

报章上的文章指出,对科斯提出的"交易成本"概念,虽然存在意见分歧,但是解决之道不是回归科斯之前的传统理论,而是继续发展科斯的思想,甚至提出替代理论。

附录4 "天下理论"的"天下无外"原则

在哲学界，赵汀阳（2011）《天下体系：世界制度哲学导论》阐释的"天下体系"是一个关于世界政治制度的体系，在国内外有较大的影响，下面的介绍摘引自赵汀阳（2007）一文。

西方政治哲学的立足点是从最小的政治单位"个人"出发的，于是出现个人权利（rights）问题——如何界定，如何保护个人权利。在这个基础上建构一个国家（指现代民族国家），国家和个人之间有一种同构映射的关系，国家的绝对的主权和绝对的个人权利同样都神圣不可侵犯。

从哲学上说，现代国际政治所追求的"主体间"关系（inter-subjectivity）或"各方间性"（inter-ness）是全部冲突的根源，因为这个inter-ness是最高级别的结构，而政治意义上的"世界"是不存在的，它只是个"非世界"（non-world）。这是西方理论的一个根本漏洞，它没有设想到世界，没有关于世界的政治理论。

中国古代的"天下理论"可能是唯一的世界理论。"天下"概念所暗含的政治理论在结构上和西方是完全颠倒的，我们首先拥有一个最大的政治分析单位，天下指的就是整个世界，天下政治制度就是世界政治制度。天下政治理论的政治秩序是"自上而下"的：天下，国，家。这跟伦理秩序——家，国，天下——正好形成互相论证。

"天下"的概念最少有三层意思：一是地理学上的存在，就是地理学意义上的整个世界；二是儒家最爱讲的"民心"，是心理学意义上的世界,没有心的世界是死的,民心问题是政治合法性问题的关键;三是世界政治制度,即一个最大的政治学世界。只有满足这样三层意义的世界才是一个真正的世界。

"天下"观念的根本原则是"无外"原则:只有在内没有在外的东西,没有真正意义上的敌人。"无外"就是没有 inter-ness。西方的政治从"区分敌我"出发,中国的政治从"化敌为友"出发。西方哲学首先着眼于个体的存在问题,个体与个体都是平等的,然后问二者之间有什么样的关系。中国哲学,个体的存在与否是无需讨论的,当然存在,二者之间有没有关系才是首先要讨论的,首先着眼于整体(关系)。而这种关系是"无外"关系,而不是平等对立的关系。"无外"是"民心"无外,得民心才得天下。

下面是笔者从"甲乙包含"的范畴观所作的阐释。西方和古代中国对国际政治制度的两种不同的理念,可以用下面的图来表示。

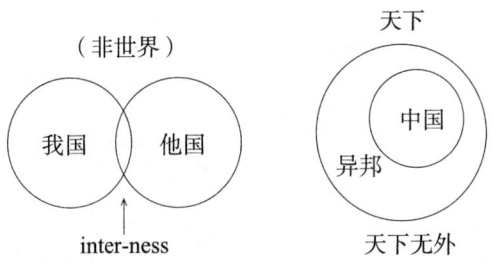

现代西方的理念:我国以外有他国,平等分立,然后有国与国之间的关系 inter-ness。世界只是个空洞的、没有政治制度的 non-world。由个人到国家再到世界,以个体支配整体,靠民主与法制治理国家。中国古代的理念:天下无外,只有亲疏不等的"异邦"或"四夷",没有外在的敌对"他国",无所谓国与国的 inter-ness。天下是饱和的、有政治制度的 world。由天下到国家再到个人,以整体支配个体,得民心者得天下,以德治国。

　　当代中国独创的"一国两制"政治模式,中国和香港也是包含关系而不是分立关系,当前海峡两岸的中国人都接受包含模式,有少数人想把它变为分立关系,不得人心。西方人倾向于把这种包含关系曲解为东德西德那样的分立关系,他们也不善于处理这种包含关系。

　　"天下无外说"和本书阐述的"名动包含说"一致,在"名动包含"格局里不存在名词和动词的交界面(interface),动词在名词之中而不在名词之外。

附录 5　量子物理的"不确定原理"

下面关于量子论和"不确定原理"的介绍都摘引自曹天元的《量子物理史话》,介绍不追求严密和准确,只是为了拿来做一个参照。

光的本质是什么?是微粒还是波动?两种结论都有实验为证,让光源透过纸板上的一个小孔,在荧光屏上出现一个固定光点,让光源透过纸板上两条并行的细缝,荧光屏上出现明暗相间的干涉条纹。从 17 世纪开始经过三百年的争论,量子物理学家终于认识到,电子它既是个粒子,同时又是个波,是粒子和波两种状态的叠加,二者构成一个不可分割的整体。开始这完全没法叫人接受,什么叫"既是个粒子,同时又是个波"?这两种东西分明是互相排斥的嘛。

杰出的量子物理学家海森堡领悟到的事情真相是这样的:我们的结论和我们的观察行为本身大有联系。谈论任何物理量都是没有意义的,除非你首先描述你测量这个物理量的方式。在经典理论看来,石头的"客观重量"是多少,就看你测得的数据是多少,石头是处在一个绝对的、客观的外部世界中,而我——观察者——对这个世界是没有影响的,至少,这种影响是微小得可以忽略不计的。但是量子世界就不同了,测试的对象是如此微小,以致我们作为观察者的介入对其产生了致命的干预。我们本身的扰动使得测量充满了不确定性,这种不确定性从原则上是无法克服的。采用不同的观察手段,往往会得到不同的答案。在量子论中没有外部世界和我之分,我们和客观世界天人合一,融合成为一体。

海森堡提出的 Uncertainty Principle,起初译成"测不准原理",

现在大多译为更具有普遍意义的"不确定原理"。这条原理是量子论最核心的基石之一,可与爱因斯坦的相对论比肩,海森堡因此而荣获1932年的诺贝尔物理学奖。海森堡作为哲学家的地位也牢不可破,他的关于主体性的科学论证成为哲学系学生的必备知识。

海森堡的老师、量子革命的旗手玻尔解释说,"任何时候我们观察电子,它当然只能表现出一种属性,要么是粒子要么是波。……但是,作为电子这个整体概念来说,它却表现出一种波-粒二象性来,可以展现出粒子的一面也可以展现出波的一面,这完全取决于我们如何去观察它。我们想看到一个粒子?那好,让他打到荧光屏上变成一个小点。看,粒子!我们想看到一个波?也行,让它通过双缝组成干扰图样。看,波!"

如果用比较专门的词语,"波-粒二象性"可以这样来说明:所谓"波"是指在我们观测之前处在不确定状态的粒子,它的波函数(关于位置的各种可能性叠合在一起)在空间弥漫开去,代表它的概率。但当我们去观测它的时候,波函数"坍缩"(collapse),电子随机的取一个确定的位置出现在我们面前。

观察的结论跟观察的方式大有联系,这个道理其实并不是只适用于量子世界。同一匹马,我说是白色的,一位色盲却说,不对,是红色的。我戴上一副红色眼镜,就也说马是红色的,这是因为我改变了观察方式,戴上了眼镜。所以根本谈不上马的"本来"颜色。玻尔意味深长的说,"我一点都不关心电子'本来'是什么,我觉得那是没有意义的。事实上我也不关心大自然'本来'是什么,我只关心我们能够'观察'到的大自然是什么。……这里的关键是我们'如何'观察它,而不是它'究竟'是什么。"

量子论的背后有一些非常形而上的东西,量子革命牵涉到我们世界观的根本改变，以及我们对于宇宙的认识方法。量子论不是唯心主义哲学，它建立在科学实验和严密的数学公式之上，但是因为太过奇特，太叫人困惑，近90年来没有一天它不受到来自各方面的质疑、指责、攻击。如果你感到困惑彷徨，那么玻尔的名言"如果谁不为量子论而感到困惑，那他就是没有理解量子论"也许可以给你一些安慰。你也许应该对你的困惑彷徨感到非常自豪，因为爱因斯坦对此的困惑彷徨，实在不比你少到哪里去。

摘引到此为止，下面介绍拿"不确定原理"来观照语言学问题的一篇文章。白硕（2014）从计算语言学的角度，针对的是"这本书的出版"与X-语杠理论不相兼容的问题，也就是违背"中心扩展规约"的问题。他首先指出，想要达到两者的兼容并不是崇洋媚外，也不是对乔姆斯基的个人崇拜，因为一个CFG（上下文自由语法）如果与X-语杠兼容，分析器的性能就可以有一个非常好的保证，兼容对于计算语言学来说当然是一个重大的好消息。

白文提出一种可以兼容X-语杠理论的"待定说"："出版"本身带有名词和动词双重属性，它的词性标注不应匆匆确定，可以把它标注为待定的X。相应的"不出版""迟迟不出版"……也都只是"XP"，至于X是什么，要等到分析最大投射，也就是"出版"作为中心词的最大成分（比如"这本书的迟迟不出版"）那一层再来根据上下文确定。一旦确定为NP，可以反过来把下面的所有X替换为N。替换之后的结果是兼容X-语杠理论的。从计算机处理角度看，相应的句法分析过程不再是纯粹"自底向上"的，在中心词词性具有不确定性的时候，利用X把不确定性保持到最大投射，等确定了再"自顶向下"进行"回代"（不会提高计算复杂性的量级）。也许有人要说，"回代"以后就出现了N或NP这类名词性成分受"不""迟迟"等修饰的情况,这是不应该出现的。但是这些修饰关系依据涉及 V 的构建规则在先,X 被回代为 N 发生在后,发生在后的行为改变了发生在先的行为的结果。因此,不能因为之前使用过副词修饰动词的规则,就认定最终的结果是这一规则造成的,最终结果明显是由最大投射的结构"强制"造成的。

白文从量子力学中的"叠加态"角度来思考和印证"待定说"。那个待定的句法范畴 X,可以很自然的类比量子力学中的叠加态。在观察发生之前,它是具有两种可能性的——既可能是 N,也可能是 V,适用 N 的句法规则可以用,适用 V 的句法规则也可以用。但是当观察(也就是"结构强制")发生以后,这个叠加态 X 就"坍缩"到唯一的一种可能,也就是 N 上。这种"坍缩",是整体对部分的强制性约束,是观测对叠加态所固有的不确定性的彻底终结。

白文最后说,目前的计算机只能"模拟"并行性不那么强的叠加态演化及其坍缩。如果用量子计算机做分析器,那么这种 N 和 V 混搭的叠加态和坍缩可以很自然的在物理器件上得以实现。好在"这本书的出版"涉及的叠加态演化的并行性并不很强,现在就可以在普通计算机上做出来。

这是一位计算语言学家从计算的角度说明,具有名-动二象性的"出版"如何通过观测(结构强制)"坍缩"为单一的名词。我们要强调的只是,汉语的单音动词如"去"("他的去"和"他的迟迟不去")同样有与 X-语杠兼容的问题,汉语是整个动词类具有名-动二象性,通过结构"强制"(可视为分析者的观测干预)就"坍缩"为单一的名词。以上不是为中文的计算机句法分析提供一个具体方案,只是为了开拓新的思路。

参考文献

敖镜浩 1998，论"之"的语法性质，载《古汉语语法论集》，语文出版社，149-160。

白　硕 2014，论"这本书的出版"与 X-bar 理论的兼容性，载于博客论坛 http://blog.sina.com.cn/s/blog-729574a00102uzf6.html。

蔡淑美、施春宏 2007，阎连科作品中的重叠形式探析，《语言教学与研究》第4期，1-9。

蔡维天 2010，谈汉语模态词的分布与诠释之对应关系，《中国语文》第3期，208-221。

曹逢甫 2004a，唐诗对偶句的形式条件与篇章修辞功能，《从语言学看文学：唐宋近体诗三论》，中研院语言学研究所，97-173。

曹逢甫 2004b，从主题-评论的观点看唐宋诗的句法与赏析，《从语言学看文学：唐宋近体诗三论》，中研院语言学研究所，49-96。

曹天元 2006，《上帝掷骰子吗——量子物理史话》，辽宁教育出版社。

柴世森、张智慧 1999，试谈汉语语法学史研究中的几个问题，《中国语言学报》第九期，123-135。

陈承泽 1922，《国文法草创》新一版（1982），商务印书馆。

*陈　刚、沈家煊 2012，从"标记颠倒"看韵律和语法的象似关系，《外语教学与研究》第4期，483-495。

陈国华 2009，从"的"看中心语构造与中心语的词类，《外语教学与研究》第2期，92-98。

陈嘉映 1999，事物，事实，论证，赵汀阳主编《论证》1，辽海出版社，1-25。

陈嘉映 2003，万德勒的《哲学中的语言学》，赵汀阳主编《论证》3，473-495。

陈满华 2008，《体词谓语句研究》，中国文联出版社。

陈宁萍 1987，现代汉语名词类的扩大，《中国语文》第5期，379-389。

陈　平 1981，《英汉否定结构对比研究》，中国社会科学院研究生院语言系硕士学位论文。

陈　平 1987，释汉语中与名词性成分相关的四组概念，《中国语文》第2

期，81-92。
陈　霞　2011，试论"道"的原始二重性："无"和"有"，《哲学研究》第4期，68-74。
陈小荷　1999，从自动句法分析角度看汉语词类问题，《语言教学与研究》第3期，63-72。
陈　晓　2009，论"这个/那个+VP"特殊结构，《南开语言学刊》第2期，97-107。
陈新仁　2010，中国学生二语产出中的光秃可数名词短语——概念认知与语言表征，《外语研究》第1期，15-20。
陈泽平　1998，《福州方言研究》，福建人民出版社。
陈祝琴　2009，"子产而死""富而可求"类句子的语义问题，《南京师范大学文学院学报》第2期，159-165。
程　工　1999，《语言共性论》，上海外语教育出版社。
程湘清　2003，《汉语史专书复音词研究》，商务印书馆。
储泽祥　2001，"名+数量"语序与注意焦点，《中国语文》第5期，411-417。
崔山佳　2013，《汉语欧化语法现象专题研究》，巴蜀书社。
戴浩一　1997，Category Shifts and Word-Formation Redundancy，《中国境内语言暨语言学》第3期，435-468。
戴浩一　2002，概念结构与非自主性语法：汉语语法概念系统初探，《当代语言学》第1期，1-12。
戴庆厦　2002，景颇语的"体"和"貌"，载《中国民族语言文学研究论集》第二辑，民族出版社。另载《戴庆厦文集》第一卷，286-298。
邓　盾　2015，上古汉语"主之谓"结构的句法分析及相关问题，《语言学论丛》第51辑，296-332。
邓思颖　2002，汉语时间谓语句的限制条件，《中国语文》第3期，217-221。
邓思颖　2006，以"的"为中心语的一些问题，《当代语言学》第3期，205-212。
刁晏斌　2004，试论现代汉语形式动词的功能，《宁夏大学学报（人文社会科学版）》第3期，33-38。
刁晏斌、李艳艳　2010，试论"有+单音节动素"式动词，《语言教学与研究》第1期，38-43。
丁声树　1935，释否定词"弗""不"，《历史语言研究所集刊外编·庆祝蔡元培先生六十五岁论文集》下册，国立中央研究院历史语言研究所，

967-996。

丁声树　1940，诗卷耳芣苢"采采"说，《（国立）北京大学四十周年纪念论文集》乙编上，国立北京大学出版组，1-15。

丁声树、吕叔湘、李　荣等　1979，《现代汉语语法讲话》，商务印书馆。

董秀芳　2002，"都"的指向目标及相关问题，《中国语文》第6期，495-507。

董秀芳　2004，"是"的进一步语法化：由虚词到词内成分，《当代语言学》第1期，35-44。

董秀芳　2012，上古汉语议论语篇的结构特点：兼论联系语篇结构分析虚词的功能，《中国语文》第4期，356-366。

董秀芳　2013，词汇双音化对论元结构的影响，《汉语史学报》第十三辑，17-25。

端木三　2000，汉语的节奏，《当代语言学》第4期，203-209。

端木三　2007，重音、信息和语言的分类，《语言科学》第5期，3-16。

段　晴　2001，《波你尼语法入门》，北京大学出版社。

范继淹　1985，汉语句段结构，《中国语文》第1期，52-61。

范　晓　1992，VP主语句——兼论"N的V"做主语，《语法研究和探索》第6辑，176-189。

范晓林　2012，晋北方言领属代词的重叠，《中国语文》第1期，56-57。

方光焘　1997，《方光焘语言学论文集》，商务印书馆。

方　梅　2011，北京话的两种行为指称形式，《方言》第4期，368-377。

冯胜利　1997，《汉语的韵律、词法和句法》，北京大学出版社。

冯胜利　2000，《汉语韵律句法学》，上海教育出版社。

冯胜利　2001，论汉语"词"的多维性，《当代语言学》第3期，161-174。

冯胜利　2011，韵律句法学研究的历程与进展，《世界汉语教学》第1期，13-31。

冯友兰　1964，《中国哲学史新编》第2册，人民出版社。

冯友兰　2013，《中国哲学简史》，涂又光译，北京大学出版社。

冯志伟　2006，术语命名中的隐喻，《科技术语研究》第3期，19-20。

傅　玉　2010，最简句法框架下的谓词省略研究，《外国语》第4期，253-267页。

高名凯　1953，关于汉语的词类分别，《中国语文》10月号，13-16。

高　松　2013，真理之争——胡塞尔与弗雷格论"真"，《哲学研究》第5期，73-81。

龚　波　2010，从假设句的否定形式看甲骨文中的"勿"、"弜"与"不"、"弗"之别，《中国语文》第 2 期，162-167。
古川裕　2009，"变化"事件的两种认识及句式特点，《汉语学报》第 4 期，23-30。
郭　锐　2002，《现代汉语词类研究》，商务印书馆。
郭　锐　2011，朱德熙先生的汉语词类研究，《汉语学习》第 5 期，14-26。
郭绍虞　1979，《汉语语法修辞新探》，商务印书馆。
何乐士　1989，《左传》的[主·"之"·谓]式，载何乐士《〈左传〉虚词研究》，商务印书馆，66-77。
何莫邪（Harbsmeier, Christoph）1983-1985，先秦汉语的名词从何处来？（Where do Classical Chinese nouns come from?）《古代中国》（Early China）9-10 期，77-163。
洪　波　2008，周秦汉语"之 s"的可及性及相关问题，《中国语文》第 4 期，304-316。
洪　波　2010，周秦汉语"之 s"可及性问题再研究，《语言研究》第 1 期，21-29。
胡建华　2009，焦点与量化，《汉语的形式与功能研究》，商务印书馆，83-91。
胡建华　2013，句法对称与名动均衡，《当代语言学》第 4 期，1-19。
胡明扬　1995，现代汉语词类问题考察，《中国语文》第 5 期，381-389。
胡明扬、劲　松　1989，流水句初探，《语言教学与研究》第 4 期，42-54。
胡文泽　2011，"处所词＋是＋名词"功能特性及其对汉语作为外语教学的启示，《语言科学》第 5 期，473-481。
胡裕树主编　1979，《现代汉语》，上海教育出版社。
华玉明　2008，《汉语重叠功能的多视角研究》，南开大学文学院博士学位论文。
黄彩玉　2012，"$V_双+N_双$"歧义结构的实验语音学分析，《语言教学与研究》第 3 期，98-104。
黄昌宁、姜自霞、李玉梅　2009，形容词直接修饰动词的"a+v"结构歧义，《中国语文》第 1 期，54-63。
黄和斌　2014，质疑"两个问题"与"一个难题"——对布氏向心结构观的认识，《外国语》第 4 期，41-48。
黄师哲　2008，语义类型相配论与多种语言形名结构之研究，《汉语学报》第 2 期，53-61。

黄瓒辉 2013,"都"和"总"事件量化功能的异同,《中国语文》第3期,251-264。

黄正德 1988,说"是"和"有",《中研院历史语言研究所集刊》第59本第1分,43-64。

黄正德 2010,从"他的老师当得好"谈起,《吕叔湘先生百年诞辰纪念文集》,商务印书馆,126-143。

江蓝生 2012,汉语连-介词的来源及其语法化的路径和类型,《中国语文》第4期,291-308。

蒋静忠、潘海华 2013,"都"的语义分合及解释规则,《中国语文》第1期,38-50页。

蒋绍愚 1990,《唐诗语言研究》,中州古籍出版社。

蒋严 1998,语用推理与"都"的句法/语义特征,《现代外语》第1期,11-24。

蒋严 2013,《语义学》导读,载 Kate Kearns 著 Semantics (2nd edition),世界图书出版公司,15-54。

姜望琪 2006,汉语的"句子"与英语的 sentence,载杨自俭主编《英汉语比较与翻译》6,上海外语教育出版社,198-217。

姜自霞、丁崇明 2011,虚义动词的完句功能及特点——以"进行"为例,《汉语学习》第2期,83-88。

金立鑫 1987,关于"向心结构"定义的讨论,《语文导报》第7期,30-32。

金立鑫 2009,解决汉语补语问题的一个可行性方案,《中国语文》第5期,387-398。

金立鑫 2011,从普通语言学和语言类型学角度看汉语补语问题,《世界汉语教学》第4期,449-457。

金岳霖 1926,说变,《晨报副刊》第61期,又载刘培育编《哲意的沉思》,2000,百花文艺出版社,137-146。

金岳霖 1943,中国哲学,载刘培育选编《金岳霖学术论文选》,1990,中国社会科学出版社。

柯航 2007,《现代汉语单双音节搭配研究》,中国社会科学院研究生院语言系博士学位论文。《中国语言学文库》第三辑,2012,商务印书馆。

蓝鹰 1990,从少数民族语言看"而"的虚化演变,《古汉语研究》第1期,64-70。

黎锦熙 1924,《新著国语文法》,商务印书馆。

李葆嘉 2014,屈折语词类划分的背景及对沈家煊《我看汉语的词类》的质疑,《英汉对比与翻译》第二辑,上海外语教育出版社,84-99。

李承贵 2014,以"行"释义:儒家诠释文本的独特方式,《哲学研究》第 11 期,46-53。

李劲荣 2007,"很雪白"类结构形成的动因与基础,《汉语学习》第 3 期,39-44。

李 强、袁毓林 2013,"都"和"只"的意义和用法同异之辨析,语言中的显著性与局部性研讨会论文(北京语言大学)。

李如龙 1986,闽南话的"有"和"无",《福建师范大学学报》(哲学社会科学版)第 2 期,76-83。

李文莉 2011,从修辞角度看涪陵方言单音节动词重叠,《当代修辞学》第 5 期,2-13。

李 湘 2011,从实现机制和及物类型看汉语的"借用动量词",《中国语文》第 4 期,313-325。

李亚非 2015,也谈汉语名词短语的内部结构,《中国语文》第 2 期,99-104。

李行健主编 2004,《现代汉语规范词典》,外语教学与研究出版社/语文出版社。

李艳惠 2008,短语结构与语类标记:"的"是中心词?《当代语言学》第 2 期,97-108。

李宇明 1996,非谓形容词的词类地位,《中国语文》第 1 期,1-9。

李占炳、金立鑫 2012,并列标志的类型学考察,《民族语文》第 4 期,23-31。

李佐丰 1983,《左传》中体之谓短语与主谓短语的区别,《内蒙古大学学报》第 1 期,95-104。

李佐丰 1985,《左传》"日有食之"中的"有",《内蒙古大学学报》第 2 期,111-119。

李佐丰 2004,《古代汉语语法学》,商务印书馆。

李佐丰 2009,上古汉语的字、词系统与词类划分,《语言学论丛》第 40 辑,111-119。

李佐丰 2011,上古汉语的"也"和句子分析,《历史语言学研究》第四辑,160-173。

林素娥、郑 幸 2014,宁波话"还是"差比句,《方言》第 1 期,21-27。

林华勇 2011,廉江粤语的两种短语重叠式,《中国语文》第 4 期,364-371。

刘丹青 1983,三种补语,三种否定,《语文月刊》第 9 期,另载《现代汉语补语研究资料》，475-477。
刘丹青　2005，从所谓"补语"谈古代汉语语法学体系的参照系，《汉语史学报》第5期，37-49。
刘丹青主编　2008，《语法调查研究手册》，上海教育出版社。
刘丹青　2008，汉语名词性短语的句法类型特征，《中国语文》第1期，1-20。
刘丹青　2010，汉语是一种动词型语言，《世界汉语教学》第1期，3-17。
刘丹青　2012a，汉语差比句和话题结构的同构性：显赫范畴的扩张一例，《语言研究》第4期，1-12。
刘丹青　2012b，原生重叠和次生重叠：重叠式历时来源的多样性，《方言》第1期，1-11。
刘丹青　2013，汉语特色的量化词库：多/少二分与全/有/无三分，《木村英樹教授還暦紀念 中國語文法論叢》（日），白帝社，54-72。
刘静芳　2014，如何在中国哲学中安顿"普遍性"？《哲学研究》第10期，33-40。
刘利民　2009，先秦"辩者二十一事"的语言哲学解读，《哲学研究》第9期，43-49。
刘宋川、刘子瑜　2006，"名·之·动/形"结构再探讨，《语言学论丛》32辑，244-286。
刘探宙　2009，一元非作格动词带宾语现象，《中国语文》第2期110-119。
刘探宙、石定栩　2012，烟台话中不带指示词或数词的量词结构，《中国语文》第1期，38-49。
刘探宙、张伯江　2014，现代汉语同位同指组合的性质，《中国语文》第3期，211-221。
刘勋宁　2006，"得"的性质及其后所带成分，日中对照言语学会编《中國語の補語》（日），白帝社，193-208。
龙果夫　1958，《现代汉语语法研究》，科学出版社。
陆丙甫　1985，关于语言结构的内向、外向分类和核心的定义，《语法研究和探索》第3辑，338-51。
陆丙甫　2005，语序优势的认知解释（上、下）——论可别度对语序的普遍影响，《当代语言学》第1期，1-15；第2期，132-138。
陆丙甫　2009，基于宾语指称性强弱的及物动词分类，《外国语》第6期，18-26。
陆丙甫　2012，汉、英主要"事件名词"的意义特征，《当代语言学》第1

期,1-11。

陆丙甫 2014,沈家煊"名动包含"理论正反说,《英汉对比与翻译》第二辑,上海外语教育出版社,71-83。

陆俭明 1990,汉语句法成分特有的套叠现象,《中国语文》第2期,81-90。

陆俭明 2003,对"NP+的+VP"结构的重新认识,《中国语文》第5期,387-391。

陆俭明 2013,浅议"汉语名动形层层包含"词类观及其他,《汉藏语学报》第7期,137-146。

陆俭明 2014,怎么认识汉语在词类上的特点?《英汉对比与翻译》第二辑,上海外语教育出版社,29-39。

吕叔湘 1942,论毋与勿,原载《华西协和大学中国文化研究所集刊》1卷4期,又载《吕叔湘全集》第2卷,商务印书馆,1990,69-97。

吕叔湘 1942/1982,《中国文法要略》(新1版),商务印书馆。

吕叔湘 1944/1984,个字的应用范围,附论单位词前一字的脱落,《汉语语法论文集》商务书馆,145-177。

吕叔湘 1954,关于汉语词类的一些原则性问题,《中国语文》第9期,6-14;第10期,16-22。

吕叔湘 1963,现代汉语单双音节问题初探,《中国语文》第1期,10-22。

吕叔湘 1979,《汉语语法分析问题》,商务印书馆。

吕叔湘 1981,关于"的、地、得"和"做、作",《语文学习》第3期,52-53。

吕叔湘主编 1981,《现代汉语八百词》,商务印书馆。

吕叔湘 1984a,关于"的"、"地"、"得"的分别,《语文杂记》,上海教育出版社,50-51。

吕叔湘 1984b,作状语用的形名短语,《语文杂记》,上海教育出版社,54。

吕叔湘 1987,汽车医院和水果医院,载吕叔湘《语文近著》,上海教育出版社,300-301。

吕叔湘 2002,语法研究中的破与立,《吕叔湘全集》第十三卷,商务印书馆,402-404。

吕叔湘、朱德熙 1979《语法修辞讲话》第二版,中国青年出版社。

罗仁地 2010,菲律宾塔伽洛语(Tagalog)的词类范畴,《语言学论丛》第41辑,1-14。

马建忠 1898/1983,《马氏文通》(新1版),商务印书馆。

马庆株 1991,顺序义对体词语法功能的影响,《中国语言学报》第4期,

59-83。

马　真　1983，关于"都/全"所总括的对象的位置，《汉语学习》第1期，27-34。

梅祖麟　2011，从形态到语法——上古汉语的两种表达方式，在中国社会科学院语言研究所的演讲。

苗　千　2013，虫洞与量子纠缠，《三联生活网》2013.11-29。

木村英树　2003，"的"字句的句式语义及"的"字的功能扩展，《中国语文》第4期，303-314。

宁春岩　2011，在MP理论平台上的人类语言研究，《当代语言学》第3期，226-236。

潘海华　2006，焦点、三分结构与汉语"都"的语义解释，《语法研究与探索》第13辑，163-184。

潘海华、陆　烁　2013，DeP分析所带来的问题及其可能的解决方案，《语言研究》第4期，53-61。

潘　慎　1996，古代汉语中无词类活用，载《语文新论》，山西教育出版社，69-76。

潘文国　1995，语言对比的哲学基础——语言世界观问题的重新思考，《华东师范大学学报》（哲学社会科学版）5：81-88。

朴重奎　2003，单个动词作主语的语义语法考察，《汉语学习》第6期，25-31。

启　功　1997，《汉语现象论丛》，中华书局。

钱　捷　2012，近代自然科学发端于近代哲学，《中国社会科学报》5月21日。

裘荣棠　1994，名动词质疑——评朱德熙先生关于名动词的说法，《汉语学习》第6期，15-20。

全国科技名词审定委员会　2006，《中医药学名词》，连载于《科技术语研究》第1-4期。

任　鹰　2009，"领属"与"存现"：从概念的关联到构式的关联——也从"王冕死了父亲"的生成方式说起，《世界汉语教学》第3期，308-321。

杉村博文　1999，的字结构承指与分类，江蓝生，侯精一主编《汉语现状与历史的研究》，中国社会科学出版社，47-66。

杉村博文　2010，可能补语的语义分析——从汉日语对比的角度，《世界汉语教学》第2期，183-191。

上海外国语学院英语系英语教研组编 1964,《中国学生英语典型错误分析》,上海教育出版社。

尚　杰　2009,横向的逻辑与垂直的逻辑,《中国社会科学院研究生院院报》第 4 期,32-36。

尚　新　2009,时体、事件与"V 个 VP"结构,《外国语》第 5 期,28-37。

尚　新　2011,集盖、事件类型与汉语"都"字的双层级量化,《外语教学与研究》第 3 期,363-374。

邵敬敏　1984,"动 + 个 + 形 / 动"结构分析,《汉语学习》第 2 期,另载《现代汉语补语研究资料》504-508。

邵敬敏　2013,《汉语语法的动态研究》,商务印书馆。

沈家煊　1985,词序与辖域:英汉比较,《语言教学与研究》第 1 期,96-104。

沈家煊　1989,不带说明的话题,《中国语文》第 5 期,326-333。

沈家煊　1991,"语义的不确定性"和无法分化的多义句,《中国语文》第 4 期,241-250。

沈家煊　1994,语法化研究综观,《外语教学与研究》第 4 期,17-24。

沈家煊　1995a,"有界"与"无界",《中国语文》第 5 期,367-380。

沈家煊　1995b,正负颠倒和语用等级,《语法研究与探索》第 7 辑,237-244。

沈家煊　1997,形容词句法功能的标记模式,《中国语文》第 4 期,242-250。

沈家煊　1998,语用法的语法化,《福建外语》第 2 期,1-8,14。

沈家煊　1999a,《不对称和标记论》,江西教育出版社,2015 商务印书馆再版。

沈家煊　1999b,语法化和形义间的扭曲关系,载《中国语言学的新拓展》,香港城市大学出版社,217-230。

沈家煊　1999c,"在"字句和"给"字句,《中国语文》第 2 期,94-102。

沈家煊　2001,语言的"主观性"和"主观化",《外语教学与研究》第 4 期,268-275。

沈家煊　2004,语法研究的目标——预测还是解释?《中国语文》第 6 期,483-492。

沈家煊　2006a,"语法隐喻"和"隐喻语法",《语法研究和探索》第 13 辑,1-14。

沈家煊　2006b,"王冕死了父亲"的生成方式——兼说汉语"糅合"造句,

《中国语文》第 4 期,291-300。
沈家煊　2006c,"糅合"和"截搭",《世界汉语教学》第 4 期,5-12。
*沈家煊　2007a,汉语里的名词和动词,《汉藏语学报》第 1 期,27-47。
沈家煊　2007b,也谈"他的老师当得好"及相关句式,国际中国语言学会第 15 届年会(纽约)论文,载《现代中国语研究》(日),第 9 期,1-12。
沈家煊　2008,"移位"还是"移情"——析"他是去年生的孩子",《中国语文》第 5 期,387-395。
*沈家煊　2009a,我看汉语的词类,《语言科学》第 1 期,1-12。
*沈家煊　2009b,我只是接着向前跨了半步——再谈汉语的名词和动词,《语言学论丛》第 40 辑,3-22。
沈家煊　2009c,汉语的主观性和汉语语法教学,《汉语学习》第 1 期,3-12。
沈家煊　2009d,"计量得失"和"计较得失"——再论"王冕死了父亲"的句式意义和生成方式,《语言教学与研究》第 5 期,15-22。
*沈家煊　2010a,从"演员是个动词"说起——"名词动用"和"动词名用"的不对称,《当代修辞学》第 1 期,1-12。
*沈家煊　2010b,"病毒"和"名词",《中国语言学报》第 14 期,1-13。
*沈家煊　2010c,英汉否定词的分合和名动分合,《中国语文》第 5 期,387-399。
*沈家煊　2010d,如何解决补语问题,《世界汉语教学》第 4 期,435-445。
*沈家煊　2011a,朱德熙先生最重要的学术遗产,《语言教学与研究》第 4 期,7-19。
*沈家煊　2011b,从"优雅准则"看两种"动单名双"说,第三届两岸三地句法语义小型研讨会(北京)论文(修改稿)。
*沈家煊　2011c,从韵律结构看形容词,《汉语学习》第 3 期,3-10。
*沈家煊　2012a,关于先秦汉语的名词和动词,《中国语言学报》第 15 期,100-113。
*沈家煊　2012b,名动词的反思:问题和对策,《世界汉语教学》第 1 期,3-17。
*沈家煊　2012c,怎样对比才有说服力——以英汉名动对比为例,《现代外语》第 1 期,1-13。
*沈家煊　2012d,"零句"和"流水句"——为赵元任先生诞辰 120 周年而作,《中国语文》第 5 期,403-415。

* 沈家煊　2012e，名词和动词：汉语、汤加语、拉丁语，《现代中国语研究》（日），第 14 期，1-14。
* 沈家煊　2012f，论"虚实象似"原理——韵律和语法之间的扭曲对应，CASLAR（Chinese as a Second Language and Research）1（1）: 89-103, de Gruyter, Mouton.
* 沈家煊　2012g，语言共性何处求，《中国社会科学报》，7 月 2 日 B-03。
* 沈家煊　2013a，谓语的指称性，《外文研究》第 1 期（创刊号），1-13。
* 沈家煊　2013b，"单双区分"在汉语中的地位和作用，日本中国语研究学会第 63 次年会（东京）主题报告。
* 沈家煊　2013c，科斯学说对语言学的启示，《南开语言学刊》（第 2 期），1-5。
* 沈家煊　2014a，如何解决状语问题，《语法研究和探索》第 17 辑，1-22。
* 沈家煊　2014b，汉语的逻辑这个样，汉语是这样的——为赵元任先生诞辰 120 周年而作之二，第六届汉语方言语法国际学术研讨会（绵阳）论文。《语言教学与研究》第 2 期，1-10。
* 沈家煊　2014c，汉语"名动包含说"，《英汉对比与翻译》第二辑，1-28。
* 沈家煊　2015a，形式类的分与合，《现代外语》第 1 期，1-14。
* 沈家煊　2015b，走出"都"的量化迷途：向右不向左，《中国语文》第 1 期，3-17。
* 沈家煊　2015c，词类的类型学和汉语的词类，《当代语言学》第 2 期，127-145。
* 沈家煊　2015d，汉语词类的主观性，《外语教学与研究》第 5 期，643-658。
沈家煊、王冬梅，2000，"N 的 V"和"参照体-目标"构式，《世界汉语与教学》第 4 期，25-32。
* 沈家煊、完　权　2009，也谈"之字结构"和"之"字的功能，《语言研究》第 2 期，1-12。
* 沈家煊、乐　耀　2013，词类的实验研究呼唤语法理论的更新，《当代语言学》第 3 期，253-267。
* 沈家煊、张姜知　2013，也谈形式动词的功能，《华文教学与研究》第 2 期，8-17。
* 沈家煊、柯　航　2014，汉语的节奏是松紧控制轻重，《语言学论丛》第 50 辑，47-72。
石定栩　2008，"的"和"的"字结构，《当代语言学》第 4 期，298-307。

石定栩　2011,《名词和名词性成分》,北京大学出版社。
石　锓　2010,《汉语形容词重叠形式的历史发展》,商务印书馆。
石毓智　1992,《肯定和否定的对称与不对称》,台湾学生书局。
史有为　2014,第一设置与汉语的实词,《英汉对比与翻译》第二辑,上海外语教育出版社,40-70。
施关淦　1981,"这本书的出版"中"出版"的词性——从"向心结构"理论说起,《中国语文通讯》第4期,8-12。
施关淦　1988,现代汉语的向心结构和离心结构,《中国语文》第4期,265-273。
施其生　1996　论"有"字句,《语言研究》第1期,26-31。
施其生　1997,论汕头方言中的"重叠",《语言研究》第1期,72-85。
施其生　2011,汉语方言中词组的"形态",《语言研究》第1期,43-52。
顺　真　2015,许慎《说文解字》的逻辑-认知构造,《哲学研究》第12期,48-55。
司富珍　2002,汉语的标句词"的"及相关的句法问题,《语言教学与研究》第2期,36-42。
司富珍　2004,中心语理论和汉语的DeP,《当代语言学》第1期,26-34。
司富珍　2006,中心语理论和"布龙菲尔德难题",《当代语言学》第1期,60-70。
司富珍　2013,"简约"之问,《语言科学》第5期,497-504。
司富珍　2014,也说"汉语和印欧语差异的ABC",《英汉对比与翻译》第二辑,上海外语教育出版社,156-164。
宋洪民　2009,也谈"名而动"结构,《中国语文》第2期,184-187。
宋　柔　2009,从语言工程看汉语词类,《语言学论丛》第四十辑,23-38。
宋　柔　2013,汉语篇章广义话题结构的流水模型,《中国语文》第6期,483-494。
宋绍年　1998,古汉语谓词性成分的指称化与名词化,载《古汉语语法论集》,语文出版社,331-340。
宋文辉　2006,上古汉语"N之V"结构再考察,中国语言学会第十三届年会论文,秦皇岛。
宋玉柱　1980,评"介词结构作补语",《语文战线》10月号。另载《现代汉语补语研究资料》309-311。
宋作胤　1964,论古代汉语主语和谓语之间的"之"字,《中国语文》第4期,295-300。

苏晓青、万连增　2011,《赣榆方言研究》,中华书局。
汤　双　2011,反物质之谜,《读书》第2期,64-69。
汤一介　2013,"天人合一"思想的现代价值,《北京日报》6月8日。
童燕齐　2008,中国政府与百姓——政治学研究札记,《观察与交流》第22期,北京大学中国与世界研究中心。
完　权　2010a,《"的"的性质与功能》,中国社会科学院研究生院博士学位论文。
完　权　2010b,语篇中的"参照体-目标"构式,《语言教学与研究》第6期,38-45。
完　权　2011,事态句中的"的",《中国语文》第1期,51-61。
完　权　2015,作为后置介词的"的",《当代语言学》第1期,85-97。
*完　权、沈家煊　2010,跨语言词类比较的"阿姆斯特丹模型",《民族语文》第3期,4-17。
王灿龙　2011,试论"不"与"没(有)"语法表现的相对同一性,《中国语文》第4期,301-312。
王冬梅　2001,《现代汉语动名互转的认知研究》,中国社会科学院研究生院语言系博士学位论文。修改本2010,中国社会科学出版社。
王冬梅　2014,从"是"和"的"、"有"和"了"看肯定和叙述,《中国语文》第1期,22-34。
王国拴、马庆株　2008,普通话中走向对称的"有+VP+(了)"结构,《南开语言学刊》第2期,87-91。
王洪君　1987,汉语自指的名词化标记"之"的消失,载《语言学论丛》第14辑,商务印书馆,158-196。
王洪君　1994,从字和字组看词和短语,《中国语文》第2期,102-112。
王洪君　2001,音节单双、音域展敛(重音)与语法结构类型和成分次序,《当代语言学》第4期,241-252。
王洪君　2011,汉语语法的基本单位与研究策略(作者补记),载《基本单位的现代汉语词法研究》,商务印书馆,414-420。
王洪君、李　榕　2014,论汉语语篇的基本单位和流水句的成因,《语言学论丛》第49辑,11-40。
王　还　1983,All与"都",《语言教学与研究》第4期,24-28。
王　还　1988,再谈谈"都",《世界汉语教学》第2期,93-94。
王菊泉　2014,沈家煊先生汉语词类问题新观点述评,《英汉对比与翻译》第二辑,上海外语教育出版社,117-133。

王克仲　1989，《古汉语词类活用》，湖南人民出版社。

王　力　1954，《中国语法理论》，中华书局股份有限公司。

王　力　2005，《汉语诗律学》第二版，上海教育出版社。

王　力　1980，《汉语史稿》（中册），中华书局。

王　力　1989，《汉语语法学史》，商务印书馆。

王　路　2013，Being 与句式，《哲学动态》第 2 期，51-58。

王　伟　2010，"了$_1$"表"有"论：汉英对比初探，国际中国语言学学会第 18 次学术年会（IACL-18）暨北美汉语语言学第 22 次学术会议（NACCL-22，哈佛大学）论文。

* 王　伟、沈家煊　2011，汉语为什么没有真正的谓语——名动的"指称/述谓"不对称，第三届两岸三地现代汉语句法语义小型研讨会（北京）论文。

王文斌　2013，论英语的时间性特质与汉语的空间性特质，《外语教学与研究》第 3 期，163-173。

王文斌　2014，汉语对行为动作的空间化表征——以"大/小+V"格式为例，《英汉对比与翻译》第二辑，上海外语教育出版社，134-147。

王文斌、何清强　2014，论英语"be"与汉语"是/有/在"，《外国语》第 5 期，2-10。

王　显　1959，诗经中跟重言作用相当的有字式、其字式、斯字式和思字式，《语言研究》（北京：科学出版社）第 4 期，9-43。

王阳明　2012，《王阳明全集》，上海古籍出版社。

王远杰　2008，《定语标记"的"的隐现研究》，首都师范大学文学院博士学位论文。

汪国胜　1991，大冶金湖话的"的""个"和"的个"，《中国语文》第 3 期，211-215。

文　炼、陆丙甫　1979，关于新诗节律，《语文教学研究》第 2 辑，云南人民出版社，170-181。

吴长安　2006，"这本书的出版"与向心结构理论难题，《当代语言学》第 3 期，193-204。

吴长安　2012，汉语名词、动词交融模式的历史形成，《中国语文》第 1 期，17-28。

吴长安　2013，《语言论稿》，东北师范大学出版社。

吴春生、马贝加　2014，"名而动"结构补说，《中国语文》第 2 期，116-126。

吴为善　1989，论汉语后置单音节的粘附性，《汉语学习》第 1 期，16-19。
吴延枚　1984，在现代汉语中，处所名词可以直接作补语，《语言学习》第 1 期，另载《现代汉语补语研究资料》478-481。
伍蠡甫　1986，《伍蠡甫艺术美学文集》，复旦大学出版社。
向　熹　2010，《简明汉语史》，商务印书馆。
小野秀树　2001，"的"の「モノ化」機能，《现代中国语研究》第 3 期，146-158。
肖治野、沈家煊　2009，"了$_2$"的行、知、言三域，《中国语文》第 6 期，518-527。
项梦冰　1991，论"这本书的出版"中"出版"的词性：对汉语动词、形容词"名物化"问题的再认识，《天津师范大学学报》第 4 期，75-80。
谢序华　2014，古汉语没有"为动双宾语结构"，《古代汉语》第 2 期，35-40。
熊十力　2009，《体用论》，中国人民大学出版社。
熊仲儒　2005，以"的"为核心的 DP 结构，《当代语言学》第 2 期，148-165。
熊仲儒　2008，"都"的右向语义关联，《现代外语》第 1 期，13-25。
徐烈炯　2014，"都"是全称量词吗？《中国语文》第 6 期，498-507。
徐烈炯、刘丹青　1998，《话题的结构与功能》，上海教育出版社。
徐通锵　2008，《汉语字本位语法导论》，山东教育出版社。
徐时仪　2005，汉语词汇双音化的内在原因考探，《语言教学与研究》第 2 期，68-76。
徐　枢、谭景春　2006，关于《现代汉语词典（第 5 版）》词类标注的说明，《中国语文》第 1 期，74-86。
许德楠　1984，口语句子中"吞"掉语法成分的现象，《语文研究》第 4 期，18-22。
许国璋　1991，《许国璋论语言》，外语教学与研究出版社。
许绍早　1956，略论补足语，《东北人民大学人文学科报》第 2 期，另载《现代汉语补语研究资料》17-35。
许余龙　2014，跨语言词类模型与汉语词类系统，《英汉对比与翻译》第二辑，100-116。
薛凤生　1991，试论连词"而"的语意与语法功能，《语言研究》第 1 期，55-62。
严　复　1902，与《外交报》主人书，载王拭编《严复集》(第三册)，

1986，中华书局，558-559。

杨成凯　2003，关于"指称"的反思，《语法研究和探索》第12辑，1-16。

杨国荣　2010，意义世界的生成，《哲学研究》第1期，56-65。

杨国荣　2014，体用之辩与古今中西之争，《哲学研究》第2期，36-42。

杨　静、董燕萍　2014，汉语名词与动词的神经语言学研究，《英汉对比与翻译》第二辑，上海外语教育出版社，148-155。

杨荣祥　2008，论"名而动"结构的来源及其语法性质，《中国语文》第3期，239-246。

姚振武　1995，现代汉语的N的V和古代汉语的N之V，《语文研究》第2期、第3期，2-9，26-29。

叶祖贵　2014，汉语方言中描摹性动词重叠的修辞学考察，《当代修辞学》第5期，76-83。

尹斌庸　1986，汉语词类的定量研究，《中国语文》第6期，428-436。

游顺钊　2014，《视觉语言学概要》，商务印书馆。

余霭芹　2009，如何结合方言和古代文献研究汉语的历史——以"有"的用法为例，在中国社会科学院语言研究所的演讲稿。

袁仁林〔清〕1989，《虚字说》（解惠全注），中华书局。

袁毓林　1996，话题化及其相关的语法过程，《中国语文》第4期，241-254。

袁毓林　1995，词类范畴的家族相似性，《中国社会科学》第1期，154-170。

袁毓林　2003，从焦点理论看句尾"的"的句法语义功能，《中国语文》第1期，3-16。

袁毓林　2005a，基于隶属度的汉语词类的模糊划分，《中国社会科学》第1期，164-177。

袁毓林　2005b，"都"的语义功能和关联方向新解，《中国语文》第2期，99-109。

袁毓林　2010a，汉语和英语在语法范畴的实现关系上的平行性——也谈汉语里名词/动词与指称/陈述、主语与话题、句子与话段，载《汉藏语学报》第4期，139-168。

袁毓林　2010b，汉语不能承受的翻译之轻——从去范畴化角度看汉语动词和名词的关系，《语言学论丛》第41辑，15-61。

袁毓林、李　湘、曹　宏、王　健　2009，"有"字句的情景语义分析，《世界汉语教学》第3期，291-307。

詹卫东　1998，关于"NP的VP"偏正结构，《汉语学习》第4期，24-28。

詹卫东　2012，从语言工程看"中心扩展规约"和"并列条件"，《语言科学》第 5 期，449-462。

詹卫东 2013，计算机句法结构分析需要什么样的词类知识——兼评近年来汉语词类研究的新进展，《中国语文》第 2 期，178-190。

张 斌主编 2010，《现代汉语描写语法》，商务印书馆。

张 斌 2014，指称和陈述，《对外汉语研究》第 11 期，1-4。

张伯江 2009，汉语限定成分的语用属性，《中国语文》第 3 期，195-207。

张伯江 2011a，汉语的句法结构和语用结构，《汉语学习》第 2 期，3-12。

张伯江 2011b，现代汉语形容词做谓语问题，《世界汉语教学》第 1 期，3-12。

张伯江 2013，汉语话题结构的根本性，《木村英樹教授還曆紀念 中國語文法論叢》（日），白帝社，130-141。

张东荪 1938，思想言语与文化，《社会学界》第 10 卷（6 月），节选载《当代修辞学》2013 年第 5 期，38-47。

张和友、邓思颖 2010，与空语类相关的特异型"是"字句的句法、语义，《当代语言学》第 1 期，14-23。

张和友、邓思颖 2011，空语类的允准及普通话、粤语话题类系词句的句法差异，《语言科学》第 1 期，58-69。

张洪年 1972，《香港粤语语法的研究》，香港中文大学出版社。

张姜知 2013，《体词谓语句和汉语词类》，中国社会科学院研究生院博士学位论文。

张 劼 2011，普通话副词"在"源流考辨，《语言教学与研究》第 1 期，76-81。

张 敏 2003，从类型学看上古汉语定语标记"之"语法化的来源，《语法化与语法研究》（一），商务印书馆，239-294。

张日昇 1959，香港粤语阴平调及变调问题，《香港中文大学中国文化研究所学报》第 2 卷第 1 期，81-107。

张世禄 1959，古汉语里的偏正化主谓结构，《语文教学》（华东）第 11 期。另见《张世禄语言学论文集》，学林出版社，1984，412-423。

张 雁 2001，从《吕氏春秋》看上古汉语的"主·之·谓"结构，《语言学论丛》第 23 辑，83-98。

张一鸣、张增一 2012，论爱因斯坦逻辑简单性思想及其渊源，《自然辩证法研究》28/9：112-116。

张谊生 2005，副词"都"的语法化与主观化——兼论"都"的表达功能和内部分类，《徐州师范大学学报》（哲学社会科学版）第 1 期，56-62。

张玉金　2010，出土战国文献中的语气词"也"，载张显成主编《简帛语言文字研究》第五辑，巴蜀书社，197-252。

张志公主编　1956，《汉语》（三），人民教育出版社。

张中行　1992，《诗词读写丛话》，人民教育出版社。

赵金铭　2010，汉语句法结构与对外汉语教学，《中国语文》第3期，277-286。

赵　嘉、陈岸瑛　2002，谁之传统，谁之使命——汤一介先生访谈录，赵汀阳主编《论证》2，广西师范大学出版社，112-125。

赵汀阳　2007，"天下体系"：帝国与世界制度，发布于2007-12-04社会学视野网。

赵汀阳　2011，《天下体系：世界制度哲学导论》，中国人民大学出版社。

赵元任　1968，《汉语口语语法》，1979吕叔湘译本，商务印书馆。

赵元任　1970，国语统一中方言对比的各方面，《中研院民族学研究所集刊》第29期，37-42。

赵元任　1980，《语言问题》，商务印书馆。

郑敏惠　2009，福州方言"有+VP"句式的语义和语用功能，《福建师范大学学报》（哲学社会科学版）第6期，92-98。

征文平、曹炜　2007，《水浒传》中并列连词用法分布计量考察，《常熟理工学院学报》（哲学社会科学版）第5期，94-98。

中国社会科学院语言研究所词典编辑室编　2012，《现代汉语词典》第6版，商务印书馆。

周国光　2005，对《中心语理论和汉语的DeP》一文的质疑，《当代语言学》第2期，139-47。

周国光　2006，括号悖论和"的X"的语感——"以'的'为核心的DP结构"疑难求解，《当代语言学》第1期，71-75。

周　韧　2012，"N的V"结构就是"N的N"结构，《中国语文》第5期，447-457。

周　韧　2014，汉语词类划分应重视"排他法"，《汉语学习》第1期，9-19。

周　韧　2015，兼类说反思，《语言科学》第5期，504-516。

周汝昌　2005，"诗化"的要义，载《红楼十二层》，书海出版社，99-105。

朱德熙　1956，现代汉语形容词研究，《语言研究》第1期，83-111。

朱德熙　1961，说"的"，《中国语文》第12期，1-15。

朱德熙　1962，论句法结构，《中国语文》8-9月号，351-360。

朱德熙　1978，"的"字结构和判断句，《中国语文》第1、2期，23-27，

104-109。

朱德熙 1980，汉语句法中的歧义现象，《中国语文》第 2 期，81-92。

朱德熙 1982，《语法讲义》，商务印书馆。

朱德熙 1983，自指和转指——汉语名词化标记"的、者、之"的语法功能和语义功能，《方言》第 1 期，16-31。

朱德熙 1984，定语和状语的区分与体词和谓词的对立，《语言学论丛》第 13 辑，5-14。

朱德熙 1985a，《语法答问》，商务印书馆。

朱德熙 1985b，关于向心结构的定义，《语法研究和探索》第 3 辑，19-23。

朱德熙 1985c，现代书面汉语里的虚化动词和名动词，《北京大学学报》（哲学社会科学版）第 5 期，1-6。

朱德熙 1987，句子和主语——印欧语影响现代书面汉语和汉语句法分析的一个实例，《世界汉语教学》（创刊号），31-34。

朱德熙 1988，关于先秦汉语里名词的动词性问题，《中国语文》第 2 期，81-86。

朱德熙 1990，关于先秦汉语名词和动词的区分的一则札记，《王力先生纪念论文集》，商务印书馆，161-171。

朱德熙 2010，《语法分析讲稿》，商务印书馆。

朱德熙、卢甲文、马 真 1961，关于动词形容词"名物化"的问题，《北京大学学报·人文科学》第 4 期，51-64。又载朱德熙著《现代汉语语法研究》，商务印书馆，1980，193-224。

朱晓农 1991，《秦人逻辑论纲》，《文化的语言视界》，上海三联书店。

朱晓农 1997，《秦人逻辑的任意性和旁推法的两种推理模式》，《走向新世纪的语言学》，万卷楼图书有限公司。

朱晓农 2015，语言决定推理方式，《中国社会科学报》7 月 7 日第 3 版。

朱晓鹏 2015，从朱熹到王阳明：宋明儒学本体论的转向及其基本路径，《哲学研究》第 2 期，35-43。

Abney, S. 1987. *The English Noun Phrase in Its Sentential Aspect.* Doctoral dissertation, MIT, Cambridge, Mass.

Aitchison, J. 1994. *Words in the Mind: An Introduction to the Mental Lexicon.* 2nd ed. Oxford: Blackwell.

Anwood, J. 2000. A dynamic model of part-of-speech differentiation. In Vogel & Comrie eds. 3-46.

Arbib, M. A. 2012. *How the Brain Got Language*: *The Mirror System Hypoth-*

esis. Oxford: Oxford University Press.

Baker, M. C. 2003. *Lexical Categories: Verbs, Nouns and Adjectives*. Cambridge: Cambridge University Press.

Baker, M. C. 2009. On some ways to test Tagalog nominalism from a cross-linguistic perspective. *Theoretical Linguistics* 35/1: 63–71.

Beck, D. 2002. *The Typology of Parts of Speech Systems: The Markedness of Adjectives*. NewYork: Routledge.

Bejarano, T. 2011. *Becoming Human: From Pointing Gestures to Syntax*. Amsterdam: John Benjamins.

Bhat, D. N. S. 2000. Word classes and sentential functions. In Vogel & Comrie eds. 47–64.

Bisang, W. 2008. Precategoriality and syntax-based parts of speech: The case of Late Archaic Chinese. *Studies in Language* 32（3）: 568–589.

Bisang, W. 2013. Late Archaic Chinese: an $L_{FLEXIBLE}$ language whose G parameter cannot be addressed. In Rijkhoff & Lier eds., 278–287.

Boyd, R. 1993. Metaphor and theory change: What is "metaphor" a metaphor for? In Ortony, Andrew, ed. *Metaphor and Thought*, 2nd edition. Cambridge: Cambridge University Press.481–532.

Broschart, J. 1997. Why Tongan does it differently: Categorial distinctions in a language without nouns and verbs. *Linguistic Typology* 1: 123–165.

Broschart, J. & C. Dawuda 2004. Beyond nouns and verbs: Typological studies in lexical categorisation. Unpublished manuscript.

Brown, K.（ed.）2006. *Encyclopedia of Language & Linguistics*. 2nd edition. Amsterdam: Elsevier Ltd.

Bybee, J. 2005. The impact of use on representation: grammar is usage and usage is grammar. Keynote speech at the annual meeting of Linguistic Society of America. Published in 2006, From usage to grammar: The mind's response to repetition. *Language* 82（4）:711–733.

Chafe, W. L. 1976. Givenness, contrastiveness, definiteness, subjects, topics and point of view. In Li, C. N. ed., *Subject and Topic*. New York: Academic Press. 25–55.

Chan, A. H. D., K. K. Luk, P. Li, V. Yip, G. Li, B. Weekes, L. H. Tan 2008. Neural correlates of nouns and verbs in early bilinguals. *Annals of the New York Academy of Sciences* 1145: 30–40.

Chan, C. C.Y., T. Tardif, J. Chen, R. B. Pulverman, L. Zhu, & X. Meng 2011. English- and Chinese-learning infants map novel labels to objects and actions differently. *Developmental Psychology* 47/5: 1459−1471.

Chao, Yuen Ren 1948. *Mandarin Primer*. Cambridge, Mass.: Harvard University Press.

Chao, Yuen Ren 1955. Notes on Chinese grammar and logic. *Philosophy East and West* V/1: 31−41. Also in A. S. Dil ed. 1976, 237−249. 中译文《汉语语法与逻辑杂谈》, 白硕译, 载《赵元任语言学论文集》, 2002, 商务印书馆, 796−808。

Chao, Yuan Ren 1959a, Ambiguity in Chinese. In S. Egerod and E. Glahn eds. *Studia Serica Bernhard Karlgren Dedicata*, Copenhagen: Ejnar Munksgaard, 1−13. Also in A. S. Dil ed. 1976, 293−308. 中译文《汉语中的歧义现象》, 袁毓林译, 载《赵元任语言学论文集》, 2002, 商务印书馆, 820−835。

Chao, Yuen Ren 1959b. How Chinese logic operates. *Anthropological Linguistics* 1:1, 1−8. Also in A. S. Dil ed. 1976, 250−259.

Chao, Yuen Ren 1968. A Grammar of Spoken Chinese. Berkeley & Los Angeles: University of California Press. 丁邦新译本《中国话的文法》(增订版), 香港中文大学出版社, 2002。

Chao, Yuen Ren 1975. Rhythm and structure in Chinese word conceptions. *Journal of Archeology and Anthropology* Vols. XXXVII and XXXVIII. Also in A. S. Dil ed. 1976, 275−292. 中译文《汉语词的概念及其结构和节奏》, 王洪君译, 载《赵元任语言学论文集》2002, 商务印书馆, 890−908。

Chen, Ping 1996. Pragmatic interpretations of structural topics and relativization in Chinese. *Journal of Pragmatics* 3:1−17.

Cheng, Lisa & R. Sybesma 1999. Bare and not-so-bare nouns and the structure of NP. *Linguistic Inquiry* 30/4: 509−542.

Chierchia, G. 1985. Formal semantics and the grammar of predication. *Linguistic Inquiry* 16/3: 417−443.

Chierchia, G. 1998. Plurality of mass nouns and the notion of "semantic parameter". In S. Rothstein ed., *Events and Grammar*, Kluwer Academic Publishers. 53−103.

Chomsky N. 1965. *Aspects of the Theory of Syntax*. Cambridge, MA: MIT Press.

Clark, E. V., & H. H. Clark 1979. When nouns surface as verbs. *Language* 55/4:

767-811.

Comrie, B. 1981. *The Language of Soviet Union.* Cambridge: Cambridge University Press.

Coulthard, M. 1977. *An Introduction to Discourse Analysis.* London: Longman.

Croft, W. 1991. *Syntactic Categories and Grammatical Relations.* Chicago: University of Chicago Press.

Croft, W. 2000. Parts of speech as language universals and as language-particular categories. In Vogel & Comrie eds., 65-102.

Croft, W. 2002. *Typology and Universals.* 2nd edition. Cambridge: Cambridge University Press.

Crystal, David 1997. *A Dictionary of Linguistics and Phonetics.* 4th edition. Blackwell Publishers Ltd. 中译本《现代语言学词典》, 沈家煊译, 2000, 商务印书馆。

Diessel, H. 1999. *Demonstratives: Form, Function, and Grammaticalization.* Amsterdam: John Benjamins.

Diessel, H. 2013. Where does language come from: some reflections on the role of deictic gesture and demonstratives in the evolution of language. *Language and Cognition* 5/2-3: 239-249.

Dil, A. S. ed., 1976. *Aspects of Chinese Sociolinguistics: Essays by Yuen Ren Chao.* Stanford: Stanford University Press.

Dixon, R. M. W. 1977. Where have all the adjectives gone? *Studies in Language* 1: 19-80.

Dixon, R. M. W. 2004. Adjective classes in typological perspective. In Dixon, R. & A. Aikhenvald eds., *Adjective Class: A Cross-linguistic Typology.* Oxford: Oxford University Press.

Dryer, M. S. 2014. Why do languages have nouns and verbs? Notes of a lecture delivered at Insititute of Linguistics, Chinese Academy of Social Sciences.

Duanmu, San 1997, Phonologically motivated word order movement: Evidence from Chinese compounds. *Studies in the Linguistic Sciences* 27/1: 49-77.

Edmondson, W. 1981. *Spoken Discourse : A Model for Analysis.* London: Longman.

Evans, N. & S. C. Levinson 2009. The myth of language universals: Language diversity and its importance for cognitive science. *Behavioral and Brain Sciences* 32: 429-492.

Evans, N. & T. Osada 2005. Mundari: The myth of a language without word classes. *Linguistic Typology* 9/3: 351-390.

Fauconnier, G. & M. Turner 2003. *The Way We Think: Conceptual Blending and the Mind's Hidden Complexities.* New York: Basic Books.

Fillmore, C. J. 1968. The Case for Case. In Bach, E. & R. T. Harms, eds., *Universals in Linguistic Theory.* Holt, Rinehart and Winston, New York. 1-88.

Finegan, Edward 1995. Subjectivity and subjectivisation: An introduction. In D. Stein & S. Wright eds., *Subjectivity and Subjectivisation.* Cambridge: Cambridge University Press. 1-15.

Garcia, E. C. 1975. *The Role of Theory in Linguistic Analysis: The Spanish Pronoun System.* Amsterdam: North-Holland Publishing Company.

Givón,T. 1979. *On Understanding Grammar.* New York, San Francisco and London: Academic Press.

Givón, T. 2001. *Syntax: An Introduction.* Vol. 1. Amsterdam: John Benjamins.

Goffman, E. 1976. Replies and responses. *Language in Society* 5: 257-313.

Green, G. M. 1974. *Semantics and Syntactic Regularity.* Bloomington: Indiana University Press.

Greenberg, J. 1963. Some universal of grammar with particular reference to the order of meaningful elements. In Greenberg, J. ed., *Universals of Grammar.* 2nd edition. Cambridge, MA: The MIT Press. 73-113.

Greenberg, J. 1966. *Language Universals : With Special Reference to Feature Hierarchies.* The Hague: Mouton.

Grice, H. P. 1975. Logic and conversation. *Syntax and Semantics* 3: *Speech Acts,* ed. by P. Cole & J. L. Morgan, New York: Academic Press. 41-58.

Haiman, J. 1978. Conditionals are topics. *Language* 54: 564-569.

Haiman, J. 1985. *Natural Syntax: Iconicity and Erosion.* Cambridge: Cambridge University Press.

Halliday, M. A. K., 1994. *An Introduction to Functional Grammar.* 2nd edition. Edward Arnold Publishers Ltd.

Haryu, E., M. Imai, H. Okada, L. Li, M. Meyer, K. Hirsh-Pasek, & R. M. Golinkoff 2005. Noun bias in Chinese children: Novel noun and verb learning in Chinese, Japanese, and English preschoolers. In A. Brugos, M. R. Clark-Cotton, & S. Ha eds., *Proceedings of the 29th Annual Boston University Conference on Language Development.* Somer-ville, MA: Cascadilla Press. 272-283.

Heine, B. 1997. *Cognitive Foundations of Grammar*. Oxford: Oxford University Press.

Heine, B. & T. Kuteva 2002. On the evolution of grammatical forms. In Alison Wray ed., *The Transition to Language*. Oxford: Oxford University Press. 376–397.

Hengeveld, K. 1992. Parts of Speech. In M. Fortescue, P. Harder & L. Kristoffersen eds., *Layered Structure and Reference in a Functional Perspective*. Amsterdam: John Benjamins. 29–55.

Hengeveld, K. 2013. Parts-of-speech systems as a basic typological determinant. In Rijkhoff & Lier eds., 31–55.

Himmelmann, N. 2007. Lexical categories and voice in Tagalog. In P. K. Austin and S. Musgrave, eds. *Voice and Grammatical Functions in Austronesian Languages*. Stanford: CSLI.

Hopper, P. J., & S. A. Thompson 1984. A discourse basis for lexical categories in universal grammar. *Language* 60: 703–52.

Huang, Shi-Zhe 2006. Property Theory, adjectives, and modification in Chinese. *Journal of East Asian Linguistics* 15: 343–369.

Huddleston, R. & G. K. Pullum 2002. *The Cambridge Grammar of the English Language*. Cambridge: Cambridge University Press.

Hudson, R. 2003. Gerunds without phrase structure. *Language & Linguistic Theory* 21: 579–615.

Imai, M., L. Li, E. Haryu, H. Okada, K. Hirsh-Pasek, R. M. Golinkoff, & J. Shigematsu 2008. Novel noun and verb learning in Chinese-, English-, and Japanese-speaking children. *Child Development* 79: 979–1000.

Jakobson, R. 1932. Structure of the Russian verb. In Waugh, L. R. & M. Halle eds., 1984, *Russian and Slavic Grammar: Studies, 1931–1981*. The Hague: Mouton. 1–14.

Jakobson. R. 1939. Zero sign. In Waugh, L. R. & M. Halle eds., 1984, *Russian and Slavic Grammar: Studies, 1931–1981*. The Hague: Mouton. 151–160.

Jelinek, E. 1995. Quantification in Strait Salish. In Boch, E., E. Jenlinek, A. Kratzer & B. Partee eds., *Quantifiction in Natural Languages*. Kluwer. 487–540.

Jespersen, Otto 1924. *Philosophy of Grammar*. London: George Allen & Unwin Ltd.

Jo, Jung-Min 2000. Morphosyntax of a dummy verb "ha-" in Korean. *Studies in the Linguistic Sciences* 30/ 2: 77−100.

Kasher, A. & R. Sadka 2001. Constitutive rule systems and cultural epidemiology. *Monist* 84: 438−449.

Kaufman, Daniel 2009. Austronesian Nominalism and its consequences: A Tagalog case study. *Theoretical Linguistics* 35/1: 1−49.

Kemmerer, D. & A. Eggleston 2010. Nouns and verbs in the brain: Implications of linguistic typology for cognitive neuroscience. *Lingua* 120: 2686−2690.

Kempson, R. M. 1980. Ambiguity and word meaning. In S. Greenbaum, G. Leech and J. Svartvik eds. , *Studies in English Linguistics for Randolph Quirk*, London: Longman, 7−16.

Kita, Sotaro ed. 2003. *Pionting: Where Language, Culture, and Cognition Meet*. Lawrence Erlbaum Association Publication.

Kuhn, T. S. 1993. Metaphor in science. In A. Ortony ed., *Metaphor and Thought*. 2nd edition. Cambridge: Cambridge University Press. 533−42.

Lakoff, G. 1992. Metaphor and war: The metaphor system used to justify war in the gulf. In Pütz, Martin ed., *Thirty Years of Linguistic Evolution*. Amsterdam, Philadelphia: John Benjamins. 463−81.

Lakoff, G., & M. Johnson 1980. *Metaphors We Live By*. Chicago, London: University of Chicago Press.

Langacker, R. 1987/1991. *Foundations of Cognitive Grammar,* Vol.1 & 2. Stanford: Stanford University Press.

LaPolla, R., & D. Poa 2006. On describing word order. In Ameka, F., A. Dench, & N. Evans, eds., *Catching Language: The Standing Challenge of Grammar Writing*. Berlin: Mouton de Gruyter. 269−295.

Larson, R. K. 2009. Chinese as a reverse *ezafe* language.《语言学论丛》第 39 辑, 30−85.

Li, C. N. & S. A. Thompson 1976. Subject and topic: a new typology of language. In Li, Charles N. ed. *Subject and Topic*. New York: Academic Press. 457−490.

Li, C. N., & S. A. Thompson 1981. *Mandarin Chinese: A Functional Reference Grammar*. University of California Press.

Li, Ping, Zhen Jin, and L. H. Tan, 2004. Neural representations of Nouns and verbs in Chinese: an fMRI studty. *NeuroImage* 21: 1533−1541.

Li,Yen-hui Audrey 1985. *Abstract Case in Chinese*. Unpubished PhD thesis. University of Southern California.
Lin, Jo-wang 1998. Distributivity in Chinese and its implications. *Natural Language Semantics* 6: 201–243.
Lu, Bingfu & Danmu San 2002. Rhythm and syntax in Chinese: A case study. *Journal of Chinese Language Teachers Association* 37/2: 123–136.
Luuk, E. 2010. Nouns, verbs and flexibles: implications for typologies of word classes. *Language Sciences* 32: 349–365.
Lyons, J. 1968. *An Introduction to Theoretical Linguistics*. Cambridge: Cambridge University Press.
Lyons, J. 1977. *Semantics*. Vol. 2. Cambridge: Cambridge University Press.
Matthews, P. H. 1981. *Syntax*. Cambridge: Cambridge University Press.
McCawley, J. D. 1971. Prelexical syntax. In O'Brien, R. J. ed. *Linguistic Developments of the Sixties: Viewpoints for the Seventies,* Monograph Series on Languages and Linguistics, Georgetown University 24:19–33.
McCawley, J. D. 1988. *The Syntactic Phenomena of English*. Vol. 1. Chicago and London: The University of Chicago Press.
Mithun, M. 2000. Noun and verb in Iroquoian languages: Multicategorisation from multiple criteria. In Vogel & Comrie eds. 397–420.
Morris, C. W. 1938. Foundations of the theory of signs. In Neurath, O., R. Carnap, & C. Morrriseds. 1939 *International Encyclopaedia of Unified Science*. Chicago: University of Chicago Press.
Newmeyer, F. J. 2003. Grammar is grammar and usage is usage. *Language* 79/4: 682–707.
Pinker, S. 1994. *The Language Instinct*. William Morrow.
Posner, M. I. 1973. *Cognition: An Introduction*. Glenview IL: Scott, Foreman & Co.
Quirk, R., S. Greenbaum, G. Leech, J. Svartvik 1985. A *Comprehensive Grammar of the English Language*. London and New York: Longman.
Radford, A. 1988. *Transformational Grammar: A First Course*. Cambridge: Cambridge University Press.
Radman, Z. 1997. *Metaphors: Figures of the Mind.* Boston: Kluwer Academic Publisher.
Rawls, J. 1955. Two concepts of rules. *Philosophical Review* 64: 3–32.

Rijkhoff, J. & E. van Lier eds. 2013. *Flexible Word Classes*. Oxford: Oxford University Press.

Sapir, E. 1921. *Language*. New York: Harcourt, Brace & World.

*Shen, Jiaxuan 2011. Nouns and Verbs in Chinese — Cognitive, Philosophical, and Typological Perspectives. Keynote speech at the 11th International Cognitive Linguistics Conference (Xi'an).

*Shen, Jiaxuan 2013. Nouns and verbs: Evolution of grammatical forms. Keynote speech at the 5th Internatioanl Conference in Evolutionary Linguistics (CIEL-5), The Chinese University of Hong Kong.

Shen, J. & Y. Gu 1997. Conversation and sentence-hood. *Text* 17/4: 477–490.

Simon, Walter 1951. *Der erl jiann* (得而见) and *der jiann* (得见) in *Luenyeu* (论语) VII, 25. *Asia Major* 2/1: 46–67.

Simon, Walter 1952 &1954, Functions and meanings of *erl* (而). I-IV. *Asia Major* 2/2: 179–202; 3/1:7–18; 3/2: 117–131; 4/1: 20–35.

Sperber, D., & D. Wilson 1986. *Relevance*: *Communication and Cognition*. Oxford: Basil Blackwell.

Steinitz, R. 1994. Lexikaische Kategorisierung: Ein Vorschlag zur Rivision. Unpublished manuscript, Forschungsschwerpunkt Allgemeine Sprachwissenschaft, Berlin. Rivised version to appear in Elisabeth Löbel & Gisa Rauh eds., *Lexikalische Kategorien und Merekmale*. Tübingen: Niemeyer.

Taylor, J. R. 1994. "Subjective" and "objective" readings of possessor nominals. *Cognitive Linguistics* 5/3: 201–242.

Tchekhoff, C. 1981. *Simple Sentence in Tongan* (Pacific Linguistics: Series B81). Canberra: Australian National University.

Teng, S. H. 1975. Negation in Chinese. *Journal of Chinese Linguistics* 2/2: 125–140.

Thomas, E. 1995. Negation in Mandarin. *Natural Language and Linguistic Theory* 13: 665–707.

Tiersma, P. 1982. Local and general markedness. *Language* 58: 832–849.

Trubetzkoy, N. S. 1939. *Principles of Phonology*. 1st edition. C. A. M. Baltaxe (trans.), California University Press, Berkeley, California, 1969.

Ungerer, F., & H.-J. Schmid 1996. *An Introduction to Cognitive Linguistics*. London and NewYork: Longman.

von Humboldt, W. 1836. *On Language: the Diversity of Human Language-structure and its Influence on the Mental Development of Mankind*. P. Heath (trans.), Cambridge: Cambridge University Press.

Vogel, P. M. 2000. Grammaticalisation and part-of-speech systems. In Vogel & Comrie eds. 259-284.

Vogel, P. M., & B. Comrie eds. 2000. *Approaches to the Typology of Word Classes*. Berlin & New York: Mouton de Gruyter.

Vonen, A. M. 1997. *Parts of Speech and Linguistic Typology: Open Classes and Conversion in Russian and Tokelau* (Acta Humaniora 22). Oslo: University of Oslo, Faculty of Arts/Scandinavian University Press.

Ward, Gregory 2004. Equatives and deferred reference. *Language* 80: 262-289.

Wierzbicka, A. 1980. *The Case for Surface Case*. Ann Arbor: Karoma.

Witkowski, S. & C. Browns 1983. Marking reversal and cultural importance. *Language* 59: 569-582.

Xu, Dan 1999. Syntactical distribution of negative markers in Mandarin Chinese. *Cahiers de Linguistique de l' NALCO* 1/2: 71-79.

Yang, J., L. H. Tan, P. Li 2011. Lexical representation of nouns and verbs in the late bilingual brain. *Journal of Neurolinguistics* 24/6: 674-682.

Yeh, Ling-hsia, 1995. Focus, metalinguistic negation and contrastive negation. *Journal of Chinese Linguistics* 23/2: 42-75.

Yue, Anne O. 1998, *Zhi* 之 in Pre-Qin Chinese, *T'oung Pao* 84/4-5: 239-292.

主题词索引

奥卡姆剃刀　6, 8, 62, 67
包含关系（格局）1, 2, 13, 77, 95-99, 148, 158-160, 389, 398, 406, 416, 432, 436
本体隐喻　135, 136, 182, 243
本用的活用　164
鼻辅音　390
比较句　141, 333
变化体　357, 359
标记颠倒　13, 100, 381, 389-397, 406, 408
标记类型　93, 95, 96
标记理论　13, 94, 100, 320, 326, 389, 392
表层结构的中心　69
宾语落空　249
并列检验法　70
并列条件　14, 63, 69-73, 154, 155, 224, 225, 410
并置（性）220, 222, 223, 227, 228, 279-281, 408, 410, 412, 420
并置结构　222, 279
并置句　224
并置问　223

波-粒二象性　13, 438
补语问题　252, 253, 255, 262
不定式（不定形式）8, 20-22, 35, 39, 44, 98, 101, 165-167, 246
不及物动词　80, 152-154, 169, 170, 174, 186, 229
不确定原理　437-439
布洛卡失语症　427
参差关系　89
参项　12, 123, 311
参照体-目标　294, 295
测不准原理　437
陈述句　138, 156, 191, 217
称语　176
承前省略　204, 207, 249, 333
程度宾语　261, 263, 264
程度补语　255
抽象-具体　10, 32, 128, 136-139, 142, 149, 151, 159, 181, 319, 371
抽象动词　25
抽象名词　26, 55, 59
初始概念　124, 307
处所词　98
词法类型学　12, 194

词根 110, 120-123, 192-194, 337, 417
词化 233, 399
词汇化 49, 205, 268, 412
词汇判定法 427
词类的大脑表征 13, 427-429
词类分合 12
词类活用 180
词类类型学 12, 13, 82, 283
词类连续统 32, 38, 172, 413
词类裂变 98, 329
词类系统 4, 12, 13, 32, 74, 75, 312, 318, 327-331, 410
词类循环模型 330, 331
词类转化（转类） 7, 74, 85, 250, 315
词例 32, 36, 37, 134, 319, 321-328, 365
词品说 48-50
词无定类 73, 74, 81, 198
词型 32, 319-328, 365
词型-词例 12, 32, 319-328, 365
词性 46-49, 77, 164, 228, 232, 233, 326, 361, 408, 439
词性对偶 228, 232
词序 12, 85, 151, 152, 236
词序变化 151, 152
词序类型学 12
词缀 116-119, 135, 142, 192, 233, 337, 338, 417
词组"熔解" 7, 8
词组本位 7, 21, 29
次第扫描 383
次级谓语 253, 254, 257, 258, 261, 262, 267, 279
次品 49, 50
从上至下 412
从属连词 102
从属小句 102
从无到有 95, 347, 352, 356-359, 371, 414
存现动词 209, 225
存在（being） 343, 359
存在体 357
存在-变化 357
答句定位型 156, 157
答问方式 14, 156
大句主语（大主语） 103, 144, 147
大名词 4, 12, 57, 98, 99, 105, 111, 114-116, 247, 249, 278, 281, 282, 396, 408-410, 413
大语法 351, 354, 387, 411, 412
代词 142, 196, 269, 271, 294, 306
代词宾语 159
带介词 on 的动性名词结构 242
带声-不带声 389, 390
待定说 439, 440
单数-复数 35, 37, 53, 391-393
单双区分 15, 365, 366, 369, 374, 376, 382, 383, 387, 405, 408
单-双型语言 369
单双组配 365, 372-377, 381-386, 389, 394, 396, 406, 408, 412
单向蕴含式 283, 386
单音动词 23-28, 59-62, 82, 107, 110, 366-373, 395, 407, 440
单音名词 82, 107, 249, 369-371, 395,

407
倒装词序 102
的-地 89, 90, 277, 361
的-了 353
的₃ 67, 112, 114
"的"字 10, 17, 26, 29, 78, 114, 143, 196, 278
的字结构 196
等同名词删略 342
底伏概念 31, 133
递归性 64, 65
典型功能 75, 397, 398
典型互补 390
典型理论 390
叠加态 440
叠套 268, 413
叠添 402, 403, 405
定位语 295, 296
定型名源动词 171, 173
定性-摹状 397, 398, 405, 411, 413
定语标记 277, 286, 295
定指-不定指 85, 86, 124-126, 324
定中结构 76, 82, 112, 114, 207, 232, 279, 286, 366, 376-378, 381, 382, 393-396
动补式（动结式）34, 58, 255, 377, 384
动词化 168, 330
动词名用 161-168, 173, 182, 183, 370
动词亲和 423, 424
动词省略 333
动词谓语 197, 249, 270
动词向名词漂移 81, 372-374

动词形容词兼类 77, 281
动词原形 135
动词中心论 116, 161, 282, 414
动词做主宾语 7-10, 22-25, 28, 50, 51, 62, 68, 89, 163, 190, 195, 410
动量成分 181, 253
动名-分词 39
动偏名词 38, 40, 41, 43
动态定语 249, 275-278, 280, 398, 410, 413
动态定中结构 76, 280
动态结果宾语 249, 265, 410
动态名词（动名词）2-4, 42, 77, 83, 84, 98, 99, 233, 237, 249, 276, 280, 281, 330, 371-374, 409, 419
动态体词性结构 274-278, 283
动源名词 38, 40, 41, 43
动之名结构 292
"都"字 302, 308
短语词 375
短语动词 259, 262
对比性 141, 145, 348
对比话题 219
对称性 286, 387
对答 217
对举性 196, 271
对立-对待 15, 94, 364, 389, 394, 412-419
对象宾语 257, 265
对象补语 266, 267
多少象似 393, 398, 399
多义词 97, 314
额叶 427, 429

主题词索引

儿童词类习得　13, 181, 249, 423, 424
二语习得　428
反复问（正反问）　223
反面定义　10, 43, 52, 54, 57, 73, 418
范畴观　15, 82, 283, 364, 414, 415, 417-419, 435
方式副词　282, 312
方位词　98
非本用的活用　164
非宾格动词　153, 169, 170
非世界（non-world）　434, 435
非谓形容词　78, 277, 281, 374
非限定形式　22, 35, 114, 165, 168, 208, 243, 245, 250, 252
非有否定　338-340
非作格动词　153, 170
分布　29, 35, 39, 40, 73-75, 78, 89, 98, 124, 151, 188, 246, 296, 312, 418, 428
分词形式　8, 20-22, 361
分词性形容词　41
分类性动词　187, 188, 190, 193, 272
分立关系（格局）　2, 3, 13, 55, 57, 94-99, 160, 416, 432, 436
分配义　196, 308
否定词分合　332, 341, 344
否定词缀　337, 338
辅重原则　394, 395
附接语　70
复指语　289
副饰词　281-283
概括词　34, 78
概括性　38

概念整合　149
感情色彩　110, 175, 247
刚性语言　327
格（Case）　112
格律诗　385
格协调　114
个体-集合　391-393
个体化　264
根词　417
工对　228, 232, 233
功能范畴　66, 67
功能中心　169
功能专门化　327
共时-历时　118, 386, 387, 402, 412, 418
构成关系　124, 127, 129, 131, 133, 134, 139, 142, 144, 148-150, 388, 409
构词法　367
关联标记模式　74, 75
关系小句化　114, 117
管辖域　300, 301, 304, 305, 308, 309
冠词　41, 43, 53, 65, 86, 87, 313-316, 318-322
光杆词　315, 318-321, 324-329, 375
广义形态　412
过去分词　35, 36, 84, 245
汉语的逻辑　141, 156, 157, 306, 309, 310, 420
韩语汉语词　122
行为承接　223, 224
行为域（行域）　223
合乎语法　28, 31, 85, 156, 246
合取　56, 223

合取词　223
和-并　58, 81, 224
核磁共振脑成像实验　427
后叶　427
后置状语　253, 254, 257-259, 261, 262, 267
互补原理　33
话题-主语　146, 148, 308
话题标记　105, 145, 236, 237, 313
话题化　117, 145, 148, 220
话题-说明　119, 218, 219, 222, 230
话题凸显　148
话题主语　147, 225
回代　439, 440
会话合作原则　170, 304
会话隐涵义　304
及物动词　34, 151, 154, 169, 170, 174, 186, 229, 234, 249, 259
集合　64, 98, 301, 302, 305, 391-394
既事相　214, 338
加强判断　205, 206, 209
假设小句　335, 336
间接整合　150
兼类词　14, 77, 78, 80, 418
简洁准则　4-8, 22, 41, 49, 50, 62, 63, 67, 88, 112, 115, 123, 148, 188, 200, 238, 254, 269, 315
将来时　214, 313, 315
将然　355, 357
交界面　1, 145, 158, 388, 436
交易成本　417, 430-433
焦点　142, 151, 200-202, 237, 297-301, 304-306, 361

接续助词　223
节律常态　366, 376
结构变换　413
结构层次　259
结构平行性　66, 167, 174, 199, 207-210, 215, 245, 259, 261, 263, 278
结构强制　440
结果宾语　257, 263-265
结果补语　255-267
结合性　183
解释性隐喻　127
介词　98, 113-115, 142, 242, 245, 246, 259, 295, 375, 417, 418
介词结构　29
界（dhātu）　193
界面理论　388
借对　232
借义　232
借音　232
紧缩形式　79
进行时　214, 324
禁阻　248, 335, 336
经济原则　170, 296
静态名词　4, 99, 195, 233, 276, 281, 371-373
静性-动性　355, 356
静字　111
境迁语　176-180, 184, 189, 226
旧双音化说　369, 374
局部标记　381, 389, 390
句段　221, 222
句段结构　221
句法成分　16, 18, 41, 49, 50, 65, 73-

75, 80, 81, 170, 192, 200, 252, 254, 257, 312, 327, 413
句法词 395
句法范畴 70, 142, 145, 147, 329, 440
句法管辖域 300, 301, 308
句法话题 144-147
句法结构 19, 22, 28, 32, 50, 145, 159, 268, 308
句式 37, 55, 97, 142, 196, 260, 357
句式分化 97
句子本位 21
句子-话段 137, 139, 148, 151, 157, 409, 412
开放性词类 191
可别度 159, 235
可及度 291-295
可预测-不可预测 186
客观等同 209
肯定-叙述 15, 347-356, 365, 407, 408
肯定-否定 156-158, 199, 209
肯定性（assertive） 347
空间序列 159
口腔-鼻腔 390
口语-书面语 23, 58, 235-238, 296
宽对 228, 232, 233, 276
宽域 304, 305
扩展时态 240-242
拉森壳假说 112
类比 360, 440
类前型语言 183, 187, 228
类推 23, 367

类无定指 14, 73, 74
类指 85, 86, 124-126, 137, 324
冷热象似 392
离合词 375
离散性 33, 75, 91, 160, 418
历史先后 373
历史语言学 116
连词性介词（连介词） 418
连动结构 29
连读变调 377, 395
连读范畴 411
连续统（连续性） 32, 38, 91, 172, 413, 414
联合结构 29, 268
两度陈述 225
两度指称 227
两栖及物动词 154
量词 33, 55, 85, 246-248, 307, 313
量动结构 86
量化方向 14, 297, 300, 302, 306, 308, 411
量化算子 297
量化域 297, 300, 303, 306, 309
量子论 437, 438, 439
邻对 228, 232
临时活用 370
临时量词 55
临时用法 167, 186, 370
灵活性 201
零宾语 253, 257
零句 9, 100-105, 137, 188, 190, 196, 218-222, 228, 412
零句说 100, 104, 137, 198

零派生 28
领属格标记 315, 317, 318
领属关系 143
领属语 43
流水句 105, 220-222, 410, 412
论断句 26, 350, 351
论断-叙说 355, 356
论元 87, 116, 119, 125, 145-148, 154, 169, 186, 230, 303, 308, 419, 423
逻辑概念 14, 309, 420
逻辑谬误 78, 281
逻辑先后 373
逻辑形式 309
逻辑和历史一致 160, 373
《马氏文通》 16, 17, 111, 225, 286, 355
矛盾律 309
没-不 91, 93, 340, 344
名 111, 134, 137, 189, 238, 239, 349, 361, 383, 409, 417
名称真假 158
名词 1-4, 8-15, 18-22, 32-35, 40-67, 70-78, 80-94, 97-100, 105-126, 133-137, 150, 154-184, 187-204, 210, 222, 225, 228-234, 237, 238, 242, 246-252, 255, 265-275, 278-282, 286, 287, 291-295, 301, 306, 307, 310-334, 338, 340, 342, 346-350, 359, 361, 364-374, 381-385, 389-400, 406-414, 417-429, 436, 439, 440
名词的根本性 191, 247-250, 279, 410
名词的界定 14, 53
名词动词-指称语述谓语 2, 3, 134, 148, 157, 159, 323, 329
名词-动词连续统 32, 38
名词动用 161-168, 173, 182, 183, 370
名词化 7, 9, 10, 19, 22-24, 27, 29, 33, 34, 43-52, 62, 67, 68, 74, 83, 84, 93, 105, 114-126, 135, 148, 168, 190, 210, 250, 269, 284-287, 318, 330, 337, 372, 410, 411, 419
名词偏向 182, 250, 423, 425, 426
名词谓语 169, 170, 175, 196, 197, 270, 275
名词限定语 248
名词向动词虚化 237, 238, 369
名词为本 409, 412
名的动 293
名动包含 2-4, 10-15, 52, 57, 63, 77, 80, 83, 89, 91, 93, 94, 97-100, 104, 105, 111, 124, 126, 161, 187, 222, 233, 247, 249, 278, 281, 325, 331, 350, 364, 368, 371, 373, 393-396, 408-411, 418, 425, 436
名动不对称 164, 180, 182, 194, 410
名动不分 3, 81, 275, 314, 324, 414
名动词 14, 19, 57-63, 70-72, 77, 82, 234, 235, 269, 281, 410
名动分合 311
名动分立 2, 8-10, 13, 14, 53, 56, 57, 62, 63, 77, 78, 81-84, 88, 89, 94, 97-

主题词索引　477

99, 105, 123, 126, 162, 198, 222, 229, 232, 233, 252, 274, 284, 287, 297, 310, 350, 353, 363, 364, 369, 372, 374, 407, 409-411, 414, 425
名动共变　41
名动兼类　2, 281, 384
名-动语言　318-325, 328
名量词　55, 90, 247, 260, 361
名物化　48, 50, 52, 84, 126, 190, 269
名形词　71
名之动　191, 284, 286, 293, 295, 411
名字　112, 137, 179
明确原则　296
命令式　35, 37
命题　10, 104, 139, 141, 156-158, 416
命题真假　157, 158
摹状-非摹状　15, 408
摹状词　111, 346, 347, 396, 397, 402, 405
磨损　296, 401, 404, 405
内涵　57, 78, 99, 148, 176, 238, 239, 294, 383-386, 398-400, 409
内涵定语　294
能产性　367
能愿动词　23
年龄效应　428
黏着词　78
颞叶-枕叶区　427
凝固化（固化）　79, 139, 328, 329, 369, 370, 374
凝固用法　370
扭曲对应　386
扭曲关系　89

排他法　418
排他性　298, 304-306, 377
排中律　309
派生　118, 122, 149, 167, 178, 179, 192, 193, 279, 280, 371, 417
判断动词　199-201, 203, 204, 208, 209, 349
判断语气　205, 354
偏侧对应　95, 96, 335, 385, 386, 388, 412
偏侧分布　88-91, 93, 161
偏侧关系　77, 89, 362, 363
偏正结构　29, 81, 231, 233, 268, 271-276, 284
漂移性　294
普遍语法　421
奇偶对应　286
歧义　61, 97, 279, 307, 308, 395
歧义结构　61
祈使句　156
起词-动词-止词　354
前置状语　253
潜宾语　68
潜在话题　219
潜在指称语（性）　243, 244, 250
潜主语　68
强调　23, 29, 43, 54, 84, 88, 94, 115-118, 133, 147, 159, 162, 197-203, 208-215, 232, 235-239, 245, 260, 278, 286, 292, 302, 306, 320, 326, 331, 333, 353, 357, 410, 415, 419, 440
强调标记　116, 199, 202, 203, 208

强制性-非强制性　84
轻重格　377, 378, 383, 385
倾向性预测　386
清辅音　390
穷尽性　183, 187
区别词　44, 78-80, 281
区别词兼类　78, 80, 281
屈折格局　36
趋向补语　255
去语法化　330
全称-部分量化　297, 303, 307, 309
让步和原因等小句　102, 224
认知原因　180, 182
认知状态　125, 218, 280
日语汉语词　122
柔性语言　327
弱预测　386, 387
三层制　46, 48-50
三个平面　17, 159, 160
三化说　285
三品　49
深层结构的中心　69
什么-怎么样　92, 93, 126, 362, 363
生成语法　3, 8, 12, 17, 22, 28, 64-66, 69, 76, 103, 112, 118, 122, 153, 160, 169, 178, 198, 287, 411, 421
省略条件　139, 227
省略说　45, 137, 139, 225, 270
《诗经》　111, 210, 286, 346
施事　116-119, 155, 164, 174, 193, 194, 267, 293
时　167, 244
时间词　98, 270, 271, 361

时间副词　197, 235, 239
时间顺序原则　253, 259
时量成分　175
时态动词短语（IP）　66
时体标记　236, 314-318, 321, 322, 329
实词　16, 46, 56, 57, 74, 93, 94, 99, 137, 192, 198, 233, 238, 307, 329, 371, 396, 406, 409, 410, 425
实体 e　87
实现关系　10, 31, 32, 124, 127-134, 139, 142, 148-150, 388, 409
实现关系-构成关系　124-149, 388, 409
实现性-构成性　129, 137
实现性隐喻-构成性隐喻　127, 129, 134
实质蕴含怪论　141
实字虚用　177
使动用法　395, 403, 404
事件焦点句　237
事件量化　302
事理承接　223, 224
事理域　223
事情（event）　361-363
事实（fact）　361-363
事物（thing）　361
视角　151
视虚为实　371
是-存在-拥有　343-345
是-的　351-353, 365, 412
是-有　10, 15, 342-345, 353, 359, 360
是非-有无　10, 339, 341, 351, 365, 408

主题词索引 479

是非问　156, 223
是非问题　10, 339, 341, 351, 365, 408
"是"字　133, 138, 140, 191, 200-209, 270, 339, 349
适量准则　170, 304
《释名》　134
手指语　125
首品　49, 50
舒缓语气　286
属格标记　118, 119, 120
属性词　402, 404-406
述宾结构　20, 29, 82, 263, 366, 367, 372, 376-378, 382, 393
述补结构　29, 259, 260, 268
述谓化　83
述谓语　1-3, 83-85, 105, 124, 126, 134, 150, 157, 159, 183, 198, 216, 233, 237, 243, 247, 285, 287, 312-329, 375, 409-412, 429
述谓-指称二象性　13
数　246, 247, 294
数量词　33, 43, 44, 54-60, 88, 120, 196, 238, 247, 261, 269, 307
数量分配　196
数量结构　270
数量名结构　270
双向性　183, 186
双音化　81, 82, 365, 369-374, 382, 384, 387, 397, 400-404, 407, 411, 412
双音化充实　369, 371, 372, 382, 384, 407
双语者　428
顺接　279

顺序义　270, 271
斯特鲁色词测验　292
斯特鲁效应　292
松紧象似　377, 394, 396, 397
坍缩　438, 440
唐诗对偶　228-233
特殊-一般　50, 88, 164, 168, 173, 183, 186, 190, 320, 323
提取　117, 118, 182
体　1, 158, 212, 244, 357, 416
体词　56, 78, 79, 102, 204, 209, 224, 270, 274-276, 278, 283, 420
体用不二　159, 416
替事　116, 119, 120
天人合一　415, 437
天下理论　417, 434
天下无外　417, 434-436
条件小句　43, 101, 102, 141
调控性规则-构成性规则　130, 131
停顿　100, 101, 104, 137, 138, 200, 209, 216, 221, 279, 350, 377
停顿助词　100, 101
通用饰词　281, 282
同形合并　34, 36, 37, 39
同一律　309, 360, 415
同意-不同意　156, 157
同音词　96, 97, 314
外延　78, 148, 176, 294, 398, 409
外延定语　294
完成时（完成体）　212, 214, 244, 245, 357
完成体标记　212
完成-未完成　357

威尼克失语症　427
尾状核　427-429
未标记　13, 93, 95, 320, 321, 323, 326, 389-391
谓词　27, 77-80, 169, 174, 192, 193, 224, 235, 253, 255, 257, 270, 281, 321, 374
谓词逻辑　124, 321, 322
谓语　8-10, 14, 18-26, 41, 43, 50, 54-57, 73-77, 80-83, 89, 93, 97-105, 115-123, 137-148, 151, 157-159, 168-178, 183-198, 203-209, 215-217, 220-225, 229-258, 270-278, 281-286, 303, 306, 308, 312-318, 323, 327, 330, 347-357, 369, 370, 374, 407-412, 419, 427-429
谓语类型　81, 350
谓语的指称性　115, 120, 157, 195, 209, 215-217, 234
文体差别　348
稳定的优先语序　159
稳状现在时　244, 245
问答关系型　156, 157
无－未　213, 229, 338, 340, 362, 363
无标记配对　396
无中生有　8, 95, 347
无主句　137, 349
物－事不对称　3, 161, 182, 191, 320, 323, 410
物质名词　307
西班牙语借词　121
析取　57
习惯化阶段　424, 425

习语　333
狭义形态　74, 75
先行一步策略　219
《现代汉语词典》　47, 77, 128, 134, 191, 211, 307, 408
现在分词　35
现在时　35, 214, 244, 313, 316
限定名词短语（DP）　66
限定形式－非限定形式　8, 20, 22, 35, 114, 165, 168, 208, 243, 245, 250, 252
线性序列　309
相对关联标记模式　41
相对性　385, 386
相关（relevance）　218
向心结构理论　63
象似符　125
象征符　125
小句主语（小主语）　103
小名词　4, 57, 99, 278, 418
新创名源动词　167, 171, 173, 176, 179
新双音化说　371, 373, 374
新谓语类型说　350
信息焦点　297
信息结构　119, 159
信息量　159, 384
形名短语　277
形容词　9, 11, 12, 15, 18-22, 28, 44, 45, 49, 54, 70-80, 88, 89, 98, 103-108, 111-116, 140, 191, 228-232, 249, 254, 255, 258, 269-272, 278, 281-283, 306, 307, 312-334, 338,

346-350, 368, 369, 374, 379, 381, 394-400, 403-411, 413, 420
形容词谓语　140, 347
形式动词　14, 44, 58, 60, 234-239, 374
形式类　34-37, 41-50, 385
形式特征　100, 101, 350
形态变化　47, 319
形态标志　74, 75, 120
形态-句法性质　37
型-例　318, 320-324, 326-328
型例二分　325, 327
型例合一　324, 325, 327
型-例语言　318, 320-324, 328
性　246
性质函项　87, 88
性状补语　262, 266, 267
修辞说法　161, 163, 167, 195, 197
修饰语　10, 23, 27, 60, 81, 155, 159, 161, 188, 192, 249, 262, 272-278, 308, 319, 361
虚词　29, 188, 189
虚化　80, 142, 147, 173, 199, 212, 216, 233, 234, 237, 238, 249, 250, 291, 295, 296, 329, 330, 346, 369-374, 403, 411
虚化动词　234
虚拟式　35, 37
虚实区分　383
虚实象似　238, 382, 384-386
叙事句　26, 350, 351
叙述性　348, 358
选择问　155, 223
言语承接　224
言语行为　157

言语域（言域）　223, 354, 357
洋泾浜英语　111-122
也-矣　355-357
一般名词　4, 247, 291, 391, 392, 396, 399, 428, 429
一一对应　18, 75, 78, 89, 91, 95, 96, 327, 335, 362, 385, 412
一致关系　36, 37, 145, 146
依句辨品　73, 77, 273, 275
移情　339
疑问句　101, 117, 120, 156, 214, 217, 223
已然　355, 356
异而同　3, 190, 414
意为关系　403, 404
因果句　356
引发-应答　217, 218
隐形系词　116, 118
隐喻　127-131, 133, 136, 182
印欧语观念　8, 21, 267
映射理论　388
英语的谓语　155, 239
用体包含　1, 158
有-了　210, 214, 352, 353
有 x 有 / 无 y　211
有标记-无标记　75, 94, 95, 360, 389-393, 398
有标记组配　75
有的否定　338, 339, 340
有界-无界
有生于无　416
有体　212, 358
有无问题　10, 339

"有"字 212, 343, 347
右向管辖规则 300, 303-306, 310
右向量化 298, 300-302, 305, 309
与-而 91
语法-语义-语用 159, 160, 351, 382, 387, 411
语法的类 150, 153
语法范畴 1, 17, 48, 80, 127, 133, 134, 139, 142-144, 150, 153-157, 199, 246, 250, 392, 409, 416, 417
语法化 139, 142, 143, 157, 327, 328, 329, 372, 399, 412
语法化程度 143, 160, 328, 329
语法特点 53, 54, 56-58, 93, 247
语法体系 4, 7, 8, 14, 15, 18, 21, 29-32, 35, 50-53, 62, 111, 183, 208, 252, 256, 265, 274-276, 283, 365, 411, 412
语法型语言 157
语法性质 34, 54, 63, 70, 93, 199, 209, 225, 287, 418
语法意义 140, 143, 384
语气副词 199, 200-202, 204, 206, 212, 283
语气文体说 286
语态词缀 116, 118, 119
语调 102, 104, 105, 137, 216, 217, 221, 222
语形学 159
语序类型学 159
语言多样性 419-422
语言共性 75, 262, 279, 414, 421, 422

语言间切换 429
语言类型 3, 11, 12, 14, 15, 32, 74, 116, 123, 124, 246, 247, 250, 282, 283, 311, 314, 318, 320, 326, 345, 364, 389
语义不确定 97
语义角色 155
语义类型转化 88
语义笼统 97
语义密度 384
语义模糊 97
语义松紧 383, 406
语义限定域 300, 301, 308
语义选择关系 253, 257, 258
语义指向 255
语义重心 289
语用的类 150, 153
语用范畴 1, 127, 134, 139, 142-147, 153-157, 250, 329, 409
语用结构 159
语用型语言 157, 160, 280
缘 (pratyaya) 192
约束 309, 440
韵律词 376
在线生成 278, 280
"在"字 215
造者 (kāraka) 192
增名减动 371, 373
增强指称性 235, 236, 237, 407
增实减虚 371
窄域 304, 305
粘连说 285
章法 139, 412
整合程度 150

整句-零句 9, 100-105, 188, 218, 221, 222, 228, 412
整体-部分 3, 419
整体扫描 383
正反选择问 223
正式-非正式 384
之字结构 284-289, 291-293
支配关系 403, 404
直陈-非直陈 15, 112, 247, 335-341, 347, 351, 352, 365, 408, 411, 413
直陈否定-非直陈否定 335-338
直接整合 150
直指语 289
指-非指 294
指别度 41, 105, 115, 235-237, 287, 289, 291-296
指称饱和-非指称饱和 125, 126, 137, 321, 322
指称不确定 88
指称化 84, 105, 126, 190, 236, 284, 285, 287, 410, 419
指称性 26, 48, 98, 100, 104, 115, 119, 126, 157, 158, 190, 195, 198, 205, 209, 215-217, 220, 222, 224, 227, 233-250, 275, 278, 285, 314-318, 321, 323, 326, 349, 362, 407-413, 419, 429
指称语 1-3, 84-87, 105, 124-126, 136, 150, 155, 157, 183, 198, 216, 222, 227, 235, 237, 240, 243, 249, 250, 279, 285, 287, 291, 312-329, 375, 408-412
指定语 66, 169
指示词 205, 216, 236, 286, 291, 292, 294-296
指示符 125
指述包含 3, 4, 320, 324, 325
指谓 124, 125
指语 176
知域 354, 357
致使关系 403, 404
中和 123, 161, 192
中和项 123, 161, 192
中心扩展规约 14, 62, 63, 73, 97, 115, 149, 270, 276, 410, 439
中心语 27, 112-115, 159, 202, 207, 272-276, 280, 286, 366
终结语调 104, 105, 137, 222
重叠 15, 56, 90, 105-111, 346, 347, 396, 397, 399-412
重读 145, 200, 206-209, 216, 236, 291, 301, 412
重复-重叠 399
重轻格 377, 383, 385
重言 111
主宾语 7-10, 17-28, 33, 48-51, 57, 62, 68-89, 93, 98, 126, 161, 163, 168-183, 186, 190-195, 210, 247, 249, 250, 255, 262, 269, 275-278, 285, 312, 316, 327, 371, 374, 410, 419, 427, 429
主格标记 116, 117, 118
主观评述 86
主观认同 339
主观性标记 86
主观意义 175
主谓结构 9, 10, 20-22, 29, 67-69, 103,

112, 118, 142-151, 222, 268, 270, 274, 279, 284-286, 288-292, 296, 348
主语　8-12, 17, 20-23, 26, 37, 39, 43-45, 53, 56, 82, 85, 100-120, 137-148, 159, 168-170, 174, 187-193, 198, 201, 206, 216, 220, 224, 240, 243, 252-257, 262, 267-270, 284-286, 303, 308, 318, 330, 342, 350, 354, 357, 360, 370, 409, 412-420, 423
主语－话题　104, 139, 142, 145, 146, 220, 308, 409
主语凸显　148
助词　36, 44, 195, 215, 332, 358, 359
专门意义　144, 374, 375
专名（专有名词）　174, 179, 196
专指　85, 86, 125, 126, 169, 315
转写规则　17, 103, 198
转喻　182
转折　224
状词　111, 396, 404, 408, 411, 413
状态补语　255
状语问题　81, 250, 252, 269, 272, 274
状中结构　20, 76, 232, 276, 280, 381
准定语　207
准谓词性结构　272-276
准指称语　239, 240, 243, 250
准重叠　397, 399
浊辅音　389, 390
自顶向下　439
自洽　4, 5, 8, 14, 53, 69, 81, 103, 148, 253, 256, 262, 267, 310, 374, 411
自然类　326

自然配对　390-392, 394, 397
自然手语　159
自然语法　393
自下而上　412
自底向上　439
自指－转指　186, 284, 322
综合性形态　369
总括对象　297, 298, 300, 306
组成关系　10, 31, 32, 149
最大投射　169, 439, 440
最小对比对　355
左向量化　298, 300, 301, 303, 305, 309
AABB 式　107, 400, 401
ABAB 式　400, 401
ABCC 式　401
ART 短语　391
DP 分析法　65
Ezafe（EZ）　112, 114, 115
N-ness　387
N（也）而 N（也）　227
N＋了　196
N_1 的 N_2　196
N 的 V　23, 28, 72
N 而 V　14, 224, 227
N 和 V　65, 72, 326, 440
N 就 N　196
N 也而 V 也　227
N 之 V　14
TAM 短语　321, 322
V-ing 形式　35, 38, 41, 43-46, 61, 181, 203, 239, 241, 330, 337, 410
X－语杠　64, 65, 70, 115, 439

语言（方言）索引

阿尔泰语　391
盎格鲁-爱尔兰语　245
波利尼西亚语　12, 311
大冶话　110
德语　102, 192, 328-330, 372, 420
俄语　157, 169, 391
鞑靼语　391
法语　334, 335, 420
梵文　192, 193
斐济语　311
涪陵话　110
福州话　213, 214, 316
赣语　110
赣榆方言　197
古代汉语　8, 14, 24, 26, 103, 133, 159, 164-166, 177, 197, 180, 186, 204, 210, 224, 227, 249, 259, 284, 293, 316, 330, 350, 357, 369-371, 395, 402-404, 411
古法语　281
古雅利安语　245
韩语　236, 237, 424
绩溪话　353

甲骨文　210, 336
晋北方言　110
近代汉语　54, 92
景颇语　357
拉丁语　36, 151, 158, 282, 311, 318, 319, 322-331
廉江话　109
毛利语　168
梅县话　346
闽南语　209, 210, 213, 316
南岛语　116, 117, 119, 168, 311
尼罗-撒哈拉语　391
尼日尔-刚果语系班图语族　344
宁德话　214
浦仙话　213
日语　122, 157, 169, 423, 424
台湾话　346
厦门话　109, 346
闪语　391
汕头话　109, 213, 214
上海话　107, 215
上古汉语　247, 330
绍兴话（柯桥）　141

手语　159, 291
斯拉夫诸语言　357
斯瓦西里语　344
他加禄语　12, 115-123, 170, 193, 207, 247, 311, 331
台湾话　346
汤加语　12, 32, 120, 247, 294, 311-365, 372, 375, 410, 429
吴语　213, 345
西班牙语　121
希伯来语　169
先秦汉语　137, 210, 272
洋泾浜英语　111, 121, 122
伊朗语言　12, 112-115, 331
易洛魁语　168, 169, 311, 326
意大利语　169
英语　1-4, 7-12, 15-21, 31, 46, 50-54, 73, 83-89, 91, 95, 98, 102, 112, 118-123, 126, 133-139, 154-158, 165-168, 182, 186, 192-196, 202-209, 214-216, 221, 239-249, 253, 259, 262, 278, 279, 281-283, 287, 294, 306-309, 312-314, 321, 326-330, 332-344, 347, 360, 364, 367-369, 377, 384-387, 391, 393, 398-400, 418, 420-422, 423-429
原始汉藏语　330
粤东闽语　214
粤语　209, 210, 212, 222, 238
藏缅语　168
早期白话文　90
漳州话　109
中古英语　295
周秦汉语　335, 336
Cayuga 语　326
Chimakum 语　311
Farsi 语　112, 115
Gilaki 语　113, 115
Khoisan 语系　168，345
Manipuri 语　168
Mohawk 语　169, 175
Nootkan 语　311
Salishan 语　311
Shilluk 语　393
Turkana 语　391
Wakashan 语　311
!Xun 语　168, 345

Abstract

Mingci he Dongci 名词和动词 (*Noun and Verb*) by SHEN Jiaxuan is more than a book on grammatical categories. Rather, it is a continuation of a century's relentless endeavors of Chinese linguists in their painstaking exploration and experimentation. The first real grammar written by a Chinese scholar was *Mashi Wentong* 马氏文通 (Basic *Principles for Writing Clearly and Coherently* 1898) by MA Jianzhong 马建忠 (1845-1900), which was done with a strong adaption of the Indo-European framework and had a dominant impact on the studies of Chinese grammar for more than a century. The author of this book argues, like many scholars before him, the study of Chinese can only be advanced by following the true nature of the language itself and blindly following and copying Western theories and neglecting the language under examination only divert researchers from studying their target language.

Before the publication of *Mashi Wentong*, most Chinese had no idea of a noun-verb division. The categories such as *shizi* 实字 (full words), *xuzi* 虚字 (empty words), *huozi* 活字 (living words) and *sizi* 死字 (dead words) were more familiar than nouns and verbs. In fact, nouns and verbs are linguistic categories transposed from the West when Western linguistic theories were introduced to China in order to describe the Chinese language to Western readers. But these Western categories, together with many other concepts and theories, pose great difficulties in accounting for a language that is so different in phonology, morphology and syntax.

The book contains 12 chapters. The first two review the history of grammar study and list disputable problems that Chinese grammarians have encountered since the outset. While reflecting on past history, the author gives high praise to ZHU Dexi 朱德熙 and his contributions. With sharp sensitivity to the Chinese language and adhering to the Principle of Simplicity in research, Zhu insightfully pointed out that Chinese verbs can act as subjects and objects in sentences without undergoing nominalization as in English, as *fly* being realized as *flying*, to *fly* or other nominalized forms. This view has long been a controversial topic due to the difference between English and Chinese, i.e. English has declensions not found in Chinese. Unfortunately, the inability of many scholars to see through the true nature of Chinese has caused many unsettled problems, such as the definition of nouns, cross-boundary use of word classes, violation of Head Feature Extension, breach of Coordination Test, etc. And attempts to solve these puzzles under Indo-European framework turn out to generate new and more challenging difficulties.

In Chapter 3, furthering Zhu's point, the author states that the reason why verbs do not undergo nominalization is because they are nouns. In other words, Chinese nouns constitute a super-noun category with verb as a sub-category. To make it easier, he maintains that the noun-verb relation in English and other Indo-European languages is of the male-female type, whereas in Chinese it is of the man-woman type. In terms of the Markedness Theory (Jakobson 1932, 1939), in the male-female type the unmarked item *male* is 'specified as lacking the feature [female]', but in the man-woman type the unmarked item *man* is 'not specified whether it has the feature [female]'. The two types of opposition also exist in the noun-verb relation, because noun in Chinese is zero value in the feature [predicate] rather than minus value as in Western languages. Besides Zhu, another great linguist Yuen Ren CHAO 赵元任 (1892-1982) has distinguished himself by recognizing the phenomenon that Chinese S-V structure can act as predicate. That pinpointed a fundamental mechanism in sentence construction in Chinese: 'The full sentence is made up of minor sentences and minor sentences are adequate and more primary than full sentences.' Based on Chao's notion of minor sentence, sentence without a subject or a predicate, the author develops his bold claim of super-noun category. And in turn, his super-noun concept proves the primacy of minor sentence in Chinese. The super-noun model for Chinese word classes solves the apparent problem of Chinese grammar violating the Head Extension Principle and maintains the universal noun-verb distinction. In this chapter the author also points out that his super-noun concept is echoed by Kaufman (2009) and Larson (2009) both working in the framework of generative grammar. According to Kaufman (2009), all verbs and verb roots in Tagalog (Philippine) should be reanalyzed as nouns and noun roots. And Larson (2009), through comparison of the particle *de* 的 in Chinese and the corresponding *ezafe* in Iranian languages, also claimed a super-noun category.

The unusual claims are then approached from three different theoretical perspectives and supported with a lot of case studies. Chapter 4 presents a cognitive perspective with a realizational vs. constitutive distinction among conceptual metaphors. While realizational metaphors help us explain or realize abstract concepts, in constitutive metaphors, a concrete concept itself constitutes the abstract one which cannot be expressed or understood without the former. Just like the metaphor of *virus* in computer science, the abstract concepts *noun* and *verb* are realized with the help of the pragmatic concepts *reference* and *predication* in the grammar of Western languages. In Chinese, however, these two concrete concepts themselves constitute the syntactic categories *noun* and *verb*. In addition, the ontological metaphor deeming activities and events as things is also constitutive in Chinese. The author concludes that while nouns and verbs are two separate syntactic categories in Western languages, in Chinese they are pragmatic categories and are not separate from each other. In other words, Chinese is a genuine usage-based language whose syntax is seen as part of pragmatics.

Chapter 5 is concerned with the asymmetry between nouns and verbs. In Chinese, a verb can be used freely as a noun or a reference phrase in a sentence without any morphological change. On the other hand, a noun can occasionally be used directly as a predicate in Chinese. When nouns surface as verbs and are followed by objects all native speakers know it is rhetorical use and that the verbal meaning of the noun must be judged from the context. In this respect, Chinese is not different from English (Clark & Clark 1979) and other languages. This asymmetry between nouns and verbs results from the difference in human cognition towards events and things. Therefore one can conclude that while nouns may encompass verbs, the opposite does not exist. The claim by some Western scholars that Archaic Chinese is a pre-categorial language without noun-verb division, or its noun is a subcategory of verb (classificatory verb), is untenable.

Starting from the fact that nouns can act as predicates in Chinese, the author shows in Chapter 6 that the underlying reason is not that nouns have predicatability but that predicates are indeed reference phrases. This assertion is based on the loose relationship between subject and predicate in Chinese, the grammatical meaning of which is literally topic and comment. There is no pure predicate in Chinese. Predicates are rather the comment to the topic and they have referentiality, because a Chinese discourse is normally made up of a series of 'run-on sentences' as defined by Lü (吕叔湘 1979). The author further specifies two characteristics of run-on sentences, namely juxtaposition and referentiality, challenging the universality of structural recursion and a noun-verb dichotomy. Viewing English from the perspective of Chinese nominalism, the author, in accordance with Jespersen (1924)'s analysis of English progressive and perfective tenses, also finds that referentiality is a latent feature of English predicates.

In Chapter 7, the author once again proves that the super-noun category can well account for the 'absurd' cases of multifunctionality of word classes in Chinese. For example, verbs and adjectives can act directly as subjects and objects. Nouns can freely function as attributes, and under some circumstances become predicates and adverbials. Adjectives can function as predicates and adverbials. Chapter 8 tries to solve other disputable questions, like *zhi* 之 and *dou* 都. Due to the misconception of the distinction between syntax and pragmatics, noun and verb, subject and topic, the quantifying direction of the universal quantification operator *dou* has long been a topic of disputes and leads to redundancy and contradiction in theories. The author argues for a unified Rightward Government Rule which is a unique design feature of Chinese different from Indo-European languages. So *dou* is not equivalent to the English *all*. And *zhi*, the most frequently used particle in Old Chinese, has the function of raising the degree of referentiality of its following words, no matter whether they are nouns or verbs. So *zhi* and its modern counterpart *de* are not equivalent to the English *of* or *'s*.

Chapter 9 offers a typological perspective by referring to the difference between Chinese, Tongan and Latin. Latin is a highly grammaticalized system with verbs separated from nouns whereas Chinese a non-grammaticalized system with verbs included in nouns. And Tongan, often defined as a type-token language (Broschart 1997), represents a transitional state between Chinese and Latin in terms of grammaticalization. Since English, in comparison with Latin or German, is a degrammaticalized language (Vogel 2000), and Proto-Chinese is probably a language with some N/V morphology, one can reasonably assume that the word class systems of world languages are changing cyclically in types and Chinese represents an indispensable stage in the cyclic change.

In Chapter 10, the author goes deep down into the philosophical rationale in trying to disentangle the Chinese puzzles. While the most important division of negatives in English is between negation of nouns and negation of verbs, in Chinese the most important division is between indicative negation and non-indicative negation, or between the negation of *you* 有 (there be) and the negation of *shi* 是 (be). In Chinese *be* and *there be* are two separate words representing two separate concepts. The concept of *there be* and the concept of *have* are covered by the same word *you* (originally meaning 'to own') which has nothing to do with the word *shi*. The distinction between *shi* and *you* accounts for the fact that 'the problem of being' does not even exist in Chinese philosophy and Chinese nouns are not to be negated in grammar. To summarize the difference, the author states that 'the Western way of categorization tends to think of there *being* two categories only in the male-female type, but the Chinese mind tends to think of *having* two categories already in the man-woman type'. This difference in categorization between West and East is reflected both in philosophical thinking as well as in language, especially in the noun-verb relation.

In the last two chapters, the author broadens his study to prosody and subjectivity. In Chapter 11, he points out that in Chinese, the distinction between monosyllabic and disyllabic characters has not received enough attention. Based on the super-noun category that includes verbs, the mono- vs. di-syllable division and the related prosodic [2+1] vs. [1+2] distinction in syllable alignment are the reliable morphosyntactic criteria for differentiating various grammatical relations in Chinese. As a matter of fact, the author notes that a projection theory works better than interface theory in explaining the interaction among sound, meaning and grammar. Chinese grammar is in essence a 'big' grammar which has phonology, semantics and pragmatics integrated as a whole. Chapter 12 can be seen as a test of the proposition of super-noun category by the examination of markedness reversal in adjectives. Adjectives, as well as verbs, are included by the super-noun category. Since they can all become depictive through reduplication, an emphasis should be put on the distinction between depictive and non-depictive. The past argument whether adjectives are closer to verbs or nouns doesn't seem so important any more.

Finally, in the epilogue, the author calls for the necessity to realize the diversity in languages. Each type of differentiation should be pertinent to the language. What is important in one language may not seem so in another. So it's not surprising that one cannot find a strict noun-verb dichotomy in Chinese that is analogous to that in English. The author looks forward to rewriting Chinese grammar with a new word class system which is outlined as follows. In the first place, reduplication and the mono- vs. di-syllabic opposition are used as morphological means to differentiate depictives (adjectives or adverbs depicting STATE) from nouns, the latter being a super-noun category which includes verbs and property adjectives. Unlike English *be* and *there be*, *you* (there be, have) and *shi* (be) represent two separate words and conceptions in Chinese. Thus, subjective assertion and objective narration is a major grammatical division which cuts across nouns, verbs, and adjectives in the predicate. Secondly, within the super-noun category, the division of nouns and verbs on one side and adjectives on the other is more important than the noun-verb division. Thirdly, the subdivision of adjectives into property defining and state depicting is also based on the mono- vs. di-syllabic opposition. Lastly, the so-called 'unaccusitive' and 'unergative' division within the verb category is in essence a subjective-objective division rather than a syntactic division.

According to the author, the views in this book may seem 'a radical shift' to some people, but they are indeed based on his thorough understanding of those great scholars before him, like Yuen Ren CHAO, LÜ Shuxiang and ZHU Dexi. He acknowledged that Zhu's contribution was a significant step in exploring an independent model to understand the nature of Chinese. And what he has done so far is just a half step further based on Zhu's work.

The book contains five appendices all connected with a man-woman type categorization in other fields, such as the 'noun bias' in child language acquisition, fMRI study of neural representation of nouns and verbs, Ronald Coase's 'transaction costs' in economics, the *Tianxia* 天下 theory in the philosophy of international politics, and the Uncertainty Principle in quantum physics.